# 陕西房地产业发展报告
# (2012)

Report on the Development of
Shaanxi's Real Estate (2012)

---

主　编／王圣学
副主编／余　劲　沈　悦　赵乃全

SSAP 社会科学文献出版社
SOCIAL SCIENCES ACADEMIC PRESS (CHINA)

**图书在版编目(CIP)数据**

陕西房地产业发展报告. 2012/王圣学主编. —北京：社会科学文献出版社，2012.10
ISBN 978 -7 -5097 -3766 -8

Ⅰ.①陕… Ⅱ.①王… Ⅲ.①房地产业 - 经济发展 - 研究报告 - 陕西省 - 2012 Ⅳ.①F299.274.1

中国版本图书馆 CIP 数据核字（2012）第 217694 号

陕西房地产业发展报告（2012）

主　　编 / 王圣学
副 主 编 / 余　劲　沈　悦　赵乃全

出 版 人 / 谢寿光
出 版 者 / 社会科学文献出版社
地　　址 / 北京市西城区北三环中路甲 29 号院 3 号楼华龙大厦
邮政编码 / 100029

责任部门 / 皮书出版中心（010）59367127　　责任编辑 / 林　木　陈　颖
电子信箱 / pishubu@ ssap. cn　　责任校对 / 李向荣
项目统筹 / 邓泳红　　责任印制 / 岳　阳
经　　销 / 社会科学文献出版社市场营销中心（010）59367081　59367089
读者服务 / 读者服务中心（010）59367028

印　　装 / 北京季蜂印刷有限公司
开　　本 / 787mm×1092mm　1/16　　印　　张 / 25
版　　次 / 2012 年 10 月第 1 版　　彩插印张 / 1.25
印　　次 / 2012 年 10 月第 1 次印刷　　字　　数 / 435 千字
书　　号 / ISBN 978 -7 -5097 -3766 -8
定　　价 / 158.00 元

# 陕西房地产业发展报告（2012）

## 编　委　会

**成　员**　李宇兵　刘立云　孙　莹　潘网生　宁颖芳

闫峰春　逯仙茹　郭　品　杨培源　张　萍

李富荣　白　萍　张嵘勇　迪爱胡　周志军

李　军　孙　炜　陈兴平　杨玉竹　张　燕

冯　飞　潘　晶　李春雷　崔　剑　程　甜

刘瑜婷　孙春波　高云婧　折小龙　安　凯

任　倩　王蔚然　陈虹涛　赵阳阳　杨　超

印展鹏

**主编单位**　陕西省房地产研究会

陕房城市发展研究院

**支持单位**

西部珠江投资有限公司

陕西丹尼尔企业集团

西安东尚房地产开发有限公司

陕西地方电力房地产有限责任公司

陕西泰盈环达通房地产开发公司

陕西东岭房地产开发有限公司

中铁建21局德盛和置业有限公司

铜川市城建房地产开发有限公司

陕西世通置业有限公司

# 前　言

中国的经济体制市场化改革已走过了20年，伴随着市场经济的发展，中国的房地产业大规模发展也已走过了风风雨雨的20年。在改革开放最初十多年间，中国的经济体制正在缓慢地从计划经济向有计划的商品经济逐步过渡；房地产作为一个产业尚未形成，只是在一些大中城市出现了为数不多的由政府出资的国有房地产开发企业，房地产远没有形成独立产业。

陕西的房地产业发展也大致和全国同步。虽然不像东南沿海经济发达省市发展得那么快，规模那么大，房价那么高，但和自己比，发展也是很快的。以西安市为例，20年前，西安只有20多家房地产开发企业，每年开发的规模很小，投资也很少。但经过20年的迅速发展，目前西安已有注册房地产开发企业近3000家（陕西全省约为5300家），每年投资额约1000亿元人民币，开工面积数千万平方米，销售面积1000多万平方米（2010年销售了1400多万平方米，2011年受限购令影响销售了1100多万平方米）。

2010～2011年，政策频出，市场动荡，变化剧烈，对于中国房地产业来说，是极为不平凡的两年。这两年中国房地产市场的剧烈变化皆与2008年秋天美国爆发的金融危机有关。2007年，美国爆发了次贷危机，房地产陷入低谷，2008年9月，以华尔街雷曼兄弟倒台为标志，爆发了横扫欧美，连累全球的世界金融危机，进而转变为世界经济危机。我国和世界经济，特别是和欧美日发达国家经济关系紧密，欧美的经济危机迅速影响了中国经济增速。为了保增长、保就业、保稳定，我国迅速出台了以4万亿投资为重点的大规模刺激需求保增长计划。与此同时，地方政府为了保土地财政，先后出台各种救助房地产计划，如个人买房优惠、政府给补贴、银行贷款75折；给开发企业优惠、减免配套费、缓缴土地出让金等。过度救市，导致中国的房地产业不但没有受到经济危机影响，反而一路飘红，房价节节攀升。

面对房地产的不理智发展，2009年11月中央经济工作会议发出了警告，但并未引起市场注意。到2010年春天，各大城市出现了市民彻夜排队抢购，楼市更加疯狂，“地王”频出现象。

正是在这种背景下，2010年4月17日，国务院出台“国十条”，强调要抑制房价过快上涨，加快普通商品房和保障房的建设，但地方政府和市场几乎没有回应。面对市场的不理智，面对地方政府对土地财政的依赖，对楼市的纵容，2011年初，中央政府出台了被称之为“历史上最为严厉的房地产调控政策”，即“国八条”。

“国八条”出台实施至今已一年有余。其政策效应显而易见：抑制投资、投机需求，稳定了楼市，抑制了过高过快上涨的房价；加大了保障房建设力度，使低收入住房困难的群体看到了希望，有的甚至已经住上了新房。从商品房市场看，以西安为例，2009～2011年，在经济危机期间，房价不但没有下降，反而从2008年每平方米4500元上涨到2011年6月的7000多元。但在“国八条”的“三限”（限购、限价、限贷）的严厉政策影响下，从2011年下半年开始，房价已经开始下降，2011年底回到2010年时的6500元。

从保障房建设看，陕西的保障房建设这两年规模大、速度快，走在全国前列。据统计，2010年，全省建设保障房12.48万套，改造棚户区7.69万户，全年完成投资164.35亿元。2011年，全年开工保障房48.13万套，竣工20.1万套，完成投资845亿元，其建设规模名列全国第三，工程进度名列全国第一。

但是，也应当看到，中央政府严厉的房地产调控政策对陕西省房地产市场健康发展的影响也是很大的。这是因为，陕西省地处内地，经济发展水平低，市民收入不高，房价也不高，像西安这样的大城市房价也只有每平方米6000多元，只是沿海一线热点城市京、沪、广、深等平均房价的1/3强或1/2弱。至于除西安以外的陕西其他城市，像关中地区咸阳、宝鸡、铜川、渭南和陕南地区的汉中、安康、商洛等城市，城市规模小，城市人口少，市场小，收入低，房价本来就不高，每平方米均价只有3500～4000元左右。受一年多来房地产严厉调控政策制约和大规模保障房建设的影响，陕西各中小城市除陕北榆林、延安外，其他城市的楼市低迷，商品房市场已到了难以为继的地步。这说明对于房地产市场的调控也不能“一刀切”，而应该根据各地区经济发达水平，房地产发展状况，特别是房价的水平区别对待，制定不同区域的房地产调控政策。

本书记录了陕西房地产业最近两年多的基本情况，提出对陕西省房地产业未来发展的建议。为编写此书，先后动员了西安和全省十多所高校和政府有关部门参与本书的编撰工作。从上年5月启动，历时1年，于2012年5月初终于完成初稿。后又经过编辑部同志一个多月的修改统稿，终于定稿，送交出版社。在这里，我们对为本书编写出版做过工作、付出过劳动的各高等院校、政府机构的专家学者、研究生、工作人员以及为本书出版提供了支持的各房地产开发企业表示衷心感谢。

编者

2012年7月20日

# Preface

Chinese real estate industry rose quickly and developed into the pillar industry of the national economy in a very short period, which is based on the rapid development of market economy and establishment of the market-oriented economic model in the fourteenth representative assembly after Deng Xiaoping's southern tour speech in the spring of 1992. Carefully calculated, Chinese economic system commercialization has been for over 20 years. With the development of market economy, large-scale development of Chinese real estate industry has also passed through 20 years. But this is not to say that there are not elements of market economy and real estate before China economic reform in 1992. Only in the first ten years of the reform and opening-up, Chinese economic system had slowly transformed from a planned economy to a planned commodity economy, the real estate as a industry has not yet formed, only in some big and medium-sized city appeared a few state-owned real estate development enterprises, the real estate was far from forming an independent industry.

Shaanxi real estate development has synchronized with countrywide real estate industry. Although not developed like southeastern coastal provinces, they develops so fast, the scale is so large, prices so high, compared with itself, Shaanxi real estate development is also very fast. Take Xi'an as an example, 20 years ago, there were only more than 20 real estate development enterprises in Xi'an, a small scale in the annual development, investment is also little. But after 20 years of rapid development, at present there are nearly 3000 registered real estate development company in Xi'an (more than 5000 in Shaanxi), annual investment is about one hundred billion yuan, construction area is more than 10 million square meters, sales area is about ten million square meters (about 14 million square meters were sold in 2010, in 2011, because of restriction of purchase, sales about 11 million square meters).

The past two years – 2010 and 2011, which is extreme unusual to the Chinese real estate industry, a frequent policy, market turbulence and change dramatic. These two years, Chinese real estate market fluctuation is relevant with financial crisis erupting in American Wall Street in the autumn of 2008. The United States sub-loan crisis erupted in 2007, real estate is immersed in trough, in 2008. 9, the collapse of Lehman brothers for the mark, financial crisis broke out across Europe and the United States, then turned into the world economic crisis. As a result of our country contacting closely with world economy, especially with Europe, the United States and Japan developed economy, so the economic crisis led a decline of Chinese economic growth rate quickly. In order to ensure economy, job security and maintain stability, China quickly formulates a plan of four trillion investments to stimulate demand and ensure economy growth. At the same time, the local government in order to preserve the land finance, they also introduced a variety of rescue the real estate planning. Such as the favored policy to the person who buy a house, government subsidies, the bank loan 25% off; favored policy to the enterprises, exemption supporting fees and payment of land leasing. Due to excessive rescues the market, which results in an abnormal phenomenon-Chinese real estate has not been suffer any effect, but the house prices rising all the way in the period of economic crisis.

Facing irrational development of real estate, the central government had put out a warning in central economic work conference in September, 2009. But because it was relatively mild, which did not cause the attention of the market. By the spring of 2010, the real estate market was more crazy, "The most expensive ground" rose frequently, many big cities appeared that the public queuing panic buying all night in Tongzhou, Beijing, there even was an extreme example that a suite will rise 500000 yuan when you turned back

It is under this background, in April 17, 2010 the State Council issued the "Ten States' policies" in April 17, 2010, which emphasized inhibiting the excessive growth of house prices, speeding up the construction of ordinary commercial housing and the indemnificatory apartments housing, but there almost is no response in the local government and market, or even an error argument "Housing Minister said not to calculate general manager said to calculate". In the face of the irrational market, local government fiscal dependence on land and governments' Indulge to market, finally, the central government make the central government launched "Eight States' Policies" in early 2011, which was called "the most stringent regulatory policies on real estate industry in history".

The "Eight States' Policies" has been implemented for a whole year and a half time so far. The policy effect is obviously: Restraining investment, speculative demand, Stability of the property market and the high and rapid rise in prices, increasing the indemnificatory apartments housing construction, and making the housing difficulties of indemnificatory apartments groups see the hope, and some even have lived on the bridal chamber, etc. The Xi'an real estate market from the point of view , for example , in the 2009 - 2011 three years , during the economic crisis , the prices not only did not decline , but rose to June 2011, more than 7000 yuan from 4500 yuan per square meter in 2008. Under the influence of stringent policies of the "Eight States' policies", "three limit" (the purchase, price, credit limit) from the second half of last year, house prices have begun to decline, the end of 2011 back to 6500 yuan in 2010. The property market has recently been warmer to rise, but the average price in June 6761 yuan, has not yet reached the average price in June 2011.

For the construction of Affordable Housing, the construction of Affordable Housing is growing very fast in Shaanxi, which is leading in china. According to statistics, the whole province, which completed investment of 16.435 billion yuan in 2010, built Affordable Housing 124, 800 sets and transformed Shantytowns 76900 sets. Shaanxi, which completed investment of 84.5 billion yuan in 2011, start to build Affordable Housing 481, 300 sets and complete 201000 sets, the scale of construction ranked third, the progress of project ranked first in China.

However, we should see, the impact of the strict real estate control policy in the Central Government is great to the healthy development of the real estate market in Shaanxi Province. Because Shaanxi Province is located in Mainland China, belong to the western developed regions, the low level of the economy makes people's income not high, house prices not high, Big cities such as Xi'an, house price is only 6000 yuan per square meter, which is less than one-third or half of the average prices in coastal first-tier cities like Beijing, Shanghai, Guangzhou, Shenzhen and other cities. As for the other cities outside of Xi'an in Shaanxi , Xianyang, Baoji, Tongchuan, Weinan in Guanzhong region and Hanzhong, Ankang and Shangluo in southern Shaanxi region and other cities are small and medium-sized cities. Those cities have small scale, less population, small markets, low incomes and low house price, the average house price is 3500 - 4000 yuan. Subject to the strict control of real estate policy and the large-scale Affordable Housing construction, the property market are downturn in small and medium-sized cities addition to Yulin, Yan'an in Shaanxi, the Commodity house market has developed to the point of unsustainable.

This shows that the control is not "one size fits all" for the real estate market, but should be based on the development of regional economy. The different real estate market should make different real estate control policies.

In short, this book records the basic situation of Shaanxi real estate in more than two years and also put forward our views and suggestions for the future development of

Shaanxi real estate industry. To write this book, we have mobilized a dozen universities in Xi'an and the whole province and relevant government departments to participate the compilation and research work. This study started in May last year, finally completed the first draft in early May this year. After more than a month modifying by the editorial board, this book finally finalized and sent to the Press to press. Here, we appreciate experts, scholars and graduate students, staffs in colleges and universities, government agencies, and Real estate development enterprises for your support.

Editor

July 20, 2012

# 目 录

## 总报告



## 专题篇



## 区域篇

# 总 报 告

# 2010～2011年陕西房地产业发展报告

课题组*

## 一 陕西省概况

### （一）土地资源状况和行政区划

陕西地处中国内陆腹地，黄河中游，南北长约870公里，东西宽200～500多公里，全省土地面积20.58万平方公里。陕西从北到南，可以分为陕北高原、关中平原、秦巴山地三个地貌区。陕北高原约占全省土地面积的45%，煤炭、石油、天然气和盐资源丰富，牧业较为发达。关中平原约占全省土地面积的19%，号称“八百里秦川”，土地肥沃，农产品富饶，是我国开发最早的农业区。陕南约占全省土地面积的36%，是陕西农村特产和矿产资源的宝库。太白山海拔3767米，为全省最高峰。华山海拔2160米，以险著称，又称西岳华山。全省共设西

* 课题组成员：王圣学，赵乃全（执笔），沈悦，余劲，任宽荣。

安、宝鸡、咸阳、铜川、渭南、延安、榆林、汉中、安康、商洛 10 个省辖市和杨凌农业高新技术产业示范区，有 3 个县级市、80 个县和 24 个市辖区。

## （二）人文资源状况

2011 年末，陕西省人口 3742.6 万，其中，城镇人口 1770.2 万，城镇化水平为 47.3%；乡村人口 1972.4 万，占 52.7%。人口自然增长率在 4.1‰以内。劳动适龄人口占总人口的比重从 2006 年的 72.7%，提高到 2011 年的 75.7%。全省常住人口中，每 10 万人中具有大学文化程度的由 4100 多人上升为 1 万多人，增长幅度较大。全省人口文化水平整体有所提升，名列全国前列。陕西科教综合实力居全国前列，是全国航空、航天、机械、电子、农林科技等领域重要的科研和生产基地，也是全国高等教育的重要基地。全省有专业技术人员 107.9 万人，其中两院院士 59 人，有各类科研院所 1076 个，普通高等院校 118 所（其中普通高校 79 所，独立学院 12 所，军事院校 8 所，成人高校 19 所），在校人数 133 万多人，每 10 万人口中有在校大学生 3209 人，居全国第四位，西部省（区）第一位。

陕西是中华民族、华夏文化的重要发祥地之一。先后有周、秦、汉、隋、唐等十三个王朝在西安建都，时间长达 1100 余年，留下了极为丰富的历史文化遗产。早在 100 多万年前，西安蓝田猿人就生活在这里。西安城东半坡遗址，展示出 6000 多年前母系氏族社会的进步与文明。坐落在陕西黄陵县的中华民族始祖轩辕黄帝陵，是凝聚中华民族的精神象征。西安临潼发掘的秦始皇兵马俑被称为"世界第八大奇迹"。特别是 1935～1948 年，中共中央在陕北领导了抗日战争和解放战争，奠定了新中国的基石，培育了光照千秋的延安精神。

## （三）经济资源状况

2011 年末，全省农业耕地 2772 万亩，未利用土地 1503 万亩。陕西横跨黄河、长江两大流域，全省多年平均降水量 676.4 毫米，平均地表径流量 425.8 亿立方米，水资源总量 445 亿立方米，居全国各省区市第 19 位。陕西地区地下矿藏丰富，许多矿藏在全国占有重要地位。据测算，其潜在经济价值超过 42.5 万亿元，居全国第一位。目前探明存储量的有 93 种，储量居全国前十位的有 58 种，居二、三位的煤、天然气、钼、汞、高岭土等 18 种。钼、钛加工规模与产

量居全国第一，亚洲最大，并已进入国际市场。陕西是中国旅游资源最富集的省份之一，人文旅游资源品位高，存量大，文化积淀深厚，被誉为“天然的历史博物馆”，全省现有各类文物3.58万处，博物馆15座，馆藏各类文物90万件（组），在数量、等级上均居全国首位。省内有世界级文化遗产1处，国家级风景名胜5处，中国优秀旅游城市6个，中国旅游强县1个，省级旅游强县21个。

## （四）经济社会发展状况

据陕西省统计局资料显示，2010年陕西生产总值为10123.48亿元，比上年增长14.5%，首次突破万亿元大关，在全国位次排第8位。人均生产总值在全国排第17位。全社会固定资产投资8562.04亿元，比上年增长30.7%，在全国位次排第14位。2011年，陕西全年生产总值12391.3亿元，比上年增长13.9%，在全国位次排第6位。其中第一产业增加值1220.90亿元，增长5.9%，占生产总值的比重为9.9%；第二产业增加值6836.27亿元，增长16.9%，占55.1%；第三产业增加值4334.13亿元，增长11.7%，占35.0%。2011年陕西人均生产总值33142元，比上年增长13.7%。全年非公有制经济增加值6257.1亿元，占生产总值的50.5%，比上年提升1个百分点。全社会固定资产投资突破万亿元，达10033.05亿元，比上年增长17.2%，在全国位次排第14位，增长29.7%。全年民间投资5016.97亿元，比上年增长42.5%，占固定资产投资的51.7%。全年实现社会消费品零售总额3790亿元，比上年增长18.6%。全年接待国内外游客1.84亿人次，比上年增长26.3%，旅游总收入1325亿元，增长34.7%。2011年，全省外贸进出口总额146.23亿美元，比上年增长20.8%，实现贸易顺差6.02亿元。2011年末，全省金融机构（含外资）本外币各项存款余额19348.66亿元，同比增长16.6%，各项贷款余额12097.34亿元，同比增长18.3%。全年城镇居民人均可支配收入18245元，比上年增长16.2%，相当于全国平均水平的83.7%，比上年提高了1.6个百分点。农村人均纯收入5028元，增长22.5%，相当于全国平均水平的72.1%，比上年提高2.7个百分点，城乡居民收入年增量均创历史新高。2011年，全省财政总收入达到2577.97亿元，增长43.1%，增777亿元，增量高于前两年增量总和。地方财政收入全年实现1499亿元，增长56.5%，创历史最高水平。2011年，全年居民消费价格总水平上涨5.7%，全省城镇新增就业人数41.15万人，城镇登记失业率3.59%，较上年下降

0.26 个百分点。全省参加城镇养老保险人数 530.67 万人，累计实施城乡医疗救助 379.7 万人次，人均救助 1069 元。

## 二　陕西房地产企业发展情况

### （一）房地产企业基本情况

据了解，2011 年，陕西房地产企业登记注册 5300 多家，其中西安登记注册房地产企业近 3000 家。2011 年陕西统计年鉴数据显示，2010 年，陕西省有项目的房地产开发企业 1274 个，其中内资企业 1243 个，港澳台投资企业 17 个，外商投资企业 14 个。具有二级以上资质的房地产开发企业占企业资质总数不到 20%。房地产开发公司资产 2799.1 亿元。2010 年，陕西房地产企业施工项目 795 个，全部建成投资项目 209 个，施工项目计划总投资 1553.7 亿元，本年完成投资额 605.76 亿元，新增固定资产 22.16 亿元。本年房地产开发企业经营收入 889.45 亿元，其中商品房销售收入 860.55 亿元，占经营收入的 96.8%。2010 年，陕西省房地产企业职工年末人数 48722 人，其中国有单位 12542 人，城镇集体单位 3674 人，其他单位 32506 人。其中专业技术人员 11442 人。全省房地产企业平均劳动报酬 37842 元，其中国有单位 25785 元，城镇集体单位 10291 元，其他单位 47249 元。2007 ~ 2011 年，房地产开发投资年均增长 31.4%。

西安市在陕西各城市中占比过高，无论在企业数量、企业二级以上资质等级，还是商品房施工面积、新开工面积等方面都是一家独大，占全省比重高达 60% 以上。2010 ~ 2011 年，西安房地产开发投资分别占全省房地产开发投资总量的 70% 以上。陕西房地产开发企业不仅参加商品房市场的开发投资，而且积极参加保障房市场的开发投资，不仅把企业效益做到最大，而且尽力提高社会效益，在大的房地产开发项目中都承担有保障房的建设任务。

### （二）房地产企业发展状况分析

#### 1. 陕西房地产企业经济运行趋势

据国家统计局陕西调查总队 2011 年上半年调研分析，陕西房地产经济增长与全国房地产经济增长基本吻合，呈现明显的周期性波动。1995 ~ 2002 年，陕

西房地产经济增速高于全国，而2003～2007年明显低于全国增速。自2008年以来，陕西房地产经济又显现出快速增长势头（见图1）。

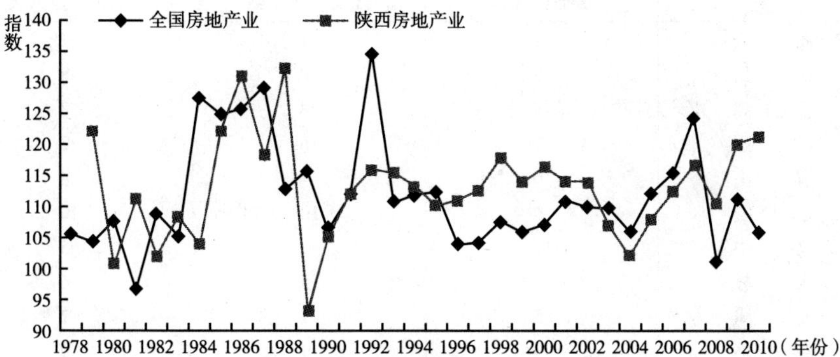


**图1　陕西房地产业经济运行比较**

资料来源：国家统计局陕西省调查总队。

一方面，陕西房地产对陕西经济增长贡献较少，2005～2010年，陕西房地产增加值占地区生产总值比重低于同期全国房地产增加值占国内生产总值比重；另一方面，陕西房地产经济近年有所发展，陕西房地产占全国的比重由2005年的1.26%上升到2010年的1.63%，在全国的位次由第23位上升到第19位（见表1）。

**表1　陕西房地产与全国房地产比较分析**

单位：%，位

| 年份 | 房地产增加值占地区生产总值比重 | | 陕西房地产占全国 | |
|---|---|---|---|---|
| | 陕西 | 全国 | 比重 | 位次 |
| 2005 | 2.87 | 4.25 | 1.26 | 23 |
| 2006 | 2.59 | 4.29 | 1.18 | 24 |
| 2007 | 2.54 | 4.34 | 1.16 | 23 |
| 2008 | 2.33 | 3.89 | 1.26 | 24 |
| 2009 | 2.94 | 4.68 | 1.40 | 20 |
| 2010 | 3.12 | 4.43 | 1.63 | 19 |

资料来源：《陕西省要情（2010）》。

**2. 房地产企业规模比较**

西安、榆林、商洛、宝鸡等市房地产投资规模较大，西安、汉中、宝鸡等市开发公司较多，西安、咸阳、宝鸡等市房地产企业从业人员较多（见表2）。

**表 2　2010 年陕西省各地区房地产主要经济指标排名情况**

单位：位次

| | 房地产投资 | 开发公司个数 | 企业从业人员 |
|---|---|---|---|
| 西　安 | 1 | 1 | 1 |
| 铜　川 | 8 | 8 | 8 |
| 宝　鸡 | 4 | 3 | 3 |
| 咸　阳 | 7 | 6 | 2 |
| 渭　南 | 6 | 4 | 4 |
| 延　安 | 9 | 10 | 10 |
| 汉　中 | 11 | 2 | 5 |
| 榆　林 | 2 | 5 | 6 |
| 安　康 | 5 | 7 | 7 |
| 商　洛 | 3 | 9 | 9 |
| 杨凌示范区 | 10 | 11 | 11 |

资料来源：《陕西统计年鉴（2011）》。

**3. 房地产企业生产经营情况**

相对于其他行业，陕西房地产企业运行状况良好。调查结果显示，陕西房地产企业经营状况良好及较好以上的占 34%，一般以上的占 53.9%，较差和差的占 12.1%（见图 2）。

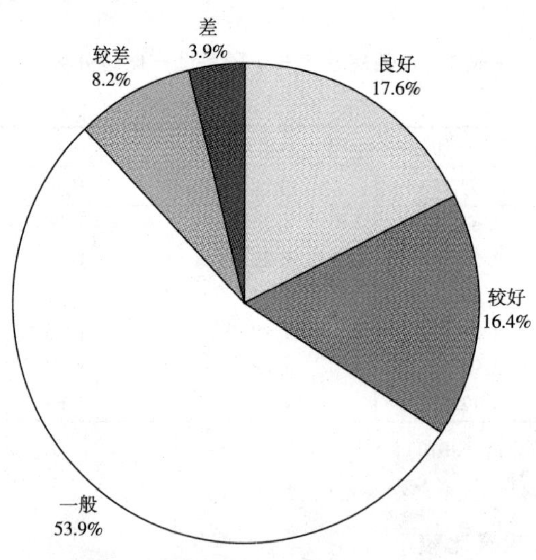


**图 2　陕西房地产调研企业经营状态**

资料来源：《陕西统计年鉴（2011）》。

**4. 企业融资状况**

调查显示，陕西房地产企业融资状况较差，78.6%的房地产企业认为融资困难，贷款难导致融资紧张的企业占58.8%，利息高导致资金紧张的企业占13.2%，仅有21.4%的房地产企业认为融资宽松，其主要原因自筹的占66.7%，市场的仅占14.3%（见表3）。

**表3 陕西房地产调研企业融资状况**

| | 原　因 | 占比(%) | | 原　因 | 占比(%) |
|---|---|---|---|---|---|
| 紧张<br>78.6% | 利 息 高 | 13.2 | 宽松<br>21.4% | 政府扶持 | 4.0 |
| | 贷 款 难 | 58.8 | | 市 场 好 | 14.3 |
| | 欠 账 多 | 4.6 | | 自　筹 | 66.7 |
| | 库 存 大 | 2.0 | | 贷　款 | 15.1 |

资料来源：《陕西统计年鉴（2011）》。

**5. 企业发展环境**

总体而言，陕西房地产发展环境较好，但相对于其他行业而言，无论是政策环境还是投资环境，企业的满意度都较差。调查显示（见图3），陕西房地产行业有17.1%的企业认为政策环境较差或差，8.1%的企业认为投资环境较差或差。陕西房地产经济整体运行趋势虽有好转，但受房地产调控政策的影响，房地产企业对全年市场前景看好的仅有11.6%，持谨慎态度的高达62.5%。

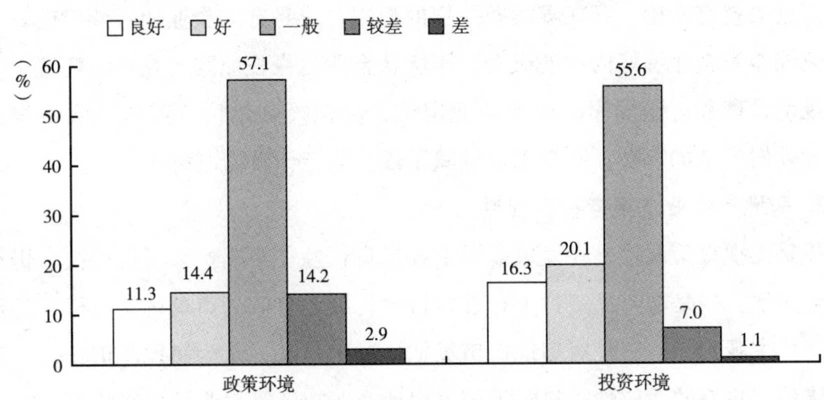


**图3 陕西房地产调研企业发展环境评价**

资料来源：《陕西统计年鉴（2011）》。

## （三）房地产企业存在的主要问题

从20世纪80年代中期，伴随着住房改革出现开发企业以来，特别是1992年邓小平南巡讲话，我国实行经济模式市场化以来，陕西房地产企业从小到大，从卖方市场到买方市场，从不规范到规范管理，经历了一个成长发展成熟的过程，虽然在房地产发展中不断得到完善提升，不断适应市场需要，但仍存在一些有待解决的问题。从调查反映的情况看，主要有以下几方面：

**1. 房地产企业还没有完全从卖方市场转变到买方市场中来，存在经营运作不规范问题**

卖方市场时期开发企业拿一块地就能赚钱的粗放开发模式，在相当一部分企业中特别是中小企业仍然存在。违规操作，诚信缺失，甚至擅自改变规划方案，超容积率和改变规划设计用途；手续不完善就开工，未开工先预售，房屋结构不合理，配套不到位，承诺不兑现，合同有欺诈，诚信度差，社会信誉度低，造成销售难，办证难，物业管理难。一旦市场低迷，企业发展就会遇到严峻挑战，不少开发商甚至把企业命运寄托到政策救市上来。

**2. 房地产企业对房地产市场调控反应滞后**

一是在国家调控政策力度加大以后，有不少开发企业仍按扩张性思维规划投资和收益，没有按调控政策的思路进行调整。二是仍有相当数量的企业存在等待调控政策改变的思想，有的在资金紧张的情况下，通过信托等渠道高息融资，认为能挺过去就有希望，存在继续搏一把的想法。三是有的企业面对调控政策，没有把调控作为企业练好内功的机会，不能从企业自身找原因，在产品配置上下工夫，规范管理和运作程序，调整企业定位，优化投资结构，而是采取不规范手段，弥补损失增加收益，甚至采取欺骗手段，侵犯消费者利益等。

**3. 房地产企业发展存在盲目性**

一是无视政策调控，在发展规模上存在盲目性，不断扩大投资规模，仍然囤地甚至捂地。二是在产品定位上存在盲目性，缺乏有效的市场调研分析，甚至靠经验，凭主观判断。三是对房地产市场估计过于乐观，认为房地产市场会一直向上，错估了自身的适应性，忽略了国家房地产调控政策对市场的影响等。

**4. 房地产企业自身建设需要加强**

一是企业逐利意识太强，有的存在恶性竞争心态，甚至为取得项目和办理项

目手续不择手段。二是品牌房企的过硬品牌产品不多，尤其是为普通购房者提供的过硬品牌产品较少。购房者入住了，才发现产品某些方面存在功能缺陷。三是国有企业市场竞争力不够强，大多数国有房企缺乏非国有制企业的灵活性和适应性，高端人才缺乏，管理机制不到位，项目成本过大，利润普遍偏低，市场份额变小。国有开发企业的根本问题是，国有资产不能抵押贷款，资金来源成本高。从存在问题的原因看，一是房企存在利润为王的心理，相当一部分房企不是把练内功、创精品作为服务宗旨，而是把跑关系放在首位，跑关系要项目，跑关系贷资金，获取不正当竞争优势。二是开发企业对调控政策的反应存在时滞，相当一部分开发企业继续加大土地和住宅供给，到 2011 年四季度，房地产业企业家信心指数下降到 72.2，拿地意愿才开始下降。

## 三　陕西房地产市场运行情况

### （一）2010 年陕西房地产市场运行情况

#### 1. 房地产开发投资情况

2010 年，全省房地产开发计划总投资 4705.4 亿元，实际完成投资 1159.45 亿元，增长 23.2%，占全社会固定资产投资 14.2%，在全国排名第 17 位。按隶属关系分，地方投资 1151.25 亿元，其中市县投资 1105.71 亿元。按构成分，建筑工程投资 851.79 亿元，安装工程投资 98.1 亿元，设备工器具购置 24.19 亿元，其他费用 185.39 亿元，其中土地购置费 107.45 亿元。按工程用途分，住宅投资 938.15 亿元，增长 20.2%，其中经济适用房投资 33.68 亿元，增长 -18%；别墅、高档公寓投资 23.20 亿元，办公楼投资 36.57 亿元，商业营业用房投资 106.4 亿元，其他投资 78.34 亿元。本年新增固定资产 269.46 亿元。房地产开发资金来源小计 1978.31 亿元，其中国内贷款 215.17 亿元，利用外资 5.62 亿元，自筹资金 642.8 亿元，其中自有资金 291.5 亿元，其他资金来源 820.16 亿元，其中定金和预收款 507.28 亿元，个人按揭贷款 236.37 亿元。

西安市 2010 年房地产开发投资 842.34 亿元，同比增长 21.3%，其中住宅投资 670.26 亿元，增长 18.3%；经济适用房 23.01 亿元，增长 -15.7%。西安市房地产开发投资在全省占 72.6%。

**2. 建设用地情况**

2010 年，全省有偿出让土地面积 3852.485 公顷（5.78 万亩），其中招拍挂出让 3154.375 公顷（4.73 万亩），占出让面积的 81.88%，与上年同期相比上升 7.37 个百分点，土地出让总价款约 387.5 亿元（见图 4）。

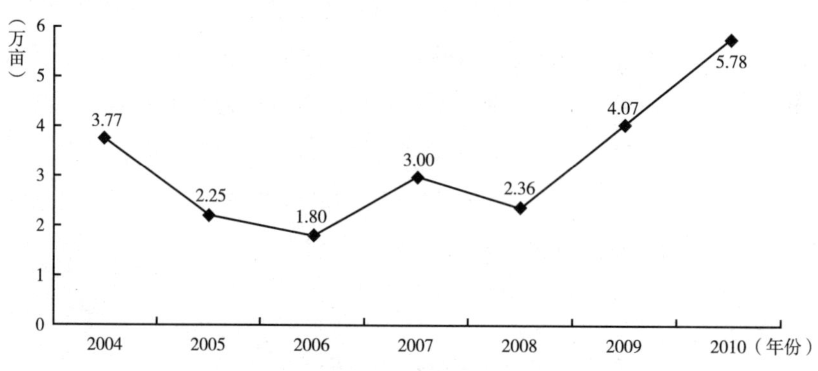


**图 4　2004～2010 年全省土地出让情况变化**

资料来源：《2010 年陕西国土资源公报》。

2010 年，全省用地计划为 3465.94 公顷，住宅用地面积为 2346.88 公顷（3.52 万亩），住宅用地同比增加 294.8%，其中保障性住房、中低价位商品房、棚户区改造“三类用地”1829.19 公顷（2.74 万亩），占住宅供地面积的 77.7%，在全国 31 个省区市中位列第 13 位。2010 年，全省建设用地构成：交通基础设施用地 4.0 万亩，占 38%；商业及商业用地 0.52 万亩，占 5%；商品房用地 1.56 万亩，占 15%；经济适用房用地 0.42 万亩，占 4%，廉租房用地 0.19 万亩，占 2%；其他住宅用地 0.11 万亩，占 1%。2010 年，无别墅供应用地（见图 5）。与上年相比，供地总面积增长 27.76%，工矿仓储用地增长 30.22%，中低价位普通商品房用地、保障性住房用地增长 145.63%。

西安市 2010 年住房供地计划 12614 亩，其中保障性住房计划供地 8918 亩，占全市住房建设用地总量的 71%。保障性住房用地中，廉租房、经济适用房用地 2176 亩，棚户区改造（城改）用地 1991 亩，中小套型商品房用地 4751 亩。

**3. 销售面积、销售额情况**

2010 年，全省商品房销售面积 2590.18 万平方米，同比增长 24.1%；其中现房面积 319.12 万平方米，同比增长 -12.7%；期房 2271.06 万平方米，同比

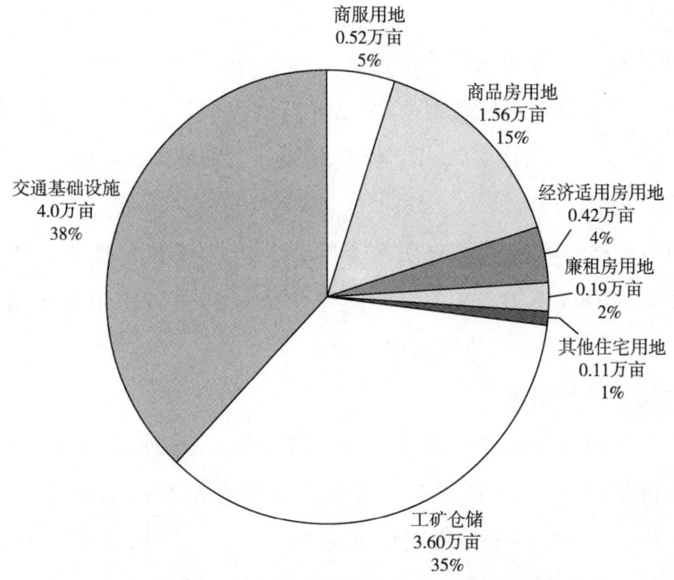


**图 5　2010 年全省建设用地构成情况**

资料来源：《2010 年陕西国土资源公报》。

增长 31.9%；住宅销售面积 2471.95 万平方米，同比增长 23.9%；其中现房面积 300.55 万平方米，同比增长 -9.9%；期房面积 2171.40 万平方米，同比增长 30.6%。办公楼销售面积 40.04 万平方米，同比增长 103.1%；商业营业用房销售面积 63.36 万平方米，同比增长 -3.1%；商品房销售额 973.44 亿元，同比增长 44.7%；住宅销售额 906.00 亿元，同比增长 45.8%；办公楼销售额 22.09 亿元，同比增长 118.7%；商业营业用房销售额 40.11 亿元，同比增长 1.7%。

**4. 房屋开发规模与开、竣工面积**

2010 年，全省房屋施工面积 9965.18 万平方米，同比增长 21.0%；其中新开工面积 3329.19 万平方米，同比增长 19.1%；竣工面积 860.79 万平方米，同比增长 -6.1%；住宅施工面积 8595.32 万平方米，同比增长 21.3%；其中新开工面积 2887.08 万平方米，同比增长 18.9%。竣工面积 762.97 万平方米，同比增长 -3.5%。办公楼施工面积 229.63 万平方米，同比增长 -11.9%，其中新开工面积 38.08 万平方米，同比增长 -11.9%。竣工面积 11.79 万平方米，同比增长 -57.4%。商业营业用房施工面积 707.68 万平方米，同比增长 22.0%，其中新开工面积 257.27 万平方米，同比增长 29.5%；竣工面积 58.29 万平方米，同

比增长 -27.6%。

**5. 土地开发、购置和交易价格情况**

2010 年，全省土地购置费 107.29 亿元，同比增长 46.6%；本年购置土地面积 579.49 万平方米，同比增长 42.0%；完成开发土地面积 308.93 万平方米，同比增长 -39.2%。

土地交易价格继续上涨。分四个季度看，全省城市土地交易价格分别上涨 5.0%、6.3%、9.8% 和 9.8%，涨幅逐季加大。其中居住用地价格上涨 10%，工业用地涨 6.5%，商业营业用地涨 4.0%。

**6. 房屋销售价格情况**

2010 年，陕西房屋销售价格同比上涨 11.1%，涨幅比上年高 9.6 个百分点。新建房销售价格同比上涨 11.5%，其中，90 平方米及以下新建住宅同比上涨 13.2%。分类看，新建住宅价格同比上涨 11.5%，住宅均价达 5500 元/平方米；新建非住宅销售价格同比上涨 15.0%，其中，办公楼价格同比上涨 11.9%，商业营业用房同比上涨 19.5%。房屋租赁价格小幅上涨。

2010 年，陕西房地产市场的运行特点：在国家调控政策遏制房价过快上涨的情况下，房地产开发投资保持了平稳增长，房屋开发规模继续扩大，住房有效供给持续增加，土地交易价格环比涨幅逐季上涨，特别是中低价位普通商品房用地和保障性住房用地增幅较大。房屋销售价格继续上涨，涨幅比上年高 9.6 个百分点，其中新建住房销售价格同比上涨 11.5%，房地产业景气指数四季度为 155.6，比上年同季增 2.7，在国家调控政策打击投机性需求的情况下，开发商继续看好房地产市场。调控形势下陕西房价上涨的主要原因：一是陕西城市化进程不断加快，大量住房需求在短期内快速涌现，供需矛盾突出；二是随着居民消费价格指数（CPI）的持续走高，市场存在通货膨胀预期；三是各级政府“土地财政”未得到明显改变，土地交易价格仍然较高；四是居民财政的积累催化了大量的投资理财需求；五是城中村改造力度加大，房屋租价提高，推动房价上涨。

## （二）2011 年陕西房地产市场运行情况

**1. 房地产开发投资**

2011 年，全省房地产开发投资 1420.53 亿元，比上年增长 22.5%，其中住宅投资 1180.11 亿元，比上年增长 25.8%，经济适用房投资 42.82 亿元，比上年

增长27.2%。办公楼投资39.95亿元，商业营业用房投资123.93亿元。本年资金来源小计1929.28亿元，其中国内贷款231.17亿元，利用外资0.24亿元，自筹资金701.5亿元，其他资金996.36亿元。2011年房地产开发投资占固定资产投资的15.7%，比重比2010年的15.3%高出0.4个百分点。2011年房地产业增加值369.55亿元，是2006年的3.1倍，占全省GDP的3%，比重提高了0.4个百分点。

在全省房地产开发投资中，非国有经济占比超过九成。2011年，非国有房地产开发企业完成投资1302.52亿元，是2006年的3.6倍，年平均增长29.3%，占全省房地产开发投资比重由2006年的91.3%提高到2011年的91.6%。

**2. 土地供应**

2011年，全省住房土地供应计划为6288.06公顷，其中廉租房用地435.3公顷，经济适用房用地1035.52公顷，各类棚户区改造用地579.75公顷，公共租赁房用地2265.49公顷，限价商品房用地644.91公顷，中小套型商品房用地2265.49公顷，其他用地1082.6公顷。2011年全省土地交易价格指数为108.6，其中居住用地指数108.6，工业用地指数为110.6。

2011年，西安市共挂牌出让土地298宗，出让面积1151.45平方米，同比上涨了14%。继2010年首次突破1000万平方米大关后，本年继续保持增长。2011年，西安市共成交土地225宗，成交面积891.85万平方米，同比上升19.8%，成交金额234.94亿元。住宅用地和商业用地双双出现增加。近几年西安土地市场成交量连续上升，2011年的限购令没有影响到全年土地市场的火热，突破了850万平方米，比2009年增长了150万平方米（见图6）。

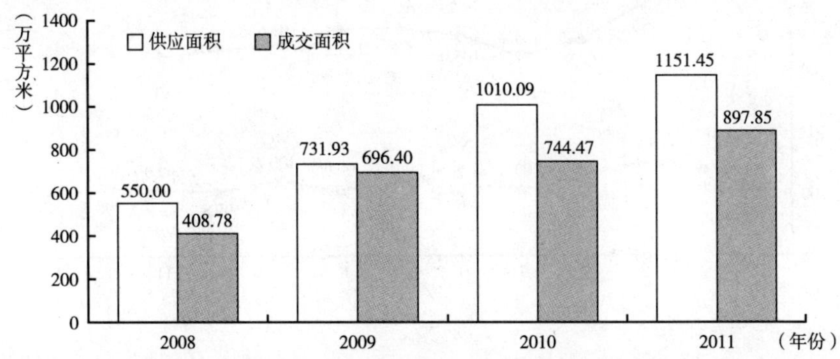


**图6　2011年西安土地供应和成交量再创新高**

资料来源：西安市房地产信息网数据研究中心。

**3. 房屋开发规模与开、竣工面积**

2011 年，房屋施工面积为 12179.97 万平方米，同比增长 22.4%；新开工面积 3843.17 万平方米，同比增长 17.5%；商品房竣工面积 1104.45 万平方米，同比增长 22.7%。

西安市 2011 年商品房施工面积 8215.57 万平方米，同比增长 22.7%；其中住宅 7074.47 万平方米，同比增长 22.4%；商品房竣工面积 633.97 万平方米，同比增长 36.7%；其中住宅 558.55 万平方米，同比增长 35.4%。

**4. 商品房销售面积、销售额**

2011 年，全省商品房销售面积 3068.63 万平方米，同比增长 18.5%，增速回落 5.6 个百分点；商品房销售额为 1517.2 亿元，同比增长 55.8%；商品房待售面积为 128.61 万平方米，同比增长 39.7%。

**5. 房屋销售价格**

2011 年元月份，陕西新建住宅销售价格累计上涨 5.1%，2 月份价格指数最高点出现，同比涨幅高达 7.2%，其他月份基本稳定在 4% ~5% 之间。下半年，陕西新建住宅价格多次出现环比下降。8 月份较上月仅下降 0.01%。四季度，新建住宅销售价格同比涨幅回落明显，而环比价格逐月回落，价格连续三个月较上月下降。12 月份，新建住宅环比价格指数为 98.7，同比价格指数为 102.4，均为年内最低水平（见图 7）。

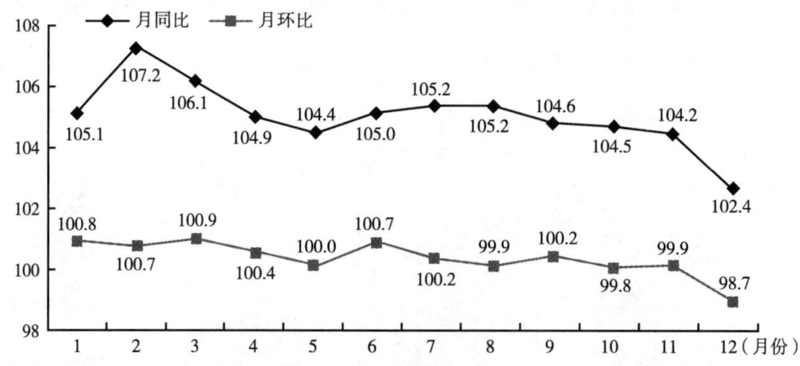


**图 7　陕西 2011 年新建住宅价格指数**

资料来源：国家统计局陕西调查总队。

## （三）2010～2011 年陕西房地产市场运行情况分析

2010～2011 年，在国家房地产调控政策和西安市政府“限购令”持续作用下，陕西房价延续 2010 年过快上涨的趋势得到控制，市场投资涨幅回落，投机性需求得到遏制，房地产开发商采取以价换量的策略，自住性需求从观望逐渐回归理性。

**1. 房地产开发投资涨幅回落**

2010 年，全省房地产开发投资增长 23.2%，比 2009 年房地产开发投资增长 23.8% 回落了 0.6 个百分点。2011 年，全省房地产开发投资增长 22.5%，比 2010 年增幅回落 0.7 个百分点。从房屋新开工面积看，2010 年，全省房屋新开工面积同比增长 19.1%，2011 年，全省房屋新开工面积同比增长 17.5%，增幅比 2010 年回落 1.6 个百分点。房地产开发投资涨幅回落，反映了国家房地产调控政策效果显现。

**2. 企业资金趋紧，融资模式多元化**

2010 年，全省房地产资金来源小计 1978.31 亿元，2011 年减少到 1929.28 亿元，减少 49.03 亿元。其中利用外资由 5.62 亿元减少到 0.24 亿元。2011 年 1～9 月，全省房地产企业资金来源 1440.10 亿元，同比增长 22.3%，增速比 1～8 月回落 0.5 个百分点。企业资金来源增速从 2011 年 2 月开始已 7 个月低于完成投资增速，企业资金来源逐渐趋紧（见图 8）。

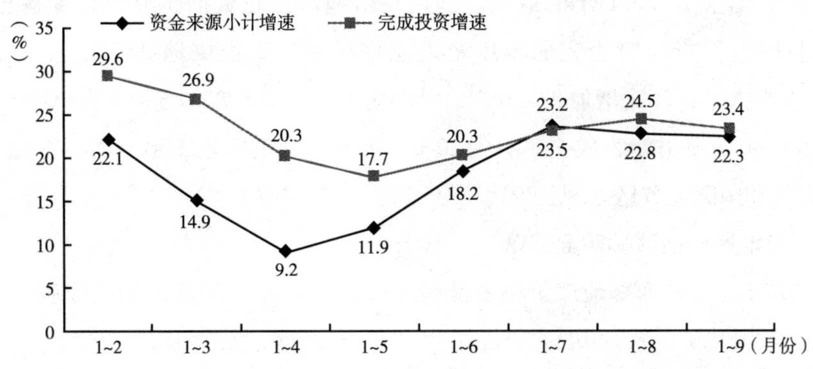


**图 8　2011 年 1～9 月完成投资与资金来源对比**

资料来源：陕西省统计局。

这说明，在调控政策下，伴随着通胀压力的增大，银行信贷能力受限，开发商通过以价换量缓解贷款难的资金压力。加之，保障房建设除了政府财政拨款以外，还分流了一部分社会资金和银行贷款，造成房地产开发企业资金来源减少。

房地产企业融资模式多元化。资金对企业的生存和发展至关重要，特别是受国家房地产新政策影响，各商业银行纷纷提高对房地产企业贷款的门槛，促使房地产企业加强“内功”，采用多种方法筹措资金。信托、股权、基金、债券等新的融资渠道使得全省房地产企业融资模式出现了多元化的趋势。截至 2011 年末，全省房地产开发企业到位资金 1929. 28 亿元，其中，国内贷款 231. 17 亿元，占全部到位资金比重为 12. 0% ，比 2006 年下降 4. 7 个百分点；企业自筹资金 701. 50 亿元，占全部到位资金比重为 36. 4% ，比 2006 年下降 8. 5 个百分点；其他资金 996. 36 亿元，占全部到位资金比重为 51. 6% ，比 2006 年提高 12. 2 个百分点。在其他资金中，定金及预收款 599. 03 亿元、个人按揭贷款 264. 50 亿元，分别占其他资金的 60. 1% 和 26. 5% 。其中，个人按揭贷款占本年全部到位资金 13. 7% ，超出企业国内贷款占比 1. 7 个百分点。房地产企业融资正走向模式多元化，融资结构改善，提高了竞争力。

**3. 企业购地意愿下降**

2010 年，全省土地购置费同比增长 46. 6% ，本年购置土地面积同比增长 42% 。2011 年企业购地意愿下降，全省 1 ~9 月本年土地购置面积 388. 48 万平方米，同比增长 2. 8% ，比 1 ~8 月份回落 5. 8 个百分点，较 2010 年同期回落 33. 2 个百分点，下降至 2011 年的最低。据西安房地产信息数据研究中心资料显示，2011 年 12 月，市政府为完成年度土地供应计划，集中供地 64 宗，供应面积 217. 3 万平方米，环比增加 327. 8% ，但成交土地只有 5 宗，流拍率在 90% 以上，成交面积 40 万平方米，成交率不到 20% ，而且成交的 5 宗土地全集中在城东浐灞生态区和国际港务区（见图 9）。

**4. 房地产价格涨幅明显回落**

2010 年，是陕西房地产价格上涨幅度较大的一年。随着国家调控政策力度的加大，2011 年，陕西房地产价格涨幅明显回落。新建住宅销售价格上涨 4. 9% ，涨幅较上年回落 6. 6 个百分点，涨势明显趋缓。大户型（144 平方米以上）房价涨幅回落较快，中（90 ~144 平方米）、小（90 平方米以下）户型受到消费者关注。2011 年 9 月之后，大户型房价已回落并低于上年水平，中、小户

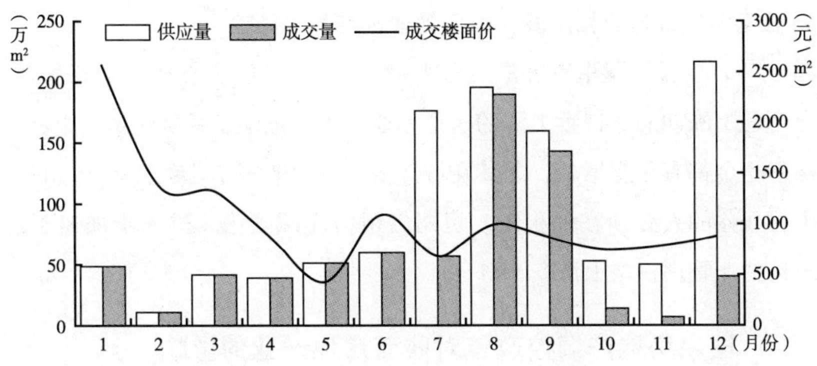


**图9　2011年西安土地市场月度供求走势**

资料来源：西安房地产信息网数据研究中心。

型房价虽有回落，但仍高于上年水平。特别是2011年底以来，开发商开始以价换量，优惠和降价销售已成为营销基调。12月份，大、中、小三种户型价格分别下降3.7%、0.1%和0.7%（见图10）。

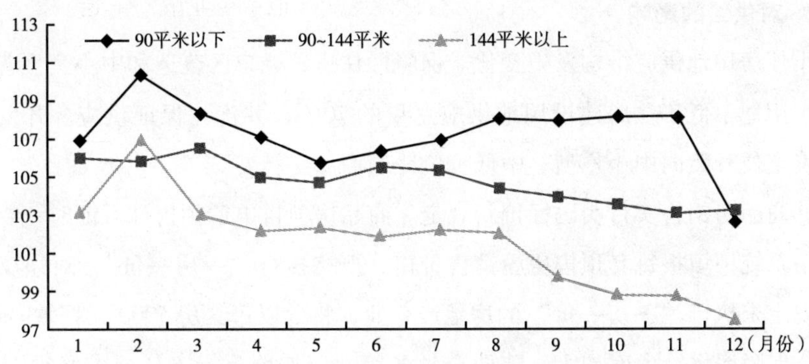


**图10　2011年陕西新建住宅分户型价格指数（上年=100）**

资料来源：国家统计局陕西省调查总队。

**5. 二手住宅受到追捧**

2011年，全省二手住宅销售价格上涨10.7%，高出新建住宅价格涨幅5.8个百分点。分月度看，二手房涨幅最高时达到13.6%，新建住宅涨幅最高时为7.2%。拥有配套的设施和物业、优越的地理位置、相对低廉的价格使二手房受到购房者的青睐。二手住宅受追捧也是新建住宅销售价格回落的重要原因之一，反映了市场供给结构的变化。

**6. 住宅租赁价格小幅上涨，物业管理价格基本稳定**

2011 年，全省房屋租赁价格上涨 4.4%，低于同期全省居民消费价格涨幅，处在合理的上涨期间。持续上涨的房价和通胀因素推动了租赁价格的上涨。全省各地房屋租金都有一定增长，尤其在城区受旧城改造等基建项目影响，许多原来在城中村居住的人必须在外租房，短期出租房房源紧张，进一步加速了房价上涨。全年物业管理价格上涨 0.15%。

## （四）国家房地产调控政策对陕西房地产业的影响

与“十一五”期间的调控政策相比，2011 年国家调控政策的主要特点：一是调控重点由土地市场转向房、地市场调控相结合；二是调控手段由供给管理为主转向供给管理与需求管理相结合；三是调控方式由单一调控转向差别化、责任化、综合化调控；四是调控对象由整体市场转向投资投机性需求；五是把抑制房价过高作为惠民生的重大举措。

**1. 对供给的影响**

①住房用地供应结构发生变化。保障性住房、棚户区改造和中小套型普通商品住房用地不低于住房建设用地供应总量的 70%，并优先保证供应。开发商住宅开发定位开始向中小户型、中低价位普通商品房转变。

②商品房销售实行明码标价新规定。商品房项目申请预售许可证时，要在销售网络系统中填报每套预售房屋销售价格，严格执行“一房一价”。对违反明码标价规定未执行“一房一价”的房地产企业，将处以每套房 5000 元罚款。

③保障房供给力度加大。陕西全省各级政府按照目标责任要求必须在 2011 年 10 月 31 日前完成总共 47.37 万套保障房的开工任务，陕西实际完成了 48.13 万套，投入资金 845 亿元。

④资金供给发生变化。2010 ~ 2011 年，中国人民银行多次上调贷款基准利率，使贷款基准利率提升至 6.56%。2011 年还多次加息，使金融机构人民币一年期存款利率达 3.5%。另外，到 2011 年 6 月 14 日，央行第六次上调存款准备金率，使大型金融机构存款准备全率达到 21.5%，中小金融机构存款准备金率达到 18%。银根紧缩，使房地产企业的贷款成本提高，贷款政策使房地产企业贷款困难，资金链趋紧。这也表明了政府遏制房价过快上涨的决心和态度。

**2. 对需求的影响**

①保障房建设分流了一部分中小户型商品房的购买者。

②限制了投资投机性需求。西安市居民限购二套房，禁购三套以上住房，二套房首付最低 60%，这既限制了投资投机性需求，也限制了部分改善性需求。

③实行差别化住房信贷政策。全省对贷款购买第二套房的家庭，首付款比例不低于 60%，贷款利率不低于基准利率的 1.1 倍。

④外地购房者须出具纳税证明，限制了部分外地购房者的购房需求。

另外，二手房市场的活跃，减少了对新建商品住宅的需求。从陕西省的实际情况看，调控政策重点抑制和打击了投机性需求，有利于陕西房地产市场的健康发展。

**3. 对资金的影响**

①资金来源减少。2011 年，陕西房地产市场开发投资资金来源减少 49.03 亿元。

②开发资金投向发生变化。开发商的开发资金投向转向中小户型、中低价位的普通商品房、商业物业用房、中小城市和县城，也就是向不受调控政策影响的市县流动。

③开发企业资金趋紧，负债增大，开发商开始通过以价换量回笼资金。

④开发企业高息筹资。开发商通过信托等多渠道，甚至高息筹集资金。

**4. 对房地产企业的影响**

国家统计局陕西调查总队的调查数据显示，房地产企业认为楼市调控对房地产企业影响最大的政策及措施依次是，金融信贷政策 55.4%，土地政策 31.5%，市场监管措施 8.3%，财政税收政策 3.6%，其他 1.1%（见图 11）。

认为调控政策对房地产企业资金影响较大的占 26.0%，对房价影响较大的占 24.6%，对未来投资计划影响较大的占 23.5%，对土地购置意愿影响较大的占 17.4%，认为调控政策影响不大的占 1.6%。

①房地产企业进入内部调整阶段。一是有的企业项目手续不全，楼销售出去了，产权证办理需要完善相关手续，该缴的税费没交；二是有的企业因为运作不规范，造成了遗留问题或纠纷需要处理，为下一步进入市场做准备，以便轻装上阵；三是有的企业技术力量不足，骨干人才缺乏，需要补充改善。还有的企业因业务方面原因，必须从现有的项目中退出，减轻企业压力；四是有的企业需要从市场

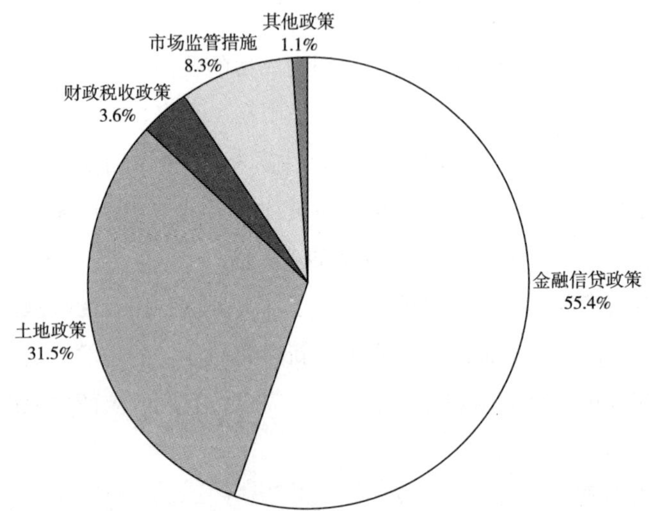


**图 11　楼市调控对房地产企业影响的政策及措施**

资料来源：陕西统计年鉴。

供给和需求两个方面进行深入研究分析，进一步明确企业定位和产品定位等。

②开发企业有向三、四线城市（中小城市和县城、工业城镇）投资的趋势。一是三、四线城市（县）房地产发展相对滞后，企业饱和度低。二是三、四线城市（县）存在发展潜力。四是三、四线城市（县）处在城镇化加速阶段，刚性需求和改善性需求潜力巨大。五是三、四线城市（县）不受政策调控限制。

**5. 对房地产市场的影响**

①楼市进入以价换量阶段。由于大城市限购，资金紧张，房地产企业把资金回笼放在首位。主要瞄准刚性需求，或优惠，或直接降价，以各种手段刺激刚性需求家庭购房。

②楼市进入消化存量阶段。由于限购、限贷、限价，房地产企业的购地热情降低，数据显示，地价仍在上涨。一方面是贷款受限，资金紧张；一方面是存量房增加，两方面都决定了企业需要回笼资金，去化存量。西安市房地产信息网数据研究中心的数据显示，截至 2011 年 12 月，西安商业用房为 366. 33 万平方米，写字楼为 132. 19 万平方米，商业用房和写字楼的存量去化周期分别为 46. 97 个月和 24. 53 个月。

③楼市向商业用房和写字楼转移的趋势明显。由于限购，尽管西安商业用房

和写字楼存量较大，去化周期长，但仍有房地产企业看好商业用房，如写字楼市场前景。由于西安正处在建设国际化大都市的进程，城镇化水平将不断提高，商业用房和写字楼市场预期仍有很大的吸引力。

## （五）陕西房地产市场存在问题及原因分析

**1. 地方政府土地财政模式没有根本改变**

①仍然实行“价高者得”的招拍挂出让制度，直接推高地价非理性上涨。

②仍然坚持集土地管理与土地经营于一身的行政体制，难以摆脱对短期土地收益的依赖。

③没有理顺各级政府间的财政分配关系，地方政府财政税源的途径没有根本解决。土地税制设计明显滞后，特别是不动产保有环节税制缺位。

究其原因：一是对不同用途的用地没有采取差别化招拍挂出让方式。如对别墅、写字楼用地可采取“价高者得”的挂牌出让方式，对普通住宅用地实行“综合评价法”等。二是需要严格土地出让收益监管，严格规范土地收益的使用支出。三是需要改革土地管理与土地经营于一身的政府管理体制，用房产税取代“土地财政”，作为政府的稳定税源。

**2. 房地产市场环境尚需改善**

①开发环节审批手续时间长。据调查，房地产企业办完一个项目的全部手续少则半年至一年，多则需要2～3年甚至更长时间，不仅造成开发企业的资金成本浪费，也造成土地资源浪费。相当一部分开发企业手续不全就开工，造成了销售难、办证难；保障房因为任务紧，实行未办手续先开工，结果工程竣工了，保障对象要入住了，相关手续还没办完，影响工程结算和成本核算，给保障房管理造成困难。

②招投标环节推高房价。土地招标实行价高者得，增加了房地产企业的成本，产生了推高房价的作用；项目施工招投标存在虚假招投标问题，影响工程质量和市场秩序。

存在上述问题的原因：一是政府部门管理服务观念跟不上市场发展变化，缺乏对房地产市场的深入调研分析，不了解房地产企业存在的困难，需要政府部门帮助解决什么问题，哪些相关法律条例需要补充完善，对市场环境的维护和创新意识与房地产企业需求有差距。二是有的政府工作人员缺乏责任意识，甚至认为市场好坏与个人收入没有关系，缺乏为纳税企业服务的责任感、事业心和大局观，工作与市场和企业实际脱节。

**3. 购房需求产生分化**

①投资投机性需求得到抑制。由于银行利率低于 CPI，所以最近几年陕西楼市投资投机性需求相当活跃，对推高房价起到了推波助澜的作用。2011 年 2 月以后，由于国家房地产调控政策不断加大力度，使投资投机性需求得到了有效遏制，房价过快上涨的势头得到控制。

②刚性需求观望。国家实行限购、限贷、限价政策，刚性需求大多处于观望状态，到 2011 年四季度，刚性需求才进入房市看房，随着银行首套房贷政策松动，房企采取以价换量策略，刚性需求才谨慎入市。

③由于受信贷政策影响，部分改善性需求被驱逐出市场。

从原因分析，一是调控政策持续抑制房价上涨；二是部分改善性需求被限制；三是购房者还存在房价下降预期。

## 四　陕西物业管理、租赁业和城中村改造情况

### （一）陕西物业管理发展情况

**1. 陕西物业管理现状**

2010 年，陕西全省物业服务企业 1400 家，从业人员 6.3 万人，从 2004 年、2008 年国家两次经济普查看，陕西物业管理企业数量和从业人员数量均远远高于全国水平。2010 年，陕西物业管理企业管理物业项目 3000 多个，全省物业管理覆盖率达到 42%，陕西城镇人均居住面积从 1997 年的 11.97 平方米，增加到 2011 年的 28 平方米。陕西物业管理企业资质不断提升，至 2011 年底，全省共创建国家级物业管理示范项目 50 多个。西安市物业管理发展一直走在全省前列。2011 年，西安市公开招标物业项目 64 个，督察检查物业企业 552 家，物业前期服务合同备案 130 个，审核备案三级物业企业 140 家，初审上报二级以上物业企业 15 家，创建国家级物业示范项目 7 个，省级示范项目 22 个，市级文明小区 11 个，全市登记备案的物业服务企业累计达到 1062 家，管理小区 3292 个，从业人员超过 10 万人，管理物业面积超过 3.6 亿平方米。

**2. 陕西物业管理的主要特点**

一是国内知名物业管理公司入驻陕西，为陕西物业管理带来了新的理念和管理模式，如玛雅物业管理公司在西安的发展起到了重要的引领作用。二是物业管理规模不断扩大，物业管理规范不断加强，物业管理广泛引起政府和业主的重视。如陕西省各市都相继出台了《物业管理条例实施细则》，各小区普遍成立了业主委员会。三是物业管理市场竞争日益激烈。资质等级高的品牌物业管理企业知名度、信誉度和满意度比较高；资质等级低的和老旧小区物业管理企业满意度相对较低，管理难度大。西安等城市新建物业小区业主普遍欢迎资质等级高、有品牌的物业管理企业入驻。

**3. 陕西物业管理存在的问题**

一是物业管理服务观念有待进一步提高。一些物业管理人员以管理者自居，将自己凌驾于业主之上，态度生硬、维修不及时、车辆管理不规范等。二是物业服务标准透明度不高。相当一部分物业管理人员和业主不清楚物业管理服务标准，业主要求过高，而物业公司不能提供标准的服务。三是业主对物业公司的满意度较低。调查结果显示，市民对小区物业管理服务满意度为55%，对仪容仪表满意度为74%，对文明用语满意度为69.75%，对服务水平满意度为60.75%，对服务满意度为63%。这些与陕西物业管理服务满意度要求达到的85%还有较大差距。四是业主有偿服务意识尚未完全确立。一方面是不愿意付费，故意对服务挑毛病；一方面要求标准化服务，低付费或不付费。由于无偿服务思想的阻碍，陕西物业收费难、管理难的问题比较普遍，有相当一部分物业公司处于亏损状态。甚至出现了个别物业公司因为亏损较大、不辞而别的现象。另外，也存在着品牌公司少，专业人员少，物业管理人员待遇偏低的问题。五是在物业管理环节上机构不健全，政策落实难。相当一部分城市区级和街道办没有物业管理部门，造成物业管理市场信息不畅，相关法律落实不到位，信息反馈渠道不畅，直到业主或物业公司投诉了，才发现问题，造成管理滞后，不利于物业管理市场的健康发展。

## （二）陕西房屋租赁市场发展情况

**1. 陕西房屋租赁市场现状**

陕西房屋租赁市场有两类：一类是公租房市场，主要是政府投资建设的公共租赁房和廉租房，截至2011年底，全省共建廉租房20.54万套，1405万平方米，公共租赁房73.1万套，发放租赁补贴32.8万户。廉租房月租金2.89元，公租房租金低于市场，高于廉租房租金标准，由政府部门按有关规定实现租赁管理过程。第二类是私房租赁市场，私房租赁主要以中介机构和租赁广告获取租赁信息，建立租赁关系。截至2011年底，全省各市县都建立了房屋租赁管理机构，办理了一部分住宅和非住宅房屋租赁登记备案手续，租赁市场日趋活跃。西安市房屋租赁管理在全省规模最大，难度也最大。据统计，2011年，全市累计办理个体工商户房屋租赁登记备案手续10万余户，占工商总户数的43%，办理住宅房屋租赁登记备案手续5000余户，占总户数（60万户）的0.8%。

**2. 陕西房屋租赁市场特点**

一是全省各级政府房屋管理部门认真贯彻住建部《关于加快发展公共租赁住房的指导意见》，坚持公共租赁住房供应对象主要是城市中等偏下收入、住房困难的家庭、新就业大学生和外来务工者；房源通过新建、改建、扩建、在市场上长期租赁住房等方式多渠道筹集，公租房单套建筑面积严格控制在60平方米以下。二是出台房屋租赁管理办法，加强房屋租赁市场管理。陕西省住建厅出台了《陕西省房屋租赁管理办法》，西安市政府先后出台了《关于进一步加强和改进出租房屋管理工作有关问题的通知》《关于工商企业及个体工商户租赁经营场所有关问题的通知》和《西安市开展住宅房屋租赁登记备案和住宅房屋租赁税收代征工作实施方案》等文件，加强了对住宅和非住宅租赁市场的管理，并将房屋租赁市场管理纳入建设西安国际化大都市和提升社会化管理水平的高度，努力掌握房屋租赁市场信息，规范房屋租赁行为，建立房屋租赁市场管理和流动人口管理相结合的综合管理新机制。三是全省房屋租赁价格继续小幅上涨。据统计，2010年，分季看，全省房屋租赁价格分别上涨1.9%、5.4%、7.9%、7.4%，平均上涨5.7%。住宅租赁价格上涨5.4%，非住宅租赁价格上涨5.9%。2011年全省房屋租赁价格上涨4.4%，处在合理的上涨区间。四是西安市住宅租赁市场日趋活跃。特别是在国家房地产调控政策影响下，住宅租金涨幅明显。据调查，由2000年的每平方米6~8元左右，上涨到2011年的每平方米18~20元左右，城中村房屋租赁更是红火异常。据统计，2009年以来西安市集中改造城中村300多个，新建安置房面积1750多万平方米。城中村成了流动人口和新就业大学生的主要租住地，村民转为市民后，几乎家家都有房屋出租。五是陕西房屋租赁市场发展不平衡。全省除西安市外，其他城市租赁市场规模还比较小，市

场管理比较薄弱，有的管理还不到位，主要是管理部门租赁信息渠道和机制不畅通，房屋中介机构收费不规范，甚至抬高租价，获取差价；有的正在建立完善管理办法，逐步加强市场监管。六是陕西省将从 2012 年 6 月起实行房地产经纪人执业注册制度。为加强房地产中介管理，陕西省住建厅、省物价局 2012 年 4 月联合下发《关于进一步加强房地产中介服务管理的通知》，要求自 2012 年 6 月起，全省实行房地产经纪人协理资格考试和执业注册制度；房地产经纪人和房地产经纪协理 3 年（注册期）内须至少参加继续教育 1 次，以不断更新从业人员的房地产业务和法律知识，切实提高房地产经纪人员业务素质和服务水平。2013 年 1 月起，所有房地产经纪、咨询机构必须具有两名以上房地产经纪人或房地产经纪人协理，不合格的机构不得从事房地产经纪业务。同时房地产经纪机构必须使用正规的服务合同，与当事人签订合同前，需说明服务内容、收费标准等情况，房地产经纪服务合同应当有 1 名注册房地产经纪人或 2 名经纪人协理的签名方有效。中介机构应在收费场所显著位置公布服务程序、服务项目和收费标准等，实行明码标价，接受委托人及价格部门的监督，不得进行价格欺诈和价格歧视，不得违反规定设立收费项目、扩大收费范围、提高收费标准。到 2013 年底，全省县、区将实现房屋交易合同网上签约。凡到房地产管理部门办理房屋交易的中介机构而未在房地产管理部门备案，不予办理相关手续。

**3. 陕西房屋租赁市场存在的问题**

一是租房市场持续升温，特别是西安等城市价格上涨过快。一个重要原因是供应减少，需求增多。供应减少源于前期城中村改造。需求增多，一者来源于前期老城区改造，大量拆迁居民租房过渡，市场出现供不应求。二者因为房地产市场的调控，一批有着刚性需求的购房者持币观望也会占据部分租赁市场。由买转租的人数增加，部分业主便转卖为租，从而抬高了租赁价格。二是房屋经纪机构幕后操纵价格。一些中介机构对房租“看涨”的解释，成为房主和中介炒高租价的借口。房屋租赁市场管理长期以来不够规范，倒手、转租现象在一些中小中介公司大量存在。一些中介公司恶意制造租房供应紧张的氛围，使相关城市、区域的房租水平节节攀升。三是管理部门无法有效监管。陕西各城市对房屋出租实行登记备案制度，没有出台相关强制措施，无法及时获取出租房屋的房源、区域分布、价格变化等方面的有效信息，因而难以实施有效监管。

## （三）陕西城中村改造

### 1. 陕西城中村改造基本情况

陕西的城市拆迁改造主要是围绕城中村、棚户区、旧城改造、山区移民城镇居住进行的。2010 年，陕西开工 325 个省级重点建设项目，累计投资 1584 亿元，占年度计划的 76%。2011 年城中村、棚户区改造以西安市最为突出。全年对 326 个城中村实施改造，已经拆除安置完成 120 个村，涉及 5.5 万户，19.1 万人，2241.78 万平方米面积，全年安置房开工面积 1569.59 万平方米；全市已有 190 个村的村民实现了农转居，114 个村实行了撤村建社区，有 16 万人已纳入城市社保体系。

2012 年，西安市城建投资计划 235 亿元，开工建设保障房 107 万套，实施小城镇改造 2～3 个，美丽清洁式村庄 1～2 个，扎实推进城中村和棚户区改造，完成 18 个整村，涉及 2.9 万人，212 万平方米的回迁安置工作；拆除 17 个整村，共 280 万平方米，新开工安置房 180 万平方米。根据省政府的安排，2011～2020 年，陕南的汉中、安康、商洛 3 市的 28 个县（区）和陕北白云山区将实施移民搬迁计划，共搬迁 240 万人，投资总规模超过 1100 亿元，其工程规模之大，超过了三峡工程移民搬迁。工程分两个阶段，2011～2015 年，搬迁安置 38 万户，140 万人；2016～2020 年，搬迁 22 万户，100 万人。

### 2. 陕西城中村改造特点分析

一是坚持解放思想，大胆探索。陕西城中村、棚户区改造的重点在西安市。西安市在城市改造中总结了“四个同步”、“四个到位”。“四个同步”即：同步审批改造方案和维稳方案、同步签订拆迁安置协议和维稳责任书、同步检查改造工作和维稳信访工作、同步验收改造工作和维稳工作。“四个到位”即：对群众利益补偿到位、对群众工作开展到位、对新老矛盾化解到位、对违法行为打击到位。西安市的城市拆迁安置打造了独一无二的西安模式，创造了西安城建史上拆迁量之大、安置房建设面积之多、动迁之平稳三个“绝无仅有”。西安市的城市改造为推动全省城市拆迁改造积累了经验。二是利用社会资本，推进城中村改造。西安市在这方面做出了典范。西安市通过制定优惠政策，建立准入制度，搭建融资平台，吸引了以绿地集团、金地集团为代表的国有知名企业和以颐和集团、荣华集团、海荣置业为代表的民营知名企业纷纷参与城中村改造，从而彻底

解决了城中村改造“钱从哪里来”的问题，确保了城中村改造的顺利推进。三是实行无形改造与有形改造同步。无形改造就是让村民在思想上真正融入城市发展文化之中，解决思想上深层次的顾虑和矛盾，首先实现精神上的革命和思想上的变革，同时解决村委会转居委会、村庄变社区等问题。有形改造就是既解决安居和合理补偿问题，又解决今后生活出路问题。无形改造为有形改造奠定了基础，铺平了道路，赢得了理解和支持。无形改造使村民接受了新观念，提升了市民素质，从而变阻力为动力，有力推动了城中村改造的平稳健康发展。西安市城中村改造和陕南、陕北移民搬迁的顺利平稳推进，就是首先得益于无形改造的成功实施。

**3. 陕西城中村改造存在的问题**

一是棚户区及旧城改造资金紧缺。在整个改造过程中，资金问题如何解决，无疑是最难跨越的瓶颈难题。目前，实施棚户区和旧城改造的地区，一般都是由省级政府与相关金融机构达成协议，以政府信用为担保来获得贷款支持改造。各地亟待改造的棚户区（包括老工业基地、各类矿山区）面积很大，所需费用很多，仅仅依靠政府信用是远远不够的；中央的专项改造资金提供的补贴也不充足。因此，只有转向市场，向银行寻求帮助。但是，银行往往只对位置优良，有升值潜力的地块感兴趣，很多位置较差、商业价值不明显的棚户区和旧城改造项目，是很难取得商业贷款的。二是城市拆迁过程中村民借机乱建乱售。城中村村民利用相关部门未对其房屋评定前的一段时机，突击加盖楼层，强行建一些廉价建筑，以谋取改造时的利益。对此类问题，社会各界及相关部门屡禁不止，没有取得实质效果。各级政府从 2010 年开始就多次开会发文，但收效甚微，有禁无止，甚至愈演愈烈。其原因首先是对问题严重性认识不够，有的干部错误认为村民获取补偿加盖抢盖有情可原；其次，打击遏制力度不够，发现制止不及时，不坚决，容忍助长了加盖抢盖行为；再次，奖励数额偏小，奖励政策宣传执行不到位，群众比较利益不明显，对群众真实的住房需求缺乏现实考虑。三是村民未来预期收益不明。虽然城中村在地理区域上纳入了城市范围，但居民的社保、就业、教育等诸多方面问题的解决依然进展缓慢，徘徊在城市范围的边缘。由于城乡二元体制的影响，城中村在有关教育、就业培训、社会保障体系等方面天然存在差距；在城中村改造过程中，各方面投入较少，管理比较薄弱；加之农村居民自身素质偏低、劳动技能单一、参与市场竞争的能力较弱。其结果，导致了在就业指导、教育、培训等方面存在的城乡差别，从而使城中村居民在实质上没有获得与城市居民平等的待遇。四是养老问题。城市拆迁改造，失地农民数量增加，社会保障问题越来越突出，社会不稳定的隐患也随之增大。目前城中村的养老方式主要是自我养老和子女养老，分别占23%和32%，参加商业养老保险和社区养老的分别占5%和16%。养老方式和村民观念与生活习惯息息相关，因为中国的传统思想是养儿防老，所以，子女养老占主体；另外，由于有稳定的房租收入，加上失地补偿，村民手里都有钱，自我养老也很普遍。对于新型的养老方式，虽然有一定比例的参保，但是接受程度比较低，商业保险和社区保险共占21%。五是再生能力问题。城中村和棚户区居民，由于在文化素质和技能方面都比不上城镇居民，只能从事相对简单的体力劳动和商业活动。而且长期以来对于租金收入的依赖，使某些村民养成了一种生活惰性，要使农民变成真正的市民是一个相当复杂的过程。目前大部分城中村村民靠出租房屋获取经济收入，原则上他们不反对城中村改造，但是改造后的经济来源、社会保障、村民就业等是村民普遍关心的问题。

## 五　陕西保障房建设情况

### （一）保障房建设基本情况

#### 1. 2010年保障房建设情况

陕西省按照《2009～2011年廉租住房保障规划》要求，快速推进保障房建设。2010年，省政府又制定了《加快推进保障性住房建设的意见》，在资金、土地、税费等方面加大支持力度。2010年，陕西全省建设保障性住房12.48万套，改造各类棚户区7.69万户，保障性安居工程全年完成投资164.35亿元，各项目标任务全面超额完成，均排在全国前列。

“十一五”期间，陕西累计投入保障房资金97.5亿元，其中省财政21.17亿元。分别建设廉租房15万套，750万平方米，经济适用房24.2万套，发放租赁补贴30.2万户，解决了40万户低收入群众的住房困难，完成棚户区改造17.9万户。将廉租房省级补助标准由每平方米200元提高到400元，将国家下达陕西省的土地指标近四分之一用于保障房建设。投资1.9亿元搬迁安置了2.9万户采煤沉陷区的居民，完成了12.14万户地震灾害和7万余户陕南泥石流灾害的居民

住房建设，投资20.6亿元对6.68万户的农村危房进行了改造。

“十一五”期间，西安市共建设保障性住房966万平方米，完成投资157亿元，解决了11万余户低收入居民和职工的住房困难。其中建设廉租住房135万平方米，2.4万套，完成投资12亿元，累计保障户数达到20017户，对低保家庭实行了应保尽保；建设经济适用房828万平方米，完成投资145亿元，建设公共租赁住房3.6万平方米，770套。

**2. 2011年保障房建设情况**

全年陕西省安排保障房安居工程用地指标31202亩，全年开工的保障性安居工程建设规模2989.2万平方米，全年新开工保障房建设48.13万套，占全年任务的107%，竣工20.1万套，完成投资845亿元，占年度投资计划的167%。其中新建廉租房5.54万套，公共租赁住房13.1万套，经济适用住房5.72万套，限价商品房7.64万套，棚户区改造12.83万户，新增发放租赁补贴2.6万户。保障房建设总任务量在全国排名第三，工程进度在全国排名第一。

西安市2011年保障房目标为8.6万套，其中廉租房1.31万套，经济适用房2万套，公共租赁住房3.7万套，限价商品房1.59万套。实际建成10.1697万套，完成任务的116%。全年供应保障房用地3673.76亩，保障房建设任务量和工程进度均排在全省第一位。

**3. 2012年保障房计划情况**

2012年，陕西计划开工建设城镇保障性住房43.6万套，实物建房40.5万套，新增租赁补贴3.1万套。其中新建廉租房5.7万套，经济适用房4.3万套，公共租赁住房9.4万套，限价商品房11万套，各类棚户区改造10.1万套。全年竣工保障性住房和棚户区改造住房30万套。“十二五”期间，陕西将继续加大保障性住房、棚户区改造和农村危旧房改造力度，计划五年解决254万户城市中低收入居民的住房困难，其中建设210万套保障性安居房，覆盖全省城镇总户数23%的家庭，改造农村危房44万户，从根本上解决陕西城乡中低收入，特别是低收入家庭的住房困难（见《陕西省2011年政府工作报告》）。

## （二）保障房建设基本特点

陕西省委常委、副省长江泽林在2011年全省保障房推进工作会议上，把陕西保障房建设的特点概况为“六大模块”。正是这六个关键要素的推进，引领陕西保障房建设走在了全国前列。

模块一：政策——把民心工程落到实处

陕西省先后出台了《陕西省住房保障工作评价考核暂行办法》《陕西省保障性住房建设标准（试行）》《陕西省保障性住房管理办法（试行）》等政策性文件，保证把民心工程落到实处。一是省政府与各市政府签订了目标责任书，将年度目标逐级分解到各市、县。二是按规定对全省各市、县政府“工作责任制落实，项目前期准备，建设进度”等三大类 14 项指标进行考核。三是逐月排名，严格监管，一票否决，在全省形成了你追我赶的保障房建设竞争氛围。

模块二：土地——优先保证保障房建设

省政府决定，对 2011 年各类保障房用地在各市年度土地利用计划指标中单列；各市保障性住房、棚户区改造和中小套型商品房用地不低于住房建设用地的 70%；确保廉租住房、经济适用房和公共租赁住房用地不低于房地产用地的 30%。为切实保证保障性安居工程用地供应，省政府还要求各市建立用地审批“绿色通道”，做到简化市政程序，压缩审批时限，提高审批效率，实行计划单列，资料单报，项目单审，报件单批，用地单供，加快接收，加快会审，加快审批，加快供地。对列入年度用地计划的项目用地，做到应保尽保；对保障房用地不落实的，停批商业开发土地供应手续，暂停房地产开发项目用地审批。

模块三：资金——省市联手，创新融资渠道

陕西省政府投资建设保障性住房的资金缺口相当大。为解决融资难题，省政府与省内最大的国有企业延长石油集团共同出资 40 亿元，成立了陕西保障性住房建设工程公司，创新保障房融资平台。陕西保障性住房建设工程公司坚持一个原则，即无论项目投资多少，资金缺口大小，只要符合政策，都纳入公司的资金支持范围，全力给予保障。一方面，利用省级融资平台把筹措资金量逐级放大，市级政府利用省融资平台支持的资金，再向金融机构继续融资，支持县级政府。县级政府再进行融资，支持保障房项目建设。2011 年，陕西保障房建设工程公司与交通银行、浦东发展银行、华夏银行、浙商银行、长安银行、兴业银行、建设银行、国家开发银行和成都银行等 10 家金融机构建立了战略合作关系，累计取得融资授信额度 285 亿元。同时，陕西保障房建设工程公司还与各市县政府签订了保障性住房建设合作框架协议，共与 10 个市、89 个县区签订融资项目 117 个，合计 105484 套保障房，签订意向协议达到 152 亿元。另一方面，在运行模

式上，一是将公司未投资项目手续办到公司名下，因为金融企业贷款，一定要贷到项目上，公司就成立项目部来解决这个问题。二是把陕西省所有的保障房项目作为一个项目，在发改委立项，由国土资源厅批地，作为一个项目做规划，办许可，打包贷款，再分别下到市县各项目。三是通过融资平台，解决项目启动资金困难问题。省里按照每平方米400元配比的资金，钱到位得有一段时间，为了不影响项目进度，省政府就利用融资平台支持项目启动，一旦项目启动，省上拨款到位，再把启动资金送回公司。2011年，陕西保障房建设工程公司共拨付这种启动资金101亿元，缓解了市县在保障房建设过程中的资金难题。

模块四：质量——终身负责的庄严承诺

《陕西省保障性住房管理办法（试行）》明确规定，存在质量安全隐患的房屋，不得作为保障性住房房源。保障性住房建设应当严格执行基本建设程序、国家有关技术标准和强制性规定。开工项目和竣工项目信息应在开工和竣工验收后20个工作日内按项目逐个分开，开发建设单位对其开发建设的保障性住房在合理使用寿命内的质量问题要承担责任，也就是保障房质量终身负责制。根据办法规定，省住房和城乡建设厅成立了由主管副厅长挂帅的省保障性安居工程质量安全管理协调领导小组，负责指导和统筹协调全省保障性安居工程的质量安全管理。同时设立省保障性安居工程质量安全监督站，对全省保障房的质量安全状况实施督查，对重大质量安全隐患进行督办，处理有关投诉，每月进行一次质量安全检查，每季度汇报一次质量安全检查情况。

模块五：分配——信息系统确保应保尽保

陕西省把分配的公平、公正作为实施保障性安居工程的“生命线”，认真把好准入关。《陕西省保障性住房建设标准（试行）》明确规定了有关准入标准：低收入家庭的收入线按照当地低保家庭收入线的1.5倍以下确定；中低偏下收入家庭收入线按照当地城镇居民家庭人均可支配收入的80%以下确定；中等收入家庭的收入线则按照当地城镇居民家庭人均可支配收入为上限确定；住房困难家庭按照人均住房建筑面积低于当地城镇人均住房建筑面积的60%确定。为了公平、公正分配，陕西省各市县在分配方面普遍采用摇号和按申请时间排序选房两种方式分配保障房，对老弱病残等特殊情况，考虑排序确定配租配售次序。2011年，陕西省建立了保障对象数据库，对审查合格的保障对象一次性确定轮候次序，五年分步实施，实现应保尽保。另外，陕西省还完成了保障性住房信息系统建设，充分利用现代信息技术，监督全省各类保障性住房建设项目的立项、施工、竣工等建设过程和保障对象的申请、审核、退出等管理过程、使住房保障工作的分配更加公开、公平、公正。

模块六：管理——完善规范的退出机制

保障性住房管理的难点在于退出管理。省政府规定，对虚构隐瞒户籍、家庭人口、收入、财产、住房等情况取得保障性住房的；违规出售、出租、出借，或者擅自改变住房用途且拒不整改的；无正当理由连续6个月以上未在廉租住房或公共租赁房居住的；无正当理由连续6个月以上未缴纳廉租住房或公共租赁房租金的；家庭的收入、财产、人口、住房等情况发生变化，不再符合廉租住房或者公共租赁住房保障对象的；其他违反保障性住房政策规定的，由住房产权所有部门或单位收回或回购保障性住房。已经享受廉租住房、公共租赁住房、经济适用房的保障对象购买其他住房的，应办理退出手续。《陕西省保障性住房管理办法（试行）》对全省保障性住房的项目管理、规划和设计、土地管理、资金管理、建设管理、分配管理、运营管理、退出管理、监督管理等作出了明确规定，与《建设标准》和信息系统共同构成了陕西省保障房建设管理的制度体系。

## （三）保障房建设存在的问题及原因

### 1. 陕西保障房建设规模与陕西财政状况不相适应

陕西保障房建设规模过大，财政负担过重。2011 年，陕西省财政总收入 2577.97 亿元，比上年增加 777 亿元，在全国排名处在中下游位置（2010 年全国排名 18 位），而陕西 2011 年承担的保障房任务是 47.43 万套，任务总量在全国排第 3 位。2011 年，陕西财政总支出 2928.85 亿元，其中保障房建设投资 845 亿元，虽然国家财政专项补助 65 亿元，但陕西是一个靠投资拉动经济的省份，过度建设保障房，资金沉淀过多，超出财力范围，不仅会增加财政负担，还可能造成经济社会发展的不平衡。

### 2. 陕西省保障房建设过量，不利于房地产市场发展

“十二五”期间，陕西省的建设目标要完成 210 万套保障房，每年都在 42 万套、2500 万平方米，这对陕西的房地产市场必然产生过度抑制作用。据陕西省社会科学院经济研究所对陕西保障房建设对房地产市场短期和长期的影响分析，陕西保障房的供给将在两个方面影响新建商品住宅价格的变动。一是保障性住房

与商品住宅存在较大的替代效应。保障性住房和商品住宅在使用功能上具有相似性，其中具有产权性质的经济适用房和限价房在品质上与小户型商品住宅类似，存在较大的替代效应。因此，保障房的供给增加将降低商品住宅价格。但是降低的幅度取决于保障性住房保障群体与目前商品住宅购买群体的重合程度，重合程度越大，则降低的幅度越大。二是保障房建设挤占住宅建设用地。在我国目前严格确保 18 亿亩耕地红线的土地政策下，可以供应的住宅用地有限。保障性住房挤占商品房用地后，商品房用地会趋于紧张。加之商品房低端需求主体选择经济适用房和限价房后，迫使商品房向高端化发展。这两个因素将联合推高新建商品住宅价格，从而抑制商品住宅价格合理回归，抵消调控效果，影响房地产市场发展。

**3. 经济适用房呈现普通商品房化倾向**

房地产开发商出于利润最大化的考虑，往往超过政策限定标准，抬高销售价格，导致“经济适用房不经济”现象。如陕西省 2008 年商品住房的平均售价为 2821 元，而西安市珠江新城新建住宅小区的经济适用房销售价格却达到了 3180 元。另外在建设经济适用房面积上，普遍存在超标准建设现象，有的甚至每套面积建到 120 平方米以上。

**4. 廉租房建设资金来源渠道单一，供应成本偏高，成本回收难度大**

从陕西廉租房建设资金来源看，主要来源于地方政府的财政预算资金、住房公积金增值收益中按规定提取的城市廉租住房补充资金，政府廉租房租金收入、社会捐赠及其他方式筹集的少量资金。而在政府财政资金中，市县政府财政配套资金不到位，市级城市仅有西安、榆林、渭南、宝鸡对县区进行了配套。住房公积金增值收益存在不确定性，缺乏稳定、长期、可按计划执行的资金来源，导致一些地方不敢推广租金补贴方式。再从政府公房租金收入情况看，出租的公房租金大大低于市场租金水平，同时又有很多租金减免优惠政策，加上廉租房承租户困难家庭多，相当一部分人缴房租困难，租金收入量整体偏小，难以满足廉租房建设需要。另外，从廉租房供应成本看，一方面，建造成本随材料涨价和人工成本增加，相同标准的廉租房会因建造时间不同，影响价格发生很大变化，加重政府支出压力。另一方面，廉租房住宅小区相对集中了低收入群体，社会资本不愿介入，小区物业管理成本高，又难以从小区内得到回报，仍要政府承担小区管理机构的部分或全部运营费用，导致廉租房供应成本偏高，而且从长远看，会形成很大的城市社会问题。

# 六 陕西房地产发展的对策建议

## （一）陕西房地产市场发展的对策建议

### 1. 坚持用生产总值增长带动房地产开发增长

陕西经济发展实践表明，房地产开发投资增长与生产总值增长成正相关关系。据统计，2007～2011年，陕西生产总值年均增长14.9%，房地产开发投资年均增长31.4%。在陕西生产总值增长中，第二、三产业增长占到90.2%，第一产业在生产总值构成中由1978年的30.5%下降到2011年的9.8%。第二、三产业的增长对房地产开发投资的增长有直接推动作用。从陕西探明矿产资源42.5万亿元的潜在价值看，约占全国矿产资源潜在价值的1/3，居全国第一位，陕西的生产总值增长还有很大的资源支持空间。矿产资源的开发对第二、三产业的发展具有长远的增长潜力。榆林市石油天然气和煤炭的开发，就显著地推动了生产总值的增长，2011年达到2200亿元，仅次于西安市，排全省各市第二名，从而也显著带动了房地产开发投资的增长。到2011年11月，榆林市新建商品住宅售价比2006年增长了3.6倍，达到每平方米5400元，房价仅次于西安市。

### 2. 坚持用城镇化建设带动房地产开发投资规模

城市化是工业化的产物，但城市化的发展也将促进经济社会的发展。陕西城镇化建设的事实证明，城镇人口比重的增加，不仅推动了经济发展，而且对提升房地产开发投资的规模起到推动作用。陕西城镇人口比重在“十一五”期间连续五年以年均高于上年1.4%的速度增加，既没有影响城镇居民人均可支配收入（2007～2011年均增长14.5%），又提高了农村居民人均纯收入（2007～2011年均增长17.3%），同时城镇人口人均住房面积也明显增加，由2000年的人均16.08平方米增加到2011年的人均28平方米。陕西“十二五”发展规划明确提出，2015年，陕西城镇化率达到57%，比2011年增加近10个百分点，必将对陕西房地产开发投资规模产生极大的提升作用。

### 3. 坚持为陕西房地产发展创造良好的市场环境

一是转变“土地财政”式的财政增长方式，防止土地价格过快上涨，逐年减少政府对土地财政的依赖。土地财政作为一种利益重新分配方式，既导致投资

风险，又加重社会矛盾，造成企业与政府博弈深化，最终表现为市场波动，流拍与高价地同时出现，使供地节奏失衡，影响供地计划和供地效率。所以，一方面要探寻增加财政收入的替代方式，如实行房产税；另一方面要保证土地的有效供应，避免供需矛盾加重，导致地价不断上涨。二是处理好保障房用地与商品房用地的关系。一方面，保障房用地的增加，不仅直接转嫁成本到商品住宅用地，致使实际成交成本提高，而且也使商品住宅用地更加稀缺，从而导致竞争加剧，商品住宅用地的成交价格间接被推高。另一方面，保障房用地占比过大，不仅会造成二次福利分配不公，而且还会降低土地资源的利用效率，加重财政负担，挫伤纳税人的积极性。因此，保障房用地应当从实际出发，尽量控制在合理范围。三是加强对房地产企业的监管，防止捂地、囤地问题的发生，严格土地执法，维护公平竞争环境。同时对商品住宅销售中的虚假广告、虚假交易、捂盘惜售、不一次性公开房源、同质量同等级的商品房实行不同价格等侵害消费者权益的问题、项目开发过程中手续不全、项目施工招投标中的不规范等，依法加强管理。四是加强对政府房地产业管理部门工作人员的管理，提高为企业服务、为市场服务的责任意识，既严格执法，又帮助房企排忧解难，深入调研房地产市场发展中存在的问题，不断完善相关法律规定，规范、准确、适时发布房地产市场信息，做好房地产业行政管理工作，为营造良好的房地产市场环境尽心尽力，尽职尽责。

**4. 加强房地产业相关数据统计和信息发布建设**

陕西房地产业发展离不开真实完整的房地产统计数据和信息引导。为了避免错误和失真信息误导市场，建议由国家统计局建立公开透明的房地产业数据统计库和信息发布平台，统一制定能科学反映房地产业实际的数据和信息统计方法、发布方式。一是在统计内容上，对土地数据要统计到地段、地块、用途、开发面积、招标宗数、交易面积和价格，中标企业资质和开发计划等，月度、季度和年度应当区分开；新建商品住宅数据，要统计到开发计划，楼盘施工面积、竣工面积、销售许可证号、销售面积和大、中、小户型数量及价格，要在新建住宅销售价格指数基础上，按行政区域或板块明确发布价格数量；二手房价格、租金和空置率也按照区域或板块按月、按季、按年发布。保障房开发数据和信息要发布到地段、地块、新开工面积、竣工面积、分配时间和配套等。二是在统计方法上，建立省、市、区、县统一联网，由房地产企业按统计报表要求真实填报，再由地块所在地区房地产行政部门（建委、房管、土地等）复核，把统计部门统计与相关行业管理部门配合相结合。三是在发布时间上，最好每个月发布一次，至少每季度发布一次，由统计部门和建设、房管、土地等部门参与，对发现的违规违纪问题同时发布。

## （二）陕西物业管理发展的对策建议

**1. 通过制度进一步规范业主与物业管理服务公司之间的市场交换关系**

首先，业主委员会应当与物业公司签订管理服务合同，规定基本的服务管理项目和内容以及相关标准。其次，应当在物业管理条例基础上，制定业主接受服务项目的付费标准，包括公共部位管理的收费标准和为业主家庭需求提供服务的参考标准，物业公司提供服务的付费标准，一般应略低于市场的付费标准。让业主明确接受物业管理服务必须付费，让物业公司明确提供物业管理服务必须依照标准。让服务和付费公开化、透明化，达到相互监督、相互理解的目的、尽量避免业主与物业公司之间直接发生摩擦和冲突。

**2. 物业公司要提高对业主的亲和力**

一方面，物业公司要和业主建立和谐的服务与被服务的市场主体之间的关系，要通过标准化、人性化服务，树立公司形象，提高服务满意度，打造品牌公司，不是单纯为收费而服务，而是真诚为业主着想，为住户分忧解愁，创造舒适、文明、温馨、安全的工作和生活环境。另一方面，政府物业管理部门要定期不定期对物业公司进行考核指导，征求业主委员会和业主代表的意见，举办物业管理服务信息交流座谈会，推广先进管理模式，并协同物价部门根据物业公司的服务标准和满意度重新调整服务收费标准。只有物业公司的服务满意度提升了，服务标准到位了，公司形象树起来了，做到了物有所值，才能受到业主的欢迎和支持，业主才会付费。

**3. 业主和业主委员会要理解和呵护物业公司的工作**

各物业小区的软硬件环境不一样，管理成本也各不相同，对物业公司的服务要求超过标准，超过环境和成本约束，物业公司就难以为继。业主委员会要和物业公司建立有效沟通机制，政府物管部门应定期对业主委员会主任和委员进行培训，转变业主的观念或偏见，树立业主委员会的市场主体代表地位，指导业主委员会的工作，引导业主委员会承担自身责任，为建立文明、和谐、融洽的关系努力。

## （三）加强陕西房屋租赁市场管理的对策建议

### 1. 完善陕西省房屋租赁市场管理法规

首先，要明确租赁主体双方的义务和责任，明确房屋中介机构的职业行为规范，特别是对私人房屋出租要作出明确规定，要求私人租赁户依法办理房屋租赁登记备案手续，依法缴纳房屋租赁经营税费，对拒不办理房屋租赁登记备案手续的，明确法律处罚措施。同时，要制定相应的《陕西省公共租赁房管理办法》和完善《陕西省廉租房租赁管理办法》，明确房屋产权人和承租人双方的权利义务关系，租金收缴规定，进入退出规定和提高私房租赁登记备案率等，明确双方租赁合同内容，明确房屋租赁市场的执法主体，为公租房租赁市场管理提供法律依据。另外，要对房屋中介机构，明确取费标准，维护房屋租赁市场秩序，对违反房屋租赁市场规定的行为依法予以处罚，从而使政府有关部门、租赁双方当事人和中介机构都能有法可依，防止欺诈行为，减少和避免法律投诉，引导房屋租赁市场逐步走向规范化管理。

### 2. 加强房屋租赁管理体系建设

一方面要健全组织机构，配齐管理人员，明确管理目标和职责，做到从省、市管理部门、区建设部门、街道办直至社区都应该有人负责管理，都要建立房屋租赁登记备案手续，建立信息联网系统等。另外，要加大执法检查力度，必要时进行房屋租赁市场整顿，维护租赁市场的公平，并要通过激励机制，鼓励和支持租赁户和中介机构积极开展健康规范的房屋租赁活动，把陕西房屋租赁市场引入市场化、合法化、规范化轨道。

## （四）对城中村改造的对策建议

### 1. 城中村改造要切实解决好改造效益与村民利益的关系

要采取市场化手段，用改造收益补偿村民利益。政府首先要做好城中村改造的可行性分析论证，摸清城中村的改造成本，算清改造后的剩余收益，用市场化方式引导社会资本推进城中村改造。既要把村民的后续生活和养老问题解决好，又要防止把城中村改造变成一次福利分配。

### 2. 坚持政府主导，市场化运作，依法搞好城中村改造工作

陕西省城市改造中出现的问题，充分说明政府在城市改造过程中的重要性和

不可替代性，其他任何组织，包括房地产开发企业和事业性质的单位，或村民自治组织都是无法替代的。

## （五）陕西保障房建设的对策建议

**1. 陕西保障房建设规模应与经济规模相适应**

尽管陕西2011年生产总值排在全国第17位，但总体看，仍属于欠发达地区，还处在经济发展和城镇化加速推进过程中，一方面低收入群体占较大比重，另一方面政府财政对于住房保障的支持能力极为有限，加之新建的廉租房小区交通不便、配套跟不上和小区环境差等，导致首期申请率偏低，这决定了陕西保障房的建设规模不宜过大。一是应以比重较大的低收入家庭为主；二是不宜承诺在“十二五”期间把所有困难家庭的住房问题集中解决；三是应建立低收入家庭、中等偏下收入家庭的梯次保障体系，分步骤实施保障计划，合理分配财力，避免社会福利过度使用造成的社会不公平。另外，保障房建设投资挤压经济发展投资，造成一方面加大政府土地财政支出，另一方面又减少政府财政收入。过度进行保障房建设，不仅会造成政府财政支出困难，而且可能影响社会经济的平衡发展。

**2. 陕西保障房建设应针对陕西省情，以建廉租房、公租房为主，并逐步由实物供给向货币补贴转变**

随着客观条件的变化，经济适用房、限价房建设应逐步让位于普通商品房，应该用商品房加消费货币补贴的办法代替经济适用房和限价房。同时，应尽量避免建设集中成片的廉租房，防止形成新的“穷人区”和产生群体性社会问题。城镇最低收入家庭廉租住房保障水平，应当以满足基本住房需求为原则，其保障方式应当以发放租赁住房补贴为主，实物配租，租金核减为辅。公租房应以农民工、新参加工作的大学生、中等收入家庭的住房困难户为主要保障对象。就陕西省情而言，公租房应成为陕西保障房建设的发展方向。

**3. 陕西应当充分发挥保障对象数据库和住房保障信息系统的作用**

陕西建立保障对象数据库和保障信息系统，为保障房工作落实提供了重要的信息平台。陕西应重视发挥保障对象数据库和住房保障信息系统的重要作用，一是不能让保障对象数据库流于形式，要真正发挥保障对象数据库的决策依据作用；二是要通过科学统计核查方式，确保保障对象信息资料的真实性、客观性、

及时性；三是应当把需要保障的对象自下而上，而不是像现在这样自上而下逐级统计，以便根据财力作出科学安排。现在确定的“十二五”期间的保障房目标，是按照国家规定的城镇职工数量的 23% 推算出的，不是自下而上进行客观统计得出的。而且保障标准是参照国家有关规定确定的，不是按照各市县财政状况和住房困难程度确定的。因此，陕西应当充分发挥保障对象数据库的作用，尽量把保障房工作做得符合省情、市情和县情，既让财政安排科学合理，又能让保障对象应保尽保。住房保障信息系统主要是对保障房项目工程建设过程、保障对象申请、审核、退出等管理过程，继续跟踪监督，这对于保证质量，加快进度，提高效率，保证公开透明，具有重要的信息支撑作用。应当把住房保障信息系统与相关法律规定紧密结合，真正让保障房信息系统成为促进保障房建设质量和管理效率提升的有效工具，从而为建立保障房建设的长效机制提供科学支持。

**4. 陕西的保障房建设不宜与抑制房价和物价挂钩，不宜作为投资拉动经济的手段而承载太多作用**

陕西保障房的任务量在全国排第 3 位，这与陕西生产总值、财政收入以及城镇人口规模在全国的排名很不相称。这是政府行政配置的结果，有抑制房价和物价之嫌。而陕西的房价、物价在 2010 年大幅上涨的原因，主要是货币流动性增加和建设成本、劳动力成本上涨推动引起的，是一个全局性原因，是全国市场联动的结果。给陕西保障房建设赋予的职能过多，不仅会影响保障房建设的合理推进，也必然会影响陕西的经济发展，特别是困难市县经济的发展。所以，陕西的保障房建设应量力而行，科学安排，防止盲目增量。

## 七　2012 年陕西房地产发展趋势展望

### （一）政策层面

**1. 调控将重点遏制投资投机性需求**

2012 年，陕西将按照中央房地产调控政策精神，坚持抑制投资投机性需求，坚持以保障性住房、自住房、中小套型商品房供给为重点，继续控制地价房价上涨。

**2. 保障房将实现“应保尽保”**

按照中央“稳中求进”的总基调和稳增长、调结构、转方式、惠民生的指导思想，陕西将千方百计克服资金和供地困难，并以公租房为主，满足低收入阶层的住房需要。

**3. 物价涨幅控制在4%左右**

处理好物价上涨和经济增长的关系，管理好通胀预期，将是陕西经济增长的难点。

## （二）市场运行层面

**1. 按照GDP增速与房地产发展的关系，陕西房地产将处于较高速度发展阶段**

一般来说，经济增长低于4%，房地产发展出现萎缩；经济增长在4%～7%，房地产发展出现停滞；经济增长在7%～10%，房地产处于稳定发展阶段；经济增长大于10%，房地产则处在高速发展阶段。根据这个理论，陕西房地产连续3年都处在10%以上的增长，因此，2012年陕西房地产应该延续2011年的发展势头。但是由于国家调控政策自2010年以来始终坚持不放松、不动摇，使2011年四季度陕西房地产企业景气指数下降到97.2，比第三季度减少24.6，比上年同季减少58.4；同时房地产企业家信心指数在2011年四季度下降到72.2，比第三季度减少29.0，比上年同季减少72.2，另外，政府加大了保障房建设力度，加之从2011年四季度开始，房地产企业资金趋紧，市场开始以价换量。所以，2012年，陕西房地产市场将按照经济发展要求和政策调控节奏运行，全年西安、咸阳、榆林、宝鸡等市房价将处于回调趋势，商品房新开工面积将明显减少，其他城市房价增幅回落，房地产开发投资将明显低于上年，新建商品住宅销售量将与上年持平或略低于上年。

**2. 陕西省“十二五”规划目标安排及资源配置有利于陕西房地产保持较高速度增长**

根据“十二五”规划安排，2015年陕西生产总值将达到20000亿元，年均增长12%以上，人均生产总值将达到或超过全国平均水平。财政总收入将达到3950亿元，年均增长17%。全社会固定资产投资将达到累计70000亿元，年均增长20%以上。进出口总额累计将达到900亿美元，年均增长20%以上。实际利用外资将达到185亿美元，年均增长20%。非公有制经济增加值占生产总值

比重将达到 55% 左右，城镇人均可支配收入将达到 30000 元，年均增长 14%。城镇化水平达到 57%，新增城镇就业 200 万人。其中 2012 年生产总值增长 13% 左右，固定资产投资 1.25 万亿元，增长不低于 25%，财政总收入增长 17%，社会消费品零售总额增长 18.5%，城镇居民人均可支配收入增长 14% 以上，新增城镇就业 34 万人。建设西安国际化大都市，对陕西经济发展将起到有力推动作用。2012 年 4 月，西安东西部贸易洽谈会成功举办。陕西签订省级合作项目合同额 4634.83 亿元，同比增长 16.4%。从陕西"十二五"发展目标看，经济增长将带动陕西房地产业继续较快发展。

**参考文献**


[1] 陕西省统计局：《2012 陕西省情》。

[2] 陕西信息中心：《陕西省情概况》。

[3] 陕西省统计局：《2011 陕西统计年鉴》，中国统计出版社，2001。

[4] 陕西省统计局、国家统计局陕西调查总队：《2011 年陕西省国民经济和社会发展统计公报》，2012 年 2 月 29 日。

[5] 陕西省统计局、国家统计局陕西调查总队：《2010 年陕西省国民经济和社会发展统计公报》，2011 年 3 月 2 日。

[6] 国家统计局陕西调查总队：《2011 年陕西民生调查》，2010 年 2 月 21 日。

[7] 国家统计局陕西调查总队：《2011 年陕西房地产企业调研分析报告》。

[8] 陕西省统计局：《2011 年 1～9 月陕西房地产市场运行分析报告》。

[9] 西安市房地产信息数据研究中心：《2011 西安市房地产市场运行情况》。

[10]《六大模块——破解保障房六大关键问题》，2011 年 10 月 31 日《陕西日报》。

[11] 陕西省国土资源厅：《国土资源公报（2011 年）》。

[12]《陕西省"十二五"经济发展规划》。

[13] 西安市统计局：《2010 年西安经济运行情况》，2011 年 1 月 21 日。

[14] 国家统计局陕西调查总队：《陕西省"十一次党代会"以来陕西经济社会发展成就系列报告之十八》，2012 年 3 月 21 日。

[15] 陕西省政府：《2011 年政府工作报告》，2011 年 6 月 14 日。

# 专 题 篇

# 2010～2011 年国家土地政策对陕西房地产业的影响

李团胜*

## 一　2010～2011 年土地政策概述

2009 年，中国主要大城市的房价在宽松的信贷政策下大幅飙升，全国一手商品房住宅的平均价格同比上升 25.1%，为住房体制改革以来房价升幅最大的一年。针对这一现象，2010 年，中央出台了一系列房地产调控政策，从抑制需求、增加供给、加强监管等方面对中国房地产市场进行了全方位调控，主要目的是抑制房价过快上涨。本节就有关土地政策予以梳理。

2010 年 1 月 10 日，国务院办公厅出台《关于促进房地产市场平稳健康发展的通知》（“国十一条”），为了合理引导住房消费、抑制投资投机性购房需求，

* 李团胜，长安大学地球科学与资源学院教授。

增加保障房和普通商品房有效供给，加大差别化信贷政策执行力度，继续实施差别化的住房税收政策，由此拉开了新一轮房地产调控的序幕。《通知》从土地方面主要是加强土地市场管理，清理房地产闲置空地，从严控制商品住房项目单宗土地出让面积。但随后的几个月市场表现并不如意，北京等热点城市频现"地王"，这直接导致了"国十条"的出台。

2010 年 1 月 14 日，国土资源部出台了《关于改进报送国务院批准城市建设用地申报与实施工作的通知》，明确要求要保障中小套型商品房和保障性住房用地供给。

2010 年 3 月 10 日，国土资源部又发出了《关于加强房地产用地供应和监管有关问题的通知》，再次明确要求保障性住房、棚户区改造和自住性中小套型商品房建房用地。

2010 年 4 月 17 日，国务院出台《关于坚决遏制部分城市房价过快上涨的通知》（国发【2010】10 号，即"国十条"。《通知》要求坚决抑制不合理住房需求，增加居住用地有效供应，调整住房供应结构，保障性住房、棚户区改造和中小套型普通商品住房用地不低于住房建设用地供应总量的 70%，并优先保证供应。

为落实中央经济工作会议精神，增强土地政策参与房地产市场宏观调控的针对性、灵活性、有效性，持续推进国务院关于房地产市场调控政策措施的贯彻落实，按照国土资发【2010】34 号、【2010】151 号文件要求，严格落实房地产用地调控政策，做好当前和今后一段时间房地产用地管理和调控工作，促进土地市场健康平稳可持续发展，2010 年 12 月 19 日，国土资源部下发《关于严格落实房地产用地调控政策　促进土地市场健康发展有关问题的通知》，要求未完成 2010 年保障性住房建设用地供应任务，保障性住房、棚户区改造住房、中小套型普通商品住房"三类用地"供应总量未达到住房用地供应总量 70% 的市县，年底前不得出让大户型高档商品住宅用地。要严格把握居住用地出让的总量、结构和时序，坚决防范受多种因素驱动的岁末年初放量供地。采取有效措施，防止出现高价地，稳定市场预期。严禁保障性住房用地改变用地性质。进一步加大违法违规房地产用地清理查处力度，加快处置因政府原因造成的闲置土地，促进市场秩序进一步规范。

纵观 2010 年，有关房地产的土地政策频出，但归结起来，上半年主要是强调保证保障中小套型商品房、保障性住房及棚户区改造用地供应，下半年主要是在继续保证保障性住房、棚户区改造等用地供应的基础上，强调加强土地监管，打击囤地炒地闲置土地等违法行为。

《国务院关于坚决遏制部分城市房价过快上涨的通知》（国发【2010】10号）印发后，房地产市场出现了积极的变化，房价过快上涨的势头得到初步遏制。为巩固和扩大调控成果，进一步做好房地产市场调控工作，逐步解决城镇居民住房问题，促进房地产市场平稳健康发展，国务院办公厅在2011年1月26日下发了《关于进一步做好房地产市场调控工作有关问题的通知》，《通知》要求加大保障性安居工程建设力度，并明确要求2011年，全国建设保障性住房和棚户区改造住房1000万套。中央将加大对保障性安居工程建设的支持力度。地方人民政府要切实落实土地供应、资金投入和税费优惠等政策。严格住房用地供应管理，各地要增加土地有效供应，认真落实保障性住房、棚户区改造住房和中小套型普通商品住房用地不低于住房建设用地供应总量的70%的要求。在新增建设用地年度计划中，要单列保障性住房用地，做到应保尽保。要求2011年的商品住房用地供应计划总量原则上不得低于前两年年均实际供应量。

为贯彻落实《国务院办公厅关于进一步做好房地产市场调控工作有关问题的通知》（国办发【2010】1号）和全国保障性安居工程工作会议精神，2011年3月11号，国土资源部下发《关于切实做好2011年城市住房用地管理和调控重点工作的通知》，《通知》确定了2011年的重点任务是："稳供应、保民生"，以保障性安居工程建设所需用地为重点，确保保障性住房、棚户区改造和中小套型商品房用地不低于住房建设用地总量的70%，确保城市住房用地供应计划总量不低于前两年年均实际供应总量；"控价格、防'地王'"，严防出现高价地，增加公共租赁住房和中小套型限价商品住房供地，促进房价合理回归；加强住房建设用地全程监管，实时跟踪土地开发利用情况，加大清理查处违法违规违约行为力度，严厉打击囤地炒地，确保闲置土地及时依法依规处置到位，促进住房用地按期依规开发利用。

2011年，在"调结构、稳物价"的大背景下，继续加强房地产调控，土地政策方面突出惠民生的特点，继续确保保障性住房用地。要求各地对保障性安居工程用地实行单列，确保2011年1000万套保障性安居工程用地，加强土地市场

管理，抑制地价。

总之，一系列土地政策的出台，是为了加强和改善房地产调控，提高调控的针对性和有效性，突出计划引导，强化以保障性安居工程为重点的住房计划编制和实施；突出改革创新，坚持和完善招拍挂制度；突出严格监管，狠抓违法违规房地产用地的清查；突出信息公开，加强对房地产市场的预期引导。

## 二　土地政策对陕西房地产的影响

土地政策对房地产的影响主要是通过对土地供应的影响以及由土地供应引发的土地价格的影响来实现的。

### （一）对土地供应和需求的影响

2010～2011 年，国家对房地产进行调控，意在改善民生，降低房价，为此在两年里国家分别下达了住房用地供应计划。据国土资源部权威数据，就全省来讲，2010 年，住房用地计划为 3465.94 公顷，住房用地实际为 2346.88 公顷。而 2009 年，住宅用地实际供应量为 877.88 公顷。在住房用地中，保障房用地 416.38 公顷（其中 164.52 公顷为廉租房用地，251.86 公顷为经济适用房用地），棚户区改造房用地 246.76 公顷（其中 223.40 公顷用于保障房建设，23.36 公顷用于中小套型房的建设），中小套型商品房用地 1167.01 公顷（其中普通房用地 1155.31 公顷，限价房用地 5.35 公顷，公租房用地 6.35 公顷）。可见国家土地政策调控在住房用地供应方面发挥了作用。

2011 年陕西住房用地供应计划为 6288.06 公顷，其中保障性住廉租房用地 435.3 公顷，经济适用房用地 1035.52 公顷，各类棚户区改造用地 579.75 公顷，公共租赁房用地 244.49 公顷，限价商品房用地 644.91 公顷，中小套型商品住房用地 2265.49 公顷。可见 2010～2011 年，国家全力支持保障性住房的供地，应该说对住房用地尤其是保障房用地的供应是充足的。

下面以 2010 年及 2011 年西安住宅用地挂牌与成交情况来分析土地政策对土地供应和需求的影响。从表 1 可看出，2010 年和 2011 年，西安市推出的住宅用地都是 78 宗，面积分别是 3157858 平方米和 2608184 平方米，2010 年和 2011 年推出的住宅用地宗数和2009年相差不多，仅少4宗，而面积2010年和2011年分别比2009年少了714195.44平方米和263869.44平方米。可见土地供应在减少。从各月供应面积情况来看，2010年9月供应量最大，其次为5月，1月供应量位居第三，而3月份供应量最小；2011年以8月供应面积最大，12月次之，1月份最小。从宗数来看，2010年8月供应11宗，为最多；其次为2月，供应10宗；3月和4月供应宗数最少，为2宗。2011年8月和12月供应宗数最多，为14宗；1月宗数最少，为1宗。从季度来看，2010年三季度供应面积最大，为758758.3平方米；一季度次之，为732027.1平方米；四季度最小，为579356.4平方米。2011年三季度供应面积最大，为1249607平方米；四季度次之，为518216.5平方米；二季度最小，为337924.3平方米。

**表1　2010～2011年西安市土地挂牌情况**

| | 2010年 | | 2011年 | |
|---|---|---|---|---|
| | 面积（$m^2$） | 宗数（宗） | 面积（$m^2$） | 宗数（宗） |
| 1月 | 420196 | 7 | 30967.6 | 1 |
| 2月 | 325982.6 | 10 | 207599.9 | 5 |
| 3月 | 12579.65 | 2 | 263868.2 | 7 |
| 4月 | 100159 | 2 | 43797.95 | 2 |
| 5月 | 556504.1 | 6 | 118423.5 | 8 |
| 6月 | 75364 | 6 | 175702.8 | 7 |
| 7月 | 267907.8 | 6 | 233506.8 | 4 |
| 8月 | 203583.61 | 11 | 771896.1 | 14 |
| 9月 | 616224.6 | 9 | 244204.2 | 10 |
| 10月 | 88229.8 | 3 | 139375 | 3 |
| 11月 | 198297.4 | 9 | 60393.71 | 5 |
| 12月 | 292829.2 | 7 | 318447.8 | 14 |
| 总计 | 3157858 | 78 | 2608184 | 78 |

数据来源：土地信息网。

从成交情况来看（见表2），2010年住宅用地成交2855413.65平方米，共71宗；2011年成交2402802.79平方米，共65宗；2009年成交3576234.3平方米，共75宗。从面积和宗数上看，2010年和2011年都比

2009 年有所下降。2010 年比 2009 年少成交 4 宗，720820.65 平方米；2011 年比 2009 年少成交 10 宗，1173431.51 平方米。可见无论从居住用地供应和成交来看，都比 2009 年有所下降。从各月成交情况来看，2010 年成交面积以 5 月最多，为 587197.1 平方米；10 月次之，为 497576.1 平方米；4 月最少，为 52346.7 平方米。从成交的宗数来看 10 月最多，为 9 宗；4 月最少，为 2 宗。2011 年以 8 月成交面积最多，为 749143.9 平方米；其次为 12 月，为 285600.18 平方米；以 10 月最少，没有成交的住宅用地。从成交宗数来看，以 8 月成交的最多，为 12 宗；9 月次之，为 11 宗；10 月 0 宗，最少；比较少的还有 1 月和 7 月，均为 1 宗。从季度来看，成交面积以三季度最高，为 1176296.6 平方米；四季度次之，为 437579.6 平方米；二季度最少，为 388166.1 平方米。

**表 2　西安市住宅用地成交情况**

| | 2010 年 | | 2011 年 | |
|---|---|---|---|---|
| | 面积($m^2$) | 宗数(宗) | 面积($m^2$) | 宗数(宗) |
| 1 月 | 74919.15 | 4 | 4991.7 | 1 |
| 2 月 | 343023.42 | 7 | 238567.5 | 6 |
| 3 月 | 242380.55 | 7 | 157201.37 | 4 |
| 4 月 | 52346.7 | 2 | 106666.8 | 3 |
| 5 月 | 587197.1 | 6 | 72650.55 | 5 |
| 6 月 | 94170.0 | 7 | 208848.7 | 9 |
| 7 月 | 248382.2 | 5 | 165951.67 | 1 |
| 8 月 | 149875.2 | 5 | 749143.93 | 12 |
| 9 月 | 233791.7 | 7 | 261201.03 | 11 |
| 10 月 | 497576.1 | 9 | 0 | 0 |
| 11 月 | 166023.2 | 6 | 151979.36 | 5 |
| 12 月 | 165728.3 | 6 | 285600.18 | 8 |
| 总计 | 2855413.63 | 71 | 2402802.79 | 65 |

数据来源：土地信息网。

由于土地政策的影响，尤其是清理闲置土地行为，要求经济适用房、廉租房和中低价位中小套型普通商品房用地占住宅用地的比例不得低于 70% 等政策，加之国家限购政策的实施，商品房销量减少，使得地产商购买土地的积极性降低，因此，无论是2010年，还是2011年，多数月份土地供应和成交量都较低。

## （二）对土地价格与房屋价格的影响

土地交易价格方面（见表3），2010年，交易价格指数为107.7，2011年为108.6，其中居住用地2010年交易价格指数为110.0，2011年为108.6，可见，2010年与2011年无论土地交易价格指数还是居住用地以及工业用地交易价格指数都在上升，表明土地价格在上涨。其中2011年上半年陕西省土地交易价格涨幅8.6%，涨幅比上年同期回落6.1个百分点。其中居住用地上涨9.8%，工业用地上涨9.9%，商业营业用地上涨6.1%，其他用地上涨1.9%，可见居住用地地价还在上涨。

**表3　土地交易价格指数（以上年价格为100）**

| | 2009 | 2010 | 2011 |
|---|---|---|---|
| 土地交易价格指数 | 100.1 | 107.7 | 108.6 |
| (1)居住用地 | 99.8 | 110.0 | 108.6 |
| (2)工业用地 | 101.0 | 106.5 | 110.6 |

数据来源：国家统计局陕西调查总队。

2009~2011年的房屋销售价格指数方面看（见表4），2009年一季度和二季度二手住宅房屋价格与上年同期价格相比有所下降，但下降幅度不大，三、四季度又比同期有所上升。2010年，新建住房价格指数以三季度最高，为112.3；二季度最低，为102.8。2010年平均为111.1，可见新建住房2010年比2009年同期相比价格上涨。二手住宅情况类似，都是比上年同期有所上涨，全年平均二手房屋价格指数为110.4。2010年上半年陕西房地产价格依然保持上涨态势，房价快速攀升，房屋销售价格同比上涨105%，涨幅比2009年同期高9个百分点。前六个月，涨幅分别为8.5%、8.8%、10.3%、11.5%、12.1%和11.9%。其中西安房屋销售价格涨幅超过全国平均水平，西安房屋销售价格同比上涨12.5%，比全国水平高1.1个百分点。陕西2010年上半年新建住宅价格同比上涨11.2%，普通住宅同比上涨11.7%，高层住宅同比上涨12.3%，其他住宅同比上涨

3.9%，高档住宅同比上涨14.6%，二手房销售价格同比上涨8.5%。在二手房销售中，住宅类价格上涨9.4%，其中普通住宅价格上涨13.1%，非住宅类价格上涨3.2%。累计来看，房价环比涨幅逐月走弱，表现出宏观调控的效果，然而效果还很不明显，房价环比还在上涨。

**表4 2009～2011年陕西省房屋销售价格指数（均以上年同期价格为100）**

| 年份 | | 一季度 | 二季度 | 三季度 | 四季度 | 平均 |
|---|---|---|---|---|---|---|
| 2009 | 新建住宅 | 102.6 | 101.0 | 101.9 | 105.1 | 102.7 |
| | 二手住宅 | 99.2 | 99.5 | 101.5 | 105.3 | 101.4 |
| 2010 | 新建住宅 | 109.6 | 102.8 | 112.3 | 109.7 | 111.1 |
| | 二手住宅 | 109.2 | 109.6 | 111.2 | 111.5 | 110.4 |
| 2011 | 新建住宅 | 106.1 | 104.8 | 105.0 | 103.7 | 104.9 |
| | 二手住宅 | 111.5 | 112.8 | 111.2 | 107.4 | 110.7 |

数据来源：国家统计局陕西调查总队。

2011年新建住宅价格指数以一季度最高，为106.1；四季度最低，为103.7。二手房价格指数以四季度最低，为107.4；一季度最高，为111.5。从全年平均来看，2010年新建住宅价格指数为111.1，二手房为110.4。2011年新建住宅价格指数为104.9，二手房价格指数为110.7，可见2010年和2011年各季度无论是新建住房还是二手房价格都比上一年同期有所上升，但房价上涨势头放缓。国家统计局陕西调查总队调查结果显示：2011年上半年陕西省新建住宅价格平均涨幅5.5%，房屋租赁价格涨幅4.9%。新建住宅价格整体呈现上涨势头，涨幅明显回落，同比涨幅回落5个百分点，环比月涨幅在1%以内。地级城市房屋价格涨幅大于西安市，西安房价一直位于全省高位，自2011年初西安市实行限购令后，使得西安房价涨幅回落，其他地级城市成为投资置业的热点，房屋价格涨幅较高，2011年前5个月西安市新建住宅价格平均同比涨幅为4.7%，环比涨幅0.6%。咸阳、宝鸡、汉中等城市新建住宅价格涨幅都接近甚至超过8%。

这表明土地政策对调节房屋价格意义不大，没有起到控制房价的目的。房屋价格是受多种因素控制的，土地只是其中的一个方面，要降低房价还需多部门联合，共同努力。

## （三）对房地产业的影响

从2010开始，国家就实行宏观调控，随着调控措施的不断深化、保障房建设的不断开工以及市场的“观望”和“看跌”心理预期，房地产市场发展趋缓。2009年，全省房地产完成投资9437330万元，其中住宅投资7823571万元，住宅投资比例82.9%；2010年，全省房地产开发投资1160.23亿元，增长23.2%，增速比上年回落0.6个百分点。其中住宅投资9381543万元，住宅投资比例80.99%，住宅投资增长19.9%。从住宅投资比例来看，2010年比2009年有所下降。商品房施工面积9965.18万平方米，增长20.6%，回落22.1个百分点；商品房销售面积2590.18万平方米，增长24.1%，回落13.6个百分点。2011年，陕西全省完成房地产投资1420.53亿元，比上年增长22.5%，增速比上年回落0.4个百分点；商品房施工面积12179.97万平方米，增长22.4%；商品房销售面积3068.63万平方米，增长18.5%，增速回落5.6个百分点。

再以2011年1～9月为例来看各项宏观调控政策的效应，2011年1～9月，全省房地产开发完成投资1019.07亿元，同比增长23.4%，增速较1～8月回落1.1个百分点，较一季度回落3.5个百分点，较二季度上升3.1个百分点。前三季度全省保障性住房完成投资335.93亿元，占房地产投资的三分之一，在一定程度上支撑了房地产投资的持续增长。在开发投资中，商品住宅完成投资838.02亿元，同比增长26.4%，占房地产开发投资的82.2%。2011年的1～9月，全省商品房销售面积为1994.08万平方米，同比增长19.6%，增速较1～8月回落2.8个百分点，较上年同期回落1.9个百分点[3]。可见陕西房地产开发增速整体减缓。

从商品房销售额来看，2009年商品房销售额522.11亿元，2010年为860.55亿元，增幅64.82%；2011年为1517.23亿元，增长55.8%。2011年比2010年增幅有所回落，但总体仍在增长。从土地转让收入看，2009年陕西土地转让收入10.1亿元，2010年土地转让收入是3.38亿元，比2009年增长199.0%，

总之，国家宏观政策调控，包括土地政策的调控起到了一定作用，但作用不明显。虽然房地产速度放缓，无论从地价、房价、房地产的收入来看，依然呈现增长趋势。

## 三 结论与对策

### （一）结论

2010～2011年，国家出台一系列政策，意在控制房价，保障民生，土地方面也出台了相应的政策。但从实际效果来看，应该说这些政策起到了一定的作用，然而作用不明显，虽然使房地产投资的脚步放缓，地价、房价得到了一定的控制，然而地价与房价一直在上涨，并没有得到令人满意的效果。

### （二）对策

#### 1. 减缓土地政策出台频率，加大执行力度

土地政策作为房地产市场调控手段之一，起着重大的作用，适当减缓土地政策出台的频率是十分必要的。从2010～2011年具体土地政策中，可以看出国家颁布的政策及管理办法出现了多次重复，这样直接导致地方政府供地计划有所偏差，进而对住房供地产生了影响。常言道“话说三遍淡如水”，如果政策多次重复，只能说明政策的贯彻执行不力，也影响了政策的权威性，因此，制定土地政策要从长远着想，切实可行，政策条文不宜多，出台频率不宜过高，关键是要起作用，要加强政策的实施力度，使政策真正发挥作用，注重政策的实效性。

#### 2. 杜绝土地财政，降低土地成本

控制房价涨幅的前提条件就是要使房价成本降低，最终降低企业拿地成本，但是一直上涨的土地价格使得降低房价变得很难。比如陕西2011年上半年居住用地交易价格同比上涨9.8%，土地价格的增长大于房价的涨幅，使得房价只能一路持续走高。地方政府将土地收入作为财政收入的重要来源，这就直接推动了房价的走高。因此土地价格炒得很高，有的城市地价已到几千万元一亩，楼面价到几万元一平方米，房价如何能降下来？地方政府财政收入中很大一部分来源于土地及房地产业的税收，比如，2011年上半年全国财政收入56875.85亿元，比2010年同期增31.2%，其中土地增值税1203.08亿元，增幅91.1%。土地价格再高，农民拆迁补偿亦是水涨船高、漫天要价，动辄就是上千万元再加几套房子

的补偿。因此要降低土地成本，一是减少地方政府财政对房地产开发的依赖度，二是给予农民的补偿也要适度，能满足其生活需要解决其后顾之忧即可。

## 参考文献


[1] 陕西省统计局：《2010 年上半年陕西房地产发展情况分析》，《陕房通讯》2010 年第 4 期。

[2] 国家统计局陕西调查总队：《陕西上半年新建住宅价格上涨 5.5%》，《陕房通讯》2011 年第 3 期。

[3] 陕西省统计局：《1～9 月陕西房地产开发市场运行情况分析》。http：//www.sn.stats.gov.cn/news/tjxx/201112191422.htm。

# 2010～2011 年国家财税政策对陕西房地产业的影响

娄爱花*

1994 年财政分税制改革，1994 年税制改革，2006 年至今的税制改革，使财税制度更具有科学性、完备性和前瞻性，对国家和地方政府组织财政收入、加强宏观调控意义重大。2006 年，陕西省财政收入为 362.1295 亿元，2011 年为 1499.0700 亿元，平均增速为 33.35%；1994～2005 年，陕西省地税收入大幅度增长，陕西省地税局 1994 年地税税收收入完成 21.60 亿元。2005 年，陕西省地税系统组织入库税收收入 155 亿元，平均增长速度为 18.47%①。特别是"十一五"期间（2006～2010 年），由于税收严征管，税收收入从 2006 年的 198.68 亿元到 2010 年的 572.9036 亿元，2011 年达 764.1694 亿元，税收收入突飞猛进增长，平均增长速度为 30.99%，为地方经济建设提供了资金支持。

## 一　陕西省房地产业财税收入的现状

从表 1 的统计数据可以看出，近六年陕西省财政收入、税收收入、房地产业税收收入及房地产业的户数基本都呈增长趋势，2006～2011 年，陕西省财政收入平均增长速度为 33.35%；2006～2011 年，陕西省税收收入平均增长速度为 30.99%；2006～2011 年，陕西省房地产税收收入平均增长速度为 46.85%；2006～2011年，陕西省房地产户数平均增长速度为 20.58%。除 2008 年受全球经济危机影响，陕西省财政收入、房地产业税收收入及房地产业户数环比增长略有下降，2011 年房地产税收收入和房地产户数环比略有下降外，一般都呈上升趋势。

---

* 娄爱花，西安财经学院经济学院财税系教授。

① 数据来源：陕西省地税收入统计。

表1　2006~2011 年陕西省财政、地税系统财政收入、税收收入、房地产业税收收入及房地产业户数变化情况分析表

| 年份 | 财政收入 | | 税收收入 | | 房地产税收收入 | | | 房地产业户数 | |
|---|---|---|---|---|---|---|---|---|---|
| | 金额（万元） | 环比增长（%） | 金额（万元） | 环比增长（%） | 金额（万元） | 环比增长（%） | 占税收比重（%） | 户数 | 环比增长（%） |
| 2006 | 3621295 | — | 1986800 | — | 189547 | — | 9.54 | 4574 | — |
| 2007 | 4745000 | 31.03 | 2600700 | 30.90 | 307015 | 61.97 | 11.81 | 5384 | 17.71 |
| 2008 | 5914200 | 24.64 | 3486577 | 34.06 | 416651 | 35.71 | 11.95 | 5476 | 1.71 |
| 2009 | 7339100 | 24.09 | 4290781 | 23.07 | 573755 | 37.71 | 13.37 | 7768 | 41.86 |
| 2010 | 9579200 | 30.52 | 5729036 | 33.52 | 1018118 | 77.45 | 17.77 | 9748 | 25.49 |
| 2011 | 14990700 | 56.49 | 7641694 | 33.39 | 1235856 | 21.39 | 16.17 | 11322 | 16.15 |
| 合计 | 46189495 | | 25735588 | | 3740942 | | | 44272 | |
| 平均增长速度 | — | 33.35 | | 30.99 | — | 46.85 | 13.40 | — | 20.58 |

数据来源：《陕西省财政厅财政收入（地方一般预算收入）统计》、《陕西省地税收入统计》。

## （一）2010 年陕西省财政收入、地方税收收入、房地产税收收入的主要特点、主要税种完成情况及增长原因

### 1. 2010 年陕西省财政收入、地方税收收入、房地产税收收入主要特点

（1）2010 年陕西省财政收入概况

2010 年，全省财政总收入完成 1800.85 亿元，占年度预算 112.7%，比上年增加 409.71 亿元，增长 29.45%。其中：上划中央“四税”收入完成 842.92 亿元，占预算的 112.9%，增加 187.06 亿元，增长 28.52%；地方一般预算收入完成 957.92 亿元，占预算的 112.52%，增加 222.65 亿元，增长 30.28%。全省地方一般预算收入主要项目完成情况：一是各项税收 710.48 亿元，增长 33.35%；二是非税收入 247.44 亿元，增长 22.21%①。

（2）2010 年税收收入迈上新台阶，实现“十一五”圆满收官

2010 年，全省地税系统组织的各项收入成功迈上 900 亿元新台阶，实现 906.54 亿元，增长 29.47%，增量超过 200 亿元，达到 206.35 亿元；地方税收也达到 572.9 亿元，同比增长 33.52%，高出上年同期 10 个百分点。在全国 36 个地税征收单位中增幅排名第 7 位，总量排名第 16 位，较上年同期提

① 数据来源：2010 年 12 月陕西省财政收支报表统计。

升2位，占全国地税收入的比重为2.21%，较上年同期提高0.13个百分点。“十一五”期间，陕西地税累计组织入库地方税收、教育费附加、社保费和各项基金2957亿元，其中税收收入1809.38亿元，是“十五”时期3.32倍，年均增速29.89%。

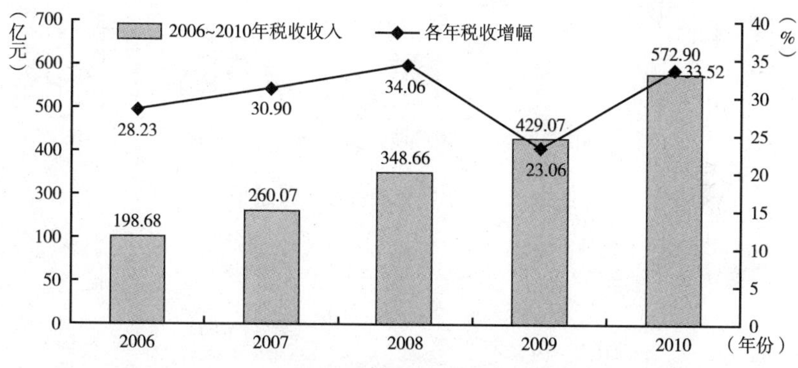


**图1　“十一五”期间各年税收收入及增幅**

数据来源：陕西省地税统计。

（3）主体税种对全省税收增长起着重要支撑作用

陕西省2010年营业税、企业所得税、个人所得税、城建税和资源税五个主体税种合计增收129.78亿元，占增收总额的90%，拉动税收增长30个百分点。其中：营业税265.94亿元，同比增长36.73%，增收71.44亿元，占税收增收总额的49.67%；企业所得税73.08亿元，同比增长33.29%，增收18.25亿元，占税收增收总额的12.69%；个人所得税88.19亿元，同比增长38.45%，增收24.49亿元，占税收增收总额的17.03%；城建税58.41亿元，同比增长23.7%，增收11.19亿元，占税收增收总额的7.78%；资源税22.3亿元，同比增长24.58%，增收4.4亿元，占税收增收总额的3.06%。

（4）采矿业、房地产业、制造业、建筑业、金融业和服务业税收贡献作用突出

陕西省2010年采矿业、房地产业、制造业、建筑业、金融业和服务业共实现地方税收468.43亿元，占全省税收总额的81.76%，较上年同期提高2.36个百分点，六个行业税收增幅分别达到34.6%、63.02%、25.72%、41.1%、20.27%和35.22%，六个行业合计增收127.74亿元，占全省增收总额88.8%，拉动全省税收增长29.8个百分点。

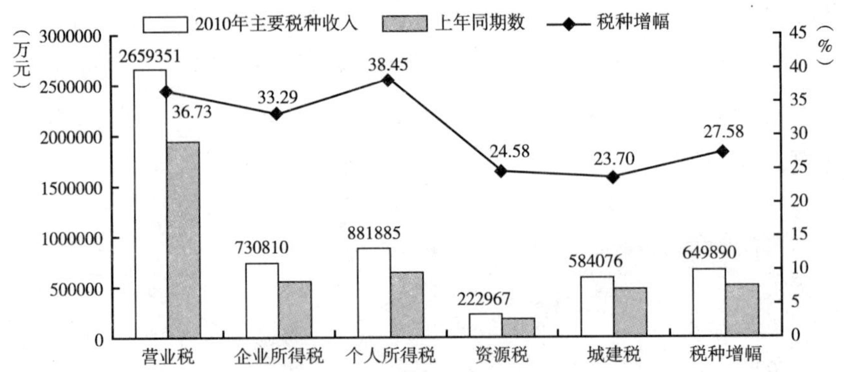


**图2　2010 年主要税种收入及增幅**

注：数据来源：陕西省地税统计。

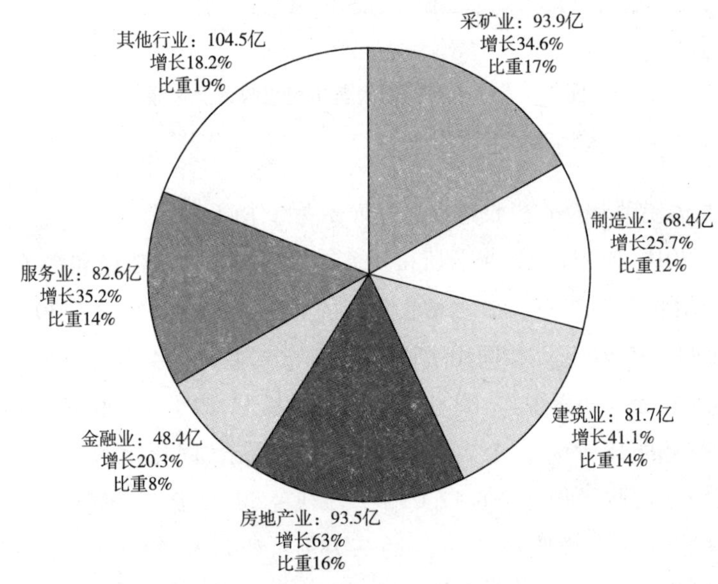


**图3　2010 年主要行业收入及增幅**

数据来源：陕西省地税统计。

**2. 2010 年陕西省地方主要税种完成情况简析**

陕西省 2010 年营业税、企业所得税、个人所得税、城建税和资源税五个主体税种共实现地方税收 507.91 亿元，占全省地方税收总额的 88.66%，平均增速达 34.32%，合计增收 129.78 亿元，占增收总额的 90%，拉动税收增长 30 个百分点。

（1）建筑业、房地产业和服务业的增收带动营业税收入的快速增长

营业税实现税收 265. 94 亿元，同比增长 36. 73%，增收 71. 44 亿元。增收主要来自于建筑业、房地产业和服务业，三个行业分别实现地方税收 68. 36 亿元、63. 83 亿元和 51. 61 亿元，分别增长 42. 69%、65. 36% 和 30. 81%，三个行业合计增收 57. 84 亿元，占营业税增收总额的 81%，拉动该税种增长 29. 7 个百分点。

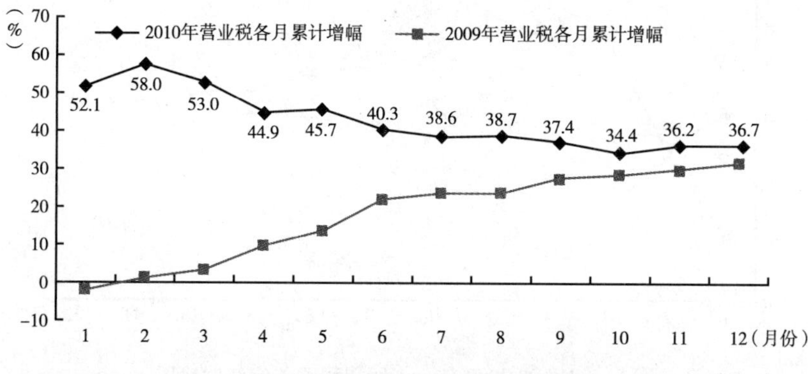


图 4　2010 和 2009 年营业税收入走势对比图

（2）能源产品价格的提高和装备制造业企业效益的提升，有力促进了企业所得税收入的快速增长

企业所得税实现税收 73. 08 亿元，同比增长 33. 29%，增收 18. 25 亿元。其中，采矿业、石油加工业和装备制造业分别实现税收 31. 79 亿元、13. 64 亿元和 5. 56 亿元，分别同比增长 30. 98%、46. 7% 和 60. 76%，三个行业合计增收 13. 96 亿元，占企业所得税增收总额的 76. 53%，拉动该税种增长 25. 5 个百分点。

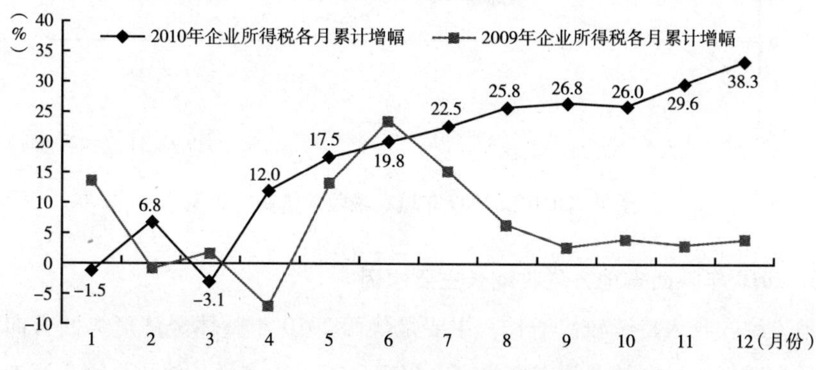


图 5　2010 和 2009 年企业所得税收入走势对比图

（3）在煤炭开采业、装备制造业和服务业带动下，个人所得税实现大幅增长

个人所得税实现税收 88.19 亿元，同比增长 38.45%，增收 24.49 亿元。对个人所得税增收贡献最大的行业是采矿业、制造业和服务业，三个行业合计增收 17.59 亿元，占个人所得税增收总额的 71.8%，拉动该税种增长 27.6 个百分点。

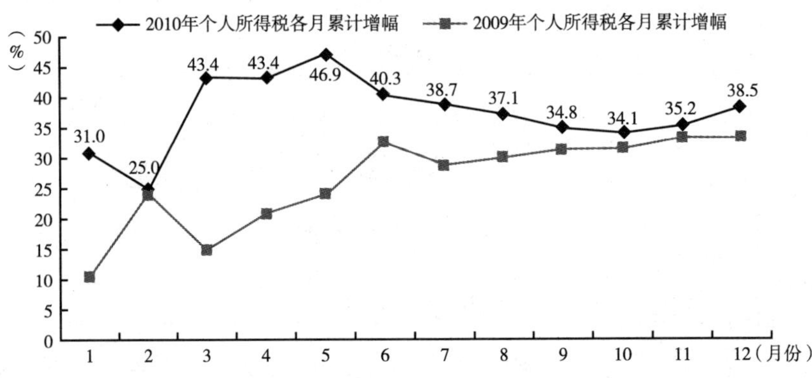


**图 6　2010 和 2009 年个人所得税收入走势对比图**

（4）城建税在“三税”收入增长的带动下保持稳步增长。

城市维护建设税实现税收 58.41 亿元，同比增长 23.7%，增收 11.19 亿元。

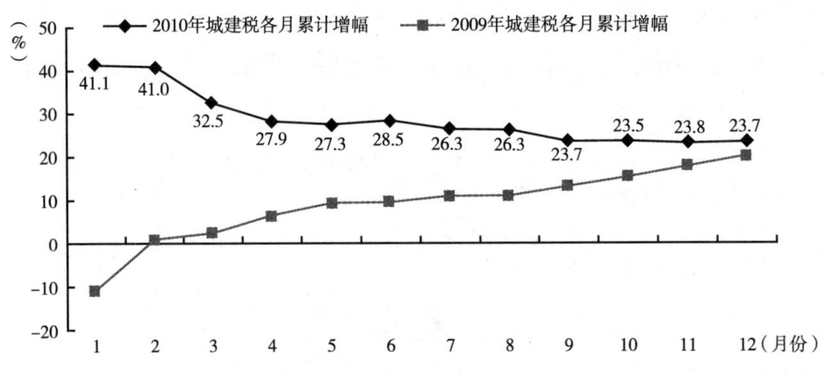


**图 7　2010 和 2009 年城建税收入走势对比图**

**3. 2010 年陕西省地方税收增长主要原因**

地方税收收入持续较快增长，主要是陕西 2010 年整体经济形势回升向好趋势明显，运行质量和效益均有所提高，呈现出工业生产增长较快，固定资产投资

高位趋稳，消费市场繁荣活跃，财政收入稳定增长的良好态势，为税收的快速增长提供了税源基础。具体表现在：一是工业经济持续回升、企业经营效益加快好转，使得全年企业所得税增长 33.29%，较上年同期提升 29.55 个百分点；二是房地产销售市场形势较好以及上年同期基数较低带动了房地产税收的大幅增长，增幅达到63%，较上年同期提升 25 个百分点；三是资源能源性产品价格的上涨以及效益的提高带动了能源类税收增长 35%，增收 31.4 亿元，占全省税收增收总额的 22%；四是消费市场保持活跃带动相关服务业税收增长 35%，增收 21.5 亿元，占增收总额的 15%；五是消费税、营业税的高增长拉动城建税增长 23.7%，增收 11 亿元；六是虽然固定资产投资和金融信贷在上年高基数基础上有所回落，但我省投资驱动经济增长的势头仍在较好延续，使得建筑业和金融业税收分别同比增长 41%和 20%，合计增收 31.94 亿元，对全省税收增长的贡献仍达到 22%。

## （二）2011 年陕西省财政收入、地方税收收入、房地产税收收入的主要特点及完成情况

### 1. 2011 年陕西省财政收入、地方税收收入、房地产税收收入的主要特点

（1）2011 年陕西省财政收入概况

2011 年，全省财政总收入完成 2577.97 亿元，占年度预算的 121.64%，比上年增加 776.87 亿元，增长 43.13%，剔除“两权”价款等一次性收入不可比因素后，同口径增长 28.27%（下同）。其中：上划中央“四税”收入完成 1078.9 亿元，占预算的 110.46%，增加 236 亿元，增长 28%；地方财政收入完成 1499.07 亿元，占预算的 131.21%，增加 540.86 亿元，增长 56.45%（同口径增长 28.51%）。全省地方财政收入主要项目完成情况是：一是各项税收 934.19 亿元，增长 31.47%；非税收入 564.88 亿元，增长 128.1%[①]。

（2）2011 年地方税收收入概况

我省地方税收完成 764.2 亿元，同比增长 33.4%，增收 191.3 亿元，总量在全国地税排名第十六位，占全国地方税收比重 2.3%，增幅在全国地税排名第十二位。

在西部十二个省区市（陕西、甘肃、青海、宁夏、新疆、内蒙古、西藏、广西、云南、贵州、四川、重庆）中，陕西地方税收总量排名第三位（仅次于四

① 数据来源：2011 年 12 月份陕西省财政收支报表统计。

川和内蒙古），增幅排名第六位。

在西北五省区（陕西、甘肃、青海、宁夏、新疆）中，陕西地方税收总量排名第一位，增幅排名第四位。

（3）全省税收整体保持较快增长，但增速呈现“前高后低”态势

2011 年，全省地方税收整体保持快速增长，但月均增速呈下降趋势，降幅明显。一季度增幅最高达 51%，到年底全年税收增幅为 33%，下降了 18 个百分点。

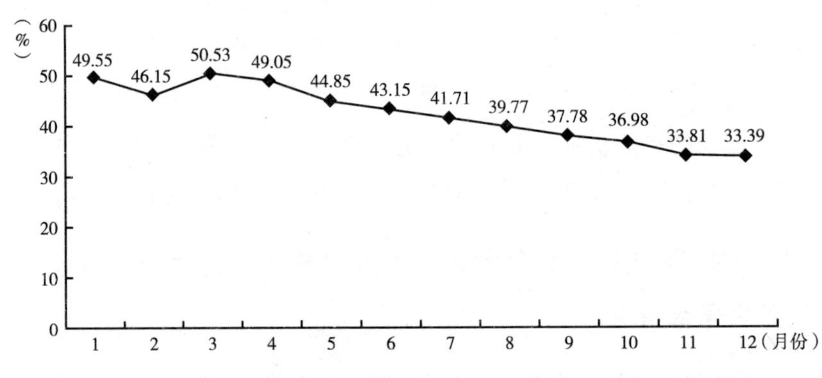


**图 8　2011 年各月累计税收走势图**

（4）五大主体税种中资源税和企业所得税增幅领先

2011 年，营业税、企业所得税、个人所得税、城建税、资源税五大主体税种分别同比增长 25%、52%、26%、30%、122%，合计增收 172 亿元，占税收增收总额的 90%，支撑作用明显。

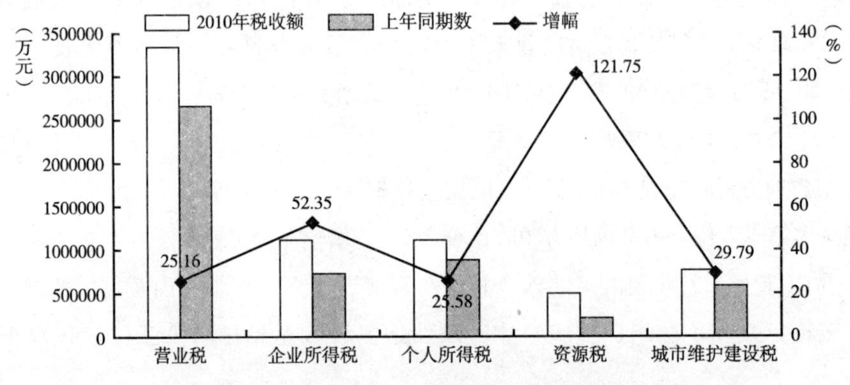


**图 9　2011 年主体税种税收收入、上年同期数及增幅**

**2. 主要税种完成情况简析**

（1）受宏观经济和货币紧缩政策影响，营业税增幅放缓

2011年，全省营业税出现逐月下滑趋势，全年营业税收入333亿元，同比增长25%，增收67亿元，与1月份营业税增幅相比，下滑幅度近16个百分点。由于营业税占我省地方税收近四成，对我省地方税收增长影响巨大。

2011年陕西省房地产业营业税收入的绝对数是增长的，由2010年的68.7098亿元到2011年的79.4722亿元，但是环比增长速度下降，由2010年的77.99%到2011年的15.66%，说明房地产宏观调控政策作用正在逐步显现。

**表2　2009～2011年陕西省房地产业提供营业税、企业所得税、个人所得税和土地增值税收入变化情况分析表**

| 年份 | 营业税 | | 内资企业所得税 | | 个人所得税 | | 土地增值税 | |
|---|---|---|---|---|---|---|---|---|
| | 金额（万元） | 环比增长（%） | 金额（万元） | 环比增长（%） | 金额（万元） | 环比增长（%） | 金额（万元） | 环比增长（%） |
| 2009 | 386024 | — | 22874 | — | 16765 | — | 58771 | — |
| 2010 | 687098 | 77.99 | 29700 | 29.84 | 59000 | 251.92 | 124334 | 111.56 |
| 2011 | 794722 | 15.66 | 65648 | 121.04 | 36339 | -38.41 | 187468 | 50.78 |

数据来源：陕西地税收入统计。

（2）营业税增速放缓的主要影响因素

一是欧洲主权债务危机仍在加剧，国际整体经济形势仍不容乐观；二是CPI高位运行，通胀压力较大，货币紧缩压力不断增大，在央行不断加息和上调存款准备金率的情况下，我省贷款余额在不断下降，资金紧张的局面正在加剧，直接影响到我省各项在建工程的进度、新开工项目的上马，导致建筑业营业税增幅下降；三是包括年初“限购令”在内的国家各项房地产市场宏观调控措施对房地产市场有一定的影响。

**3. 2011年税收增长较快的主要原因**

（1）得益于经济发展和价格上涨的推动

2011年，全省坚持以富民强省和科学发展为主题，以转变发展方式为主线，积极贯彻落实国家宏观政策，宏观经济整体向好，为地方税收增长奠定了良好的税源基础。前11个月我省规模以上工业增加值4882.96亿元，同比增长17.7%，高出全国5.3个百分点；社会消费品零售总额1913.41亿元，同比增长30.4%，高出全国13.1个百分点；固定资产投资8786.53亿元，同比增长30.3%，高出全国5.8个百分点；商品房销售额1277.27亿元，同比增长52.5%；规模以上企业利税总额2341.49亿元，同比增长36.1%；外贸进出口总额130.76亿美元，同比增长20.9%；财政总收入2353.25亿元，同比增长44.8%，其中地方一般预算收入1371.64亿元，同比增长65%；居民消费价格指数（CPI）上涨5.8%。

（2）得益于西安世园会的成功举办

2011年，西安世园会的成功举办，催生“世园经济”，带动文化旅游和餐饮娱乐消费快速增长，在这样的宏观经济背景下，相关地方税收均实现较快增长。

以上分析表明，2010年陕西房地产业的税收对陕西财政做出了巨大贡献，2011年，房地产税收总数呈现上升趋势，但增速呈现“先高后低”的态势。总体上，陕西省地方税收收入的快速增加对于地方政府发展地方文化、教育、科学、卫生和地方公、检、法等公共产品建设起到了巨大作用，极大促进了陕西的基础设施建设，对于促进陕西地方经济发展，为陕西经济的腾飞奠定了坚实基础，同时调节和监督了地方经济的发展，为构建和谐社会创造了条件。但是，房地产业税收也存在税制结构、税种布局等不合理现象，财政分税制后，财权上收，事权不动或下移，使地方财政捉襟见肘，出现了土地财政现象，成为推动房地产业价格上涨的一个因素，对于房地产业的平稳发展产生了不利因素，需要进一步完善财税对策，以进一步促进房地产业的稳健发展。

## 二　房地产业财税政策存在的问题

### （一）房地产业税收政策存在的问题

#### 1. 税制结构不合理，财产税所占比重较低

我国的税制结构是以流转税、所得税为主，资源税、财产税和行为税为辅，流转所得税占整个税收收入的80%多，其他税只占10%多，财产税的比重很小，只占地方财政收入的6%[①]左右。陕西省地税结构也主要是以营业税、地方企业所得税和个人所得税为主，其他税为辅。这种税制结构聚财功能强，

① 李涛：《对物业税的功能需全面了解》，2010年2月26日《中国税务报》。

但调节力度差，而且营业税税负易转嫁，不像财产税是直接税不转嫁，但地方财产税占比重少。据资料显示，2009年陕西省一般预算财政收入为733.91亿元，其中陕西省具有财产税性质的房产税和城镇土地使用税合计29.055亿元，只占陕西省财政收入总额的3.96%，因此，对抑制投机炒房的行为调节力度有限。

**2. 房地产业税种布局重流转环节而轻保有环节**

我国现行房地产业税收制度设置的税种较多，财产税在开发和流转环节开征的税种有耕地占用税、城镇土地使用税、营业税、城建税、教育费附加、企业所得税、个人所得税、土地增值税、契税、印花税、房产税等；在保有环节开征的税种有城镇土地使用税和房产税，保有环节开征的税种少。据统计，2008年两者的税收收入为885亿元，占全国税收收入的1.63%，占地方税收收入的3.81%，而且我国目前对个人所有非营业用的房产免征房产税，对抑制房地产业的投机行为作用有限。

**表3 房地产业税收流程图**

| 税种＼环节 | 开发环节 | 交易环节 | 保有环节 |
| --- | --- | --- | --- |
| 1 | 印花税 | 契税 | 房产税 |
| 2 | 耕地占用税 | 营业税 | 城镇土地使用税 |
| 3 | 土地使用权出让金 | 所得税 | |
| 4 | | 土地增值税 | |
| 5 | | 城市维护建设税 | |

**3. 房地产税收政策忽松忽紧，摇摆不定，缺乏连续性和稳定性**

我国差别化房地产税收政策表现为针对普通商品住房和非普通商品住房、不同年限的已购住房实施不同的税收政策，主要表现在营业税、个人所得税、土地增值税和城镇土地使用税等方面。

（1）我国差别化房地产税收政策主要表现在营业税上

差别化的交易税主要为营业税，差别化房地产营业税政策自2005年以来随着经济运行的状态而不断变化，可分为四个阶段：第一阶段为2005年6月~2006年5月，对个人购买住房不足两年转手交易的，销售时按其取得的售房收入全额征收营业税，个人购买普通住房超过两年的，免征；购买非普通住房的，按售房收入减去购买房屋价款后的差额征收。第二阶段为2006年6月~2008年年底，进一步加大了税收的调控力度，对购买住房不足5年转手交易的，全额征收营业税；普通住房超过5年转手交易的免征，非普通住房的按差额征收。第三阶段为2009年~2010年4月，为应对金融危机，对住房转让环节营业税实行减免政策。个人购买普通住房超过两年转让免征营业税；将个人购买普通住房不足两年转让的，由按其转让收入全额征收营业税，改为按差额征收营业税。将个人购买非普通住房改为超过两年转让按差额征收营业税；个人购买非普通住房不足两年转让的，仍按全额征收。第四阶段为2010年4月至今，随着2009年房价大幅上涨，又将营业税政策恢复到2006年的规定，并要求“发挥税收政策对住房消费和房地产收益的调节作用，要加快研究制定引导个人合理住房消费和调节个人房产收益的税收政策”。

（2）我国差别化房地产税收政策还表现在个人所得税上

根据《个人所得税法》的规定，个人出售自有住房取得的所得应按照“财产转让所得”项目征收个人所得税，个人将受赠的不动产对外销售时应征收个人所得税；对个人转让自用5年以上并且是家庭唯一生活用房取得的所得，继续免征个人所得税。

（3）我国差别化房地产税收政策还表现在土地增值税上

个人因工作调动或改善居住条件而转让原自用住房，凡居住满5年或5年以上的，免予征收土地增值税；居住满3年未满5年的，减半征收土地增值税；居住未满3年的，按规定计征土地增值税。

（4）我国差别化房地产税收政策还表现在城镇土地使用税的优惠政策上

对个人所有的非营业性房屋、廉租房、经济适用房等用地暂缓征收城镇土地使用税，而房地产开发公司在开发建造商品房时，除经批准开发建设经济适用房的用地外，对各类房地产开发用地不得减免城镇土地使用税；为避免对一块土地同时征收耕地占用税和城镇土地使用税，税法规定，凡是缴纳了耕地占用税的，从批准征用之日起满一年后征收城镇土地使用税。

（5）差别化的住房保有税主要是刚刚试点的房产税

2011年1月，我国上海和重庆开始正式对部分住房征收房产税。从房产税实施方案看，它不同于一般的物业税，而是“差别化”的税收政策。差别化主要表现在试点期重庆只对别墅等大面积、高档商品住房征收，对家庭自住以外的

投资性住房征收。上海对超过一定面积的新购住房进行征收。为便于操作而采取“新房新办法、老房老办法”，即只对新买住房征收，具体为“本市居民家庭在本市新购且属于该居民家庭第二套及以上的住房和非本市居民家庭在本市新购的住房”①。

这种差别化的税收政策忽紧忽松，缺乏连续性和稳定性，不利于房地产业的稳定发展。今后相当长一段时期内，我国都应当严格按照国务院调控房地产政策的有关要求，强化房地产市场的宏观调控和监督管理，不应把这些政策措施当做抑制当前高房价的权宜之计，即使在政策效果显现，房价出现合理回归后，也不应改变做法，避免房地产调控再次陷入“越调越涨”、“短跌长涨”的怪圈。因此，此次房地产市场宏观调控，政府应下决心使房地产回归理性，并通过持续的宏观调控政策保持房地产市场的平稳健康运行。

**4. 房地产税收征管存在的问题**

（1）房地产财产不明晰，税源不清

房地产税收想要及时、足额、稳定缴库，必须依赖充分的房地产信息，包括地籍、房籍、房地产的评估价格、实际交易价格等。目前，我国房地产市场管理不够规范和成熟，税务部门、房地产管理部门、国土管理部门之间的配合不够协调，彼此之间不能充分交流和共享信息，税务部门难以掌握纳税人转让房地产的相关情况，不能进行有效的税源管理。

（2）房地产评估价格体系不完善

房地产税收想要及时、足额、稳定缴库，还涉及不动产价值评估问题，即房地产的评估价格、实际交易价格等由谁来评估？由于我国房地产估价制度不完善，缺乏连续性和稳定性，使得房地产估价工作相当困难，这些都给房地产税收的征管造成了很大障碍。

（3）缺失房地产争议的救济法律

在房地产税收的征收过程中，征纳双方经常发生争执，如何解决也是面临的现实问题，目前，我国缺少一部专门针对房地产评估价格争议救济的法律，需要相关部门加快研究制订，以利于房地产税收的顺利征收。

① 崔光灿：《差别化房地产税收政策对住房消费的影响》，《财经科学》2011 年第 5 期。

## （二）房地产业财政政策存在的问题

**1. 分税制财政管理体制改革的不彻底影响地方财力**

分税制后，中央政府和地方政府根据事权划分财权，地方政府事权下放，财权上收，地方税种多而小，税收收入少，造成地方财政收入不足。地方政府在税制外征收基金或费用，造成了分配领域的混乱，特别是地方政府以卖地作为主要收入来源，推动了房地产的价格。

**2. 地方财力的不足引发土地财政问题**

20 世纪 80 年代，“放权让利”改革曾使地方财政相当充裕，一度占到 78% 左右。地方政府用这个钱补偿文革欠账，社会公共服务业普遍做得不错，所以 80 年代被称为中国人心情最舒展的时期。到 20 世纪 90 年代前期，中央政府为了解决“两个比重”过低问题，进行了分税制改革，实际上是中央政府回收财权、财力的过程。经过一番制度洗牌，中央财政收入占整个财政收入的比重重新回到主导的地位，达到 75% ~80%，地方政府收入直线下降。问题在于，中央上收了财权，并未同时上收公共服务的责任。地方政府财政收入急剧减少，然而，地方政府必须要为地方提供公共产品，而且地方政府提供公共品有偏好，决定着它承担公共服务的责任在不断增加，这就导致了地方财政出现巨大亏空。在短期经济增长无法提供充足税源，而中央转移支付又一时指望不上的情况下，预算外、体制外等非税收入便成了地方财政的重要来源，而卖地，便成为其中最有效、最便捷的手段（这就是“土地财政”的由来）。从此，地方政府便把自己的利益牢牢地拴在了土地财政上，财政来源中土地出让收入达到相当高的比例，有的地方竟达到50%甚至60%①左右，但给被拆民众的经济补偿却越来越少。再者土地财政也造成了地方经济的不可持续性。

**3. 财政用于保障性住房的支出不足**

1998 年，自福利房制度改革以后，房屋的供给由政府一家提供变为主要由房地产商和政府两家提供，房地产商提供的商品房多，且价格高，中低收入家庭很难买得起，政府提供的保障房少，2009 年，陕西省住房保障支出约为 27.95 亿元；

---

① 李炜光：《市场舒缓时勿忘推进房产税收领域的法制化进程》，《涉外税务》2011 年第 10 期。

2010 年，陕西省住房保障支出约为 67.24 亿元，比 2009 年增长 140.57%，占陕西省 2010 年财政支出 2218.83 亿元的 3.03%，从纵向来说提高了，但是从横向来说，比重过低，河南 2010 年住房保障支出占省内支出的 12.09%。政府保障性住房支出少，提供的保障房少，不能满足中低收入者的住房需求，不能改善住房的供给结构。西方国家如美国，政府提供的廉租房占到全部住房供给的 85%，新加坡是 95%，我省政府应加大对保障房的财政支出力度。

### （三）房地产业收费存在问题

**1. 房地产业收费过多**

房地产业在开发和流转过程中的行政收费更是名目繁多，开发一个房地产项目，一般需要 20 多个政府行政部门的层层审批，要盖上百个公章，并需要缴纳人防费、消防费、规划费、评价费等几十项行政收费。房地产税费设置繁杂、征收环节多，开发商的税费负担较重，并最终转嫁给消费者，从而推高了房产价格。而且，由于大部分税费在房地产开发和流转阶段征收，保有环节税费较少，使得人们对保有房地产的意愿增强，影响了存量房地产的正常流转，加剧了房地产的供需矛盾。

**2. 收费过多扰乱了分配关系**

房地产业过多收费挤压了税收。国民收入的蛋糕是有限的，是所有收入的来源，可以用税收的形式缴纳，也可以用利润的形式缴纳，也可以用费的形式缴纳，但是，税收和利润形成的收入是增进国民共同福利，但收费不是，过多的收费挤占了税收，在一定程度上扰乱了正常的分配关系。

## 三　进一步完善房地产业财税政策应遵循的原则

### （一）法治原则

我国财税体制改革必须要遵循法治原则。一是过去我国税收立法级别低，我国现行税制除了三个实体法（《中华人民共和国个人所得税法》《中华人民共和国企业所得税法》《中华人民共和国车船税法》）和一个程序法（《中华人民共和国征管法》）是全国人大立法外，其余都是以条例方式出现的，立法级别低，缺乏权威性。所以，条件成熟的时候条例都要上升到法律形式，要体现无法律，不行政；无税法，不征税的理念，以保护纳税人的权利。二是适度下放权力，分税制以后中央财权上收，适度的集权是必需的，但是作为地方税法，尤其是财产税的立法，在适当的时候交给地方人大立法，以体现地方政府提供地方公共品的偏好，造福一方民众，以增进地方百姓的共同福利。但中央有监督权和撤销权，以体现国家政令统一和因地制宜的原则。

### （二）效率原则

我国财税体制改革必须遵循效率原则。税收效率原则就是要求国家征税要有利于资源的有效配置和经济机制的有效运行，提高税务管理效率。通俗讲就是国家征税以后使人、财、物达到最佳组合，包括经济效率和行政效率。经济效率是指国家征税以后对经济产生正效应；行政效率是指税收成本和税收收入之比，以较少的成本获取较多的税收收入，在税收制度的设计上要追逐效率原则。

### （三）公平原则

我国财税体制改革必须要遵循公平原则。所谓公平原则就是国家征税要使各个纳税人承受的负担与其经济状况相适应，并使各个纳税人之间的负担保持均衡，包含横向公平和纵向公平。横向公平是指同一个纳税人、同一个产品、同一个产业税负相同；纵向公平是指不同纳税人、不同产品、不同行业的税负不同。在税收制度设计的时候应体现公平原则。

效率原则和公平原则的选择，在不同时期是不同的，而且二者不可同时兼得。目前我国是效率原则第一，兼顾公平的原则。

## 四　进一步完善房地产业财税政策的思路

### （一）完善房地产业税收政策的思路

**1. 进一步优化地方税制结构——建立以财产税为主的新地方税制结构**

地方税制结构原来是以营业税、企业所得税和个人所得税为主，其他税收为辅，现在要逐步改为财产税为主，其他税收为辅的地方税制结构。财产税具有不转嫁、不隐匿的特点，在西方国家被称为良税，财产税还具有调节力度强的特

点，况且在西方国家的地方政府中主流税种一般以财产税为主，像美国联邦（个人所得税为主）、州（商品流转税为主）、地方（财产税为主），所以，我国地方税制结构的设计既要符合本国的实际，也要符合国际惯例。另外，2012 年 1 月 1 日上海物流业实施营业税改按增值税征税的试点，是进一步扩大增值税范围的一个标志，表明营业税的征税范围在缩小，所有迹象表明，未来地方的主流税种营业税肯定会被削弱，所以，必须尽快建立以财产税为主的新的地方税制结构。

**2. 税种布局——建立分环节的房地产税制体系**

（1）对土地开发环节的税收政策进行改革。

①分步进行税费改革，降低税费成本。将现行一次性土地出让金制度改为年租制，规范政府收费行为，大力减少开发环节的收费项目。②取消耕地占用税，进一步降低土地增值税税率，将累进幅度调整到三级左右的档次，加强土地增值税征管。③考虑到商业地产开发对城市发展、促进就业、带动产业结构升级等方面的积极作用，可对商业性地产给予优于住宅开发的差别化税收政策。

（2）对房地产流转环节的税收政策进行重建。

①改革契税制度，实行差别化政策。建议把高档住宅的契税税率定在 3% 以上，个别豪宅可定在 5% 的水平；对普通居民住宅，契税税率定在 1.5% 为宜。对居民的消费性购买给予契税减免优惠，对属于居民基本生活需求的住宅，可以确定一个免征税面积。对于持有时间不足 5 年的房产投机性交易实行从高税率课征，对持有期超过 5 年的房地产交易给予优惠税率等。②改革土地增值税。要区分土地增值的不同情况，有针对性地采取对策。对由于房产升值引起的土地升值，无论是转让土地，还是转让房产都应征收土地增值税；对由于投机炒作的增值，要予以坚决打击，以有效抑制房地产的炒买炒卖行为。应将对销售房地产和转让土地使用权征收的营业税并入土地增值税征收，并对土地增值税的税率水平、累进幅度、征管办法等重新设计；取消目前房地产交易环节的个人所得税，一并归入土地增值税征收；对非建设性的房地产转让所得征收土地增值税。③调整租赁市场税收政策，降低房屋租赁业税负。对商业性租赁房地产按其评估价格从低征收房产税，以提高住房使用效率，降低房屋空置率。

（3）建立健全房地产保有环节的税收制度。

在总结上海和重庆两地房产税改革试点经验的基础上，根据不同地区经济发展梯次分步开征房地产税，基本构想是：

①界定征税对象。应以土地和固定于土地上的建筑物及其附属物为征收对象，将城镇居民自有住房和农村经营性房产全部纳入房地产税的征税范围，同时将房产产权归属关系明确的国家机关、事业单位、企业的房产也纳入征收范围。对居民的个人自住用房实行税收优惠。②明确计税依据。房地产计税依据应为房地产评估值，由政府评估机构承担房地产价值评估，如果纳税人对评估值有异议，可进行申诉。③确定税率形式。税率应采用全国统一的税率结构，从考虑纳税人的承受能力出发，总体上从低设计房地产税税率，基本水平设定在0.5%～1%[①]为宜。具体决定权由地方政府根据当地具体情况自行掌握，并允许地方在税法规定的幅度内确定调整系数，也可以规定地方房地产税的最低税负水平。完善税收优惠政策。对于特定用途的房地产，如外国大使馆和外国机构的房地产，宗教寺庙、公园、名胜古迹自用的房地产，行政组织、人民团体、部队、由国家财政拨付事业经费的单位自用的房地产等，可给予减免税照顾。

**3. 保持房地产税收政策的连续性和稳定性**

2011年出台的限房政策“国八条”对于抑制房地产的价格起到了巨大作用，但是行政命令不能永久使用，当行政命令取消后，为了防止房地产价格的反弹，让房地产稳定发展，从长远来说，必须运用财税和金融政策调节房地产业，以保持房地产业财税政策的连续性和稳定性。

**4. 进一步完善房地产税收征管体系**

要完善与财税体制改革相配套的信息化管理：建立财产登记制度、信用体系、房地产评估体系和房地产市场的申述机制；加快软件建设，带动地方政府运用城镇GIS[②]地理信息系统；设置房地产评估机构，通过法规增强政府各个部门之间的协调，实现信息资源的共享制度，提高我国的税收管理水平。

（1）建立财产实名制，明晰产权，把握税源

建立房地产业的实名制度，即建立地籍制度和房籍制度，不论是公房还是私

① 石坚：《关于改革我国房地产税制的构想》，《涉外税务》2011年第11期。

② GIS由计算机系统、地理数据和用户组成，通过对地理数据的集成、存储、检索、操作和分析，生成并输出各种地理信息，从而为土地利用、资源评价与管理、环境监测、交通运输、经济建设、城市规划以及政府部门行政管理提供新的知识，为工程设计和规划、管理决策服务（陈述彭，1999）。

房，一律登记。税务部门、房地产管理部门和国土管理部门要联网，信息共享。一是便于最大化地利用房地产资源，掌握房地产税源；二是便于加强房地产业的税收征收管理。

（2）建立房地产的评估价格体系

关于房地产的评估价格的问题，专家的意见是可以由国土部门负责、税务部门负责征管，这个意见可取。但笔者更倾向于由社会中介组织来负责评估，因为是市场化操作，更具公平和效率。

（3）建立房地产争议的救济法律

在房地产业的税收征管中，如果征、纳双方发生争执，虽然有税务行政复议、税务行政诉讼、税务行政赔偿三部法律，但是比较笼统，最好有一部专门针对房地产评估价格争议救济的法律。

## （二）完善房地产业财政政策的思路

### 1. 进一步完善省以下的财政分税制改革

自 1994 年财政分税制以后，一是要进一步完善省以下的财政分税制改革，适度的分权、分利、分管，省和市进一步财政分税制，实行省管县和市管县试点，一旦试点成功，地方财政将由省、市和县三级构成，取消乡财政。二是适度下放权力，给予地方适度的立法权，财产税改革的立法权最好交由地方政府行使，以体现地方政府提供公共品的偏好，造福一方百姓；三是营业税改征增值税以后，地方财政收入会减少。要处理好中央与地方的利益关系，无非是两个途径，一是在增值税共享税中提高地方的分成比例，由过去中央的 75%，地方的 25% 改为中央的 60%，地方的 40%；二是把营业税改为增值税以后，算一个总账，有多少营业税收入给中央了，然后通过中央对地方的财政转移支付制度把数额从中央返还给地方，既不影响国家的整体税制改革，又照顾地方财政利益，而且优化了整体税制，实现了中央和地方政府的双赢。

### 2. 进一步解决土地财政问题

解决土地财政的根本途径，一是建立完善的地方税制，这样地方财政就有了稳定的税收收入和财政收入，有利于地方经济的发展；二是把地方政府的土地出让金由一次交改为一年一交，防止房地产价格过高和土地的难以为继。

**3. 加大保障房支出，改善我国住房的供给机构**

近几年，一是我国财政收入有大幅度增长，2010年，财政收入高达8.3万亿元，国家有财力也有可能认中低收入者分享改革成果；二是加大保障房的支出，保障房的支出占财政收入的比重要逐年提高，保障住房占整个住房供给的比重要逐年提高，以此来改善住房的供给结构，以增加中低阶收入居民对住房的需求。

### （三）规范房地产业收费的思路

税费归位，该收费的收费，实施规范化的管理，该收税的，要费改税，如物业费改为物业税，要取消不合理的收费，规范整个房地产的税费管理。

**1. 收费**

如果涉及房地产的相关证件，比如房产证是要收费的，其余的应当取消，实施规范化的收费管理。

**2. 费改税**

需要征税的，应当费改税，把物业费改为物业税，因为税收具有强制性、无偿性、固定性，保持税收在再分配领域的法制化、规范化。

**3. 取消费**

取消房地产业的一切不合理收费。

## 五　2012年房地产业发展的展望

2010年，陕西省房地产业总体是健康、平稳发展的，陕西省财税收入也是平稳增长。通过2010年全年陕西房地产税收收入101.81亿元和2011年全年陕西房地产税收收入123.59亿元对比，说明陕西房地产税收总数趋势是上升的，但陕西房地产税收的增速有所下降，2011年，房地产税收收入增速为21%，2011年受国家宏观调控政策的影响，陕西省房地产业较为平缓地发展，房地产税收收入增速呈现“前高后低”的态势。

2012年，房地产业随着国家宏观调控力度加大、银根紧缩以及增长方式转变，依靠投资拉动的税收增长模式存在潜在风险，在国家对房地产行业调控仍然趋紧的政策背景下，结合当前经济形势，可以预见，2012年仍会是陕西房地产

业较为平缓发展的一年。陕西省房地产业的价格会先抑后扬，出现稳中有降，个别房价高的地区有所回落，总体陕西房地产业是健康发展的，同样，陕西省房地产业税收收入也会呈现前低后高的态势，陕西省房地产业的税收收入总趋势也是上升的。

这种状况和陕西省自身的经济社会发展水平是紧密相关的。陕西省地处中国的西部地区，作为二线城市，和一线城市如北京、上海、深圳等比较存在着自身的特殊性：一是陕西省整体房价不高，截至2010年12月底，西安楼市均价为6466元/平方米（曲江、高新区除外）；二是消费者对住房的改善需求增大；三是刚性需求增长；四是我省投资驱动经济增长的势头仍在延续；五是房地产商推出以量换价的优惠政策。

总之，经过房地产财税政策改革，建立完善的地方财产税制和税收管理体制，使地方财政有稳定的财源，理顺财税分配关系，规范财税分配关系，陕西房地产业一定会健康平稳发展，陕西地税收入和陕西财政收入会有大幅度增长。

**参考文献**

[1] 李涛：《对物业税的功能需全面了解》，2010年2月26日《中国税务报》。

[2] 张青：《我国开征物业税的意义及现实评述》，《涉外税务》2010年第7期。

[3] 崔光灿：《差别化房地产税收政策对住房消费的影响》，《财经科学》2011年第5期。

[4] 李炜光：《市场舒缓时勿忘推进房产税收领域的法制化进程》，《涉外税务》2011年第10期。

[5] 石坚：《关于改革我国房地产税制的构想》，《涉外税务》2011年第11期。

[6] 2006～2011年《陕西省财政厅财政收入（地方一般预算收入）统计》、《陕西省地税收入统计》。

# 2010～2011年国家金融调控政策对陕西房地产业的影响

张金梅*

2009年，国务院批准并正式颁布和实施《关中－天水经济区发展规划》，经济区规划范围包括陕西省西安、铜川、宝鸡、咸阳、渭南、杨凌、商洛部分县和甘肃省天水所辖行政区域。关－天经济区规划中的西安国际大都市建设和西咸一体化战略，为陕西省房地产业的发展提供了难得的发展机遇。伴随政府各项宏观调控政策的逐步实施和平稳运行，陕西房地产业迅速发展。根据有关研究，我国金融调控政策与房地产价格呈现密切相关性。通过观察我国近十年房价走势发现，房价经历了2001～2003年温和上涨期、2004～2008年初快速攀升期、2008年小幅回落期以及2009年疯狂飙升期。同时，房地产调控周期相应分为第一轮政策扶持期、第一轮密集调控期、第二轮政策扶持期、第二轮密集调控期四个阶段。陕西房地产价格和全国房地产价格变化趋势基本一致，但和上海、北京、深圳等一线城市经济发展水平存在较大差异，陕西房地产价格变化也具有特殊性。例如，2005～2007年政府密集出台了一系列房地产调控政策，诸多一线城市随之出现供应、销售以及价格的大幅波动，西安楼市仍保持供需两旺态势，房地产市场开发处于由集中于二环周边向三环附近拓展的黄金时期。2008～2009年，美国金融危机等国际经济环境的恶化导致国内经济受到较大冲击，在持续紧缩的信贷政策下，陕西房地产业发展速度明显减缓，行业内调整深度与广度不断加大，资源整合力度加强，同时整个行业伴随经济调整进入新一轮全面调整期。2010年国家实施严格的金融调控政策，陕西楼市在政策风雨中稳步前行，对宏观调控政策反应迟缓，政策对房地产市场影响较小。2011年房地产政策基调延

* 张金梅，西安外国语大学商学院。

续上一年趋紧政策，以“限购，限贷，限价”为核心，陕西房地产建设速度和房屋销售量迅速回落，房地产金融调控效果逐步显现。

## 一　国家房地产调控政策梳理

### （一）主要金融调控政策

国家房地产主要金融调控政策包括与银行房地产信贷相关的金融政策和法定存款准备率以及利率调整等货币政策。2010年和2011年的金融调控政策侧重控制房价和调整住房供应结构两方面。2010年4月国务院颁布的“新国四条”中明确规定差别化住房信贷政策（见表1），即购买二套房的房贷首付比例不低于50%，贷款利率不低于基准利率的1.1倍，旨在通过银行信贷渠道有效控制房地产金融风险，一定程度抑制了房地产市场的投资与投机，实施房地产市场的金融紧缩政策。2011年1月26日国务院颁布“新国八条”，更是将二套房的首付比例最低限提高到60%，进一步表明中央政府抑制房地产投机的坚定信念。

**表1　2010～2011年房地产主要金融调控政策**

| 实施时间 | 文件名称 | 主要内容 |
| --- | --- | --- |
| 2010.04.14 | 国务院常务会议确定遏制部分城市房价过快上涨的四项措施(新国四条) | 抑制不合理住房需求,实行严格的差别化住房信贷政策:二套房贷首付比例不低于50%,贷款利率不低于基准利率的1.1倍;增加住房有效供给;增加保障性安居工程建设;加强市场监管 |
| 2010.05.26 | 住建部、中国人民银行、银监会颁布《关于规范商业性个人住房贷款中第二套住房认定标准的通知》 | 商业性个人住房贷款中居民家庭住房套数的确认标准;贷款申请人的资格审核;第二套住房认定标准的细则;城市房屋登记信息系统的完善 |
| 2010.10.20 | 住房和城乡建设部颁布《关于调整住房公积金存贷款利率的通知》 | 当年归集的个人住房公积金存款利率保持不变,上年结转的个人住房公积金存款利率上调0.2个百分点,由现行的1.71%调整为1.91%;住房公积金贷款利率五年期以下(含五年)从3.33%调整为3.50%,五年期以上从3.87%调整为4.05%;开展住房公积金支持保障性住房建设项目贷款试点的城市,贷款利率按照五年期以上个人住房公积金贷款利率上浮10% |

续表

| 实施时间 | 文件名称 | 主要内容 |
| --- | --- | --- |
| 2010.11.02 | 西安市人民政府:《关于贯彻落实国发【2010】10号文件有关问题的通知》(西安市限贷令) | 首套商品房贷款首付不低于30%,第二套不低于50%,利率不低于基准利率1.1倍;暂停发放外地人购第二套商品住房贷款以及本地人购第三套商品住房贷款 |
| 2010.11.02 | 住建部、财政部、中国人民银行、银监会颁布《关于规范住房公积金个人住房贷款政策有关问题》 | 住房公积金的适用范围缩小;使用公积金购买90平方米以下住房首付不低于20%,90平方米以上首付不低于30%;第二套住房公积金个人住房贷款首付比例不低于50%,贷款利率不低于首套公积金贷款的1.1倍 |
| 2010.12.25 | 住房和城乡建设部颁布《关于调整住房公积金存贷款利率的通知》 | 当年归集的个人住房公积金存款利率保持不变,上年结转的个人住房公积金存款利率上调0.34个百分点,由1.91%调整为2.25%;住房公积金贷款利率五年期以下(含五年)从3.50%调整为3.75%,五年期以上从4.05%调整为4.30%;开展住房公积金支持保障性住房建设项目贷款试点的城市,贷款利率按照五年期以上个人住房公积金贷款利率上浮10% |
| 2011.01.18 | 银监会:继续实施差别化房贷政策 | 重点防范信用风险、市场风险、操作风险、流动性风险四大风险;加大对贷款风险分类准确性及责任的督查;对房地产领域风险,要继续实施差别化房贷政策 |
| 2011.01.26 | 国务院办公厅:《关于进一步做好房地产市场调控工作有关问题的通知》(新国八条) | 加快保障房建设;对贷款购买第二套住房的家庭,首付比例不低于60%,贷款利率不低于基准利率的1.1倍;对已有一套住房限购一套、拥有2套及以上住房者暂禁购房 |
| 2011.02.09 | 住房和城乡建设部颁布《关于调整住房公积金存贷款利率的通知》 | 当年归集的个人住房公积金存款利率上调0.04个百分点,由0.36%上调至0.40%;上年结转的个人住房公积金存款利率上调0.35个百分点,由2.25%调整为2.60%;住房公积金贷款利率五年期以下(含五年)从3.75%调整为4.00%,五年期以上从4.05%调整为4.30%;开展住房公积金支持保障性住房建设项目贷款试点的城市,贷款利率按照五年期以上个人住房公积金贷款利率上浮10% |
| 2011.04.06 | 住房和城乡建设部颁布《关于调整住房公积金存贷款利率的通知》 | 当年归集的个人住房公积金存款利率上调0.1个百分点,由0.40%上调至0.50%;上年结转的个人住房公积金存款利率上调0.25个百分点,由现行的2.60%调整为2.85%;住房公积金贷款利率五年期以下(含五年)从4.00%调整为4.20%,五年期以上从4.50%调整为4.70%;开展住房公积金支持保障性住房建设项目贷款试点的城市,贷款利率按照五年期以上个人住房公积金贷款利率上浮10% |

续表

| 实施时间 | 文件名称 | 主要内容 |
|---|---|---|
| 2011. 07. 06 | 住房和城乡建设部颁布《关于调整住房公积金存贷款利率的通知》 | 当年归集的个人住房公积金存款利率保持不变，上年结转的个人住房公积金存款利率上调 0. 25 个百分点，由现行的 2. 85% 调整为 3. 10%；住房公积金贷款利率五年期以下（含五年）从 4. 20% 调整为 4. 45%，五年期以上从 4. 70% 调整为 4. 90%；开展住房公积金支持保障性住房建设项目贷款试点的城市，贷款利率按照五年期以上个人住房公积金贷款利率上浮 10% |
| 2011. 08. 01 | 人民银行：继续实施稳健货币政策 执行差别化房贷 | 要按照中央关于“房地产调控决心不动摇、方向不改变、力度不放松”的要求，进一步执行好差别化住房信贷政策，督促金融机构对符合条件的保障性住房建设项目及时发放贷款，促进房地产市场健康平稳发展。 |

资料来源：根据中华人民共和国住房和城乡建设部、中国人民银行等网站资料整理获得。

为了更好地落实国家提出的房地产金融调控措施，中国人民银行、银监会、住房和城乡建设部（以下简称住建部）以及各地政府先后颁布了一系列二套房认购标准和贷款人资格审核的相关政策，其中《关于规范商业性个人住房贷款中第二套住房认定标准的通知》中明确了二套房的界定标准，并要求建立完善的城市房屋登记信息系统。此类相关政策对二套房信贷的具体执行具有重要的指导意义，使得各个银行机构在执行层面能够更加清晰，做到有据可依，并且细化了操作层面可能出现的漏洞。

2010 年 10 月，住建部颁布的《关于调整住房公积金存贷款利率的通知》中，按照贷款年限对公积金贷款利率做出相应调整，五年期以下（含五年）及五年期以上个人住房公积金贷款利率分别上调 0. 17 和 0. 18 个百分点，这是 2007 年 9 月以来国家首次上调公积金贷款利率。同年 11 月，住建部、财政部、中国人民银行、银监会颁布《关于规范住房公积金个人住房贷款政策有关问题的通知》，按照房屋面积差异调整了公积金购买房屋的首付比例和贷款利率，首次提出了公积金贷款的差异化，实行与商业住房贷款类似的差别化信贷政策。之后住建部对住房公积金贷款利率又进行了 4 次上调，至 2011 年 7 月 6 日，住房公积金贷款利率五年期以下（含五年）为 4. 45%，五年期以上为 4. 90%，这些政策对抑制房价过快上涨具有重要作用。

货币政策方面，2010 年，中国人民银行制定的政策基调是“适度宽松”，

2011 年转变为“稳健增长”。为控制物价过快上涨，中央银行通过上调法定存款准备金率和利率紧缩银根，抑制社会总需求，同时减少甚至停止对房地产企业特别是中小型房地产企业提供贷款，直接影响房地产项目的开发、投资和销售。2010～2011 年，中央银行共进行了 13 次存款准备金率的调整（如图 1 所示），同时 5 次调整基准利率（如表 2 所示）。

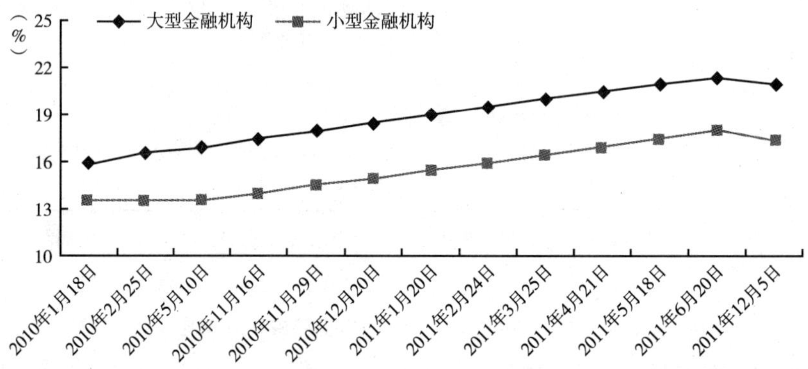


**图 1　2010～2011 年中国人民银行存款准备金率调整走势图**

数据来源：中国人民银行网站。

**表 2　2010～2011 年利率调整一览表**

| 调整时间 | 调整幅度 |
|---|---|
| 2010. 10. 20 | 一年期存款基准利率上调 0. 25 个百分点，由 2. 25% 提至 2. 50%；一年期贷款基准利率上调 0. 25 个百分点，由 5. 31% 提至 5. 56% |
| 2010. 12. 26 | 金融机构一年期存贷款基准利率分别上调 0. 25 个百分点，存款基准利率提至 2. 75%，贷款基准利率提至 5. 81% |
| 2011. 02. 09 | 一年期存贷款基准利率上调 0. 25 个百分点，存款基准利率提至 3. 00%，贷款基准利率提至 6. 06% |
| 2011. 04. 06 | 一年期存贷款基准利率上调 0. 25 个百分点，存款基准利率提至 3. 25%，贷款基准利率提至 6. 31% |
| 2011. 07. 07 | 一年期存贷款基准利率上调 0. 25 个百分点，存款基准利率提至 3. 50%，贷款基准利率提至 6. 56% |

数据来源：中国人民银行网站。

总体而言，2010～2011 年，我国货币政策由“适度宽松”走向“稳健增长”。2010 年，中国人民银行在三季度和四季度各加息一次，政府希望进一步回

笼市场过剩的货币流动性，防止投资过热。2011年，货币政策的取向是总体稳健、调节有度、结构优化，具体包括控制好货币总量，保持贷款规模的合理适度增长，支持经济平稳健康发展，继续优化信贷结构。在经济增速趋缓的背景下，中央银行于2011年2月、4月和7月三次提高金融机构人民币存贷款利率，多次加息叠加之后，五年期以上贷款利率突破7%，达到7.05%，五年期以上个人房贷基准利率已创下2008年11月27日以来的新高。由于部分商业银行要求首套房贷利率上浮20%，实际利率为8.46%，购房者实际贷款利率创下1998年7月1日以来的新高。与此同时，2010～2011年间中国人民银行13次调整存款准备金率，从2010年年初的16%一路飙升至2011年6月的21.5%，随后在年底下调一次，体现出货币政策的灵活性。由于政策调控持续收紧，房企销售收入大幅缩水，贷款难度加大，呈升温之势的房企信托融资途径逐步成为银监会重点监控的对象，在这样的金融环境下，资金问题无疑成为对房地产开发商的严峻考验。2011年12月5日，存款准备金率进行了三年来的首次下调，对房地产行业来说，并不代表货币政策转向，政府强调楼市宏观调控总体趋势不改变。

### （二）其他非金融调控政策

为促进房地产业健康平稳发展，配合房地产金融政策顺利实施，2010～2011年间政府密集出台了一系列与房地产金融政策相关的金融外宏观调控政策，抑制房地产市场过度投机，减少房地产泡沫，保障中国社会经济和政治的和谐发展。

2010年1月7日，国务院办公厅《关于促进房地产市场平稳健康发展的通知》（国十一条）出台，揭开“政策年”调控大幕。“国十一条”从增加保障性住房和普通商品住房的有效供给、合理引导住房消费、抑制投机性购房需求、加强风险防范和市场监管、落实地方各级人民政府责任五个方面进一步加强调控，被认为是2010年国家应对高房价打出的组合拳，从“调结构、抑投机、控风险、明确责任”四个方面正式确定2010年楼市政策基调，表明政府遏制房价过快上涨的决心和态度。同年6月1日，为配合国家在房地产市场上的有关政策，西安市出台了稳定房地产市场“十六条”，即《进一步促进房地产市场平稳健康发展的若干意见》（以下简称《意见》），《意见》从加快保障性住房建设、增加普通商品住房供给、加强房地产市场监管、扩大二手房交易等四个方面提出16条具体措施，加大保障性住房建设力度，从改善居民的居住条件着手，促进房地产市场持续健康发展，通过调整房屋供应结构和完善住房保障体系，使西安市商品住房的价格涨幅进一步趋于合理。

2011 年的房地产调控，除了加大调控力度之外，更注重调控政策落实，在控制商品房价格的同时，国家出台各项政策扩大保障房建设。国家“十二五”规划提出提高住房保障水平，建设 3600 万套城镇保障性安居工程，使保障性住房覆盖率达到 20% 左右。2011 年 6 月 9 日，国家发改委颁布《关于利用债券融资支持保障性住房建设有关问题的通知》，明确要求支持符合条件的地方政府投资融资平台和其他公司通过发行企业债券进行保障性住房项目融资，企业债券募集资金用于保障性住房建设的，优先办理核准手续。同年 9 月 28 日，国务院办公厅下发关于保障性安居工程建设和管理的指导意见，要求大规模推进保障性安居工程建设，落实各项支持政策，建立考核问责机制，进一步加强和规范保障性住房管理，加快解决中低收入家庭住房困难，促进实现“住有所居”目标。2011 年中央财政安排资金 1713 亿元，是 2010 年的 2.2 倍，全年城镇保障性住房基本建成 432 万套，新开工建设 1043 万套。

## 二　金融调控政策对房地产市场产生的影响

2010～2011 年，我国政府对房地产市场调控均采取趋紧政策。从 2010 年初颁布的“国十一条”开始，政府陆续出台一系列抑制房地产泡沫，遏制房地产价格过快上涨的金融及其相关调控政策，调控目标由保持房地产市场“平稳发展”，逐步转变为“坚决遏制房价过快上涨”，并要求各地政府做好落实工作，加大执行力度。2011 年延续上一年政策基调，配合紧缩的货币政策和其他相关政策，以达到宏观调控房地产市场的目的。金融调控政策对房地产市场产生的影响主要表现为以下几个方面：

### （一）房屋销售面积

2010 年 1 月国务院颁布“国十一条”后，西安商品房市场开始呈现降温迹象，房屋销售面积快速下跌，2 月份销售面积仅为 1 月份的 55.6%。3 月起房地产市场出现反弹，房屋销售面积再次回升，至 4 月份，销售面积已接近 150 万平方米。由于“国十一条”未取得明显效果，4 月 17 日国务院出台“新国十条”，

进一步遏制房地产市场过快发展，自此销售面积开始逐步回落。经过两轮调控，房地产市场调控取得一定成效。随着“金九银十”到来，市场表现出积极反应，三季度商品房销售面积快速增加，于四季度 11 月达到顶峰，年末小幅下降，但仍以接近 160 万平方米的销售面积强势收尾。

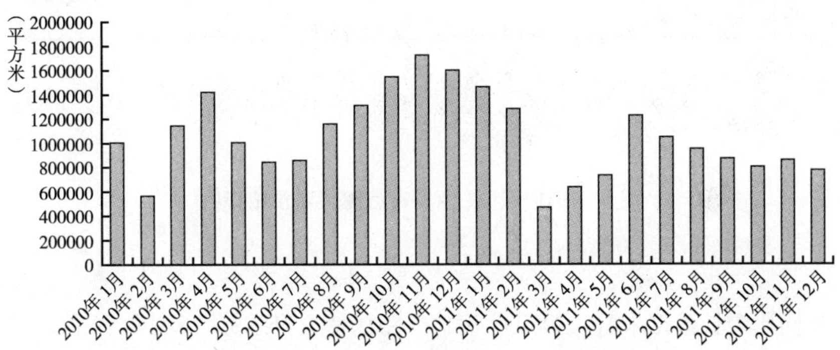


**图 2　2010～2011 西安商品房销售面积情况**

资料来源：西安房地产信息网。

2011 年，房地产市场延续上一年紧缩政策，面对 1 月 26 日出台的“限购令”（新国八条）的巨大冲击，西安房地产投资需求受到很大抑制，楼市充斥浓烈的观望情绪，房屋销售面积自年初开始下滑，3 月份跌至全年最低，商品房销售面积不足 47 万平方米。二季度部分刚性需求蓄势爆发，销量开始有所回升，6 月份销售面积达到 123 万平方米。随后销量再次逐步回落，黄金销售月份表现依旧疲软，楼市提前入冬，年末销售面积未突破 80 万平方米。

## （二）商品房销售价格

商品房销售面积变化是国家金融调控政策对房地产市场影响的重要表现之一，相对而言，调控政策对商品房价格的影响较为滞后。例如，2011 年西安市商品住宅销售面积由 5 月份的 73.6 万平米上升到 6 月份的 123.3 万平米，环比上涨 67.5%；相比 6 月份，西安新建住宅价格指数环比仅上涨 0.1%，较之销售面积涨幅甚微。从环比数据来看，2010 年房价环比指数有 4% 以内的小幅波动，而 2011 年除 1 月份环比增长率达到 1.1%，其余月份的涨跌幅波动都在 1% 以内。

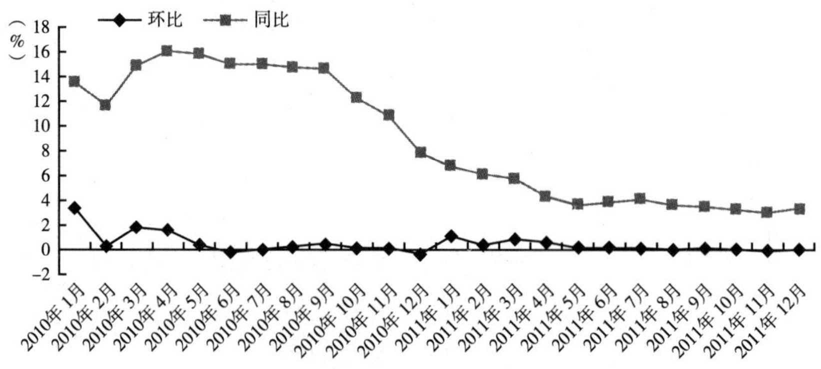


**图3　2010～2011 西安市新建住宅价格指数**

资料来源：国家统计局。

从同比增长数据来看，2010 年房价一路保持上升态势，5 月份涨幅达到最高值 15.4%，之后开始逐步回落，各月涨幅仍维持在 8% 以上。2011 年全年房价指数同比增幅平均维持在 4% 左右，走势平稳。由此可见 2011 年政府对房地产市场的调控力度、政策效应都远大于 2010 年，以期将房价上涨维持在较为合理的范围之内。

## （三）房地产开发商资金来源结构

为控制物价过快上涨，货币政策在 2010 年由“宽松”转向“稳健”，银根日益紧缩。限贷、加息和提高存款准备金率等货币政策大大提高了消费者置业门槛，直接影响房地产开发商的资金链。

受多次提高法定存款准备金率影响，房地产企业从银行的贷款额度减少，贷款周期不断延长。同时，在房地产市场持续从严调控的背景下，房地产贷款风险成为金融监管当局防范和控制风险的重点。商业银行谨慎向房地产企业贷款，有的甚至放弃住房贷款业务。国家实施的金融宏观紧缩政策导致资金供应紧张，尽管政策没有要求上浮首套房贷利率，但实际情况是，从 2011 年三季度开始，上浮房贷利率成为普遍现象，有的银行甚至上浮 20%。更为严重的是，房地产企业通过开发贷款和发行股票以实现融资的两大渠道几乎被堵死，房地产企业资金供应日益紧张，资金链很难保持正常运转，不得不转向高成本的民间借贷、信托基金等融资渠道，高利贷现象非常严重。

由图 4 可以看出，2010 年陕西省房地产企业的银行信贷融资比例不断下降，从年初的 23. 1% 到年末的 12. 9%，跌幅接近一半。2011 年陕西省贷款占房地产开发商全部资金的比重基本维持在 15% 以下，给长期依赖银行信贷的房地产业提出了巨大挑战。随着房地产调控力度的加大和调控政策作用的日益显现，自筹资金将会逐渐成为房地产开发企业最重要的资金来源，融资渠道不畅的中小企业和非上市公司可能面临更多困难。

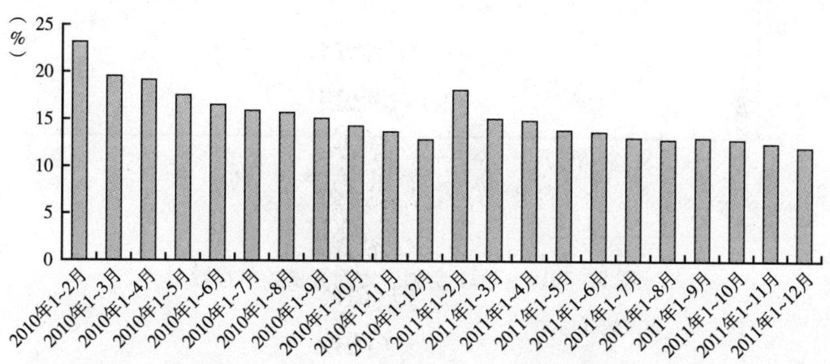


**图 4　2010～2011 年陕西省贷款占房地产开发商全部资金来源比重变化情况**

资料来源：中国宏观经济数据库。

## （四）国房景气指数

“国房景气指数”是全国房地产开发景气指数的简称，综合反映全国房地产业发展景气状况，是全国房地产开发水平的客观反映。该指数根据经济周期波动理论和景气指数原理，采用合成指数的计算方法，从房地产业发展必须同时具备的土地、资金和市场需要三个基本条件出发，选择房地产开发投资、资金来源、土地转让收入、土地开发面积、新开工面积、竣工面积、空置面积、商品房销售价格等 8 个具有代表性的统计指标进行分类指数测算，再以 1995 年 3 月为基期对比计算得出，分类指数由房地产开发投资、本年资金来源、土地开发面积、房屋施工面积、商品房空置面积和商品房平均销售价格 6 个分类指数构成。根据房地产开发统计快报数据，确定基期后，分别计算出 6 个分类指数，再加权计算出国房景气指数。

由图 5 可以看出，2010 年国房景气指数整体处于下行状态，12 月份比年初 2

月份回落3.68点，比11月份回落1.41点。2011年，国房景气指数在5月份前处于平稳微升态势，6月份起国房景气指数再次回落，结束了连续4个月指数持续回升的态势，12月比11月回落0.98点，比2010年同期回落2.9点。

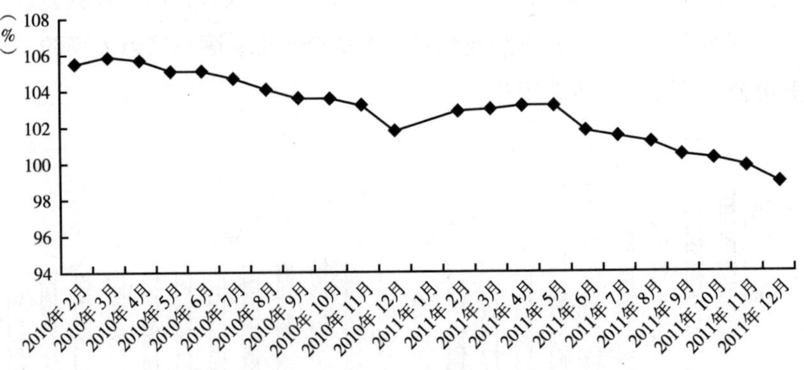


**图5　2010～2011全国房地产开发景气指数**

资料来源：国家统计局。

## 三　房地产调控政策效应分析

2010～2011年是我国住房改革以来宏观调控力度最强的两年，调控政策的组合出台体现政府对房地产市场调控的重视程度进一步提高，商品房大量滞销，房价下滑，房地产市场从“盛夏”进入“寒冬”。伴随政府调控力度持续加深，调控政策对房地产市场及经济发展的多种效应逐渐显现。

### （一）对房地产市场的效应

房屋销售量下降和房价松动的市场现象有力证明了调控政策对房地产市场的效应已初步显现。当前房地产市场现状是调控政策多重效应共同作用的结果，调控政策正面效应促使房地产市场逐渐趋于平稳，负面效应则体现为可能对未来市场运行埋下隐患。

**1. 遏制了房地产市场投资投机性需求**

房价上升是房地产市场“供不应求”的结果，大量投资投机性需求是造成我国房价居高不下的重要因素之一。因此，遏制房地产市场投资投机性需求成为

调控房地产市场的重要突破口。中央银行上调存款准备金率，使得贷款规模缩小，一定程度上提高了贷款型投资投机性需求的融资难度。中国人民银行提高贷款基准利率和实行“差别化信贷政策”，增加了贷款型投资投机性需求的投资成本。“限贷、限外、限购”的“三限”政策，不仅针对贷款型投资投机性需求者，而且对自筹型投资投机性需求者的购买资格进行了行政限制，使得遏制房地产市场投资投机性需求的措施更为完善和全面。强有力的调控政策引导房地产投资者逐渐形成一种“看跌”的市场预期，导致越来越多的投资者选择观望，房地产市场的投资需求进一步得到抑制。调控政策对投资投机性需求的遏制效应直接表现为房地产市场交易量大幅下降，房价松动和下降也在经历了两年的市场博弈之后逐渐显现出来。

**2. 加速了保障房建设落实**

我国房价飙升已经严重脱离了经济基本面，不仅导致房地产泡沫的产生，威胁宏观经济稳定运行，而且抑制大量低收入群体的住房需求，对社会稳定造成不利影响。2009 年开始，政府加大对保障性住房建设的扶持力度，不同时期的房地产调整政策中，房地产供给方面均着重强调保障房建设。在调控政策影响下，西安保障房建设快速发展。2011 年，西安市共建成保障性住房 139697 套，完成全年目标的 111%。保障房建设的作用主要包括三方面：首先，增加了房地产市场供给量，满足了部分低收入人群的住房需求，为房地产市场供需平衡奠定基础，有效削弱大量刚性需求对房价上升的推动作用。其次，保障房进入市场冲击商品房销售，加剧了商品房的滞销，加强了房地产市场细分，促使购房者消费层次逐渐合理，进而使房地产投资消费趋于平稳。再次，保障房建设的资金需求为房地产投资提供了新渠道，投资增加能够有效冲抵调控政策对经济运行的负面作用。

**3. 规范了房地产市场秩序**

房地产市场上，“捂盘惜售”、哄抬房价以及变相制造房源短缺等扰乱房地产市场秩序的行为是房地产市场的巨大毒瘤。混乱的市场秩序不仅不利于房地产市场长期稳定发展，并且对调控政策实施效果产生负面影响。2010 年 1 月 7 日颁布的“国十一条”明确指出加强房地产市场监管，此后的政策中也对市场监管进行了强调与重申。自 2011 年 11 月 21 日起，西安市启用“商品房预售资金监管系统”，通过金融系统对房地产开发商的资金链进行监督，有效规范房地产商的资金运用方式，防止个别房地产商盲目开发和随意挪用预收款，以免预售项目资金链断裂出现“烂尾楼”。房地产市场监管加强了金融、土地和税收等部门之间的联系，各部门联合监管有效抑制了房地产商的投资投机性需求，防止房价的人为抬升，缓和房地产市场供需矛盾，一定程度保障了房地产市场的稳定发展。

**4. 未形成真正的供需平衡**

国家及其地方政府实施的利率和存款准备金政策、差别化信贷政策以及“三限政策”等，有效抑制了投资投机性住房需求，保障房的建设增加了房地产市场的供给，满足了一部分刚性需求。然而，这只是在短期内一定程度上缓解了供需矛盾，并未形成真正意义上的供需平衡。政策误伤了部分改善型需求和被动需求（异地就业、拆迁置换等），加之我国保障房制度仍不完善，其“重建设、轻管理”和有限的覆盖面都限制了保障房增加市场供给的作用。同时，房地产市场上存在一类购房者，其购房需求强烈且购买力较强。此类购房者不受“限购令”或“限贷令”限制，也不在保障房覆盖范围内，形成政策真空区域。处于该“区域”的购房者因“看跌”市场预期而持一种观望态度，购房需求被预期抑制。由于我国市场经济环境决定了政府市场的干预不会永久持续，一旦调控政策放松，这类被“隐藏”的需求会“井喷式”出来在市场上，房价可能报复性飙升，房地产泡沫会进一步扩大甚至破裂，从长远看会对房地产市场发展乃至国民经济造成更大危害。

## （二）调控政策附加效应

宏观调控政策对房地产市场平稳运行产生正面或负面效应，同时对市场其他经济主体和宏观经济造成一定影响。

**1. 降低了商业银行信贷风险**

房地产业作为资金密集型产业，大量资金来自商业银行贷款。在房地产政策扶持时期，大量银行贷款涌入高收益率的房地产行业，商业银行逐渐成为房地产市场的主要债权人，并成为房地产市场风险的最终承担者。因此，降低银行贷款投资房地产比例，对于降低商业银行信贷风险产生重要作用。金融政策中提高贷款利率增加了房地产投资者融资成本，提高存款准备金率缩减了贷款规模，导致房地产资金来源中银行贷款比率降低。“限贷令”中提高首付比例和停发三套房贷规定，减少了银行贷款流入房地产市场的数量。房地产业对银行贷款依赖度下降，有效降低了因房地产泡沫破灭而引发的银行信贷风险，改善了银行住房信贷

的风险缓释能力，长远看有利于我国金融体系的安全与稳定。

**2. 引发了民间资本危机**

房地产业高速发展及其高额投资收益吸引了大量民间资本涌入，调控政策对房地产贷款规模限制，致使大量房地产开发商采取民间借贷方式实现融资以稳固自身资金链，民间资本逐渐成为房地产业资金的重要来源之一。随着房地产调控政策的加深，房地产市场渐入“寒冬”，房地产销量大幅下降，导致大量民间资本沉积在房地产市场难以收回，大量房地产投资者因无法承担民间借贷高额利息而难以生存，民间借贷出现大量坏账，信用风险骤升。2011 年温州民间资本危机，已为陕北等民间借贷盛行地区敲响警钟。根据相关数据显示，仅陕北神木地区民间资本规模就在 200 亿元左右。一旦房地产市场进一步衰退，陕北地区投资于西安、北京和海南等地的民间资本将会遭受严重损失，最终对当地经济造成重大打击。

**3. 阻碍了中小企业的发展**

随着我国市场经济的不断发展，中小企业逐渐成为中国国民经济的一支重要力量，中小企业数量占中国企业总数的 99% 以上，对 GDP 的贡献率占全国总量的 60% 以上，上缴国家税收占全国税收 50% 以上，创造就业岗位占全国 75% 以上。中小企业稳定发展直接关系国民经济的顺利运行，现实中房地产调控政策实施却一定程度阻碍了中小企业的发展。为抑制房地产市场过度投资，中国人民银行连续提高存款准备金率和贷款利率，这种“无差别”的“双率”调整对象是商业银行整个贷款规模和贷款利率，使得银行贷款扶持力度不足的中小企业更加“一贷难求”，较高的贷款利率和存款准备金率严重威胁资金链极其脆弱的中小企业生存，最终威胁整个国民经济稳定发展。中小企业大量破产造成财力雄厚的大企业对相关行业的垄断，尤其是大型国有企业对行业形成垄断，出现“国进民退”现象。从经济长远发展角度，会对我国产业结构升级和收入分配优化造成负面影响。

**4. 影响经济稳定增长**

作为国民经济支柱产业，房地产业的快速发展有效促进了建筑、建材、冶金等 50 多个行业的发展。根据国家统计局投入产出模型测算，中国每 100 亿元的房地产投资可以带动国民经济各部门产出 286 亿元，可见房地产业对国民经济的带动作用明显。在调控政策作用下，房地产业逐渐呈现与政策目标相一致的态势。然而，调控政策频繁变动导致市场预期不断变化，尤其是同质性变动放大政策调控效果导致过度调控，基于不稳定市场预期的经济行为导致经济波动。在当前全球经济衰退背景下，国民经济波动会严重阻碍经济复苏与发展。因此，长期抑制房地产对国民经济的稳定会产生负面影响。2012 年经济蓝皮书《2012 年中国经济形势分析与预测》指出，2011 年我国国民经济增长速度将有所放缓，预计 GDP 全年增长速度将达到 9.2% 左右，增速比上年回落 1.2 个百分点；预计 2012 年 GDP 增长率达到 8.9%。为完成“过八”任务，调控政策必将有所调整，2011 年 12 月 5 日存款准备金率下调就是其金融政策方面的具体表现。

## 四　政策建议

### （一）增加住房有效供给，构建住房梯级消费体系

我国房地产业高速发展集中表现为商品房市场繁荣，这也导致房屋供给单一。由于目前保障房覆盖面积有限，大量住房需求者涌入商品房市场，进一步抬高房价。同时，“一步到位”的传统理念导致购房者消费行为脱离自身购买力水平，增加了购房难度。因此，为最大限度实现“居者有其屋”，应为不同收入水平购房者提供不同类型的住宅，以满足不同层次购房者的居住需求。通过对购房者收入层次划分，为低收入者提供租金低廉的公租房或廉租房，为中等收入者提供售价较低的经济适用房，引导高收入者购买价格相对高昂的商品房。扩大保障房的覆盖面积，坚持“小户型、低房价”的建设原则，在严格审核购房资格的前提下降低购房门槛，提高保障房受惠人群比例，充分发挥保障房满足刚性需求的作用。目前，国家调控政策已经非常清晰，关键是寻求有效方式获得住房供给和需求的准确信息，根据需求增加供给。例如，城市部分居民家庭购买多套住房，西安城中村改造过程中，不少村民得到 3 至 5 套住房补偿，除自住以外，其他房源都处于闲置状态；与此同时，外来务工人员和新毕业大学生形成城市“夹心层”，需要大量保障性住房。为避免造成社会资源浪费，促进供求平衡，政府可将这些闲置住房以市场价格租赁，再以低价出租给公租房受益对象，差价由政府财政负担。通过房屋供给多样化，引导住房需求者树立正确的购房理念，促使消费结构日趋合理。

## （二）建立房地产宏观调控长效机制

在全球经济处于缓慢复苏的大背景下，房地产业作为我国经济的支柱产业之一，对国民经济复苏和发展起着至关重要的作用。由于房地产市场发展的不合理性，当前我国仍处于房地产调控阶段，调控政策频繁变动加剧宏观经济“逆市调整”压力，不利于市场平稳运行。因此，为避免调控政策频繁变动，影响国民经济发展，我国应根据房地产市场发展长期目标，制定一个在一定时期内相对稳定、长期有效的房地产市场调控机制，在确保房地产调控政策相对稳定的同时，加强政策灵活性。根据不同阶段市场发展特征，有针对性地对调控政策进行适度微调。

在当前背景下，根据我国实际，建立房地产调控长效机制应坚持三项原则，即政府主导、分层分类以及统筹兼顾。政府主导包括两层含义，一是相对于房地产市场主体，政府应增强决策自主性，减少各类利益集团对公共决策的渗透，要求政府既要减少对利益集团的依赖，又要不断提高自身行政能力。二是在层级化政府体系中，按照权责一致原则合理分工，中央政府负责宏观“掌舵”，运用经济安全指数和住有所居实现程度等指标考评省级政府房地产调控工作，省级政府对房地产调控负总责，规划符合各地实际情况的市场发展和住房保障计划，地市级和县级政府具体落实房地产调控工作。分层分类原则可概括为“高端有约束、中端有支持、低端有保障”。“高端有约束”是指针对价格高、面积大的豪华商品住宅，无论是供应还是需求，无论是否首套，都应该运用税收等政策予以约束，但不宜简单禁止。“中端有支持”是指针对小户型普通商品住宅，尤其是首套房购房群体，在税费和其他政策方面予以支持。“低端有保障”是指针对危棚简屋，尤其是住房困难群体，通过住房保障政策予以救济。统筹兼顾原则包含三层含义：一是制定出台相关宏观经济政策时兼顾其对房地产市场影响，有针对性地提出对策；二是制定出台房地产调控政策要统筹兼顾各种群体利益，合理利益诉求应予以保护，有争议利益诉求按照弱势群体优先原则处理，危及房地产市场稳定健康发展的利益诉求坚决打击；三是房地产调控政策要兼顾城市化进程和经济社会发展趋势，使之不成为城市化和人口相对自由流动的主要障碍。我国建立房地产宏观调控长效机制具体内容包括：明确调控目标，理顺中央政府与地方政府关系，创新用地制度，完善住房信息系统，合理配置政策工具。

## （三）控制政策作用范围，避免政策误伤

金融调控紧缩政策一再提高贷款利率和存款准备金率，意在通过缩减贷款规模，抑制房地产投机投资，从而增加了房地产企业融资难度，一定程度上限制了资金大量涌入，抑制了房价进一步飙升，但由于在实施过程中政策作用范围并非局限于房地产业，对其他企业（尤其是中小企业）资金链构成威胁，影响企业正常运行。为降低调控房地产的经济成本，避免政策误伤出现，政府应制定专门针对房地产业的调控体系，将政策作用限制于房地产业范围内。在调控政策制定和实施过程中充分考虑除政策目标外的其他附加效应，对于可能发生的负面影响应积极予以避免。总之，我国房地产调控应从宏观经济角度出发，全面考量政策效应，提高政策针对性，将政策效应控制在目标范围内，避免对经济运行造成不必要的损害。

## （四）借鉴发达国家经验，促进房地产市场健康稳定发展

美国房地产市场经验与教训为我国房地产市场发展提供诸多启示，根据其经验并结合我国实际，寻求我国房地产市场健康稳定发展的有效对策，具有重要现实意义。具体包括三个方面：

第一，宏观经济平稳运行是遏制房地产泡沫过度膨胀的基础。美国房地产周期运行的历史经验表明，宏观经济过热往往引发房地产市场短期内需求激增，由于土地资源有限性以及房地产开发滞后性，房地产供给难以迅速跟进，导致土地价格与房屋价格均出现快速上扬。在这一过程中，经济飞速增长、就业率大幅提升，改善居住条件成为住房需求扩大的重要动因。与此同时，在过热经济背景下，投资者风险偏好远超正常水平，市场资金出于逐利目的对房地产追捧，进一步放大房地产市场需求，导致房地产泡沫极度膨胀。但宏观经济急速下挫，给房地产市场造成严重冲击，甚至可能直接导致房地产泡沫破裂，进而出现房价与经济增速螺旋下降的恶性循环。因此，我国政府应理性看待改革开放以来国内经济的高速增长，合理把握经济发展热度，积极运用市场监控指标体系，科学甄别经济运行中的反常现象，采取适当宏观调控政策，一方面保证经济可持续发展，维持市场热度与泡沫可控水平；另一方面要避免调控力度过大，导致经济转向和泡沫破裂。

第二，信贷与杠杆的合理化水平是房地产市场健康运行的关键。在金融危机中，美国各地区房地产贷款违约事件与前一阶段贷款激增和相关杠杆化操作存在显著关系。IMF 对 40 个样本国家进行的调查分析结果表明，房地产泡沫与信贷扩张是大多数国家陷入金融危机与严重经济衰退的主要原因，仅有房地产热潮而无信贷热潮国家的经济衰退相对温和。因此，控制市场信贷与杠杆的过度扩张有利于降低房地产金融危机爆发概率。我国货币供应量一定程度上直接影响房地产景气程度。国家有关部门发布的报告中已作出警示，我国资本市场流动性过剩资金有很大一部分为房地产行业吸收。房地产市场和信贷市场的相互推动机制，一定程度上加剧房地产泡沫积累。为避免房地产市场与信贷市场过度捆绑以及泡沫风险向金融领域大量集中，将信贷与杠杆限制在一个合理水平尤为必要。从目前看，银行需要对抵押贷款制定更加严格的规则及借贷标准，实施更大力度的反周期缓冲措施，缓解银行资本头寸波动。

第三，加大政府监管力度是房地产市场合理有效运行的重要保障。目前我国政府对房地产关注度相对较高，但除《商业银行法》中有关银行设立和资金运用规定外，尚无明确的专门机构负责对房地产金融机构进行管理，房地产金融业务规范有待明确。为预防房地产金融市场风险过度积累，我国应针对房地产相关金融业务与产品建立适宜的监督管理机制，保障金融工具为房地产市场发展提供有力支持，避免金融创新对房地产市场风险过度放大。结合我国土地产权制度特征，建立透明的产权交易与转让体系，保障土地供应的公平、合理、有效，为房地产市场有效运行提供良好的制度环境。政府出台房地产调控政策时，应将宏观经济平稳运行、信贷与杠杆合理化水平同时纳入考虑范畴，加大政府监管力度，重点关注两方面因素：一是调控政策是否准确把握影响房地产市场走向的决定性因素；二是调控政策对房地产市场的作用机制是否合理。

## 参考文献

［1］韩蓓、蒋东生：《房地产调控政策的有效性分析》，《新华文摘》2011 年第 14 期。

［2］郦大海、王盛：《政府政策、房地产价格与理性预期的关系分析》，《产业观察》2010 年第 20 期。

［3］管延友：《当前欧美房地产市场调整的主要特征及政策借鉴》，《内蒙古金融研究》2009 年第 2 期。

［4］张所续：《我国银行信贷政策对房地产市场的影响》，《资源与产业》2011 年第 4 期。

［5］吴倩：《房产价格上涨与金融政策的关系研究》，《消费导刊》2009 年第 5 期。

［6］朱骏：《金融政策对房价影响》，《城市开发》2005 年第 10 期。

［7］孙光晨：《论房产新政对房地产市场的影响》，《企业经济》2010 年第 12 期。

［8］靳晶：《论货币政策和财政政策对房地产金融市场的影响》，《理论与改革》2007 年第 3 期。

［9］潘家华、李景国：《中国房地产发展报告》，社会科学文献出版社，2011 年 5 月。

# 2010 年陕西房地产开发企业发展状况及经营模式研究

尚宇梅*

陕西省是我国西北地区经济最发达的省份，陕西省房地产业的发展始于 1998 年我国住房制度改革以及住房市场化；2000 年开始的西部大开发，使陕西省得到了极大机遇；2002 年的西咸一体化，市场环境的持续改良，西安房地产业的发展随之渐入佳境。在西安市房地产业的带动下，陕西省的房地产业也发展得顺风顺水。2003 ~ 2009 年，房地产行业经历了政策调控，陕西省房地产业发展增速减缓，但是房地产市场的品质却有所提升。2009 年天水—关中经济带的诞生，陕西省房地产行业再次迎来了发展高峰。

近年来，陕西省房地产市场发展一直沿着国家房地产市场的大方针稳健发展，取得了丰硕成果。房地产企业也由 1998 年全省 323 家发展到 2010 年的 1274 家，陕西房地产业已成为支撑陕西经济的支柱产业。

## 一　房地产开发企业投资主要指标及构成

1998 ~ 2010 年，陕西省房地产企业发展迅速，房地产开发企业投资主要指标及构成如表 1 所示。从 1998 年的 323 家发展到 2010 年的 1274 家，增长近四倍；且九成为内资投资企业，大部分为非国有、集体性质的开发企业；房地产开发投资增长 22. 6 倍，发展迅猛；其中七成左右为住宅开发，特别是 2006 年以来，随着全国房地产市场的快速发展，陕西省住房价格上涨过快，2006 年以后，

* 尚宇梅，硕士，教授。西安财经学院管理学院工程管理系主任。

房地产开发投资中八成以上开发项目为住宅。

1998 年的 323 家房地产开发企业平均投资规模为 1589.87 万元，2010 年的 1274 家房地产开发企业平均投资规模为 9101 万元，增长近六倍，企业规模有所扩大。企业的平均资产从 1998 年的 4847 万元增加到 2010 年的 23542 万元，增长近五倍（如表 2 所示），企业实力不断增强，增长幅度明显超过企业个数的增长，如图 1 所示。

**表 1　1998～2010 年陕西房地产开发投资主要指标及构成**

| | 房地产开发企业(单位)个数(个) | | | | | | | 本年完成投资(万元) | | |
|---|---|---|---|---|---|---|---|---|---|---|
| | 合计 | 内资投资 | | | | 外资投资 | | | | |
| | | 小计 | 国有 | 集体 | 其他 | 港澳台 | 外商 | 合计 | 住宅 | 住宅比例(%) |
| 1998 年 | 323 | 280 | 149 | 12 | 89 | 29 | 14 | 513529 | 338547 | 65.93 |
| 1999 年 | 340 | 306 | 146 | 42 | 118 | 22 | 12 | 683317 | 473507 | 69.30 |
| 2000 年 | 359 | 334 | 137 | 34 | 163 | 13 | 12 | 788862 | 581607 | 73.73 |
| 2001 年 | 466 | 431 | 126 | 49 | 256 | 21 | 14 | 997844 | 655647 | 65.71 |
| 2002 年 | 509 | 479 | 119 | 49 | 311 | 20 | 10 | 1235686 | 843509 | 68.26 |
| 2003 年 | 624 | 594 | 113 | 43 | 438 | 20 | 10 | 1885616 | 1236880 | 65.60 |
| 2004 年 | 699 | 671 | 97 | 38 | 536 | 18 | 10 | 2311719 | 1503766 | 65.05 |
| 2005 年 | 933 | 901 | 106 | 35 | 760 | 22 | 10 | 2989546 | 2122786 | 71.01 |
| 2006 年 | 918 | 888 | 88 | 18 | 782 | 20 | 10 | 3948602 | 3194220 | 80.89 |
| 2007 年 | 946 | 911 | 86 | 25 | 800 | 21 | 14 | 5353249 | 4275363 | 79.86 |
| 2008 年 | 1366 | 1329 | 111 | 18 | 1200 | 21 | 16 | 7622281 | 6037546 | 79.20 |
| 2009 年 | 1217 | 1184 | 110 | 32 | 1042 | 21 | 12 | 9437330 | 7823571 | 82.90 |
| 2010 年 | 1274 | 1243 | 100 | 33 | 1110 | 17 | 14 | 11594683 | 9381543 | 80.91 |

资料来源：根据 1999～2011 诸年《陕西统计年鉴》整理。

陕西省房地产开发企业实力较差，从陕西省房地产开发企业资质、资产、人员情况来看，1998 年房地产开发企业年平均从业人数为 37.2 人，2010 年平均从业人数为 38.2 人，具有二级以上资质的房地产开发企业占总企业不到 20%，企业的整体实力有待进一步提高。

**表 2　1998～2010 年陕西省房地产开发企业资质、资产、人员情况**

| | 开发公司个数 | | 年平均从业人数(个) | 资产总计（万元） | 企业平均资产(万元) |
|---|---|---|---|---|---|
| | 合计 | 二级以上资质 | | | |
| 1998 年 | 323 | 33 | 12015 | 1565641 | 4847 |
| 1999 年 | 340 | 49 | 13310 | 1708868 | 5026 |
| 2000 年 | 369 | 40 | 13658 | 1798703 | 4875 |
| 2001 年 | 466 | 59 | 17448 | 2778499 | 5962 |
| 2002 年 | 509 | 65 | 20216 | 3310014 | 6503 |
| 2003 年 | 624 | 79 | 26024 | 4493750 | 7202 |
| 2005 年 | 933 | 109 | 30342 | 7493252 | 8032 |
| 2006 年 | 918 | 112 | 31196 | 9579328 | 10435 |
| 2007 年 | 946 | 116 | 39979 | 12760885 | 13489 |
| 2009 年 | 1064 | | 44326 | 20009766 | 18806 |
| 2010 年 | 1189 | | 45448 | 27991029 | 23542 |

资料来源：根据 1999～2011 诸年《陕西统计年鉴》整理。

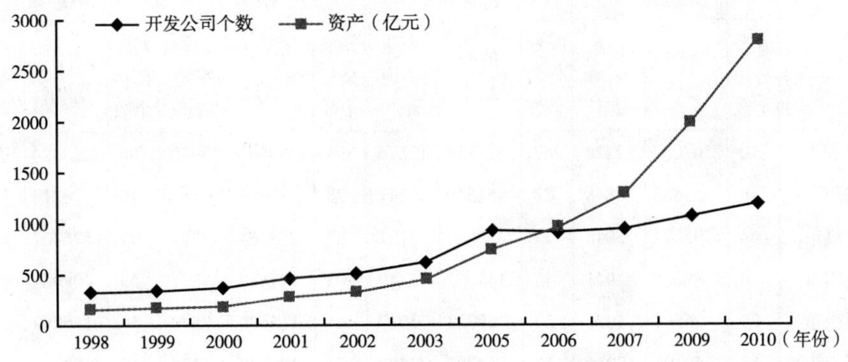


**图 1　1998～2010 年陕西省房地产开发企业个数和企业资产发展对比**

从陕西省各个区域来看，40% 的房地产开发企业分布在西安市，西安市房地产开发企业平均资产水平是全省平均值的 2 倍左右，渭南、商洛、延安、安康、汉中等市房地产开发企业平均资产水平远远低于全省平均值，说明陕西省房地产开发企业规模和实力有待提高。如表 3 所示。

**表3　1998～2010年陕西省房地产开发企业分区域资产状况**

单位：个，万元

| | 1998年 | | | 1999年 | | | 2000年 | | | 2001年 | | |
|---|---|---|---|---|---|---|---|---|---|---|---|---|
| | 开发公司个数 | 资产总计 | 企业平均资产 | 开发公司个数 | 资产总计 | 企业平均资产 | 开发公司个数 | 资产总计 | 企业平均资产 | 开发公司个数 | 资产总计 | 企业平均资产 |
| 西安市 | 137 | 1258761 | 9188 | 144 | 1362300 | 9460 | 115 | 1319536 | 11474 | 204 | 2037575 | 9988 |
| 铜川市 | 11 | 31623 | 2875 | 14 | 39880 | 2849 | 16 | 52216 | 3264 | 16 | 266566 | 16660 |
| 宝鸡市 | 35 | 81388 | 2325 | 45 | 110640 | 2459 | 68 | 158018 | 2324 | 61 | 129522 | 2123 |
| 咸阳市 | 29 | 51548 | 1778 | 25 | 69100 | 2764 | 33 | 57537 | 1744 | 40 | 84160 | 2104 |
| 渭南市 | 20 | 24643 | 1232 | 22 | 18926 | 860 | 22 | 16393 | 745 | 22 | 28132 | 1279 |
| 延安市 | 4 | 7710 | 1928 | 7 | 3047 | 435 | 8 | 4116 | 515 | 10 | 22934 | 2293 |
| 汉中市 | 30 | 38909 | 1297 | 36 | 50878 | 1413 | 56 | 86776 | 1550 | 65 | 119654 | 1841 |
| 榆林市 | 29 | 23091 | 796 | 15 | 26270 | 1751 | 9 | 19607 | 2179 | 8 | 19567 | 2446 |
| 安康市 | 23 | 19219 | 836 | 24 | 15205 | 634 | 28 | 72869 | 2602 | 35 | 53760 | 1536 |
| 商洛市 | 4 | 4503 | 1126 | 7 | 7622 | 1089 | 3 | 6635 | 2212 | 2 | 7808 | 3904 |
| 杨凌示范区 | 1 | 24246 | 24246 | 1 | 5000 | 5000 | 1 | 5000 | 5000 | 3 | 8821 | 2940 |
| 全　省 | 323 | 1565641 | 4847 | 340 | 1708868 | 5026 | 369 | 1798703 | 4875 | 466 | 2778499 | 5962 |

| | 2002年 | | | 2003年 | | | 2005年 | | | 2006年 | | |
|---|---|---|---|---|---|---|---|---|---|---|---|---|
| | 开发公司个数 | 资产总计 | 企业平均资产 | 开发公司个数 | 资产总计 | 企业平均资产 | 开发公司个数 | 资产总计 | 企业平均资产 | 开发公司个数 | 资产总计 | 企业平均资产 |
| 西安市 | 210 | 2567087 | 12224 | 267 | 3437859 | 12876 | 399 | 5582048 | 13990 | 408 | 7293324 | 17876 |
| 铜川市 | 14 | 53865 | 3848 | 23 | 51549 | 2241 | 28 | 80650 | 2880 | 30 | 98218 | 3274 |
| 宝鸡市 | 64 | 195074 | 3048 | 79 | 252057 | 3191 | 87 | 283364 | 3257 | 92 | 576367 | 6265 |
| 咸阳市 | 46 | 89305 | 1941 | 43 | 144002 | 3349 | 101 | 441447 | 4371 | 65 | 408863 | 6290 |
| 渭南市 | 25 | 26895 | 1076 | 29 | 60222 | 2077 | 45 | 115636 | 2570 | 50 | 166969 | 3339 |
| 延安市 | 15 | 59196 | 3946 | 17 | 64702 | 3806 | 18 | 186660 | 10370 | 17 | 92930 | 5466 |
| 汉中市 | 75 | 175231 | 2336 | 87 | 263457 | 3028 | 116 | 340128 | 2932 | 119 | 431540 | 3626 |
| 榆林市 | 15 | 43020 | 2868 | 25 | 74588 | 2984 | 72 | 228608 | 3175 | 70 | 266871 | 3812 |
| 安康市 | 38 | 76219 | 2006 | 41 | 107740 | 2629 | 46 | 156746 | 3408 | 48 | 172794 | 3600 |
| 商洛市 | 3 | 5841 | 1947 | 5 | 7313 | 1463 | 12 | 27246 | 2271 | 8 | 27172 | 3397 |
| 杨凌示范区 | 4 | 18281 | 4570 | 8 | 30261 | 3783 | 9 | 50719 | 5635 | 11 | 44280 | 4025 |
| 全　省 | 509 | 3310014 | 6503 | 624 | 4493750 | 7202 | 933 | 7493252 | 8031 | 918 | 9579328 | 10435 |

续表

| | 2007 年 | | | 2009 年 | | | 2010 年 | | |
|---|---|---|---|---|---|---|---|---|---|
| | 开发公司个数 | 资产总计 | 企业平均资产 | 开发公司个数 | 资产总计 | 企业平均资产 | 开发公司个数 | 资产总计 | 企业平均资产 |
| 西安市 | 459 | 10058313 | 21914 | 492 | 15691700 | 31894 | 514 | 22619691 | 44007 |
| 铜川市 | 33 | 123178 | 3733 | 40 | 219245 | 5481 | 43 | 242676 | 5644 |
| 宝鸡市 | 71 | 583554 | 8219 | 112 | 875308 | 7815 | 120 | 1110011 | 9250 |
| 咸阳市 | 64 | 404785 | 6325 | 58 | 756016 | 13035 | 75 | 617379 | 8232 |
| 渭南市 | 55 | 219688 | 3994 | 57 | 333797 | 5856 | 99 | 581909 | 5878 |
| 延安市 | 12 | 126873 | 10573 | 17 | 174369 | 10257 | 17 | 176144 | 10361 |
| 汉中市 | 112 | 484159 | 4323 | 119 | 650443 | 5466 | 138 | 879567 | 6374 |
| 榆林市 | 75 | 493280 | 6577 | 82 | 669143 | 8160 | 89 | 817158 | 9182 |
| 安康市 | 45 | 189194 | 4204 | 60 | 479104 | 7985 | 61 | 649973 | 10655 |
| 商洛市 | 7 | 28093 | 4013 | 17 | 174369 | 10257 | 20 | 158042 | 7902 |
| 杨凌示范区 | 13 | 49768 | 3828 | 10 | 69661 | 6966 | 13 | 138481 | 10652 |
| 全　省 | 946 | 12760885 | 13489 | 1064 | 20009766 | 18806 | 1189 | 27991029 | 23542 |

资料来源：根据 1999～2011 诸年《陕西统计年鉴》整理。

## 二　陕西省房地产开发企业完成投资情况

1998～2010 年，陕西省房地产开发投资增长 22.6 倍（如表 4 所示），其中七成左右属于西安市的房地产开发投资，显示了陕西省的房地产开发主战场是西安市，由其引领陕西房地产业的发展；其次为宝鸡市、咸阳市、汉中市。2002 年，西咸一体化战略实施后，咸阳市的房地产发展很快，由 2002 年之前占陕西省房地产开发总量的 5% 迅速发展到 2010 年的 8%；宝鸡市的房地产开发比较平稳，一直占陕西省房地产开发总量的 6%～7%，这与西部大开发、关天经济圈的相关政策有关；而铜川、汉中市的房地产开发自 2003 年呈现萎缩状态，开发量持续下降，表明房地产开发企业资源集中到西安、咸阳等市场活跃地区。1998～2010 年，陕西省房地产开发企业分区域完成投资如图 2 所示。

**表 4　1998 ~ 2010 年陕西省房地产开发完成投资**

单位：万元

| | 1998 年 | 1999 年 | 2000 年 | 2001 年 | 2002 年 | 2003 年 | 2004 年 | 2005 年 | 2006 年 | 2007 年 | 2008 年 | 2009 年 | 2010 年 |
|---|---|---|---|---|---|---|---|---|---|---|---|---|---|
| 西安市 | 382142 | 450416 | 524794 | 674211 | 789689 | 1248177 | 1632950 | 2122861 | 2857605 | 3873342 | 5457103 | 6963350 | 8423447 |
| 占全省比例 | 74.41 | 65.92 | 66.53 | 67.57 | 63.91 | 66.19 | 70.6 | 71.01 | 72.37 | 72.35 | 71.6 | 73.79 | 72.65 |
| 铜川市 | 26707 | 27349 | 31019 | 25337 | 14853 | 26777 | 26777 | 37523 | 45844 | 52471 | 59197 | 109357 | 146845 |
| 占全省比例 | 5.2 | 4.0 | 3.9 | 2.5 | 1.2 | 1.4 | 1.2 | 1.3 | 1.2 | 1 | 0.8 | 1.2 | 1.3 |
| 宝鸡市 | 26245 | 45996 | 59670 | 69932 | 88198 | 130044 | 161832 | 220857 | 277315 | 389436 | 594960 | 584904 | 637019 |
| 占全省比例 | 5.1 | 6.7 | 7.6 | 7.0 | 7.1 | 6.9 | 7.0 | 7.4 | 7.0 | 7.3 | 7.8 | 6.2 | 5.5 |
| 咸阳市 | 29504 | 38673 | 33596 | 43537 | 69494 | 115920 | 124649 | 232663 | 270354 | 351280 | 494104 | 734019 | 938433 |
| 占全省比例 | 5.7 | 5.7 | 4.3 | 4.4 | 5.6 | 6.1 | 5.4 | 7.8 | 6.8 | 6.6 | 6.5 | 7.8 | 8.1 |
| 渭南市 | 6557 | 10723 | 20996 | 18268 | 20387 | 38208 | 40791 | 81872 | 109298 | 161113 | 221724 | 281980 | 420818 |
| 延安市 | 3289 | 13327 | 12791 | 26644 | 54473 | 62078 | 33519 | 22253 | 53842 | 52201 | 148753 | 81805 | 81349 |
| 汉中市 | 20695 | 29716 | 61508 | 73976 | 94524 | 127222 | 133722 | 124893 | 141059 | 228542 | 229710 | 242110 | 382219 |
| 占全省比例 | 4.0 | 4.3 | 7.8 | 7.4 | 7.6 | 6.7 | 5.8 | 4.2 | 3.6 | 4.3 | 3.0 | 2.6 | 3.3 |
| 榆林市 | 6422 | 15529 | 7028 | 6118 | 28657 | 48269 | 49304 | 48339 | 90055 | 136740 | 244886 | 229801 | 283279 |
| 安康市 | 7651 | 37901 | 33569 | 44771 | 57505 | 66969 | 72751 | 65773 | 65268 | 63236 | 97765 | 126676 | 166544 |
| 商洛市 | 1647 | 3510 | 2136 | 1987 | 6506 | 7905 | 16252 | 17682 | 19215 | 23195 | 54478 | 59425 | 82242 |
| 杨凌区 | 2670 | 10177 | 1755 | 13063 | 11400 | 14047 | 19172 | 14830 | 18747 | 66337 | 19601 | 23903 | 32488 |
| 全　省 | 513529 | 683317 | 788862 | 997844 | 1235686 | 1885616 | 2311719 | 2989546 | 3948602 | 5353249 | 7622281 | 9437330 | 11594683 |

资料来源：《陕西统计年鉴（1999 年 ~2011 年）》。

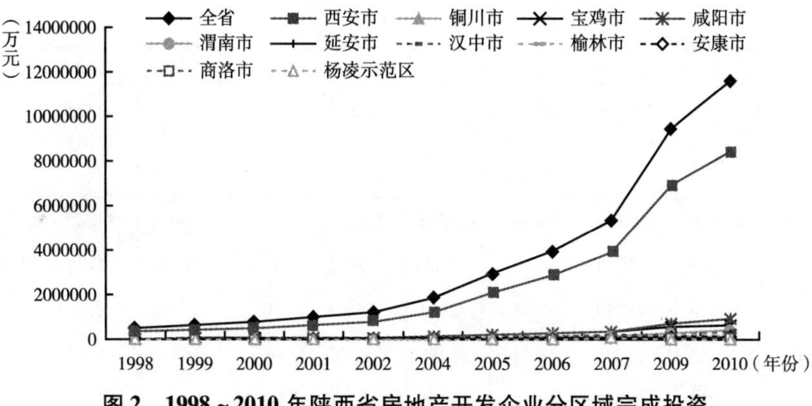


图 2　1998～2010 年陕西省房地产开发企业分区域完成投资

## 三　陕西省房地产开发企业经营情况

房地产开发企业的主营业务收入包括土地转让收入、商品房屋销售收入、房屋出租收入和其他经营收入。1998～2010 年陕西省房地产开发企业经营情况显示（如表 5 所示），陕西省房地产开发企业主要是开发商品房、销售商品房这

表 5　1998～2010 年陕西省房地产开发企业经营情况

单位：万元，%

| | 1998 年 | | | 1999 年 | | | 2000 年 | | |
|---|---|---|---|---|---|---|---|---|---|
| | 经营收入合计 | 商品房屋销售收入 | 占经营收入的比例 | 经营收入合计 | 商品房屋销售收入 | 占经营收入的比例 | 经营收入合计 | 商品房屋销售收入 | 占经营收入的比例 |
| 西安市 | 187800 | 166626 | 88.7 | 169402 | 144499 | 85.3 | 181129 | 166468 | 91.9 |
| 铜川市 | 8006 | 3257 | 40.7 | 9903 | 7421 | 74.9 | 23258 | 19360 | 83.2 |
| 宝鸡市 | 18473 | 15615 | 84.5 | 26221 | 21641 | 82.5 | 45337 | 39373 | 86.8 |
| 咸阳市 | 12221 | 9010 | 73.7 | 12646 | 12241 | 96.8 | 16217 | 15115 | 93.2 |
| 渭南市 | 3810 | 3377 | 88.6 | 6473 | 6323 | 97.7 | 11083 | 10740 | 96.9 |
| 延安市 | 813 | 653 | 80.3 | 5236 | 4531 | 86.5 | 9711 | 9157 | 94.3 |
| 汉中市 | 12466 | 12107 | 97.1 | 16033 | 15218 | 94.9 | 33582 | 33076 | 98.5 |
| 榆林市 | 4720 | 3702 | 78.4 | 3709 | 3534 | 95.3 | 4917 | 3817 | 77.6 |
| 安康市 | 4329 | 3915 | 90.4 | 6164 | 5311 | 86.2 | 11986 | 10702 | 89.3 |
| 商洛市 | 1122 | 1097 | 97.8 | 1640 | 741 | 45.2 | 1942 | 1800 | 92.7 |
| 杨凌示范区 | | | | | | | | | |
| 全　省 | 253820 | 219359 | 86.4 | 257427 | 221460 | 86.0 | 339402 | 309938 | 91.3 |

续表

| | 2001 年 | | | 2002 年 | | | 2003 年 | | |
|---|---|---|---|---|---|---|---|---|---|
| | 经营收入合计 | 商品房屋销售收入 | 占经营收入的比例 | 经营收入合计 | 商品房屋销售收入 | 占经营收入的比例 | 经营收入合计 | 商品房屋销售收入 | 占经营收入的比例 |
| 西安市 | 386419 | 356983 | 92.4 | 414755 | 348559 | 84.0 | 488042 | 442271 | 90.6 |
| 铜川市 | 11369 | 11054 | 97.2 | 9949 | 8625 | 86.7 | 13120 | 12841 | 97.9 |
| 宝鸡市 | 58118 | 43289 | 74.5 | 72474 | 56678 | 78.2 | 99346 | 87989 | 88.6 |
| 咸阳市 | 27263 | 25745 | 94.4 | 33255 | 32733 | 98.4 | 66497 | 65848 | 99.0 |
| 渭南市 | 10863 | 10718 | 98.7 | 18766 | 15726 | 83.8 | 26894 | 22841 | 84.9 |
| 延安市 | 13643 | 13404 | 98.2 | 11001 | 9476 | 86.1 | 22364 | 21822 | 97.6 |
| 汉中市 | 41452 | 40241 | 97.1 | 44997 | 43526 | 96.8 | 60991 | 58888 | 96.6 |
| 榆林市 | 4044 | 3434 | 84.9 | 7803 | 7596 | 97.3 | 16913 | 16423 | 97.1 |
| 安康市 | 22759 | 20299 | 89.2 | 29339 | 28441 | 72.3 | 37218 | 35224 | 94.6 |
| 商洛市 | 2675 | 2578 | 96.4 | 3642 | 3642 | 100 | 6106 | 4400 | 72.1 |
| 杨凌示范区 | 2429 | | 0.0 | 11544 | 10987 | 95.2 | 19867 | 19867 | 100 |
| 全　省 | 581034 | 527745 | 90.8 | 657525 | 565989 | 86.1 | 857358 | 788414 | 92.0 |

| | 2005 年 | | | 2006 年 | | | 2007 年 | | |
|---|---|---|---|---|---|---|---|---|---|
| | 经营收入合计 | 商品房屋销售收入 | 占经营收入的比例 | 经营收入合计 | 商品房屋销售收入 | 占经营收入的比例 | 经营收入合计 | 商品房屋销售收入 | 占经营收入的比例 |
| 西安市 | 930131 | 789121 | 84.8 | 1254031 | 1208496 | 96.4 | 1934809 | 1900853 | 98.2 |
| 铜川市 | 41066 | 39283 | 95.7 | 32199 | 32043 | 99.5 | 21091 | 20680 | 98.1 |
| 宝鸡市 | 104274 | 93262 | 89.4 | 120870 | 104338 | 86.3 | 188215 | 182103 | 96.8 |
| 咸阳市 | 131987 | 130793 | 99.1 | 125160 | 120818 | 96.5 | 179516 | 174694 | 97.3 |
| 渭南市 | 42205 | 42118 | 99.8 | 69965 | 68832 | 98.4 | 86568 | 82563 | 95.4 |
| 延安市 | 61778 | 26275 | 42.5 | 19626 | 13554 | 69.1 | 12368 | 11537 | 93.3 |
| 汉中市 | 94331 | 93301 | 98.9 | 117369 | 103904 | 88.5 | 158508 | 157209 | 99.2 |
| 榆林市 | 48578 | 45157 | 93.0 | 55513 | 54827 | 98.8 | 97363 | 89127 | 91.5 |
| 安康市 | 69647 | 69106 | 99.2 | 55722 | 55177 | 99.0 | 58155 | 56798 | 97.6 |
| 商洛市 | 12999 | 12881 | 99.1 | 13609 | 8595 | 63.2 | 12670 | 12641 | 99.8 |
| 杨凌示范区 | 11387 | 11387 | 100 | 11876 | 11838 | 99.7 | 13361 | 10113 | 75.7 |
| 全　省 | 1548383 | 1352684 | 87.4 | 1875940 | 1782422 | 95.0 | 2762624 | 2698318 | 97.7 |

续表

| | 2009年 | | | 2010年 | | |
|---|---|---|---|---|---|---|
| | 经营收入合计 | 商品房屋销售收入 | 占经营收入的比例 | 经营收入合计 | 商品房屋销售收入 | 占经营收入的比例 |
| 西安市 | 3958101 | 3782150 | 95.6 | 6854477 | 6676455 | 97.4 |
| 铜川市 | 111434 | 108951 | 97.8 | 97182 | 57017 | 58.7 |
| 宝鸡市 | 172296 | 165966 | 96.3 | 362976 | 348287 | 96.0 |
| 咸阳市 | 351329 | 311502 | 88.7 | 437240 | 411605 | 94.1 |
| 渭南市 | 146123 | 144823 | 99.1 | 247833 | 239615 | 96.7 |
| 延安市 | 41664 | 33108 | 79.5 | 33131 | 31989 | 96.6 |
| 汉中市 | 204378 | 203047 | 99.3 | 310371 | 305828 | 98.5 |
| 榆林市 | 303205 | 299959 | 98.9 | 323614 | 317966 | 98.3 |
| 安康市 | 123442 | 119530 | 96.8 | 150505 | 144407 | 95.9 |
| 商洛市 | 39658 | 35109 | 88.5 | 56355 | 56355 | 100 |
| 杨凌示范区 | 17382 | 16911 | 97.3 | 20838 | 15972 | 76.6 |
| 全　省 | 5469013 | 5221056 | 95.5 | 8894521 | 8605496 | 96.8 |

种经营模式，土地转让收入、商品房屋销售收入、房屋出租收入和其他经营收入所占的比例很低，如图3所示。西安市房地产开发企业商品房屋销售收入与经营收入对比情况，西安市房地产开发企业经营收入基本依赖商品房屋销售收入。2006年之前，全省商品房屋销售收入占经营总收入的80%～90%，2006年之后，全省商品房屋销售收入占经营总收入的比例为95%，基本是商品房屋销售收入。

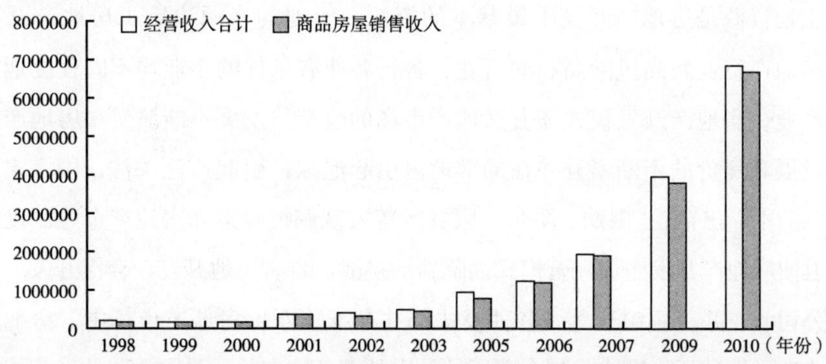


**图3　1998～2010年西安市房地产开发企业商品房屋销售收入与经营收入对比**

2001 年之前，铜川、宝鸡、榆林市商品房屋销售收入占经营总收入的比例在全省平均水平以下，这些城市的房地产开发企业经营中土地转让收入、商品房屋销售收入、房屋出租收入和其他经营收入还占有一定比例；2001 年之后，商品房屋销售收入占经营总收入的比例在 95% 以上，基本是商品房屋销售收入。

咸阳、渭南两市 1999 ~ 2010 年商品房屋销售收入占经营总收入的比例在 90% 以上，基本上是商品房屋销售收入；汉中、安康两市 1998 ~ 2010 年商品房屋销售收入占经营总收入的比例在 90% 以上，基本上是商品房屋销售收入；安康市在 2003 年之前，房地产开发企业经营中土地转让收入、商品房屋销售收入、房屋出租收入和其他经营收入占 10% 左右；但 2003 年之后，商品房屋销售收入占经营总收入的 95% 以上，基本是商品房屋销售收入。

延安市的房地产开发经营情况比较特殊，房地产开发企业经营中土地转让收入、商品房屋销售收入、房屋出租收入和其他经营收入占有较大比例；杨凌示范区 2001 年房地产开发才起步，2001 年全部收入为其他经营收入，没有商品房屋销售收入，自 2002 年始，除 2007 年和 2010 年，商品房屋销售收入占经营总收入的比例在 95% 以上，2007 和 2010 年土地转让收入、商品房屋销售收入、房屋出租收入和其他经营收入占有 20% 左右的比例，市场比较活跃。

## 四　陕西省房地产开发企业经营模式分析

土地资源是房地产开发中最基本的资源，土地的来源决定了房地产开发模式。房地产行业属高风险高利润行业，各行各业有条件的企业均不同程度地介入房地产业，房地产开发模式随着房地产市场的改革与发展不断演变。房地产业的快速发展和房价的不断攀升并在局部地区引起泡沫，引起广泛关注，国家宏观调控措施的不断出台，“限购、限价、限贷”等宏观调控政策和房地产金融制度的创新，也使房地产开发企业经营模式面临新的挑战。自有土地开发、合作开发、成立项目公司、兼并（重组）等，各种模式都并存于陕西省房地产市场中。房地产开发企业选择何种开发模式，与企业所处的内外部环境有关，是由企业的经营战略决定的，而企业的竞争战略实质上是一个资源优化配置、优势互补的过程。

### （一）自有土地开发

2003年以后，土地出让方式发生变化，土地出让必须通过招拍挂方式进行，土地资源日渐珍贵。昔日的一级土地开发商不再慷慨解囊，而是自己开发自有土地，依靠租赁获得长期收益。自有土地基本是行政划拨土地，在补交土地出让金等费用后将划拨土地变为出让土地，就可以用于房地产开发。

### （二）购买土地开发

2004年8月31日国土资源部发布71号令后，国内土地市场将不再采用协议方式出让经营性土地使用权，国内土地使用权必须以公开招标、拍卖、挂牌的方式出让。房地产土地市场的市场化正式开始。购买土地开发，通过招、拍、挂获得土地，进行专业化的开发。这种开发模式后期的开发资金往往需要通过金融机构贷款和商品房预售回款，开发成本较高，要求开发企业通过产品设计创新、提高营销水平和管理能力来降低开发成本，提高销售利润。

### （三）合作开发

合作开发是指双方当事人约定，由一方提供建设用地使用权，另一方提供资金、技术、劳务等，合作开发土地、建筑房产等项目，共担风险，利益共享。合作开发包括政企合作开发、房地产企业合作开发和个人合作建房三种形式。这种模式是2004年以前房地产行业内普遍采用的一种开发模式，也是土地、资金和管理结合的模式，而且手续也简单，只需一份合作协议，合作开发模式存在的最大问题是合作双方沟通不畅，许多“烂尾楼”正是由于这种协议合作开发造成的，8.31土地大限后，企业间的这种合作成为历史，合作的范围缩小为政府与企业的合作、旧城区、城中村改造等。

### （四）成立项目公司

这种房地产开发模式主要是一方出地，一方出资金成立房地产开发公司，实现土地与资金的集中，达到开发的条件。成立项目公司是合二为一成立新的开发主体。成立项目公司的开发模式一般是两个或几个公司通过成立一个公司来进行房地产的开发，按各自所占股份进行利润分配的一种开发模式。有时其中一家将土地折价进行合作，有时是为操作大项目而联手进行合作开发，解决单独开发资金不足问题。两个企业成立一个项目公司来开发房地产项目，也可以达到优势互补，并且克服合作中沟通不畅问题。通常的单一项目公司，项目做完公司就注销，生命周期较短，也有企业为开拓新的利润增长点，或者进行转型而采取成立项目公司的形式，持续开展房地产业务。

### （五）兼并（重组）

兼并是实现快速扩张的方法。开发成本也相对较低，当然要求兼并公司拥有专业开发管理能力。通过企业兼并（重组）实现强强联合，资源优化配置，达到增加市场份额、转换经营目标或开拓新的利润增长点的目标。适合于规模较大并拥有较强资金实力的企业，以实现快速扩张。

# 2010～2011 年陕西房地产价格变化分析

沈悦 郭品 逯仙茹*

## 一 陕西省房价基本情况

### （一）2011 年陕西省房价基本情况

**1. 总体走势**

2011 年，陕西房地产价格随着宏观调控的变化而不断走低，呈现回落态势。全省新建住宅销售价格上涨 4.9%，较上年涨幅回落 6.6 个百分点，涨势明显趋缓。

（1）全年新建住宅价格涨幅呈回落态势

受宏观调控政策影响，新建住宅价格涨幅呈回落态势。2011 年元月份，陕西新建住宅销售价格累计上涨 5.1%，2 月份价格指数最高点出现，同比涨幅高达 7.2%，其他月份基本稳定在 4%～5%。下半年，陕西新建住宅价格多次出现环比下降。8 月份较上月下降 0.01%。四季度，新建住宅销售价格同比涨幅回落明显，而环比价格逐月回落，价格连续三个月较上月下降。12 月份，新建住宅环比、同比价格指数均为年内最低水平。

2011 年，全省完成房地产开发投资 1402.53 亿元，占固定资产总额的 14.4%。全年房屋施工面积 12179.97 万平方米，同比增长 22.4%。房屋竣工面积 1104.45 万平方米，同比增长 22.7%。房源增多，加之保障性住房占比加大，有效抑制了房价的上涨。

（2）大户型价格涨幅回落幅度较大

调查结果表明，分户型看，小户型（90 平方米以下）新建住宅价格涨幅高

* 沈悦、郭品、逯仙茹，西安交通大学经济与金融学院。

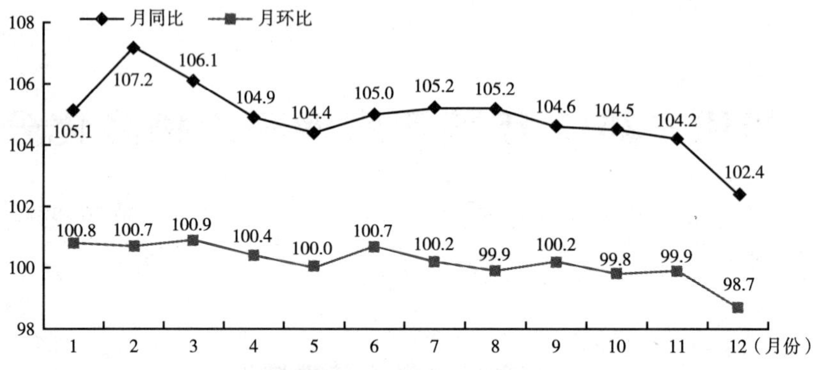


**图 1　2011 年陕西新建住宅价格指数**

资料来源：国家统计局陕西调查总队。

于大（144 平方米以上）、中户型（90～144 平方米），大户型新建住宅价格涨幅最低且回落最快。12 月份，新建住宅价格均低于上月，其中，大、中、小三种户型住宅价格分别下降 3.7%、0.1% 和 0.7%。

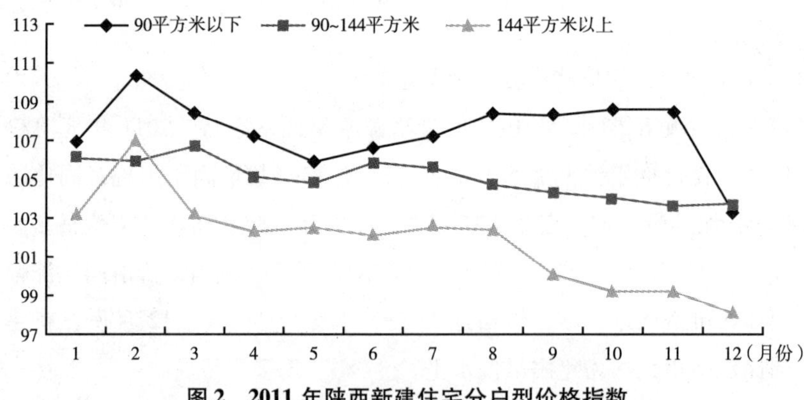


**图 2　2011 年陕西新建住宅分户型价格指数**

资料来源：国家统计局陕西调查总队。

（3）住宅全年涨幅高于新建住宅

住宅市场中新建住宅所占比重一直较大，二手房成交量较低。然而，二手房具有新建房屋不能比拟的优点，让二手房价格一路上涨。2011 年，二手住宅价格上涨 10.7%，高出新建房屋价格涨幅 5.8 个百分点。分月数据来看，二手房同比涨幅最高达到 13.6%，新建住宅同比涨幅仅为 7.2%。价格相对较低，面积较小的二手房屋越来越受到购房者的青睐。

表 1　2011 年 1 ~ 12 月陕西住宅销售价格指数

| | | 1 月 | 2 月 | 3 月 | 4 月 | 5 月 | 6 月 | 7 月 | 8 月 | 9 月 | 10 月 | 11 月 | 12 月 |
|---|---|---|---|---|---|---|---|---|---|---|---|---|---|
| 新建住宅 | 同比 | 105.1 | 107.2 | 106.1 | 104.9 | 104.4 | 105.0 | 105.2 | 105.2 | 104.6 | 104.5 | 104.2 | 102.4 |
| | 环比 | 100.8 | 100.7 | 100.9 | 100.4 | 100.0 | 100.7 | 100.2 | 99.9 | 100.2 | 99.8 | 99.9 | 98.7 |
| | 累计 | 105.1 | 106.2 | 106.1 | 105.8 | 105.5 | 105.5 | 105.4 | 105.4 | 105.3 | 105.2 | 105.1 | 104.9 |
| 二手住宅 | 同比 | 109.5 | 113.3 | 111.6 | 112.8 | 112.3 | 113.3 | 113.6 | 110.6 | 109.5 | 108.1 | 108.1 | 106.0 |
| | 环比 | 100.6 | 103.0 | 100.4 | 101.1 | 100.3 | 100.8 | 100.6 | 100.0 | 99.2 | 99.6 | 100.1 | 99.7 |
| | 累计 | 109.5 | 111.4 | 111.5 | 111.8 | 111.9 | 112.1 | 112.3 | 112.1 | 111.8 | 111.5 | 111.2 | 110.7 |

资料来源：国家统计局陕西调查总队。

（4）土地交易价格处于高位

土地是稀缺资源，在建房成本中占有相当比重。2011 年，各市供应的土地类型中，住宅用地的供应量明显减少。大规模的配建保障房，在一定程度上影响了开发商拿地的积极性，相反，受到政策影响较小的商业和工业用地的交易量明显增加。在此大环境下，陕西住宅土地价格仍保持高位运行，土地交易价格上涨 8.6%。

（5）物业管理价格基本平稳

2011 年，全省房屋租赁价格上涨 4.4%，低于同期全省居民消费价格涨幅，处在合理的上涨区间。持续上涨的房价和通胀因素，推动了租赁价格的上涨。全省各地房屋租金都有一定增长，尤其在城区受旧城改造等基建项目影响，许多原来在城中村居住的也要租房，造成出租房房源紧张，也进一步加速了房价上涨。全年物业管理价格上涨 0.15%。

**2. 2011 年西安市房价基本情况**

2011 年，在国家和地方一系列房地产调控政策影响下，西安住宅销售价格上涨平缓，涨幅回落；商品住宅租赁价格涨幅明显；土地交易价格小幅上涨。

（1）普通房价有升有降

从价格区间段分布情况来看。2011 年，4000 ~ 6000 元/平方米呈现下滑趋势，其他各价格段则表现出不同程度的上涨。其中，比例下滑最为显著的是 5000 ~ 5500 元/平方米价格段，同比下降 9.05 个百分点，而增长最为显著的是 3500 ~ 4000 元/平方米价格段，同比上涨 4.8 个百分点。

**表 2　西安市不同价格段住宅价格变化情况**

单位：元，%

| | 小于 3500 | 3500 ~ 4000 | 4000 ~ 4500 | 4500 ~ 5000 | 5000 ~ 5500 | 5500 ~ 6000 |
|---|---|---|---|---|---|---|
| 2010 年 | 8.96 | 5.28 | 6.15 | 11.89 | 15.39 | 14.08 |
| 2011 年 | 11.76 | 10.08 | 3.98 | 4.56 | 6.34 | 9.42 |
| 变动 | 2.80 | 4.80 | -2.17 | -7.33 | -9.05 | -4.66 |
| | 6000 ~ 6500 | 65000 ~ 7000 | 7000 ~ 7500 | 7500 ~ 8000 | 8000 ~ 10000 | 大于 10000 |
| 2010 年 | 10.60 | 7.65 | 6.16 | 4.03 | 6.60 | 3.22 |
| 2011 年 | 11.25 | 11.94 | 8.58 | 5.55 | 9.73 | 6.80 |
| 变动 | 0.65 | 4.29 | 2.42 | 1.52 | 3.13 | 3.58 |

资料来源：西安房地产信息网。

（2）物业一波三折

2011 年，在政策调控的影响下，楼市观望氛围迅速形成，商业地产价格也有所下滑。随着通胀压力的增加，投资客蜂拥而至商业市场，至 9 月，西安商业地产达到了当年顶峰。

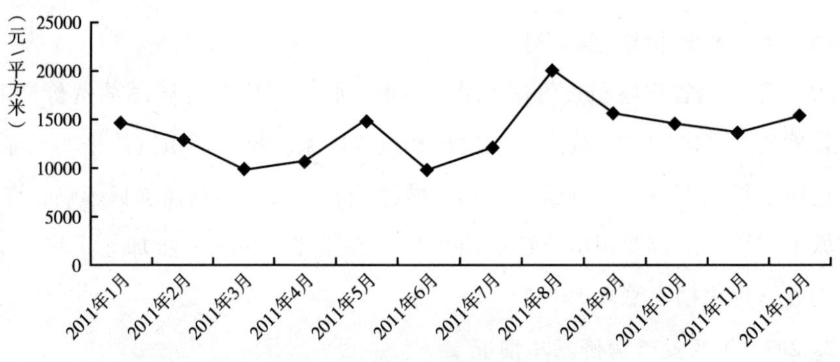


**图 3　2011 年西安商业物业成交均价走势**

资料来源：《陕房通讯》。

（3）写字楼小幅震荡上升

受政策影响，西安房地产市场整体都受到了巨大的冲击，住宅市场均价开始波动，而对于楼市调控影响较小的写字楼市场，其均价变动相对较小。从图 4 中可以看出写字楼成交均价整体呈现小幅震荡上升态势，全年写字楼物业均价为 9497 元/平方米。

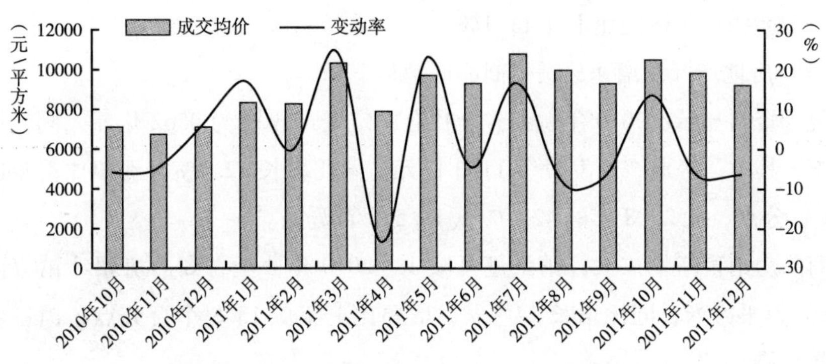


**图 4　2011 年西安写字楼价格走势及变动**

资料来源：《陕房通讯》。

（4）别墅小幅上涨

从别墅物业的价格走势看，受到楼市调控影响，住宅市场均价在 2011 年产生了较大的波动，然而，别墅类物业不限购且属于高端消费产品，其价格受到调控的影响不是很大。随着城南曲江区高端别墅项目在下半年的受宠，2011 年，西安别墅均价呈现上涨的走势，据西安房地产信息网数据研究中心数据显示：2011 年，西安别墅成交均价为 18078 元/平方米，比上年同期上涨 6.72%。

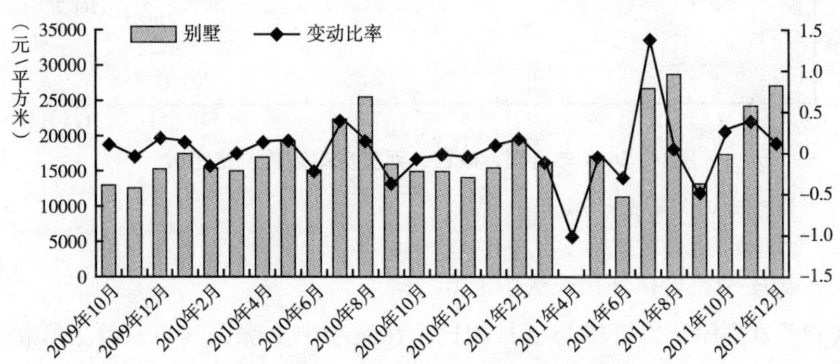


**图 5　2009～2010 年西安别墅成交价及变动**

资料来源：《陕房通讯》。

## （二）2010 年陕西省房价基本情况

### 1. 总体走势

2010 年，在国家宏观政策调控下，陕西城市房地产价格平稳运行，总体呈涨势，房屋销售价格同比上涨 11.1%。

（1）房地产开发增速放缓，商品房销量下降

统计资料显示：2010 年，我省全社会固定资产投资为 8562 亿元，同比增长 30.7%。其中，房地产开发投资 1160 亿元，同比增长 22.9%，涨幅比上年回落 0.9 个百分点，比 2008 年的 42.4% 低 19.5 个百分点。

商品房销售增幅扩大，销量逐月减少。2010 年，全省商品房累计销售面积 2590.18 万平方米，同比增长 24.1%，增幅比上年低 13.8 个百分点，销售数量呈下降趋势。

（2）房屋销售价格涨幅较高，幅度呈回落趋势

我省城市房屋销售价格同比涨势未改，环比震荡。全省房屋销售价格同比上涨 11.1%，涨幅比上年高 8.7 个百分点。

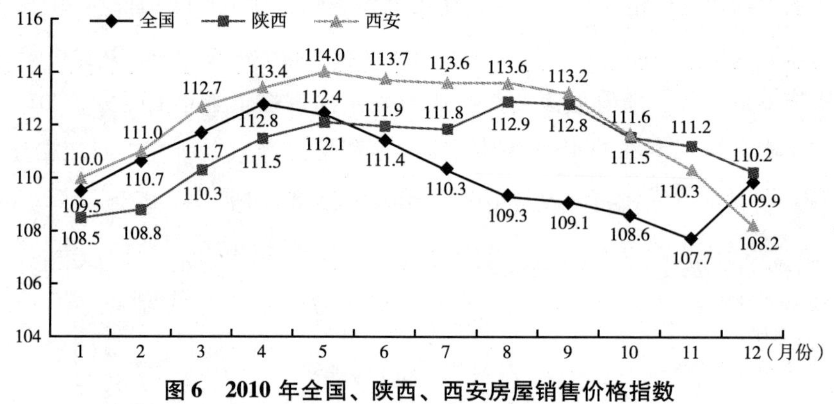


**图 6　2010 年全国、陕西、西安房屋销售价格指数**

资料来源：国家统计局陕西调查总队。

（3）房屋销售价格环比震荡中上升

我省各月房屋销售价格与上月相比，在波动中上涨，其中 1 月上涨幅度最大，6 月最小。

**表 3　2010 年全国、陕西、西安二手房销售价格指数**

| | 1 月 | 2 月 | 3 月 | 4 月 | 5 月 | 6 月 | 7 月 | 8 月 | 9 月 | 10 月 | 11 月 | 12 月 |
|---|---|---|---|---|---|---|---|---|---|---|---|---|
| 陕西 | 102.5 | 100.1 | 101.6 | 101.5 | 100.4 | 100.1 | 100.3 | 101.5 | 100.7 | 100.3 | 100.5 | 100.4 |
| 西安 | 102.4 | 98.7 | 101.1 | 99.6 | 100.0 | 99.8 | 100.2 | 102.2 | 100.1 | 100.5 | 100.1 | 99.9 |
| 全国 | 100.9 | 100.4 | 101.3 | 101.7 | 99.6 | 99.7 | 99.9 | 100.1 | 100.5 | 100.1 | 100.3 | 100.3 |

资料来源：国家统计局陕西调查总队。

二手普通住宅价格与新建普通住宅价格总体走势基本相同，但从具体月份看，1月、5月是国家出台房地产宏观调控措施的主要月份，市场人气低迷，价格走势在二手房市场比新建房市场表现更明显。8月后进入传统旺季，刚性需求释放，二手普通住宅价格开始止跌回升，回升幅度比新建普通住宅大。

（4）土地交易价格继续上涨

分四个季度看，我省城市土地交易价格分别上涨5.0%、6.3%、9.8%和9.8%，涨幅逐季加大，其中居住用地价格上涨10.0%，工业用地上涨6.5%，商业营业用地涨4.0%。土地交易价格涨幅逐季增加，说明土地市场“地王”现象随时可能再现。

（5）房屋租赁价格继续上涨

分季看，全省房屋租赁价格同比分别上涨1.9%、5.4%、7.9%和7.4%，平均上涨5.7%。住宅租赁价格5.4%，非住宅租赁价格上涨5.9%。

## 二 影响陕西省房价变化的因素分析

影响房价的因素众多，本研究将这些因素分为两大类：一是一般性因素，主要包括：居民可支配收入、土地价格、城市化进程、地区生产总值、银行信贷；二是特殊性因素，主要包括：需求因素、供给因素。以下我们以省会城市西安为例进行说明。

### （一）一般性影响因素分析

#### 1. 居民可分配收入增加

居民收入是决定家庭一切消费购买力和消费需求的最重要因素，收入的快速增长必然会引起人们对高档次、高质量房地产的需求。2010年，西安人均可支配收入超过22000元，居中西部第二位；2011年，陕西省城镇居民可支配收入达18245元，比2010年上涨16.2%，居民可支配收入的提高，增加了人们在住房支出中的消费比重，是推动房价上涨的重要原因。

#### 2. 土地价格飞速上涨

土地价格对房地产价格的影响表现为两个方面：第一，土地价格作为房地产成本中最重要的因素，直接决定着房地产开发商的成本。房地产开发商在住宅市场属于供给者，处于寡头垄断的地位；在土地市场属于需求者，处于完全竞争的地位。土地资源稀缺、不可再生、用途不易更换和供给缺乏弹性等特征以及城市化进程加快使得居民对土地的需求增加的共同作用，造成土地价格持续上涨、供求矛盾恶化。第二，地方政府作为土地使用权的划拨者，对住宅用地拍卖最高价不予限制，只顾“地方财政”和建设资金的增加以及自身利益的实现，使得房地产开发商竞相标高土地价格，导致房地产价格飞速上涨。

据了解，由于“房产大亨”的土地争夺战愈演愈烈，致使土地价格水涨船高。来自土地管理部门的统计数据显示：2010 年，全市土地市场共成交 164 宗住宅和商业土地，成交面积为 542.17 万平方米，和上年同比下降 1.01%。成交总价为 156.84 亿元，和上年同比却上涨了 2.06%。其中，成交的 379.69 万平方米住宅用地，就让这些开发商总共掏出了 116.9 亿元“买地钱”。

**3. 城市化进程加快**

城市化进程的加快，表示该地区经济发展速度的突飞猛进。一方面，城市人口增加，与之相伴而来的是第二、三产业结构的变化、经济增长方式的变化、人们生活方式和消费观念的变化。城市化进程引起城市人口增加，人口数量和结构的变化对有效需求的影响是城市化进程对住宅需求最直接的影响。住宅需求随之增加，供不应求时房价就会上涨。另一方面，由于房价变化引起住宅市场交易量活跃，与之相关的建材市场、人才服务市场等相关产业也会随之发展，住宅产业作为支柱产业，带动了整个宏观经济的飞速发展。

**4. 地区生产总值增加**

与国内生产总值作为经济指标发挥的作用一样，地区生产总值也反映了某地区常住单位在一定时期内的生产与劳务的最终成果，表现为各个产业增加值之累计总额。

2010 年，西安市生产总值 2719.1 亿元，增长幅度达 14.5%；2011 年，陕西省生产总值达 12391.30，增长幅度达 13.9%。经济的增长直接带动了对房地产需求量的增长，推动了房价的上涨。

**5. 银行信贷放松**

银行信贷对房地产价格的影响可以分为两个方面：第一，银行信贷集中模型表明，银行具有扩大房地产信贷的动力。在我国，房地产开发商整个地产项目的开发，基本建立在银行信贷支持的基础上，有资料显示，银行信贷占信贷总额的

26.14%，远超过国际上规定的“房地产信贷总额不超过银行信贷总额8%”以及“某一项贷款中信贷总额比例不超过9%”的比例。房地产信贷的扩张会导致银行脆弱性加强，金融风险积聚。第二，如果银行信贷放松，房地产开发商获得贷款的可能性增加、成本减少，导致房地产供给增加；购房者获得抵押贷款的可能性也增加，从而刺激房地产市场的需求。供求市场在达到均衡状态中的动态调整共同推动房地产价格不断上涨。

央行最新数据显示，2010 年，新增的7.95 万亿贷款中近25%流入了房地产领域。为了对房地产行业降温，政府已采取了上调首付比例和抵押贷款利率、限购等行政措施以及对开发商拿地制定更严格的规定。

## （二）特殊性影响因素分析

截至2010 年12 月底，西安楼市均价达6466 元/平方米。尤其是开发商推出了一些精装修楼盘，使得部分黄金区域楼盘的均价已逼近甚至超过万元。西安市房价涨幅创历史新高，不仅与一般性影响因素关系密切，更与西安市特殊的经济发展状况不可分割。因此，下文着重从需求和供给两个影响房价的方面分析其特殊性影响因素：

**1. 需求方面的特殊性影响因素**

（1）需求旺盛

据西安市统计，西安市人口2005～2009 年增加了100 余万，人口数量的增加也使得住宅需求随之增加。即便是自住性需求主体，也包括西安市本地居民以及外地迁入人口。当住宅供不应求时，自然推动价格的上涨。因此，旺盛的需求是推动房价不断上涨的首要因素。

单纯具备购房计划还不能构成有效住宅需求，因为西安市房价动辄几十万元，更有甚者上百万元，超越了居民可支配收入承受范围。选择一次性付清房费仍是少数，大多数购房者选择住房按揭贷款。个人的购房热情加之国家在信贷、税收方面的政策，使得西安市也开始了“购房热”。

（2）城市建设速度加快

2010 年，西安市政府提出要将西安建设成国际化大都市的战略目标。计划2010～2015 年，人均GDP 达7 万元左右；2016～2020 年，人均GDP 超过10 万元。可以看出，仅经济发展速度指标而言，西安市2009 年数据与国际标准仍有

一定差距，但是差距不大，通过努力在预期时间可以收到效果。

（3）消费者心理预期影响

在购房选择上，消费者有“盲目跟风”、“攀比”的思想，甚至在对市场缺乏理性判断和思考的情况下抛出购房计划，唯恐失去机会而被其他人抢了先。“购房热”成为各个一线城市、省会城市居民普遍关注的话题。西安房价上涨很大程度上是由于北京、上海等房价持续上涨以及由此带动的沿海城市、二线城市的普遍上涨。

已经购买了住房的消费者仍然时刻关注楼市动态，他们存在“恐跌”心理。各地房价的大幅上涨和一些通过“炒房”获得暴利的个案，使购房者认为房价只能涨不能跌，变得不再理性。

（4）部分开发商违规操作

市场经济要求买卖双方自愿成交，然而现实操作过程中，总会在幕后出现“第三只手”的干预。开发商捂盘惜售违规操作，最终目的是提高房价。常见的手段有：谎称房子已经全部卖出（而事实并非如此）；后期房源转售为租；脱离市价大幅提高开盘价；拖延拿预售证的时间以拉长销售周期。开发商捂盘惜售的行为扰乱了住宅市场的秩序，侵犯了购房者的合法权益，也破坏了企业自身形象。

**2. 供给方面的特殊性影响因素**

（1）通货膨胀加剧

通货膨胀在影响需求方面的作用表现在，由于物价上涨，人们手中的钱不断贬值，购买力下降。整个社会资产因此缩水，在住宅市场上的实际购买力下降，对影响住宅需求。在供给方面，通货膨胀主要是在建设工程造价方面影响房价。原因是，房价主要是由土地价格、建筑工程造价、销售管理费用和税金组成，物价上涨带来的最直接影响是建材市场上钢材、混凝土等原料成本上涨。开发商对房价的预期，是以在开发过程中的花费以及对未来市场走势判断为基础，突如其来的成本变化必将转移到购房者身上，而开发商必须保证自己的利益最大化。数据显示，2008年年底至2010年年底，全国银行信贷增长了近19万亿元，两年的增长量是1998～2007年十年增长量的5倍以上。如此大规模信贷投放，货币超发必然导致市场流动性泛滥。2010年是西安楼市涨幅最大的一年，就是这一年，央行6次上调存款准备金率，从1月18日15.5%上调至12月20日的18%，可见通货膨胀现象非常严

重，对消费者的正常生活也造成了负面影响。2010 年第四季度，国家统计局西安调查大队公布的数据显示，前三个季度西安物价处于攀升的趋势，累计上涨 3%。预计至年末，西安居民的消费价格将在 3% ～4.5% 之间浮动，不会出现回落现象，通胀压力过大。

（2）住宅供给多样化

住宅有高档别墅、普通住宅和经济适用房、廉租房等，住宅市场上各种住宅都有供给，以普通住宅居多。据陕西统计数据，2004 年以后，经济适用房的销售面积明显减少，普通住宅占了住宅销售面积的 90% 以上，高档别墅在西安销售市场表现冷清，与北京、上海等一线城市的火热销售大相径庭。不同户型的房价也不相同，一般来说，小户型价格比大户型高。另外，大多数普通住宅是毛坯价格，而诸如恒大地产、富力城、万科等开发商推出精装房，价格比毛坯房高。此外，还有单身公寓、复式结构、精装带家具等多种住宅供给以备购房者所需，供给多样化在一定程度上也影响了房价。

（3）外埠开发商进驻

2007 年起，外埠地产开发商将目光转向陕西这片热土而进军西安房地产市场，其中实力较强的有万科、万达、中海、绿地、长江实业等。而陕西本土的也有海荣、高科、紫薇等开发商。比起外埠开发商，本土开发商有着更好的政企关系、金融支持和地域优势，凭着进入市场较早的优势，他们已经依靠产品、品牌和价格三个因素在消费者中树起良好的口碑。而外埠开发商多是全国地产排名较前的企业，在开发和经营管理理念上运作成熟，思路开阔，对市场分析判断准确。西安已经成为全国各地地产开发商进行企业扩张的中心，如何将西安文化古城独有的韵味与企业的经营理念结合起来，是开发商在竞争中取胜的关键。

（4）土地开发成本上升

土地的供求关系主要取决于土地需求。土地需求旺盛，价格就高；反之则低。随着开发商获得土地出让权难度加大，土地资源的稀缺和不可再生致使土地价格一路飙升，通过价格传导到房价上表现为房价上涨。目前，随着西安城南、高新、曲江等黄金地段土地的逐渐开发，二环以内交通便利地段土地越来越少，土地价格越来越高。正是因为开发程度的增加，土地获得难度也增加，不少开发商在获得土地使用权后，囤地待涨、捂盘惜售，私自破坏开发程序、扰乱市场秩序，给住宅市场的健康发展造成恶劣影响。

## 三　变化趋势分析及相关对策建议

2012 年，调控政策将延续实施，房产税的开征被提上日程，经济运行环境也将对行业走向形成持续影响。种种迹象表明，2012 年中国及陕西房地产行业发展的复杂性较之 2011 有过之而无不及。

### （一）2012 年陕西省房地产价格变化趋势

**1. 上半年住宅均价小幅回落后期趋稳**

2011 年下半年，尤其是 10 月份以后，一线城市房价出现明显下跌，二三线城市房价滞涨，县级城市房价涨幅放缓。进入 2012 年，在延续调控影响下，商品房价格下跌将由一线城市逐步向二三线城市、县级城市扩散。受全国一线城市如京、沪以及西安本土品牌房企价格下调趋势影响，2012 年西安房价仍将下行，从 2011 年 8 月开始，西安品牌房企项目降价已然上演，同时“以价换量”策略的实施，对于市场交易形成了一定拉动作用。

从利好层面权衡，西安房价整体大跌的可能性极小。预计 2012 年上半年西安房价将呈现小幅回落并逐步趋稳，预计跌幅不会超过 10%。

**2. 商服及写字楼物业短期内将呈现火热走势，预计价格会小幅上涨**

在限购令及楼市调控政策的持续作用下，商业及写字楼市场或在短期内得到很大程度的提升，但随着楼市调控效应的减弱、刚需置业的蓄力爆发及保障性住房的带动作用，普通住宅市场再次升温也不是不可能，商业地产的持续性将受到时间的考验。在此态势下，开发企业进行商业及写字楼物业的开发需适应市场需求规模及需求结构，适度开发，避免后市风险。

**3. 西咸区域将成为后期市场焦点**

2011 年 6 月 13 日，《西咸新区总体规划》正式发布，我国按国家战略打造的第四个城市新区自此正式诞生。西咸新区的规划建设将拉大城市发展区域和城市骨架，极大地拓宽房地产发展的空间，西咸交界区域房地产市场将成为后市焦点。

### （二）相关对策建议

目前，全国房地产调控成效已经显现，大部分投资、投机性住房需求退出市

场，对改善型和自住型住房需求减少，保障性住房和中小户型普通商品住房供应增加，住房市场供求关系逐步改善，房价过快上涨的局面得到有效控制。但应该理性地看到，现阶段实施的房地产调控政策中，“限购令”、“限价令”等多是短期行政手段，从长远看，还应该进一步加强房地产市场的中长期制度建设，宏观调控应该区分自住需求、投资需求和投机需求，对症下药，鼓励和引导自住需求，规范投资需求，遏制投机需求。为此建议：

**1. 有控有扶**

在调控力度不减的大背景下，贷款难度的加大，将促使房企融资成本增加，个人购房贷款成本上升，房企的融资困局在短期内仍然难以突破，降价可能是唯一的选择。预计2012年一季度，西安新开盘的楼盘价格将会出现新的降幅，其他城市涨幅可能继续回落，房价更贴近购房者的心理价位。但应该看到，我省房地产泡沫不大，在劳动力、资源价格呈上涨态势情况下，房地产价格的应该是随通胀而缓慢上涨。为此，对房地产应该有扶有控，加强对保障性住房建设的信贷支持，限制投机性开发项目的信贷支持。

**2. 进一步规范土地供应**

应该进一步完善土地招拍挂制度，完善土地增值税的清算和监管。同时应该确保中低价位、中小套型商品房的土地供应，在政策上，应该细化落实有关部门提出的保障性住房以及中低价位、中小套型商品房的土地供应措施。

**3. 盘活现有存量房，增加普通商品房供给**

建议参照北京、上海、武汉等城市的做法，对普通住房标准进行调整，盘活存量房。还应增加中低价位、中小套型普通商品房建设，加紧研究制定支持中低价位、中小套型普通商品房的有关政策，尽快形成有效供应。

## 参考文献

［1］崔新明：《住宅抵押贷款的融资效应对住宅需求价格的影响》，《金融研究》2003年第6期。

［2］王毓捷：《陕西房地产价格与宏观经济变量的SVAR模型分析》，《西安财经学院学报》2011年第2期。

［3］周京奎：《货币政策、银行贷款与住宅价格——对中国4个直辖市的实证研究》，

《财贸经济》2005 年第 5 期。
[4] 沈悦、周奎省、李善燊：《基于 FAVAR 模型的货币政策的房价传导机制研究》，《当代经济科学》2011 年第 3 期。
[5] 冯璐：《西安市住宅房地产市场系统动力学仿真研究》，西安建筑科技大学，2008。
[6] 王其藩：《系统动力学》，清华大学出版社，1985。

# 2010～2011年陕西保障性住房建设状况与发展对策研究

王婉玲*

2010年和2011年是全国保障房大规模建设的两年，也是陕西省保障房快速推进的两年。这两年，陕西省分别完成12.48万套和48.13万套保障房开工建设任务，2012年还将完成43.6万套建设任务。保障房大规模推进面临的问题及相应的化解对策，是本文试图回答的问题。

## 一　陕西省保障性住房建设基本情况

### （一）保障房建设政策背景

伴随我国住房制度改革，住房市场化的逐步推进，我国保障房政策经历了从1994年提出，1998年初步确立，2003年保障房处于缺位状态，2007年保障房建设理性回归，2010年重新大规模启动，保障房建设快速发展等阶段。

**保障房建设的提出。**

1994年7月，国务院颁布《关于深化城镇住房制度改革的决定》，确定了“建立与社会主义市场经济体制相适应的城镇住房制度，实现住房商品化、社会化”的住房制度改革目标，提出以建立住房公积金制度为主，辅以提租和售房等改革措施；指出建立以中低收入家庭为对象具有社会保障性质的经济适用住房供应体系和以高收入家庭为对象的商品房供应体系。该政策的出台，标志着我国福利分房向住房货币化的转变，开始建立与社会主义市场经济体制相适应的住房

* 王婉玲，西安工程大学。

保障制度，并初步勾勒出以经济适用房为主要形式的保障性住房制度改革的框架。

**保障房体系的初步确立。**

住房分配制度的改革，推动了我国房地产业的快速发展和居民住房条件的改善。然而，住房价格快速攀升与人均收入水平增长相对缓慢之间的矛盾显露出来，住房价格成为社会各界广泛关注的重要指标。1998 年，为贯彻“十五大”精神，国务院下达了我国住房体制改革的纲领性文件——《关于进一步深化城镇住房制度改革，加快住房建设的通知》，指出停止住房实物分配，逐步实行住房分配货币化，建立和完善以经济适用房为主的多层次城镇住房供应体系，对不同收入家庭实行不同的住房供应政策，即最低收入家庭由政府或者单位提供廉租住房，中低收入家庭购买经济适用住房，其他收入家庭购买、租赁市场价格的商品住房。通知还说，“要调整住房投资结构，重点发展经济适用房”，“加快解决城镇住房困难的居民住房问题，新建经济适用住房出售价格实行政府指导价，按保本微利的原则确定”。同年，建设部发出《关于继续做好 1998 年国家安居工程（经济适用房）实施工作的通知》。这是我国第一次将经济适用房明确纳入具有保障作用的安居工程中来。根据通知要求，建设部于 1999 年制定了《城镇廉租住房管理办法》，提出逐步形成实物配租、租赁住房补贴和租金减免等 3 种主要保障方式的廉租房保障体系。此后有关经济适用房和廉租房建设的政策逐步出台，保障性住房政策进入全面推进和综合改革创新的新层面。至此，以廉租住房—经济适用住房—商品住房为内容的我国城镇住房供应体系得以构建，拉开了以经济适用房为供应主体的保障性住房建设的序幕。1998 年始，经济适用房进入“兴建”状态，全国各地经济适用房在短短几年内如雨后春笋般快速发展，无论开工面积还是项目数量都成倍增加，经济适用房迎来高速发展时期。房价的相对低廉，使经济适用房逐渐成为中低收入家庭住房的重要选择。

**保障房建设缺位。**

2003 年是我国住房体制改革的分水岭，也是保障房建设的转折点。为了加速经济的发展，2003 年始，国家出台一系列新政，土地招拍挂制度全面推开，房地产业快速增长，成为拉动经济增长的支柱产业，住房市场出现了重大变化。从这一年起，我国住房制度开始过渡到全面市场化，商品房迅速占领住房供应市场，普通商品房挤占取代经济适用房作为市场的供应主体，一定程度上导致了保

障性住房的建设和供应不足，“重市场、轻保障”的格局逐步显现。全国的经济适用房投资在 2004 年首次出现负增长，2005 年达到最大降幅 14%，我国保障房建设出现缺位。

**保障房建设理性回归。**

不断上涨的房价和保障性住房的缺失使广大居民的住房压力越来越大，为抑制房价过快上涨，规范住房市场运行秩序，切实保障中低收入家庭的基本居住权，2006 年，国务院颁布条例，要求地方政府将土地出让净收益的部分按一定比例用于廉租住房建设，并为参与廉租房建设的开发商提供银行信贷便利。2007 年 8 月 7 日，国务院颁发的《关于解决城市低收入家庭住房困难的若干意见》提出：进一步建立健全城市廉租住房制度，逐步扩大廉租住房制度的保障范围；改进和规范经济适用住房制度，合理确定经济适用住房供应对象、标准；逐步改善其他住房困难群体的居住条件等。这一政策标志着我国保障性住房被重新赋予重要地位，住房供应从“重市场、轻保障”转向“市场、保障并重”。《若干意见》还提出：远离城市的独立工矿区和住房困难户较多的企业，可以利用自用土地，在符合城市规划的前提下建造住宅，按经济适用住房的政策销售给本企业职工，多余的住房由城市政府统一向符合经济适用住房购买条件的家庭出售，或者以成本价收购后，用作廉租住房。允许独立工矿企业和用工比较集中的企业利用自用土地建设住房，一定程度上调动了社会和企业的积极性，增加了保障性住房的供应，对减轻政府在大规模保障性住房建设中资金投入的压力起到了积极作用。2008 年是中国大规模开启保障性住房建设的一年。这一年，国务院办公厅印发了《关于促进房地产市场健康发展的若干意见》，明确提出在 2009 年要以实物方式，结合发放租赁补贴，解决 260 万户城市低收入住房困难家庭的住房问题，开展住房公积金用于保障性住房建设的试点工作。2009 年，经国务院同意，住房和城乡建设部、发改委、财政部联合印发《2009～2011 年廉租住房保障规划》，提出要“加大廉租住房建设力度，着力增加房源供应，完善租赁补贴制度，力争用三年时间，基本解决 747 万户现有城市低收入困难家庭的住房问题”。总之，这一阶段，我国房地产业的主旋律是增加保障性住房的建设，旨在解决在 1998～2007 年房屋高度市场化阶段政府投资缺位、保障性住房匮乏的问题，政府重新承担起满足中低收入群体住房需求的责任，政府住房保障的范围也随之扩大。

**保障房建设步伐加大。**

2010年起，国家政策重心转移到保障性住房建设上。2010年年初，国务院办公厅下发了《关于促进房地产市场平稳健康发展的通知》。这份被称为“国十一条”的文件，将保障性住房在扩大住房有效供给当中的作用提至空前的高度。具体指向中低价位、中小套型普通商品住房建设及限价商品住房、经济适用住房、公共租赁住房等保障性住房建设。2011年，全国建设保障性住房和棚户区改造住房1000万套，标志着我国有史以来最大规模保障性安居工程全面启动。“十二五”期间，政府还将建设3600万套保障性住房，使保障房占比达到整个住房市场的20%。这一目标的确定，将对中国房地产市场的格局产生重大影响。

## （二）陕西省保障性住房政策的历史演进

从总体上看，陕西省住房保障政策伴随我国城镇住房保障制度的改革不断丰富、发展和完善。

**保障房供应体系初步建立。**

依据1998年国务院《关于进一步深化城镇住房制度改革　加快住房建设的通知》精神并结合陕西省实际情况，陕西省人民政府发出《贯彻〈国务院关于进一步深化城镇住房制度改革加快住房建设的通知〉的意见》，在文件中首次提出，要建立和完善以经济适用住房为主的多层次城镇住房供应体系。2002年，为了活跃陕西省住房市场，陕西省人民政府发布了《关于放开已购公有住房和经济适用住房进入二级市场交易有关问题的通知》，决定在全省范围内开放已购公有住房和经济适用房交易市场（二级市场），要求尚未开放公有住房和经济适用住房进入二级市场交易的城市，最迟于2002年年底之前开放公有住房和经济适用住房入市交易市场。2004年，中共陕西省委办公厅、陕西省人民政府办公厅印发《省级驻西安单位住房分配货币化实施方案》的通知，提出低收入家庭承租当地人民政府提供的廉租房，中低收入家庭购买经济适用住房。同年，为建立和完善城镇廉租住房制度，保障城镇最低收入家庭的基本住房需要，国家建设部等五部局下发了《城镇最低收入家庭廉租住房管理办法》（第120号令）的通知，重新界定了廉租住房的保障对象、保障方式、资金来源等。陕西省建设厅转发了该文件，并在《关于征求转发国家五部局〈城镇最低收入家庭廉租住房管理办法〉意见》的函文中，指出要加快建立城镇最低收入家庭廉租住房制度，

并界定了廉租住房保障对象和保障标准，提出要合理确定廉租住房的保障方式，加强廉租住房资金和实物配租的管理，落实廉租住房的各项优惠政策，建立廉租住房管理工作程序。廉租住房制度在陕西省初步确立。

**完善保障房制度。**

2005 年，陕西省人民政府出台《陕西省实施经济适用住房管理办法细则》，在细则中将经济适用住房定义为具有保障性质的政策性商品住房，强调了经济适用住房的保障功能。明确经济适用住房的优惠政策、开发建设的标准，完善经济适用住房的价格机制，对销售管理和监督管理提出了具体实施办法，使经济适用住房的实施具有更强的操作性。同年，陕西省人民政府办公厅转发省建设厅等《关于切实稳定住房价格　促进房地产市场健康发展意见》的通知，要求进一步完善住房供应结构。在经济适用住房建设、管理、上市准入条件，及廉租住房的管理、建设资金、执行政策、退出机制等方面都做了具体严格的规定。2006 年，陕西省人民政府办公厅转发省建设厅等部门《关于调整住房供应结构稳定住房价格实施意见》的通知，在通知中提出进一步加大经济适用住房建设力度，稳步扩大廉租住房制度覆盖面。2007 年，城镇低收入家庭住房保障问题被提到了新的高度，国家建设部等部门接连下发了《廉租住房保障办法》《经济适用房管理办法》等文件，进一步完善廉租住房制度，规范经济适用住房制度。为切实保障城镇最低收入家庭的基本住房需求，维护社会和谐发展，结合陕西省实际，陕西省人民政府出台了《陕西省城镇最低收入家庭廉租住房保障实施意见》《关于进一步加快发展住房二级市场的通知》《关于进一步加快解决城市低收入家庭住房困难的若干意见》等文件，明确了保障性住房建设土地供应、资金筹措、税费优惠、信贷支持、规范管理、责任考核等一系列政策措施。至此，陕西省逐步建立起以廉租住房、经济适用住房制度为重点，包含其他多种方式的保障性住房政策体系。

**加大保障房建设　逐步完善保障性住房制度。**

2009 年，陕西省《2009～2011 年廉租住房保障规划》下发并开始执行，此后陕西省保障性住房建设进入前所未有的快速发展期。2009 年，解决 10.4 万户城市低收入住房困难家庭的住房问题，新增廉租住房房源 9 万套（含新建廉租住房 5.6 万套），新增发放租赁补贴 1.4 万户。2010 年又制定了《加快推进保障性住房建设实施意见》，在资金、土地、税费等政策方面加大了支持力度，尤其是省政府在财力和土地都十分紧张的情况下，将廉租住房省级补助标准由每平方米200元提高到400元，将国家下达陕西省的土地指标的近1/4用于保障性住房。另外，还将保障性安居工程纳入对市县政府的年度目标责任考核。省政府支持县和重点镇建设经济适用房，解决基层公益性服务人员和进城落户农村居民的住房困难。2011年，陕西省政府颁布了《陕西省保障性住房管理办法（试行）》，将保障性住房分为四种，即廉租住房、公共租赁住房、经济适用住房、限价商品住房。至此，全省涵盖廉租住房、经济适用住房、公共租赁住房、限价商品房的住房保障制度基本建立。

### （三）陕西省保障性住房建设情况

“十一五”期间，陕西省保障性住房建设取得了显著成效。在城镇，累计投入资金97.5亿元，其中省财政21.17亿元，分别建设廉租房15万套、经济适用住房24.2万套，发放租赁补贴30.2万户，完成棚户区改造17.9万户，将廉租房省级补助标准由每平方米200元提高到400元，投资1.9亿元搬迁安置了2.9万户采煤沉陷区的居民（陕西省《2011年政府工作报告》）。

2010~2011年，是陕西省保障性住房建设快速发展的两年。2010年，陕西全省建设保障性住房12.48万套，其中经济适用住房全年完成投资33.6796亿元，销售额28.9898亿元（《2011年陕西省统计年鉴》）。改造各类棚户区7.69万户，保障性安居工程全年完成投资164.35亿元，各项目标任务全面超额完成。

2011年，陕西省专门安排了31202亩保障性住房用地指标，全年开工的保障性安居工程建设规模达到2989.2万平方米，与全年房地产开发面积相当。全年新开工建设48.13万套，竣工20.1万套，完成投资845亿元，占年度投资计划的167.3%。

2012年，计划开工建设城镇保障性住房将达到43.6万套，其中，实物建房40.5万套，新增租赁补贴3.1万套。计划新建廉租房5.7万套，经济适用房4.3万套，公租房9.4万套，限价房11万套，各类棚户区改造10.1万套。竣工保障性住房和棚户区改造住房30万套。全省在建保障房总规模将超90万套。省安排财政资金110亿元，并加快建设城镇个人住房信息系统。

“十二五”期间，陕西将加大保障性住房、棚户区改造和农村危房改造力度，五年解决254万户城乡中低收入居民的住房困难。其中建设210万套保障性

安居房，保障性住房覆盖面达到全省城镇总户数的23%家庭，改造农村危房44万户，从根本上解决陕西省城乡中低收入特别是低收入家庭的住房困难问题。（陕西省《2011年政府工作报告》）

## （四）陕西省保障性住房制度建设进展

**保障性住房建设机制初步形成。**

保障房建设是一项重要的公益性民生工程，为落实艰巨而意义深远的建设任务，陕西省委、省政府立足于规范的制度设计，从保障房工作中的六个要素入手，把保障房建设的政策、土地、资金、质量、分配、管理等六个关键要素确定为“六大模块”，互为依托，相互促进，共同保证陕西保障房工作的顺利推进。在政策上，授权省国土资源厅直接审批列入计划的项目用地，有效落实了政府划拨的土地供应政策；在资金上，积极探索保障性住房建设资金筹集模式，形成了中央、省、市、区（县）四级财政供应机制，以及商业银行、住房公积金支持保障性住房建设贷款融资机制；建立了保障性住房建设质量安全体系，严格执行基本建设程序，落实工程质量责任制，确保质量安全；建立了廉租房配建制度，形成从棚户区改造、经济适用房和普通商品房项目中，按比例配建廉租房的机制；坚持小型实用、功能齐全、满足基本居住需求的原则，规范了保障性住房建设标准；建立了保障性住房建设考核体系。自此，陕西形成了一套行之有效的制度体系。

**住房保障体系更加完善。**

2011年8月，陕西省出台了《陕西省保障性住房管理办法（试行）》，管理办法不仅对保障性住房的土地管理、资金来源等关键环节进行了明确规定，还详细规定了对保障性住房建设和管理的各项监督措施，各相关管理部门工作人员在住房保障管理工作中玩忽职守、滥用职权的，也将被依法追究责任。启动了限价商品房建设，形成了以廉租房、经适房、公租房、限价商品房和棚户区改造房“五种形式”的房屋为主要保障形式，以城镇中等以下收入家庭、低收入家庭、新就业职工和外来务工人员住房困难家庭“四类群体”为主要保障对象的多层次住房保障体系。

**积极创建各种制度，规范保障性住房建设及分配。**

2011年10月，建成全省联网的住房保障信息系统；制定了公共租赁住房和限价商品住房管理实施意见，改进了保障性住房申请、审核办法，形成了市、区（县）和街办三级审核、三级公示制度，初步建立了良性循环的保障房准入退出机制；监督管理方面，陕西省、市、县住房和城乡建设行政主管部门会同有关部门依法履行监督管理职能，保障性住房管理工作更加完善。

## 二　保障房实施中存在的问题

2010 年以来保障房的大规模建设，对于解决困难群众的住房难，增加住房有效供给，抑制房价过快上涨具有十分重要的意义。但是，我国保障性住房建设和管理总体上带有探索性质，保障房建设的制度体系尚未完善、对政府在住房领域职责的认识尚不清晰、相关法律法规欠缺，如此大规模的保障房建设使各地面临着诸如保障对象错位、建设资金压力过大、质量监管、生活配套不到位、政策运行效率低下、利益调节和退出机制不够完善等一系列问题，甚至暴露出层层催进度、要数字等保障性住房建设“大跃进”的苗头。

### （一）经济适用房制度实施中存在的问题

经济适用住房，是指政府提供政策优惠，限定建设标准、供应对象和销售价格，具有保障性质的政策性商品住房。经济适用房以中低收入家庭为保障对象、突出经济性和适用性特点。经济性，是指住房的价格低于普通商品房，适应中低收入家庭的经济承受力。为保证住房的经济性，主要通过土地划拨供应、免除相关税费、限定开发商利润上限等手段来实现低价性。而适用性是指在住房设计和建筑标准上，突出住房的使用效果。根据有关规定，经济适用住房的面积要严格控制在中小套型，各地方政府根据本地区居民的收入和居住水平等因素，合理确定经济适用住房的户型面积和各种户型的比例，并严格进行管理。

经济适用房政策自实施以来，在扩大内需、平抑房价以及完善我国住房供应体系等诸多方面都发挥了显著的作用，受到广大中低收入家庭的普遍欢迎。但经济适用房政策制定和执行中暴露出的问题，如建筑面积过大、标准过高、保障对象定位不清、区位选择城郊化等倾向，正越来越引起社会的普遍诟病。

首先、政策执行监管缺失，受益对象异化。

市场经济的迅速发展，城镇居民工资收入占总收入的比重正在逐步下降，而

金融资产收入、投资收益、兼职劳务等其他收入的比重在相应增长，居民家庭收入来源呈现多元化发展趋势，使得家庭收入难以准确统计。此外，出现了越来越多的自由职业者、私营企业主、兼职劳务人员，这些人员的收入难以确定。加之相关政策对购房人的资金和信用管理存在不到位现象，经济适用住房的建设和销售环节尚未建立科学有效的约束机制等，导致购买经济适用房资格审查过程中出现不公平现象，导致受益对象严重异化，出现借经济适用住房来谋取利益的寻租行为发生，以至于在经济适用住房小区里高档小车扎堆，大批经济适用房被出租甚至闲置，导致政府补贴效益流失。

其次，建设标准不统一，经济适用住房呈现普通商品房化倾向。

在我国有关经济适用住房建设管理的有关规定中，明确要求经济适用房在面积和销售价格等指标上必须控制在一定范围内，但由于房地产商出于追求利润最大化的考虑，在实际建设时往往在政策许可的范围内取高不取低，甚至超过政策限定标准，扩大户型面积、提高销售价格等以牟取更多利润。如 2005 年陕西省人民政府发布《陕西省实施〈经济适用住房管理办法〉细则》（陕政办发【2005】42 号）指出：经济适用住房的套型和建筑面积，应坚持以中小套型为主，中套住房建筑面积控制在 80 平方米左右，小套住房建筑面积控制在 60 平方米左右。但是经济适用住房实际建设中超标现象普遍存在，如西安市珠江新城一期 2990 套经济适用房中，单套建筑面积在 80 平方米以下的仅有 791 套，占 26.5%；而 80～100 平方米的有 1399 套，100～120 平方米的有 464 套，120～130 平方米的有 315 套，另外还有顶层复式楼，面积最大的 180 平方米。单套 80 平方米以上的占了 73.5%，严重违反陕西省有关经济适用住房建设的标准。迫于保障房建设任务和财政压力，为了特定人群的不当需求，建设了一批超大面积、超高标准的所谓“经济适用住房”，将保障性住房概念泛化，与保障性住房性质相背离。

第三，缺乏有效的进入退出机制，经济适用住房政府补贴分配福利固定化。

经济适用住房制度设立的初衷，是在房屋销售阶段通过限定房价的方式，给予中低收入家庭一次性购房补贴，以降低其购房压力，是政府向中低收入家庭提供的福利。然而，由于缺乏有效的进入退出机制，随着经济的高速发展，原先购买了经济适用住房居民的经济状况可能发生很大改善，不再具备享受经济适用住房的资格；而原先经济条件较好的家庭，因经济风险等因素影响，经济状况可能恶化，成为新的经济适用住房的需求者。经济适用住房这种以产权获取为主要特征的保障模式，实际上是一种静态和一次性的福利享有，不具动态流动性。如果政府实现新增中低收入家庭的经济适用住房保障需求，就必须不断增加经济适用住房建设，这种住房补贴福利固化的模式由此陷入恶性循环，给政府公共资金和建设用土地形成较大压力。当前，陕西省关于经济适用住房的退出规定为：购房人拥有有限产权。购买经济适用住房不满 5 年，不得直接上市交易，购房人因特殊原因确需转让经济适用住房的，由政府按照原价格并考虑折旧和物价水平等因素进行回购。购买经济适用住房满 5 年转让的，应按照同地段届时普通商品住房与经适房差价的一定比例向政府交纳土地收益等相关价款，政府可优先回购；购房人也可以按照政府所定的标准向政府交纳土地收益等相关价款后，取得完全产权。按照上述住房保障的退出规定，要求住房保障管理部门对保障家庭的收入、人口及住房变动情况进行复核，实行动态管理。实际上，信用数据的极端分散，使住房保障主管部门很难全面掌握供给对象的收入及住房变动情况，无法对供给对象所提供的各种证明材料进行全面审核，进入退出规定难以有效落实。

第四，政策落差大，难以有效衔接。

经济适用房的定位与目标人群的需求错位，导致比商品房价格低的经济适用房遭到弃购或滞销。一部分经济适用房项目的性价比不高，产品、位置、配套不符合适购人群的要求，形成供需错位。首先，一些位置偏远的经济适用房，尽管有公交，但是买经济适用房的多为工薪族，进城上班还要转车，增加了时间成本。其次，在价格上，由于商品房价格下调，经济适用房与周边商品房差价变小，一部分有资格购买经适房的人持币观望，期待经适房的价格下降。再次，经济适用房是面向中低收入家庭，但是申购条件的调整变成面向低收入家庭。例如 2011 年，西安市申请经济适用房的年收入标准是一人不高于 12662 元，两人不高于 25324 元，三人不高于 37986 元，四人不高于 50648 元，五人不超过 63310 元。购买人群里甚至包含了低保家庭，造成了低收入家庭想买房子但根本就没有能力购买，而有能力购买经济适用房的家庭却无资格购买的情况。

### （二）廉租房制度实施中存在的问题

廉租房，是指政府向低收入家庭提供租金补贴或者以低廉的租金实物配租的具有社会保障性质的普通住房。其保障方式主要包括货币补贴和实物配租两种。

廉租房最大优点是补贴标准灵活，补贴对象明确、操作透明、适于建立完善的退出机制。与此同时，当前廉租房制度实施中仍存在一些问题。

首先，现行廉租房普遍存在保障对象覆盖面过窄问题。

根据现行政策规定和各地普遍性做法，我省廉租住房保障对象为城镇最低收入家庭中的住房困难户。现行政策规定的局限性，将部分低收入家庭排斥在保障范围之外，他们既无力购买经济适用房，又不符合廉租房的规定条件，成为城市中地位尴尬的住房“夹心层”。此外，随着工业化和城市化进程的逐渐加快，城市中的流动人口和进城务工的农村富余人口无法成为城市住房保障制度的受益人，他们的居住问题令人担忧。

其次，廉租资金来源渠道单一，资金短缺问题突出。

从当前廉租房建设的资金来源看，主要来源于地方政府的财政预算资金、住房公积金增值收益中按规定提取的城市廉租住房补充资金、政府廉租住房租金收入、社会捐赠及其他方式筹集的资金。目前廉租住房建设中，在政府财政预算和公积金增值收益方面，陕西省政府要求各地将土地出让净收益 10%、住房公积金增值净收益全部用于廉租住房建设。市、县政府财政配套资金不到位，市级城市仅有榆林、渭南、宝鸡等进行了配套。从政府公房租金收入情况看，出租的公房租金普遍低于市场租金水平，又有很多租金减免优惠政策，租金收入总量偏小。如宁强县首批廉租住房投入建设资金 3850 万元，二期廉租住房建设计划总投资 7100 万元，七里坝新区经济适用房建设计划投资 8900 万元。在建和规划资金投入达 19850 万元，建设资金中除省财政专项资金外，其余资金全靠市县配套，对于保工资、保运转的县财政来讲确实存在困难。同时，项目征地、水、电、路及市政配套附属设施建设资金并没有纳入预算，目前已经实施的廉租房建设资金缺口达 1200 万元，面对后期各项目的开工实施，资金匮乏将是影响保障性住房建设顺利实施的最大困难。政府廉租住房租金收入方面，廉租房建设资金的回收通过收取住户的租金来实现，资金回收期一般比较长。例如，目前西安的廉租房租金约为每月 3 元/$m^2$，即一年可回收资金 36 元/$m^2$。2011 年西安竣工房屋造价约为 2306 元/$m^2$，而银行 5 年以上的贷款利率为 7.05%，以此计算建筑成本利息达到 163 元/$m^2$。可见，目前廉租房的租金不足以负担银行利息，因此社会资金不可能进入廉租房建设领域。而社会捐赠资金在廉租房资金供给中所占份额极低，可以忽略不计。所以，各地廉租房的资金需求主要依赖地方政府的财政预算资金和住房公积金增值收益部分，而住房公积金增值收益具有不确定性，缺乏稳定、长期、可按计划执行的资金来源，导致一些地方不敢推广租金补贴方式，只能量力而行，一次性投入象征性的补贴。

第三，政府廉租房供应成本偏高。

政府手中持有的公有住房存量极低，不能满足广大低收入群体的需求，往往需要采取不断新增投资的方式扩大廉租房供给。政府直接投资建设廉租房，需要在房屋建设过程中一次性投入巨额资金。一方面，在建设资金有限的情况下，提供的住房必然稀缺，受益面自然会受到很大限制。另一方面，普通商品房市场的价格持续上涨，造成住房建设的各种投入要素价格水涨船高，相同标准的住房会因时间影响价格发生很大变化，加重政府的支出压力。除此之外，无论是建设还是管理廉租房，都要有相应的专门机构，无论这些机构是政府公办还是委托社会力量，政府都要负担这些机构所需运营经费的全部或部分，导致政府廉租房供应成本偏高。

第四，可供出租的廉租房房源匮乏。

陕西省廉租住房的房源筹集主要依靠集中新建住房，房源筹集渠道单一。而新建住房一般具有投资大，完工周期长的特点，建设初期需要大笔资金投入，收益却十分缓慢，因此政府在廉租住房建设中承受着巨大的财政压力。当前可供低收入家庭租用的廉租房数量十分有限，除了廉租房制度刚刚创建，房屋生产有特定的周期要求，部分新建廉租房尚未交工，原有福利住房分配体制下，住房需求一直处于压抑状态，由政府投资建设的公有住房本来就数量有限，再加上房改中大批公房按成本价、标准价出售给私人，政府可以用作廉租房的公房数量十分匮乏。在廉租房的新建和征购上，受资金、市场、体制等诸多因素的限制，政府扩大廉租房供给的能力有限。

第五，缺乏社会力量的参与。

由于没有建立起相应的激励机制，房地产开发企业不愿承建廉租住房，其他社会资本不愿提供和管理廉租房。廉租房既不同于普通商品房，也不同于经济适用住房。开发商投资开发普通商品房可以获得较高的利润，即便是建设保障性经济适用住房，也能够获得政府限定的利润水平。而廉租住房只能租给城市中最低收入家庭居住，租金严格执行政府限价，租金标准远低于市场租金水平，根本不能通过租金收入补偿廉租房的建设成本支出。正因如此，房地产开发商出于经济效益和自身承受力的考虑，一般不愿从事廉租住房的开发建设，

从而导致廉租房只是由政府独立承担，缺乏社会力量的参与，也导致廉租房供给的严重不足。

### （三）公共租赁房制度实施中存在的问题

公共租赁住房是解决新就业职工、外来人口等“夹心层”群体住房困难，由政府或公共机构所有，用低于市场价向“夹心层”出租的住房。公共租赁房的租金水平高于廉租住房，但低于普通商品住房。2009 年，公共租赁房政策经过厦门、深圳、常州和天津等几个城市的探索，逐步走入更多地方保障性住房的政策框架。2010 年起，陕西公租房建设正式起步，租金标准初步定为政府投资的项目按照当地区域租金不高于 60% 收取，开发商建设的租金按照当地区域租金不高于 80% 收取。公共租赁住房主要解决城市中等偏下收入居民的住房问题，另外还包括低收入的外来务工人员（农民工）、新就业大学生。他们既不能享受廉租房，也无力购买经济适用房。由于公共租赁房在我国刚刚起步，在实践过程中也暴露出一些问题。

首先，公共租赁房建设主体缺失、建设资金匮乏、房源供给严重不足。

对于公共租赁房建设，我国当前还处于政府包办的阶段，社会参与程度较低，各类企业和其他机构投资和经营公共租赁住房的积极性远未被调动起来，社会融资困难。而作为公共租赁房投资主体的地方财政面临重重压力，政策支持有限，房源不足。

其次，公共租赁房建设成本引致租金偏高。

公共租赁房的租金标准由四部分构成，一是房屋建造成本，包括土地成本；二是住房折旧和贷款利息支出，这是因为公共租赁房需要长期持有，所以就有折旧和利息支出；三是各项维修费用支出；四是管理费。公租房有一定成本，租金首先要涵盖成本，公共租赁房的租金已是市场水平的 80%，吸引力不大，在某些地方公共租赁房境况尴尬。

再次，相关立法缺失、制度法规体系不健全。

公共租赁房在实践中必然涉及多方利益相关者，需要严格的法律规范。但是，目前国内主要是地方推出公共租赁住房管理办法，缺乏国家层面上的统一规范的法规制度，尽管已经公布了《关于加快发展公共租赁住房的指导意见》，但缺乏法律的严肃性和可持续性。尤其是各地建设标准差异较大，缺乏统一的约束性。

第四，公租房的诸多不足限制了租位需求。

公租房面积较小，位置偏僻，市政配套不健全，质量也堪忧，一些公租房出租困难，导致公共租赁房叫好不叫座。此外中低收入人群集聚在一个社区，容易引发社会问题。

## （四）限价房制度实施中存在的问题

限价房是限房价、限套型的普通商品住房。2007 年源于北京，2008 年全国各地方政府根据实际情况制定了本地的两限房政策，2011 年，陕西省政府将限价房纳入保障性住房类型，两限房成为保障房不可或缺的组成部分。限价商品房主要面向城镇中等收入家庭，套型建筑面积控制在 80～120 平方米，5 年内不得转让。限价房实行政府定价，定价原则按照比周边同类商品住房低 20%～25%确定，但高于经济适用房。限价房为有限产权，只能自住，自购房合同备案 5 年后方可上市交易。

限价房从本质上来说并不完全属于保障房，它介于保障房与商品房之间。陕西省将其纳入住房保障体系，主要是考虑大量的基层工作人员、教师、医疗工作者未享受过房改房，他们的收入水平不符合经济适用住房低收入水平的规定，经济适用房 60 平方米的套型面积规定也满足不了这一群体的需求，引入此类保障房的主要目的是将基层公务人员、进城落户农村居民纳入住房保障对象。目前我省规定限价房供应对象为城市中等收入以下住房困难家庭。含乡镇基层工作人员、教师、医疗工作者、进城落户农村居民。套型建筑面积控制在 80～100 平方米，按照既能满足基础设施配套建设需要，又留出合理利润空间的原则确定房价，作为土地出让前置条件，通过土地招拍挂，确定开发建设单位。

保障性住房是针对买不起商品房和无能力自行解决住房问题（包括无能力租市场价的住房）的贫困家庭或中低收入家庭的人群。正因为自身无能力解决，才用政府买单的方式保障。而市场中的商品房则是针对有能力自行解决住房问题的家庭与人群的。这是两个具有不同收入、有严格限制差别的消费群体。商品房是针对有购买能力的人群，而保障房则是针对无消费能力却又从人权的角度必须由政府来承担责任的部分。限价商品住房保障对象为当地城镇中等收入以下住房

困难家庭。中等收入家庭的收入线按照当地城镇居民家庭人均可支配收入为上限确定。西安市申请标准为家庭人均月收入低于1850元，三口之家年收入约为66600元，这部分群体具有购买商品房能力，因此，将限价房纳入住房保障范围会导致新的不公。

## 三　陕西省保障性住房建设政策建议

作为房地产宏观调控的手段和重要的民生工程，要保证保障房建设过程中的规范、有序和可持续性，政府应对未来土地征用、建设标准、制度安排等整体性、长期性、基本性问题进行思考和设计，提升保障性住房建设的整体效率，提高群众的满意度。

### （一）立足省情，制定长远规划，注意保障性住房发展的渐进性和层次性

作为住房制度改革的一项重要内容，陕西省保障性住房建设在“十二五”期间将进入快速推进期，迫切需要完善系统的制度设计，对保障房建设进行充分的前期论证和安排。

首先，在保障性住房目标设定上，应将解决最需要帮助的低收入群体的住房困难作为主要的政策目标，要保障的是“人人有房住”而不是“人人有住房”。住房社会保障水平应该随着经济发展水平的变化而进行调整，在经济发展水平比较低的阶段，政府需要做的是保障居民最基本的住房需要（居有定所），伴随着经济水平的不断提升，整个社会生活水平的不断提高，住房保障水平也要不断提升。从长期来看，住房社会保障水平存在着由低到高，由最低保障到基本住房保障，再向提高居民居住水平发展的趋势。根据陕西省目前的经济发展水平和政府能力，政府住房保障的范围应限定在解决社会低收入群体的住房问题上。住房保障制度设计的目标应是，努力解决城镇中低收入家庭的居住问题，分层次逐步实现“居者有其屋”，最大程度满足居民的居住需要，使每一户城镇居民家庭都能享有一套面积适宜、环境适宜的住房。目前我省共有城镇人口1641万，外省在陕务工人员125万人。“十二五”期间，将有600万农村居民进城落户。按照平均3.28人/户，人口自然增长率4‰，城镇

人口30%的保障面、进城落户农民和外来务工人员60%的保障面测算，将有210万户城镇中低收入住房困难家庭需要保障，保障性住房的供需矛盾突出。政府应该根据经济发展水平和政府能力的提升相机选择，适时调整住房社会保障结构。

其次，在保障房类型上，应该以廉租房、公共租赁房为主，保留少量的经济适用房作为过渡，取消两限房。住房保障就是政府通过住房政策来解决保障对象住房消费能力不足的问题，满足保障对象的基本居住需要。陕西省属于西部欠发达地区，当前还处于经济发展和城镇化加速推进过程，一方面低收入群体还占有很大比重，另一方面财政对于住房保障的支持能力极为有限，这决定了我省的住房保障制度只能以低水平、广覆盖为目标。城镇最低收入家庭廉租住房保障水平应当以满足基本住房需求为原则。其保障方式，应当以发放租赁住房补贴为主，实物配租、租金核减为辅。实物配租的廉租住房的主要来源，应当以收购现有旧住房为主，不宜集中兴建廉租住房。建议政府以税收、无偿提供土地、优惠政策等刺激和调动企业及民间力量，建设廉租房。随着我国工业化和城市化进程的推进，夹心层群体庞大且未来需求不会很快减少，应以公租房来解决其暂时性的住房问题，故应大力发展公共租赁房。随着客观条件的变化，经济适用房建设应逐步让位于普通的商品房市场。用商品住房加消费货币补贴的办法代替以经济适用房为主的城镇住房保障制度，将城镇居民住房保障制度引入规范的市场经济，使国家和社会对弱势群体的关心、帮助落到实处、明处。两限房本身是商品住房，其产权完整，在目前房地产业的宏观调控中，政府已通过各种规定明确要求开发商向社会提供与其要求相似的限价、限套型面积的商品住宅，两限房与商品住宅的低端部分重合，以保障性住房形式的存在没有意义，应予取消。

再次，在住房保障方式上，确保住房保障投入一定的前提下，取得最优的住房保障效果。住房保障方式既有“人头”补贴又有“砖头”补贴，既有购房补贴也有租房补贴。不同的供给方式、补贴方式，其补贴效率不同，市场效果不同，政府的短期、长期财政压力不同。“人头”补贴即住房需求补贴，包括租房补贴和购房补贴，代表了住房补贴政策演化的高级阶段。它的优点体现在：首先，能够避免因对住房市场的直接干预而导致的住房市场的价格机制和竞争机制发生扭曲。其次，财政补贴的作用直接传递到消费者的消费活动中，

而不会在住房建设阶段产生效率流失或被生产者占有。第三，能充分鼓励居民自置住房。第四，需求补贴有灵活的退出机制。需求补贴是事后提供，受益人不占用资源，收入提高后，福利待遇随时可以调节，操作方便。住房补贴还有助于防止贫困家庭集中在特定的建筑物和聚居区中，可有效避免贫民窟现象。当承租能力成为有待解决的最大住房问题时，需求方面的补贴特别重要。"砖头"补贴，即住房供给补贴，包括：政府直接提供或委托开发商建设廉租房、经济适用房、公租房等。其优点是充分发挥政府动员资源的优势，能够在较短的时间内增加住房总量，缓解住房短缺，提高低收入居民的住房福利。但其弊端也很明显，如政府财政压力过大、损害出租方利益等。政府直接提供住房的方式在相当程度上抑制了私人开发商的作用，降低了整个住房市场运行效率。因此，政府直接提供住房仅限于在住房供求矛盾尖锐、低等级住房严重短缺的情况下采取，是一种暂时的应急政策。目前，世界上大多数国家都避免采取政府直接建房的政策，而是通过提供优惠贷款、减免税收、降低土地成本和简化管理程序等形式减少私人投资成本，间接增加住房供给。

最后，明确保障性住房支持的范围，将农民工与处于城市化边缘的农村逐步纳入保障性住房制度体系。1998年国务院发布的23号文件，提出建立和完善以经济适用住房为主的多层次城镇住房供应体系，对不同收入家庭实行不同的住房供应政策。最低收入家庭租赁由政府或单位提供的廉租住房；中低收入家庭购买经济适用住房；其他收入高的家庭购买、租赁市场价商品住房。由于仍然受到原来福利分房制度的影响，即以所有的人都拥有自己的住房为前提，将80%的中低收入家庭都纳入经济适用住房的覆盖范围，导致现阶段政府住房保障范围过于宽泛，但户籍壁垒又使大量低收入居民处于住房保障之外。建立在户籍制度基础上的住房政策，使相当一部分中低收入人群既不符合政府规定的住房保障条件，又无力从市场上获得住房，从而处于政府住房保障范围之外。这其中既包括进城务工的农业户籍人口，也包括异地就业的非农业户籍人口。相对于异地工作具有非农业户口的人群来说，进城务工的农业户籍人口往往收入更低、通过市场解决住房问题的难度更大。城镇保障性住房的供应对象应该是面向当地全部常住人口，而不应该只包括户籍人口。陕西省作为西部大省，在社会经济不断发展的同时，社会结构发生深刻变化，城镇人口迅速扩充，城市打工者、进城民工、被征地农民、走出校门独立生活青年，是一个不可忽略的新的住房低收入群体。如目前西安大约有200万外来务工人员，其中农民工102万人，外省籍约占60%，长期居住的占70%。随着棚户区、“城中村”改造加快，市场上用于出租的房源大大减少，外来务工人员的居住问题日益显现。随着城市化进程的加快，这个群体还将不断地扩大。如果不对他们的住房问题给予充分重视，将给陕西省发展带来不小的冲击。

## （二）完善相关配套政策措施

住房社会保障的实现依赖多方面配套政策。具体来看，需要有以下方面的配套政策。

首先，住房社会保障立法。

住房社会保障立法是住房社会保障可持续发展的制度保障，是建立住房社会保障制度的前提。尽管《陕西省保障性住房管理办法（试行）》详细规定了保障房退出的标准等，但保障对象数据库、管理信息系统的建立不够完备，进入退出机制尚不完整；具体审查和退出细则不够清晰，具体操作办法仍需进一步细化；系统的保障性住房退出的法律制度、惩戒机制和鼓励办法有待尽快出台。总之，保障性住房制度是一项基本的住房制度，涉及众多居民家庭的基本生活条件保障，应该尽快建立与制度配套的法案，以立法的形式确立其地位，规范其运作，增强对各级政府的约束。

其次，土地使用政策。

当前陕西省正处于城镇化、工业化快速发展的关键时期，建设用地指标异常紧张，各项事业土地需求量大，国家给陕西省的土地指标12.93万亩，全省实际需要40万亩，土地供给量与需求量矛盾突出。2011年全省的保障性安居工程需要土地31202亩。土地问题是陕西保障房建设中的一个关键性因素。目前陕南特别是商洛多个县城都已无地可用，汉中的佛坪县四面环山，这样的地形根本无地可征。所以，立足长远，统筹规划，制定科学的土地使用政策迫在眉睫。土地价格是住房价格的主要构成要素，土地的使用方式也决定着住房使用者的权利。要实现住房社会保障，政府必须制定相配套的土地使用政策。对廉租房、经济适用房等应该制定出不同的具体政策，一方面要确保社会保障用房的低土地成本，另一方面要防止适用于社会保障用房的

政策被商品房利用。

再次，住房金融政策。

住房金融市场对居民的住房购买力和住房价格有着非常重要的影响。住房金融市场的发展与政府的住房金融政策密切相关，如果政府管制过严，住房金融不发达，居民住房购买力难以提高，住房保障水平的提高受限制，但如果政府放任自流，住房金融市场发展过度，则又会造成住房市场的投机，最终也会损害住房保障。政府一方面要积极鼓励住房金融机构和住房金融业务的发展，另一方面要对住房金融机构和住房金融业务的发展给予合理的结构性管制，以保障住房金融市场稳定、健康和持续发展，从而促进住房保障。

最后，住房市场政策。

一是对政府出租住房的租金进行管制，定出合理的价格；二是对政府出售的住房依据购买者的不同情况定出合理的卖价；三是采取措施抑制住房租赁市场和买卖市场的投机活动，平抑租金和住房买卖价格。政府需要通过这些政策为实现住房社会保障提供有利条件。

### （三）积极探索融资新路，获得多元化途径的资金来源

今后一段时期，陕西省将进入保障性住房建设“加速跑”阶段。仅2012年，我省就与国家签订了43.6万套保障性住房和棚户区改造任务书，所需资金巨大。如此大规模建设带来资金需求的两个难题：一是需求量大，传统的资金筹措渠道远远不能满足需求；二是资金周转时间长，政策性融资机构和商业银行都将面临着流动性风险。保障性住房建设作为“十二五”期间的一项长期任务，在政府投入的基础上，必须引入市场机制，借助全社会力量解决建设资金的长期供给问题。在支持符合条件的企业通过发行中长期债券等方式筹集资金的基础上，探索运用保险资金、信托资金和房地产信托投资基金等新型住房金融工具，拓展公共租赁住房融资渠道，还可以借鉴国外对保障性住房投资贷款的公共担保机制经验，比如财政对保障性住房投资不直接出钱，只对贷款提供贴息；或者从需求角度入手，对低收入家庭的贷款担保机制，通过信用增强机制，提高低收入家庭对普通住房的支付能力。政府应该鼓励金融机构为提供保障性住房的开发企业提供长期优惠贷款，增加稳定的保障性住房供给。

## 参考文献

［1］郭玉坤：《中国城镇基本住房保障制度研究》，西南财经大学，2006。
［2］王应麟：《保障性住房建设模式面积标准和分配管理》，《建筑设计管理》2009 年第 2 期。
［3］惠博、张琦：《保障性住房研究——美国、新加坡的经验及其对中国的借鉴》，《武汉金融》2011 年第 5 期。
［4］徐虹：《经济适用房退出机制改革研究》，《价格理论与实践》2012 年第 2 期。
［5］邱敏芳、黄建：《我国廉租房退出机制存在的问题及对策》，《商业文化（上半月）》2011 年第 6 期。
［6］黄俊峰：《保障性住房制度改革中的政府角色研究》，《求索》2012 年第 1 期。
［7］本社编辑部：《2011 年陕西省统计年鉴》，中国统计出版社，2011 年第 8 期。

# 2010～2011 年西安房屋租赁市场分析

赵惠英*

## 一　2010～2011 年西安市房屋租赁市场分析

### （一）房屋租赁市场持续升温

本文以房屋的出租价格与求租价格为指标，选取了 2010 及 2011 年两年中具有代表性的月份，比如外来人口集中租房的 1、2 月份，高校毕业生离校的 7 月份，中小学升学使得学区房需求剧增的 9 月份以及年关将近的 11 月份，对西安市房屋租赁市场的基本走势进行分析。

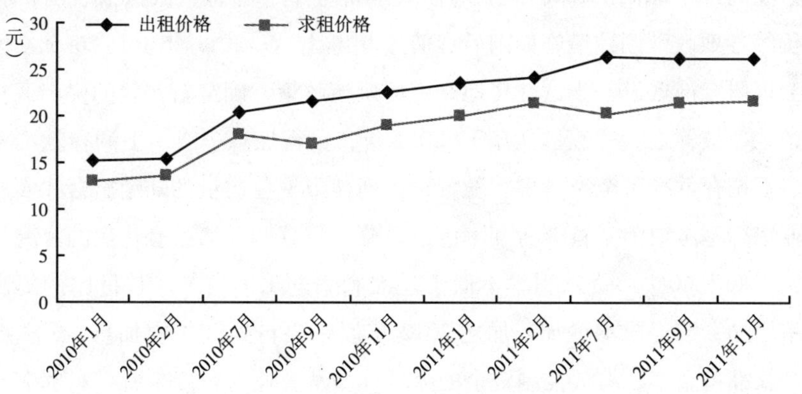


**图 1　2010～2011 年西安市房屋出租价格与求租价格走势分析**

数据来源：西安房地产信息网数据研究中心。

通过图 1 可以看出，2010 年 1 月～2011 年 11 月，西安市房屋出租价格与求租价格始终处在稳步上升的态势中。出租价格从期初的 15.2 元/月・平方米上涨

---

* 赵惠英，西安财经学院。

到期末的26.2元/月·平方米，涨幅达65.8%；求租价格也相应从期初的13.1元/月·平方米上涨到期末的21.6元/月·平方米，涨幅达64.9%。

还可以看出，从2011年2月开始，求租价格与出租价格出现了较大程度的分离，两者差距不断拉大，这一点从某个侧面说明过快上涨的租价是消费者所难以预期的。造成这一局面的因素有：

**1. 城中村改造、旧城拆迁，使得大量租赁户走向二手房租赁市场**

西安数目众多的城中村一直是外来务工人员及毕业生租房的集中区域。近年来，政府大规模的城中村造成民房大量拆迁，2010年，西安市共计审核《拆迁许可证》16个，其中重新办证4个，拆迁项目占地面积达到2919.98亩，2011年更是有增无减。另外，前期老城区改造，消耗了很大一部分出租房。与此同时，新的租赁点没有形成，供应减少，促使很多租赁需求被迫转移去其他区域租房，造成了供不应求。

**2. 楼市调控政策频出，许多潜在购房者转购房为租房**

由于楼市政策变动，观望情绪渐浓，购买者等待最佳时机入市，这也是烘热租赁市场的一个原因。2010年上调存款准备金率、加息、试点征收房产税、严控房价等各项政策调控措施如雨后春笋般相继出台。2011年1月26日，国务院常务会议研究部署进一步做好房地产市场调控政策，确定新一轮的房产调控政策八个条款，被称之为“新国八条”。2011年，央行加息三次、上调存款准备金率六次、下调存款准备金率一次。随着一系列楼市调控政策的陆续出台和实施，各大商业银行基本取消了首套房利率优惠政策，贷款购买第二套住房的家庭，首付款比例不低于60%，贷款利率不低于基准利率的1.1倍等。首付比例提高、贷款利率增加，购房成本增加，加之2012年以来央行连续4次加息，6次提高人民币存款准备金率，有效控制资金的流动性。从置业者角度来看，利率上调使购房成本增大，使购房者对于房价出现松动的期望值也提高，部分原本计划买房的人也感到出手时机未到，促使部分居民延缓了购房计划，暂时放弃购房转向租房。

**3. 高校数量众多，毕业生求租需求旺盛**

西安有着位居全国第二的教育资源，众多高校潜藏大量的学生租赁群体。每年7月份高校毕业生离校，工作敲定在西安的大学生绝大多数走向二手房租赁市场。毕业高峰的来临使得租赁市场火热，租赁价格也相应提升。

**4. 旧城区的规划与发展，使得原住户也加入租赁大军**

随着西安城市不断扩容，旧城陆续被拆迁，城中村改造速度加快，需要租房的人群大量存在。城中村原住户和旧城中的居民因为拆迁都需要 3～5 年的过渡期，其间住房往往是以政府补贴、住户自行租住的形式来解决。这无疑带动租赁市场需求急剧膨胀，在一定程度上造成短期内供求失衡。

## （二）各区域房屋租赁市场存在差异

西安地区房屋租赁市场均价因区位不同存在很大差异，这与各个区域交通、商业圈繁荣度、文化氛围、居住环境等息息相关。在研究中对于西安城市区域的划分并没有按照行政区划来进行，而是考虑人们习惯上的认知，将城区划分为城东区、城南区、城西区、城北区、城内区、高新区等几个重点区域作为研究对象，以 2011 年主要月份为时间区间做出考察。

在图 2、图 3 中，无论是房屋出租价格还是求租价格总体来看，城内、西高新、城南租价较高，而城西、城东偏低，城北则稳步上升中。

城内区由于商业发达，交通便捷，生活设施较为完善，加之产业特别是服务业网点多、链条长，吸引大量人口就业，同时形成了房屋租赁市场的需求主体。另外，出于老城区未来规划和发展的需要，近年来住宅建成量缩减，房屋租赁价格始终在高位运行，并且水涨船高。

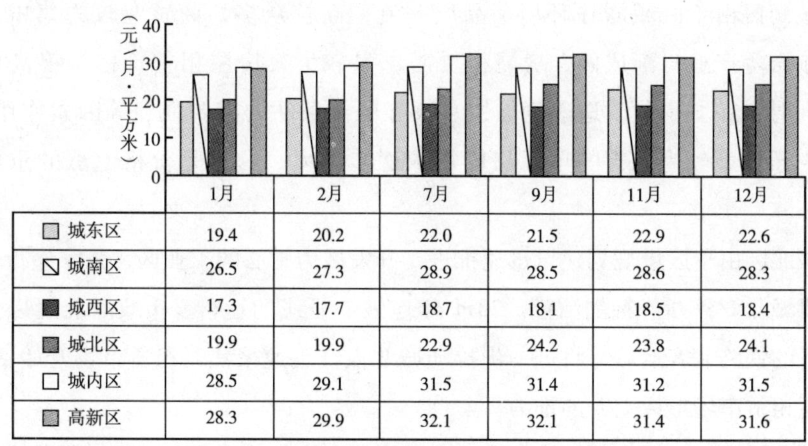


| | 1月 | 2月 | 7月 | 9月 | 11月 | 12月 |
|---|---|---|---|---|---|---|
| 城东区 | 19.4 | 20.2 | 22.0 | 21.5 | 22.9 | 22.6 |
| 城南区 | 26.5 | 27.3 | 28.9 | 28.5 | 28.6 | 28.3 |
| 城西区 | 17.3 | 17.7 | 18.7 | 18.1 | 18.5 | 18.4 |
| 城北区 | 19.9 | 19.9 | 22.9 | 24.2 | 23.8 | 24.1 |
| 城内区 | 28.5 | 29.1 | 31.5 | 31.4 | 31.2 | 31.5 |
| 高新区 | 28.3 | 29.9 | 32.1 | 32.1 | 31.4 | 31.6 |

**图 2　2011 年西安市城六区房屋出租价格对比**

数据来源：西安房地产信息网数据研究中心。

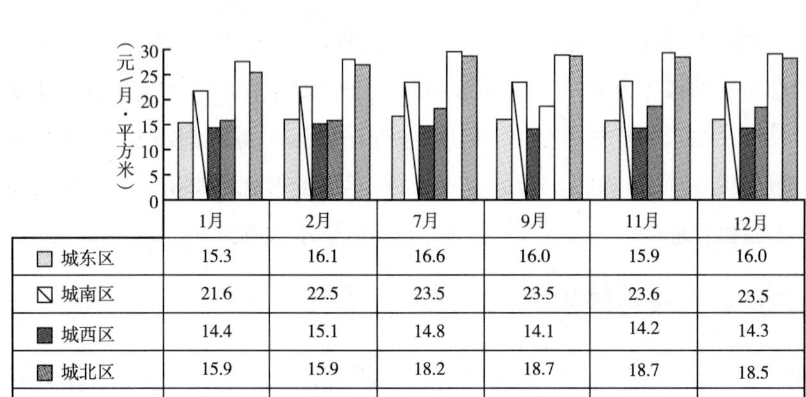


| | 1月 | 2月 | 7月 | 9月 | 11月 | 12月 |
|---|---|---|---|---|---|---|
| 城东区 | 15.3 | 16.1 | 16.6 | 16.0 | 15.9 | 16.0 |
| 城南区 | 21.6 | 22.5 | 23.5 | 23.5 | 23.6 | 23.5 |
| 城西区 | 14.4 | 15.1 | 14.8 | 14.1 | 14.2 | 14.3 |
| 城北区 | 15.9 | 15.9 | 18.2 | 18.7 | 18.7 | 18.5 |
| 城内区 | 27.6 | 28.0 | 29.4 | 28.8 | 29.2 | 29.1 |
| 高新区 | 25.4 | 26.8 | 28.6 | 28.5 | 28.4 | 28.1 |

**图 3　2011 年西安市城六区房屋求租价格对比分析**

数据来源：西安房地产信息网数据研究中心。

高新区已形成产业布局与房地产业“互哺式”发展的良好格局，居住配套、品质成熟、优秀，商务氛围浓郁；区内 IT 产业集聚，各种创业组织云集，这些业态均以 35 岁以下的年轻人为主要支撑，他们的住房又多以租赁为主要形式；加之区内中小学教育资源实力雄厚，使得学区房供不应求，因此区域房屋租赁市场价格居于高位。

城南区由于区域居住环境、品质一流，高校众多，商贸业较为集中，文化、旅游等产业日渐成熟，房屋租赁需求量较大，房屋租赁价格始终高位运行。同时，在城中村改造速度加快、改善居住条件的需要强烈等因素作用下，对于生活设施较为完善的单元房的需求逐步增大，这也是价格上涨的重要成因之一。

城北区由于区域规划建设迅速推进，开发区为中心的工业区、张家堡行政区等使得城北商务办公氛围浓郁。2011 年地铁 2 号线的运行、市政府北迁以及已经运行的铁路北客运站等将进一步拉动城北人气迅速聚焦，租赁市场开始活跃，给房屋租赁市场形成上升的推力。

城东区由于区域发展起步较晚，本年居住配套仍处于完善过程，因此租赁市场发展受限。在三桥、纺织城、灞桥等城乡结合区域，经济发展较慢，流动人口较少，待租房供过于求。从 2011 年 7 月开始，城东区房屋出租价格都出现了小

幅上涨，这是由于随着浐灞新区建设，环境、交通等条件的改善以及世园会起到了一定的带动作用。

城西区由于各项生活配套相对落后，受先天性经济布局及发展速度影响，房屋租赁市场相对低迷，租赁价格也较低、增速缓慢。由于租赁市场的主要群体是年轻人，租房者首先要考虑的是个人就业，其次是子女入学、就医，再次是生活的便捷程度等，从这些方面来看，城西区不会受到青睐。

## 二　2010～2011年西安市房屋租赁市场存在的问题

### （一）房屋租赁价格上涨过快

目前，西安房屋租赁市场需求群体庞大，短期内需求量较大。另外，租房市场长期无法盘活。由于出租房回报率低，许多家庭不愿意将闲置房屋用于出租，导致市场上的普通住宅租赁供需严重失衡。这样，一边是大量房屋空置，一边是想租房的人租不到房，资源浪费严重，房屋租赁市场效率低下。

再加上通货膨胀，租赁价格被持续推高，消费者不堪重负。但租房住的毕竟不是富人，基本是中低收入阶层，房屋租价涨得太快，对百姓民生的影响不可小视。

### （二）租房市场交易不规范

房屋租赁市场长期以来不规范，倒手、转租在一些中小中介公司大量存在。房屋中介机构为了争夺房源、抢夺客户，常常劝说业主提高租金、哄抬价格。甚至一些中介公司恶意制造租房供应紧张的氛围，劝说房主抬高房租，使相关区域的房租水平节节攀升。中介机构为牟利层层转租、赚取差价的行为也未杜绝。其中，中介组织租赁全程代理业务的营业模式存在诸多弊端，给房产中介提供了推高租金的机会，其主要表现在以下几个方面：全程代理房东方收取租金，不良中介借机赚取差价牟利，有些还拖欠租金，挪用房东租金收入；全程代理房东出租房屋，不良中介层层转租，逐级推高租金；有的中介刻意捂房，抬高租金价格。此外，租房合同缺乏效力，随意涨价、随意退租等现象比比皆是。

这些问题并非一朝一夕形成。总体来看，房屋租赁市场的发展远远滞后于市场经济的发展，也远远滞后于百姓的租房需求。尽管每次房地产调控政策都提出要“进一步规范和盘活房屋租赁市场”，却鲜有实质性的措施出台。

### （三）监管缺乏有效依据

西安市的普通住房租赁一直缺乏必要的监管。对于房屋出租实行登记备案制度，没有强制措施。由于税收政策压力、法律意识淡薄等诸多因素的作用，多数房屋租赁当事人办理登记备案手续不太自觉。另外，对于私有房屋出租，由于租赁行为只发生在租赁双方，外人很难发现，就是管理人员找上门来，也往往以借亲戚、朋友居住，或者与人合伙经营为借口，订立假协议，租赁关系难以确认。这不仅是隐形市场形成的诱因，也是房屋租赁市场混乱和难以管理的重要因素。

西安市房管局对出租房屋的房源、区域分布、规模、价格变化等方面根本无法进行准确统计、有效管理，租赁市场存在各种乱象自然在所难免。比如，近两年租金的“涨”风潮中，根本看不到权威部门的数据。由于缺乏相关统计数据，导致“你说小涨，我说没涨，他说大涨”的个人观点充斥报刊。因此，在爆炒房租涨价背后暴露出的是监管和统计方面的漏洞，只有当权威部门的统计数据出来之后，是涨是跌，涨幅大小，才具有说服力。

## 三 规范完善西安市房屋租赁市场的对策建议

### （一）盘活房屋租赁市场，加大房源供应

充分利用市场机制，增加普通租赁住宅的供应。基于市民有闲置的单元房而没有出租的情况比较多，要从源头上把这些闲置房推向租赁市场，首先要为供需双方提供规范、可靠、透明的对接平台。这个平台可以是覆盖全市范围的，也可以是服务于特定区域的，但必须具有较强的规范性；其次是通过降低租赁环节税收、征收房屋空置税、政府提供租房补贴或奖励等措施，鼓励人们把闲置房屋用于出租。

加快推进廉租房和公共租赁房建设。尤其是近期开始大规模建设的公共租赁

房，应让这种租金低、租赁关系稳定的保障性住房尽快形成有效供应，以增加供应总量，给大多数人提供租房的新选择。

### （二）规范房屋中介行业，完善配套服务体系

对房地产中介机构的行为进行规范，对中介哄抬租金、发布不实信息进行处罚。增强租赁合同的法律效力，严格监管业主随意提高房租、跟风涨价等行为，相关部门应进一步加大监管和惩罚力度。针对房屋租赁市场的现状，相关部门应尝试成立非营利性租房中介机构，服务费用低廉、突出公益性质，让外来低收入群体能够找到合适的房源。具体来说，一是实行经纪人备案制。通过备案制，既能对客户负责，也能对企业负责，有利于监管部门的监管，加大执法力度，进一步规范中介市场；二是对房地产中介哄抬价格、发布不实信息等行为进行规范；三是对房屋租赁代理等不合理的房地产经纪业务方式加以规定，不允许经纪机构参与经营甚至吃差价。

### （三）建立监控制度，使管理者有法可依

随着我国房地产市场的发展，各级政府出台了一系列政策、文件、法律、法规，用以调控不断飙升的房价，但是在房屋租赁管理方面除了有关廉租房的建设和管理使用的办法外，很少有针对私房租赁管理的相关政策法规。只是在2009年8月1日《北京市公共租赁住房管理办法（实行）》等地方性文件的出台，在一定程度弥补了这一空白。市场管理缺乏统一、规范的“尺度”这一事实仍然广泛存在。

对此，一方面，中央政府应该借鉴美国的“租控制（RCS）”，总结出一套适合中国国情的监管与控制制度；另一方面，地方相关部门也可以根据当地实际，制定相应管理办法，进一步规范市场运营。

### （四）以“他山之石”，促进市场管理

目前房屋租赁市场执法手段单一，缺乏力度。有关职能部门如工商、公安等在办理工商营业执照审核营业场所、与出租户签订治安责任书时都是单打一，这种情况在对流动人口出租房屋管理上比较突出，政府有关部门没有形成合力。单一的房屋租赁管理职能一般只是检查、督办，对违规行为虽有法律依据可以行政

处罚，但执行起来难度较大。

“以房管人”是加强租赁房屋管理的有益探索。深圳市通过政法委牵头，房管、公安、民政、工商、计划生育等部门联合，在街道办事处成立房屋租赁服务中心，在社区成立房屋租赁服务站，共组织投入9000人做这个工作。房屋出租者要办理登记备案证，需要身份证、房产证、租赁合同，承租人需要身份证等有关证件，然后签订社会综合治理责任书，计划生育和流动人口这些内容服务站全部管理。通过这类手段，管理部门才可能较好地掌握租赁市场动态，获取权威统计数据，据此制定相应的管理规范。这一管理思路和方法应当为我们借鉴和学习。

## 四　2012年西安市房屋租赁市场展望

### （一）租赁市场量价齐升的态势仍会延续

即使在高校毕业生租房、学区租房等需求不变的情况下，租凭市场量价齐升依然难以避免。首先，由于年度内城中村改造力度将进一步加大，住宅社区租赁市场需求将进一步放量，预计市场租金水平将进一步提高。其次，楼市新政调控效力未见尽显，房价未见明显松动，购房者在观望、开发商在试探。这种僵局进一步加剧租房市场供需失衡。而僵局不变、预期不改，房租也不会轻易回落。最后，随着收入水平上升，特别是新一代进城务工人员数量增多，对于生活质量的要求也越来越高，这样，卫生、取暖设施完备的单元房将成为首选，这一因素也将进一步推高房屋平均租价水平。

西安市自2006年启动廉租住房建设以来，保障范围逐年扩大，截至2010年全市已保障家庭20017户，公共租赁住房建设也已启动。“十二五”期间，将建设和配建廉租住房5万套（250万平方米），建设公共租赁住房10万套（343万平方米）。但明显是供不应求，加上有门槛要求，想租一间普通的廉租房可能要等半年、一年甚至更长的时间。由此，可以预期，房屋租赁市场价格还会延续前两年的上扬局面。

### （二）租赁市场区域格局将有微调

城内区、城南区、高新区市场将继续火热，租价依然高位运行，涨势还将

持续。

城北区随着产业成熟度、生活设施完善等方面效果的日益显现，政府机构溢出效应的突出，房屋租赁市场会更加活跃。加之房源大都是近几年新建、高层式较大面积的户型，租价不会太低。

城西区来正面临新的机遇。随着沣渭新区建设推进，企业进驻、产业完善，区域环境不断提升，城西房屋租赁市场发展将会提速。

### 参考文献


［1］牛凤瑞等:《中国房地产发展报告（2009)》，社会科学文献出版社，2009.4。

［2］潘家华等:《中国房地产发展报告（2010)》，社会科学文献出版社，2010.5。

［3］邹钰坤:《西安住房租赁价格节节攀升　监管乏力》，人民网，2011年8月4日。

# 区　域　篇

# 2010～2011年西安市房地产业发展报告

李宇兵*

## 一　西安概况

### （一）基本情况

西安，地处关中平原中部，北临渭河，南依秦岭，是陕西省政治、经济、文化中心，辖9区4县，总面积10108平方公里，人口741余万。

西安是我国中西部地区重要的工业、科技、文化、教育、商贸、金融中心和国际旅游城市，1992年7月，国务院批准为内陆开放城市。在全国区域经济布局上，西安作为新亚欧大陆桥中国段——陇海兰新铁路沿线经济带上最大的中心城市，是国家实施西部大开发战略的桥头堡，具有承东启西、连接南北的重要战略地位。

---

* 李宇兵，西安房地产信息网副总经理。

## （二）经济环境

2011 年以来，西安市经济平稳较快增长，运行状况总体良好，生产运行节奏平稳，内需旺盛，经济运行质量和效益有所提高。

**1. 固定资产投资平稳较快增长**

从表 1 可见，2011 年 1～10 月份，全社会固定资产投资 2561.67 亿元，同比增长 30.2%，较上半年提高 0.5%，其中，城镇固定资产投资 1688.94 亿元，增长 42.4%。

**表 1　2011 年 1～10 月西安市社会固定资产投资同比**

<table>
<tr><th colspan="3">指　标</th><th>总额(亿元)</th><th>同比增长(%)</th></tr>
<tr><td colspan="3">全社会固定资产投资</td><td>2561.67</td><td>30.2</td></tr>
<tr><td rowspan="6">其中:</td><td colspan="2">城镇固定资产投资</td><td>1688.94</td><td>42.4</td></tr>
<tr><td rowspan="3">其中:</td><td>第一产业</td><td>62.64</td><td>15.7</td></tr>
<tr><td>第二产业</td><td>362.99</td><td>38.1</td></tr>
<tr><td>第三产业</td><td>2136.04</td><td>29.4</td></tr>
<tr><td colspan="2">房地产投资</td><td>818.67</td><td>17.4</td></tr>
<tr><td>其中:</td><td>前三季度保障性投资</td><td>133.47</td><td></td></tr>
</table>

从表 1 中的分产业可见，1～10 月份，城镇固定资产投资中，第一产业投资 62.64 亿元，同比增长 15.7%；第二产业投资 362.99 亿元，增长 38.1%；第三产业投资 2136.04 亿元，增长 29.4%。

从表 1 中的房地产投资可见，1～10 月份，房地产投资 818.67 亿元，同比增长 17.4%。投资保持较快增长，很大程度上得益于保障性住房投资加快的拉动，前三季度保障性安居工程新开工 12.18 万套，完成投资 133.47 亿元。

**2. 消费市场需求持续增强**

从表 2 可见，1～10 月份，全市实现社会限额以上消费品零售总额 1174.43 亿元，同比增长 30.4%。

从表 2 的销售地域可见，1～10 月份，城镇市场实现社会消费品零售额 1161.48 亿元，增长 30.1%；乡村市场实现社会消费品零售额 12.95 亿元，增长 52.3%。

**表 2　西安市社会限额以上消费零售总额分类**

| 指　标 | | 总额(亿元) | 同比增长(%) |
|---|---|---|---|
| 限额以上消费品零售总额 | | 1174.43 | 30.4 |
| 从销售地域分 | 城镇消费品零售额 | 1161.48 | 30.1 |
| | 乡村消费品零售额 | 12.95 | 52.3 |
| 从行业分 | 批发业实现零售额 | 196.00 | 53.1 |
| | 零售业实现零售额 | 898.90 | 26.8 |
| | 住宿业实现零售额 | 19.86 | 26.5 |
| | 餐饮业实现零售额 | 59.67 | 23.1 |
| 从销售形态分 | 餐饮收入 | 73.5 | 24.3 |
| | 商品零售 | 1100.93 | 30.8 |

从表 2 的行业可见，1～10 月份，批发业实现零售额 196.00 亿元，增长 53.1%；零售业实现零售额 898.90 亿元，同比增长 26.8%；住宿业实现零售额 19.86 亿元，增长 26.5%；餐饮业实现零售额 59.67 亿元，增长 23.1%。

从表 2 的销售形态可见，1～10 月份，餐饮收入为 73.50 亿元，增长 24.3%；商品零售为 1100.93 亿元，增长 30.8%。

**3. 财政收支增长较快**

从表 3 可见，1～9 月份全市财政总收入 489.23 亿元，同比增长 28.5%。地方财政一般预算收入 236.47 亿元，增长 34.0%，比 1～10 月份提高 2.3%。工商税收 174.60 亿元，同比增长 29.7%，比 1～10 月份提高 2.0%。非税收入增速较快，各月累计增速高于税收收入 20% 以上，前三季度非税收入 41.14 亿元，增长 50.4%

**表 3　西安市财政总收入与一般预算支出**

| 指　标 | 总额(亿元) | 同比增长(%) |
|---|---|---|
| 全市财政总收入 | 489.23 | 28.5 |
| 地方财政一般预算收入 | 236.47 | 34.0 |
| 工商税收 | 174.60 | 29.7 |
| 非税收入 | 41.14 | 50.4 |
| 全市地方财政一般预算支出 | 324.16 | 57.6 |
| 民生支出 | 239.79 | 58.7 |

其中，1～9 月份，全市地方财政一般预算支出 324.16 亿元，同比增长 57.6%。其中，民生支出 239.79 亿元，增长 58.7%，占到一般预算支出的 74%，占比较上年同期提高 0.6%。

## 二 2011 年西安商品房市场运行情况

西安各城区的各种类型物业销售情况并不相同（如表 4 所示），其中城北已销售的数量最多，城内销售套数最少。在各种类型的物业中，普通住宅占有绝大部分，而城北的普通住宅数量也是占城北各物业之首。在各种物业类型中，由于政策的原因以及西安市的实际情况，别墅的数量最少，在城北、城内、城西和西高新等区内别墅的销售数量为零。

**表 4 2011 年西安市各城区各物业销售套数一览表**

单位：套

| | 车位/地下室 | 普通住宅 | 商服用房 | 写字楼 | 别墅 | 合计 |
|---|---|---|---|---|---|---|
| 城 北 | 1702 | 26788 | 900 | 1071 | — | 30461 |
| 城 东 | 1461 | 15928 | — | 20 | 118 | 17527 |
| 城 南 | 1593 | 23360 | 898 | 762 | 187 | 26800 |
| 城 内 | 2 | 428 | 315 | — | — | 745 |
| 城 西 | 306 | 7779 | 147 | 505 | — | 8737 |
| 西高新 | 1198 | 10846 | 902 | 2700 | — | 15646 |
| 总 计 | 6262 | 85129 | 3162 | 5058 | 305 | 99916 |

### （一）商品房市场

#### 1. 商品房供应市场

（1）季度供量走势情况

自“新国八条”后，各地方版“限购令”、《商品房明码标价规定》、央行三次加息、六次上调存款准备金率，楼市政策调控在不断升级，金融市场也持续收紧，造成西安房产市场观望氛围日趋浓烈；伴随通胀压力的日益增大、银行信贷能力的萎缩，不少开发商资金链开始出现问题，加上在日渐趋紧的政策调控的背景下，房地产企业对于市场后期的开发信心已明显不足，市场供应方的供应能力呈现出下滑态势。正如图 1 和表 5 所示，2011 年，西安商品房市场供应各项指标总体表现为走低的态势。

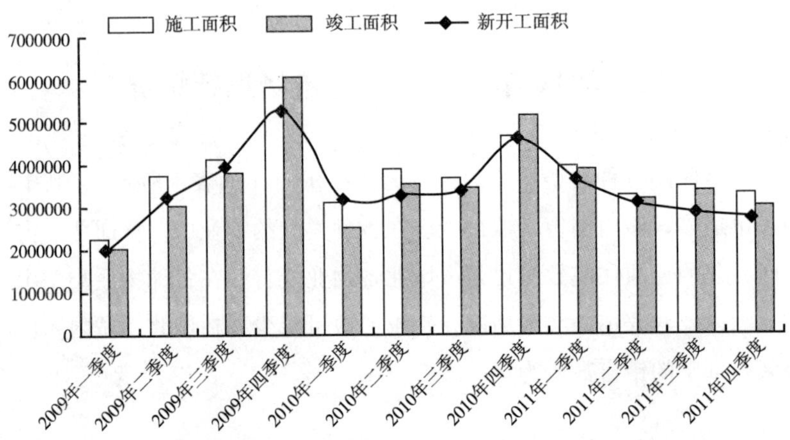


**图 1　商品房市场各季度施工、竣工、新开工面积变化**

**表 5　2010 ~ 2011 年西安市房地产投资现状表**

| | 投资额(亿元) | 施工面积($m^2$) | 竣工面积($m^2$) | 新开工面积($m^2$) |
|---|---|---|---|---|
| 2010 年 | 195.39 | 15273554 | 14680754 | 14436059 |
| 2011 年 | 258.85 | 13931236 | 13429300 | 12239362 |
| 变　动 | ↑32.48% | ↓8.79% | ↓8.52% | ↓15.22% |

（2）月度供量走势情况

据西安房地产信息网数据研究中心数据显示，2011 年，西安商品房新批准预售面积为 1405.12 万平方米，同比下降 14.05%，其中，普通住宅累计新批准预售面积 1040.09 万平方米，同比下降 21.73%。

从图 2 可见，1、2 月，在春节因素的影响下，人们消费意识较为冷淡，需求市场处于淡季时点，而供应方同样处在年关总结阶段，对其房源释放力度也有所放缓，2010 年及 2011 年的前两个月，房产供应市场表现出较为相似的特点。

而在楼市政策调控（2010 年 4 月 17 日的“新国十条”、2011 年 2 月 25 日的地方版限购令）不断深化的影响下，商品房销售市场受挫，房地产企业已不敢贸然推出新楼盘。2010 年和 2011 年 5 月，西安楼市供量同样是呈现出了较大幅

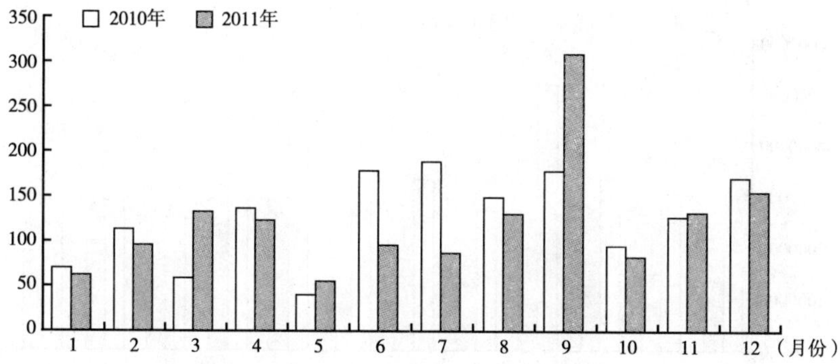


**图2　2010年和2011年商品房新批预售面积对比**

度的下滑情况；随后的6～8月，基于2011年政策调控效应相对比较强烈，加之2011年8月前央行的3次加息作用及年内通胀压力持续加大等外围因素的影响，2011年6～8月的商品房市场供量明显小于2010年。

时至“金九银十”传统楼市销售旺季，尽管2010年9月的商品房供量也有很大程度的释放，但是由于2011年前8个月楼市库存量持续积攒，在对传统销售旺季极大预期下，9月商品房市场供应量得到了迅速释放，楼市供量急剧攀至最高点，远远高于上年同期水平；之后的几个月，伴随着大部分房地产企业全年销售指标的基本完成，其对市场后期的开发信心已明显不足，2010年和2011年的商品房市场供量都保持相对稳定的状态。

**2. 商品房销售市场**

（1）季度销售情况

从图3可见，每年的四季度往往是楼市销量突破的一个时间段，市场销量在前3个季度积攒之后将会在四季度得到不同程度的井喷，2008年四季度增长2.14%，2009年四季度增长54.07%，2010年四季度增长46.35%；然而受2011年楼市政策调控效应持续作用及金融市场不断收紧的影响，2011年四季度西安商品房市场销量呈现出下滑的趋势。

（2）月度销售情况

据西安房地产信息网数据研究中心数据显示：2011年，西安商品房销售量为1088.04万平方米，比上年同期下滑23.85%，其中，普通住宅销售面积920.33万平方米，比上年同期下滑26.2%。

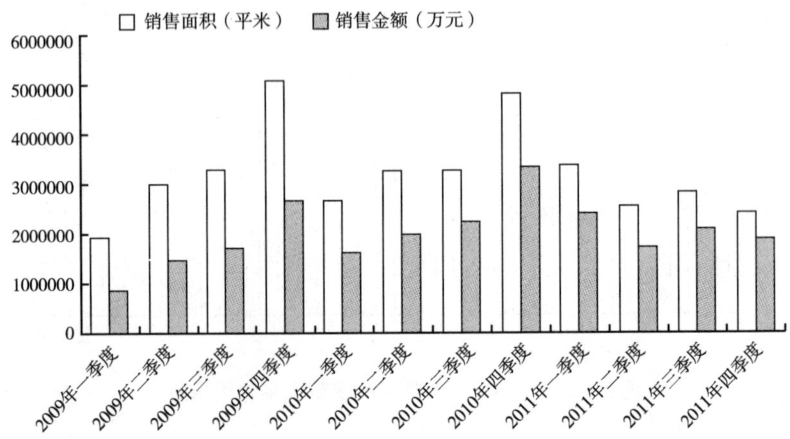


**图3　2009～2011年西安市各季度商品房市场销售走势**

从图4可见，1、2月，在对限购令即将出台的强烈预期下，抢签备案迅速占据了市场，楼市在前两个月呈现出大规模交易的现象，相比2010年前两个月，商品房市场销量较上年同期增长75.28%，普通住宅市场销量增长88.92%。

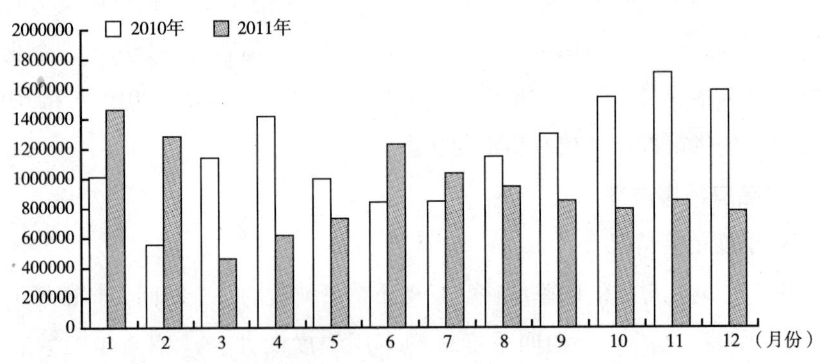


**图4　2010及2011年西安商品房市场各月销售走势**

3月，在限购令正式实施后，楼市骤然降温，投资投机行为被逐出市场，销量急速下跌至谷底。4、5月，政策逐步被消化，市场销量开始稳步攀升，至6月，随着个案项目开始集中网签备案，楼市销量上升至2011年的最高点。

6月后，尽管打折、优惠等促销活动铺满整个楼市且力度在不断加大，但是，政策调控的加码及金融市场的紧缩，使得人们对于后市房价下跌的预期不断增强，

造成观望情绪一直笼罩着市场，商品房销量呈现反转稳步下跌的走势，这与 2010 年 6 月后楼市销量持续攀升的情况形成了鲜明对照，2011 年 6～12 月，商品房市场销量相比上年同期下跌 27.72%，普通住宅市场销量相比上年同期下跌 32.43%。

（3）商品房市场特征

从图 5 可见，在对限购令即将出台的预期下，2011 年 1、2 月，商品房市场呈现出供不应求的状况，1 月供销差额达 -82.87 万平方米，2 月供销差额为 -33.35 万平方米。3、4 月，在限购令的影响下，楼市交易门槛提高，商品房市场销量迅速走低，表现出供大于求的状况。

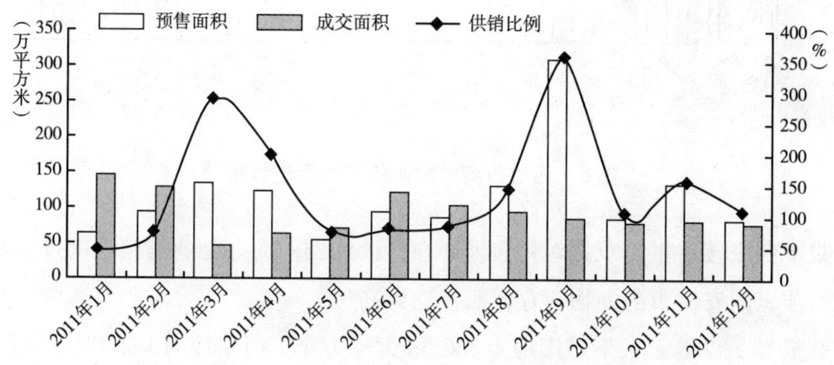


**图 5　2011 年西安市商品房供销额各月走势**

5～7 月，随着房地产企业推出新楼盘速度的减慢，加之限购政策逐渐被消化，商办物业不限购的优势得到了体现，商品房市场再度呈现供不应求的局面。而在 8 月后，由于市场销售情况一直不景气，楼市库存量在持续积攒，房地产企业在经过了 8 月的试探性推出新楼盘后，借“金九银十”之际，开始迅速释放房源，9 月，商品房市场供销差额已超过 200 万平方米，上升至年内高位。在“金九”销售旺季破灭后，10 月、11 月、12 月，房地产企业推出新楼盘已变得较为谨慎，但部分房地产企业迫于资金的压力，11 月，市场供应量还是得到了一定程度的增长。

2011 年 2 月 25 日限购令出台后，随着限购政策对住宅市场的限制，商办物业销量迅速膨胀，据西安房地产信息网数据研究中心数据显示（如图 6 所示）：限购后 10 个月，商服用房销售占比由上年同期的月均 5.69% 提升到了 10.49%，写字楼销售占比由上年同期的月均 4.15% 提升到了 7.15%；2011 年 3～12 月，商服用房成交面积同比上年同期增长 21.25%，写字楼成交面积同比上年同期增长 7.23%。

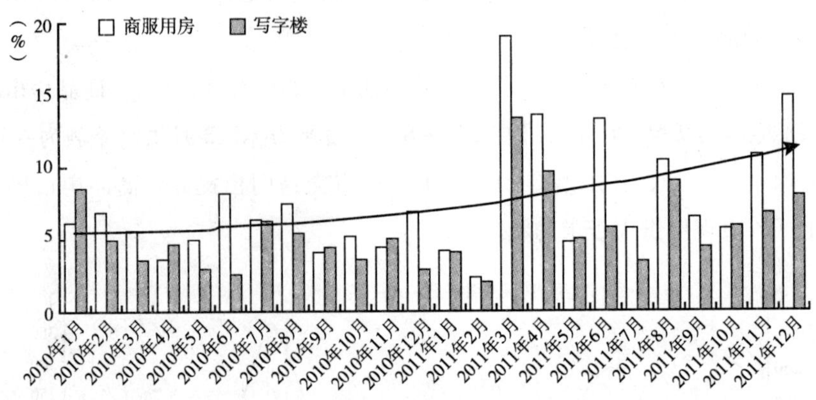


**图 6　西安市商办物业各月销量走势图**

眼下西安楼市供需双方对峙、博弈在持续加剧，商办物业消化难度进一步增大，当前，西安楼市商办物业存量已经达到高位。

截至 12 月末，西安商服用房为 366.33 万平方米，写字楼为 132.19 万平方米，商服用房和写字楼的存量消化周期分别为 46.97 个月和 24.53 个月。在此情况下，9 月后，房地产企业对商办物业的开发已开始减少，9、10、11、12 月，商服用房新批预售面积分别为 30.78 万平方米、2.78 万平方米、9.84 万平方米、12.06 万平方米，写字楼新批预售面积分别为 33.6 万平方米、2.66 万平方米、0 万平方米、6.38 万平方米。

近几个月商办物业供量已明显放缓，市场存量消化周期也有所缩减。但就现状来看，由于限购后很多开发商转入不限购的商办物业，其开发量得到了持续积攒，而眼下在整个楼市都不景气的情况下，商办物业供销已严重失衡，以目前的消化情况来看，商业地产未来销售情况堪忧，销售压力巨大。

## （二）物业市场情况

### 1. 普通住宅市场

（1）普通住宅销量走势

尽管 2010 年被一度认为是有史以来楼市调控力度最大的一年，但是，从图

7可见，相比2009年，2010年仍然是有2.39%的涨幅。进入2011年，年初“新国八条”的出台，先给全年的调控定下了基调，随后几个月限购、限货、限贷、商品房明码标价等政策措施也相继实施，在政策的不断鞭策下，西安普通住宅市场销量缩水严重，尤其是在限购政策实行后的前3个月里，住宅市场销量同比持续大幅下跌，其中，3月份的销量更是跌至近两年来的最低谷，同比下跌了71.76%。

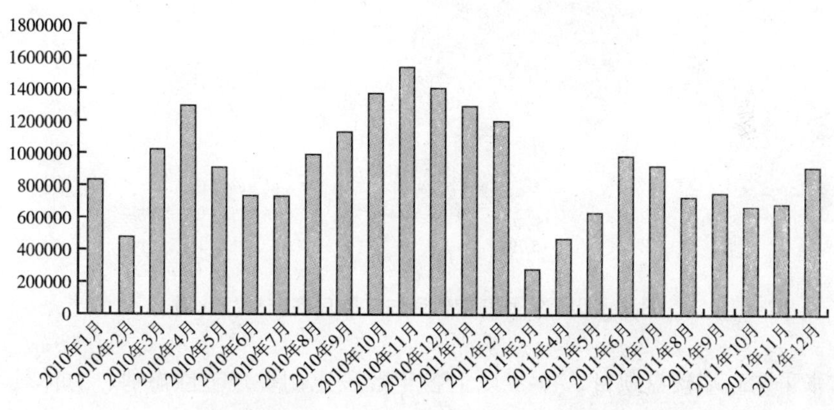


**图7　西安市2010、2011年普通住宅销售面积月度走势**

由图7可见，相比2010年，2011年的楼市政策调控力度有增无减，加上央行在年内的3次加息、市场通胀压力的持续加大及上年调控的滞后效应等因素影响，造成全年的市场观望氛围都比较浓重，销量下滑也在情理之中。据西安房地产信息网数据研究中心数据显示：2011年，西安普通住宅销售面积920.33万平方米，比上年同期下滑26.2%。

（2）普通住宅购房年龄段占比

从图8可见，2011年，25～30岁年龄段占比最大，占市场份额的19.73%。从本年普通住宅市场购房年龄结构构成来看，各年龄段比例较为均衡，没有出现比重特别大的年龄区间。2011年由于限购政策的作用和首付比例的一次次提高，刚需购买力被压制，青年首置人群比例下滑显著。

据西安房地产信息网数据研究中心数据显示：2011年，20～25岁年龄段比例较上年下滑6.85%，25～30岁年龄段比例较上年下滑0.64%。而在2011年后半年，随着限购政策效应的减淡，部分外来购买力开始入市，其中不乏陕北大客

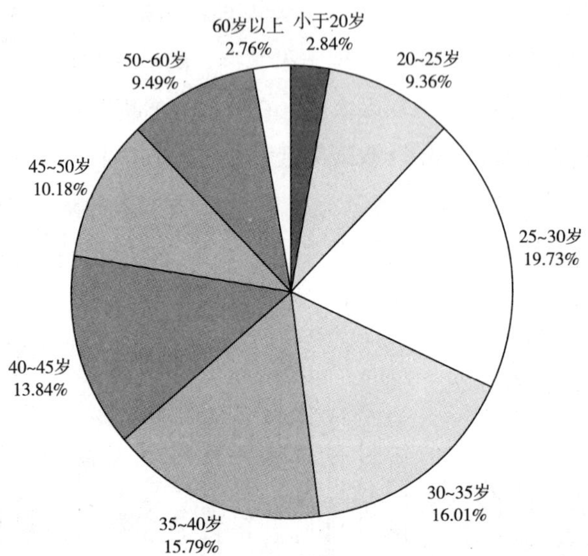


**图8　2011 年西安市普通住宅购房各年龄段比重**

户前来采购高端楼盘项目，40 岁以上各年龄段比例呈现上涨态势，总体较上年同期上涨 7. 68%。

**表6　2010、2011 年西安市普通住宅市场不同面积区间段同比变化**

单位：m²，%

| | 50 以下 | 50 ~ 70 | 70 ~ 90 | 90 ~ 110 | 110 ~ 130 | 130 ~ 144 | 144 ~ 180 | 180 ~ 220 | 220 ~ 260 | 260 以上 |
|---|---|---|---|---|---|---|---|---|---|---|
| 2010 年 | 8. 21 | 10. 73 | 20. 82 | 27. 20 | 13. 00 | 9. 08 | 8. 16 | 1. 82 | 0. 44 | 0. 54 |
| 2011 年 | 6. 12 | 8. 14 | 20. 41 | 23. 88 | 17. 16 | 9. 89 | 10. 04 | 2. 54 | 0. 80 | 1. 02 |
| 变　动 | -2. 10 | -2. 58 | -0. 41 | -3. 32 | 4. 16 | 0. 81 | 1. 89 | 0. 72 | 0. 36 | 0. 48 |

（3）普通住宅分面积区间情况

从图 9 可见，70 ~ 90、90 ~ 110、110 ~ 130 平方米户型是 2011 年的三大面积区间段，分别占 20. 41%、23. 88%、17. 16%。与上年相比，2011 年住宅面积结构呈现出的最大特征是，110 平方米以下各面积段比例纷纷表现为下降趋势，110 平方米以上各面积区间段比例则都表现为上涨态势。

在限购政策的影响下，普通住宅需求市场对于户型结构的选择发生了较大的变化（如图 10 所示），一方面，政策的严格限制使得很多刚需群体的购房观念

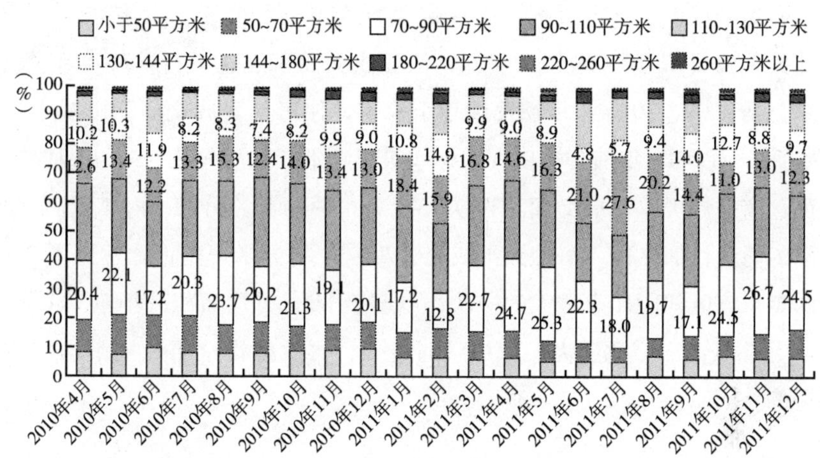


**图 9　西安市普通住宅市场不同面积区间段走势情况**

开始转变，以前那种由小户型向中、大户型改善的置业计划已经转变为“一步到位”的一次性置业的理念；另一方面，市场投资投机行为被挡在政策大门之外，被一直热炒的小户型的比重开始下滑，刚需购买力在后限购时期占据了楼市的主力。

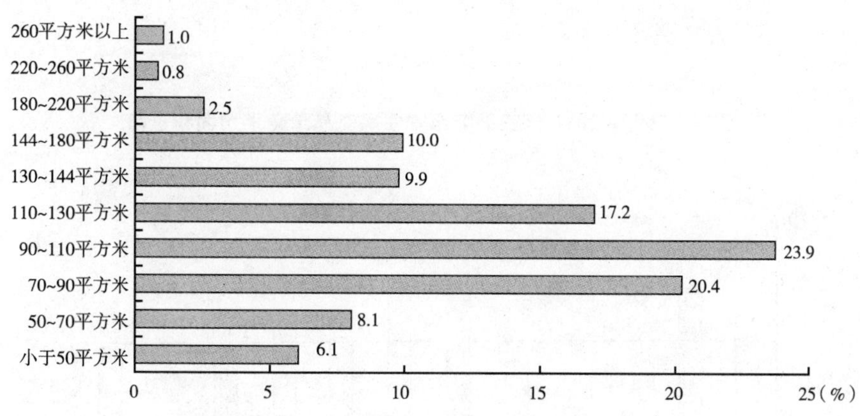


**图 10　2011 年西安市普通住宅不同面积区间段比例**

从图 11 和图 12 可见，2000 年以前商品房市场启动之初，西安市住房消费尤其是以先富人群为主的模式下，住宅套型求大求全。1999 年西安市住宅单套成交面积为 132 平方米，而后随着住宅市场的逐步启动，住房价格的持续上行，住宅需求面积呈现逐步下行过程，2004 年套均交易面积降至 121 平方米，2006 年随着中央关于“90/70”政策的实施，住房成交面积迅速下行，2006 年降至 106 平方米，至 2009、2010 年市场发展趋于稳定，住房单套成交面积已基本稳定于 99 平方米，而 2011 年前 3 季度在限购政策影响下，购房呈现“一步到位”的需求特征，商品住房单套成交面积再次升至 106 平方米。而 11 月，随着全国楼市降价潮的涌动，加之保障房的大批成交，70～90 平方米户型占比达到了 26.7%，是近两年来该区间段比重最大的一次，以至于 11 月月均面积减小至 104.64 平方米。12 月，城南、城北区大面积户型的走俏，再次使得全市住宅平均面积呈现上涨之势。

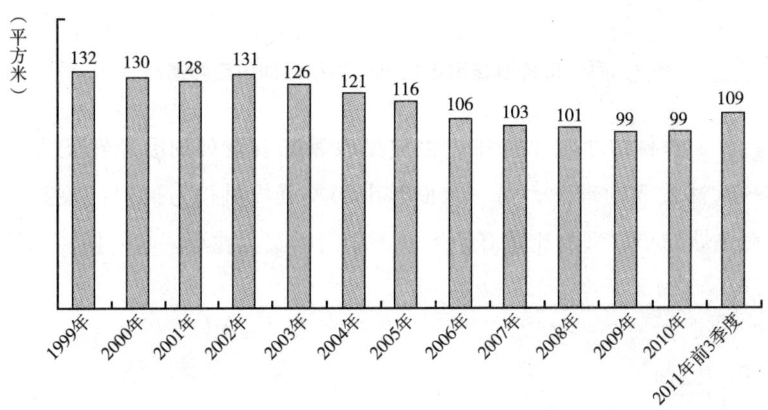


**图 11　1999～2011 年三季度西安住房交易单套平均面积走势**

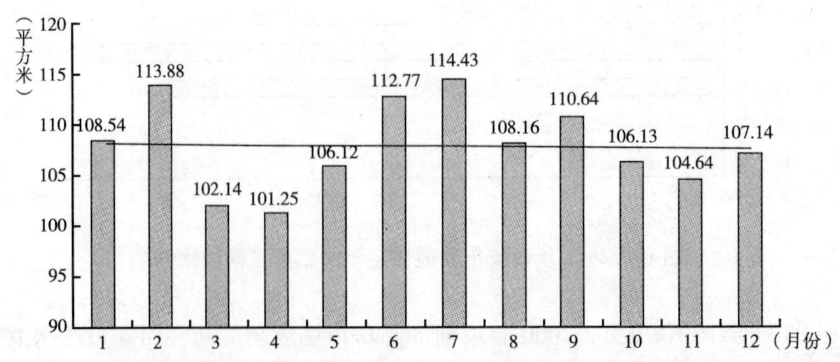


**图 12　2011 年西安市普通住宅市场各月平均面积走势**

（4）普通住宅分面积区间情况

从图13可见，当下置业人群年龄均在36岁左右，且呈现持续下降态势。西安住宅市场购房人群逐步向青年置业者转变。2011年，西安商品房购房人群平均年龄为37.1岁，相比2010年减小1.5岁。

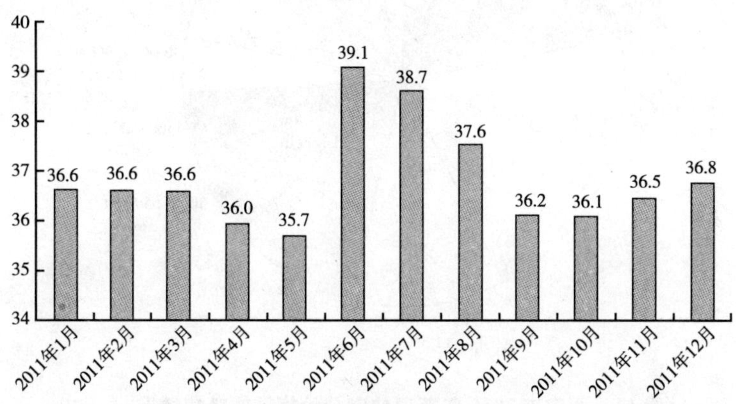


**图13 西安市商品房购房人群平均年龄的变化**

（5）普通住宅分价格区间情况

从表7可见，2011年，西安普通住宅4000～6000元/平方米价格段占比呈现出下滑趋势，其他各价格区间段比例则都表现出了不同程度的上涨态势。其中，比例下滑最为显著的是5000～5500元/平方米价格段，同比上年同期减少9.05%，而比例增长最为显著的是3500～4000元/平方米价格段，同比上年同期上涨4.8%。

**表7 2010～2011年西安市普通住宅各价格区间段变动表**

单位：$m^2$，%

| | 小于3500 | 3500～4000 | 4000～4500 | 4500～5000 | 5000～5500 | 5500～6000 | 6000～6500 | 6500～7000 | 7000～7500 | 7500～8000 | 8000～10000 | 大于10000 |
|---|---|---|---|---|---|---|---|---|---|---|---|---|
| 2010年 | 8.96 | 5.28 | 6.15 | 11.89 | 15.39 | 14.08 | 10.60 | 7.65 | 6.16 | 4.03 | 6.60 | 3.22 |
| 2011年 | 11.76 | 10.08 | 3.98 | 4.56 | 6.34 | 9.42 | 11.25 | 11.94 | 8.58 | 5.55 | 9.73 | 6.80 |
| 变　动 | 2.80 | 4.80 | -2.17 | -7.33 | -9.05 | -4.66 | 0.65 | 4.29 | 2.42 | 1.52 | 3.13 | 3.58 |

在图14中可以看出，随着保障性住房的稳步推进，加上年中个别项目集中备案的影响，4000元/平方米以下各价格段比例增长较为显著；与此同时，下半年部分省内其他地区群体对于城南区高端物业的追逐，促使高价位区间比例呈现上涨走势。

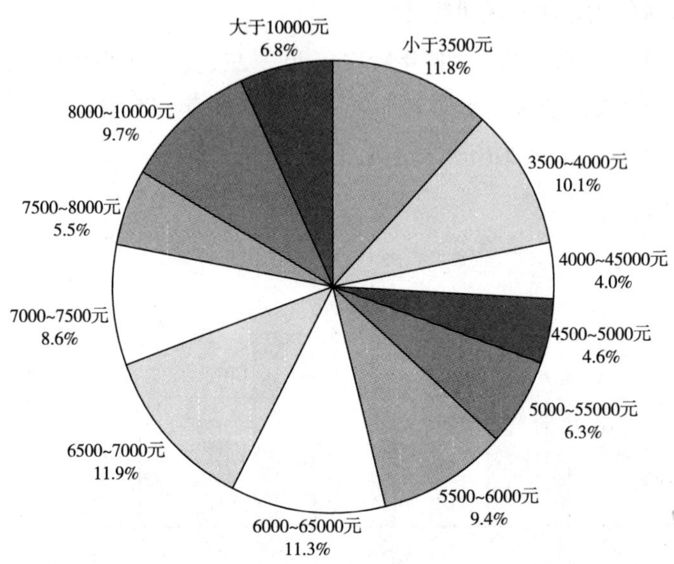


**图 14　西安市 2011 年普通住宅分价格区间销售情况**

（6）普通住宅购房人群来源情况

从图 15 看，2011 年，基于楼市限购政策的影响，房地产投资投机行为被抑

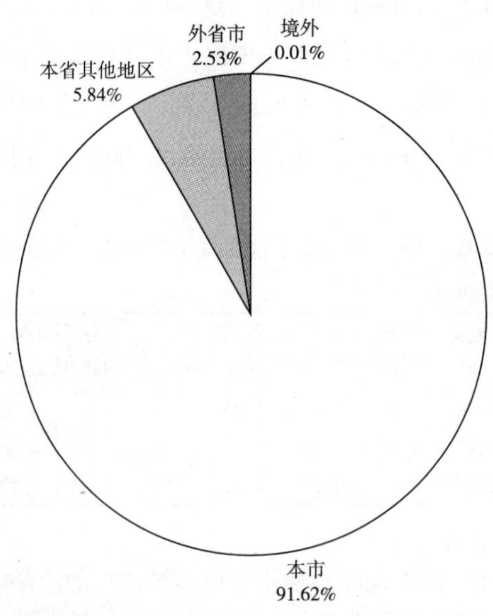


**图 15　2011 年西安市普通住宅购房者来源比重**

制，市场购买力已转向本地人群，西安市普通住宅市场购房人群中，本市人群占 91.62%，占据市场绝对主力位置。

2011 年 2 月 25 日，西安版限购令正式实施，绝大部分外来置业人群被挡在政策的门槛之外，限购政策推行的 9 个月里，西安市普通住宅市场购买人群中，近九成客源来自本市户籍人群，尽管在此期间，外来人群比例有所波动，但总体来看，政策调控还是收到了很大成效。

**表 8　2010~2011 年西安市普通住宅购房者来源变动表**

单位：%

| | 本市 | 本省其他地区 | 外省市 | 境外 |
|---|---|---|---|---|
| 2010 年 | 91.92 | 4.72 | 3.33 | 0.02 |
| 2011 年 | 91.62 | 5.84 | 2.53 | 0.01 |
| 变　动 | -0.31 | 1.12 | -0.80 | -0.01 |

自 2010 年 4 月 17 日 “新国十条” 出台后，房地产市场调控持续升级，加之金融市场收紧的影响，西安普通住宅市场购房人群结构发生了很大的变化（如图 16），外来人群购房比例从 4 月的 12.89% 降至 12 月的 4.97%，降幅十分显著，本市人群开始逐步占据市场。

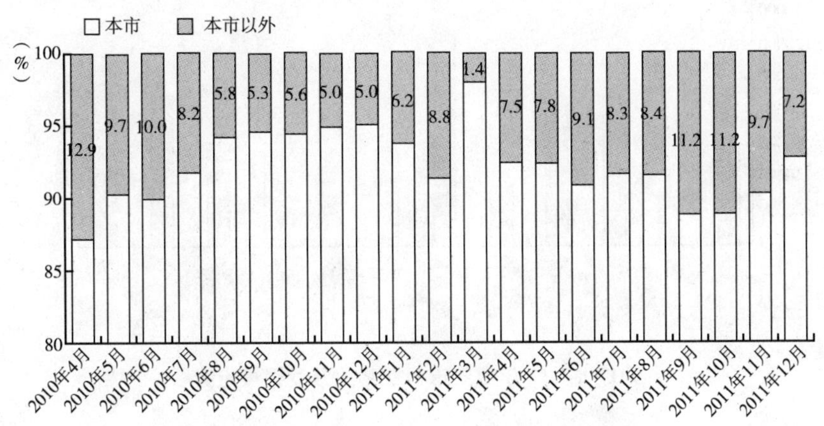


**图 16　西安市各月普通住宅购房者来源比重走势**

进入 2011 年，“新国八条” 在 1 月底的出台，加之西安版限购令的呼之欲出，1、2 月外来购买力在短时间内得到了释放，外来人群购房比例呈现出反弹态势；然而，2 月 25 日限购令正式出台，由于人们对政策解读和房屋申请、审批等程序存在滞后性，3 月，外来人群购房仅成交 43 套，其所占比例也降至近几个月的最低点；4 月后，随着人们对限购政策的深入理解，外来购买力再次开始活跃，市场占比再次开始放大。

至 9 月，在“金九银十”的刺激下，外来人群占比在 2011 年首次突破了 10% 大关，其中以城南、城北外来人群比例较多，随着城南、城北区外来人群比例的持续上升，10 月和 11 月，全市外来置业人群占比已基本趋于稳定。

**2. 商服用房市场**

（1）商业物业销量走势

自 2 月 25 日西安版“限购令”出台至今，西安楼市成交量渐走低迷。新政的不断加码，使得住宅市场观望情绪渐浓，部分住宅投资客也得到一定程度的遏制。不少投资客已经开始转战商业地产，随着新政的持续实施，商业地产在 2011 年的春风里迅速崛起。西安房地产信息网数据研究中心统计数据显示：2011 年全年，西安楼市商业物业共销 87.4 万平方米，与 2010 年全年相比，增长了 9.6%。

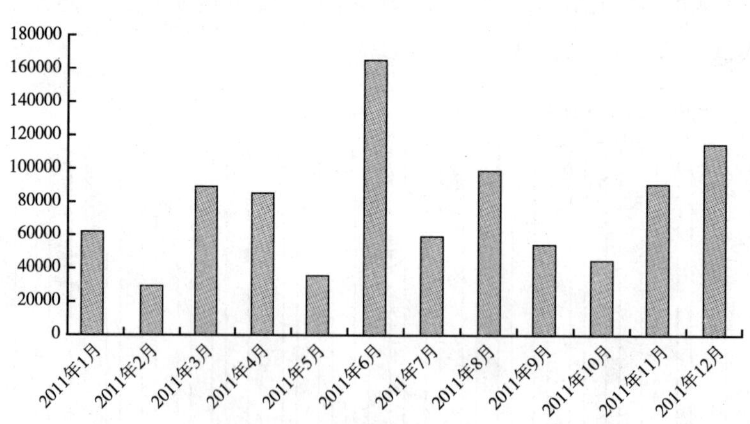


**图 17　2011 年西安市商业物业月度销量走势**

（2）商业物业各月成交均价走势

2011 年，在楼市调控下，西安商业地产市场异军突起，成交均价也一波三折。正如图 18 所示，2011 年初，在民乐园万达广场等城内区商业用房成交的拉动下，西安商业物业的成交均价逼近 15000 元/平方米。在政策调控的影响下，

商业地产价格也有所下滑。随着通胀压力的增加，投资客蜂拥而至商业市场，直至 9 月，西安商业地产达到了当年顶峰。

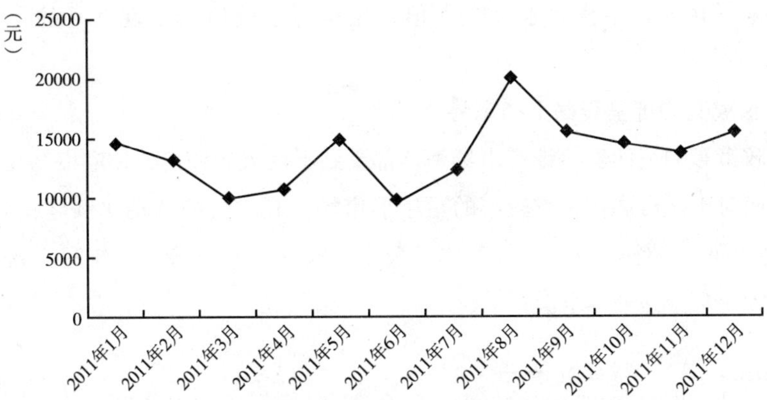


**图 18　2011 年西安市商业物业成交均价走势**

**3. 写字楼市场**

（1）住宅调控写字楼迎来机遇

如图 19 所示，2011 年，西安市写字楼市场供应量为 68.65 万 $m^2$，环比上涨 3.17%；成交量为 64.63 万 $m^2$，相比上年同期上涨 44.1%，供需继续保持上涨态势。在政策调控的同时，连番加息以及物价上涨让闲散资金急于寻找出口，住宅受到限购令的影响，人气和成交量都跌入低谷。而商业地产由于其不限购等优势，成为当下楼市受到追捧的投资品，写字楼、商铺、商务公寓等各种形式层出不穷。

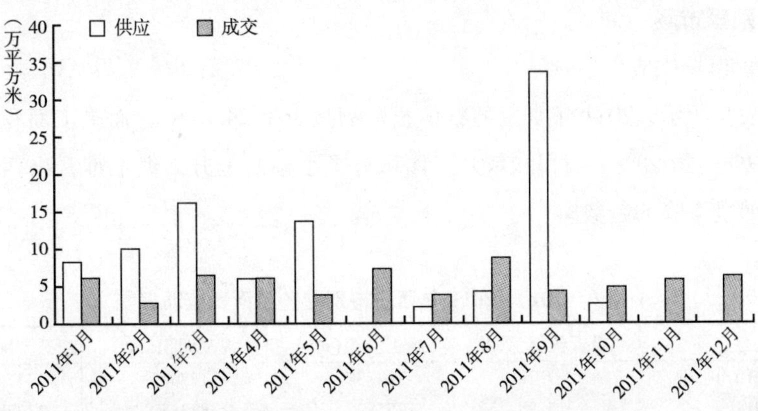


**图 19　2011 年西安市写字楼供销情况**

住宅市场的调控致使部分投资性需求转向写字楼物业，在一定程度上拉升了写字楼整体销量。客户逐渐认识到写字楼的价值，在通胀预期的压力下，倾向于购买优质写字楼寻求资金保值，也是写字楼市场表现良好的主要原因之一。

（2）成交均价呈震荡上扬态势

受政策影响，西安房地产市场整体都受到了巨大的冲击，住宅市场均价开始波动，而对于楼市调控影响较小的写字楼市场，其均价的变动比例也相对较小。从图 20 可见，写字楼成交均价整体呈现小幅震荡上升态势，全年写字楼物业均价平均为 9497 元/平方米。

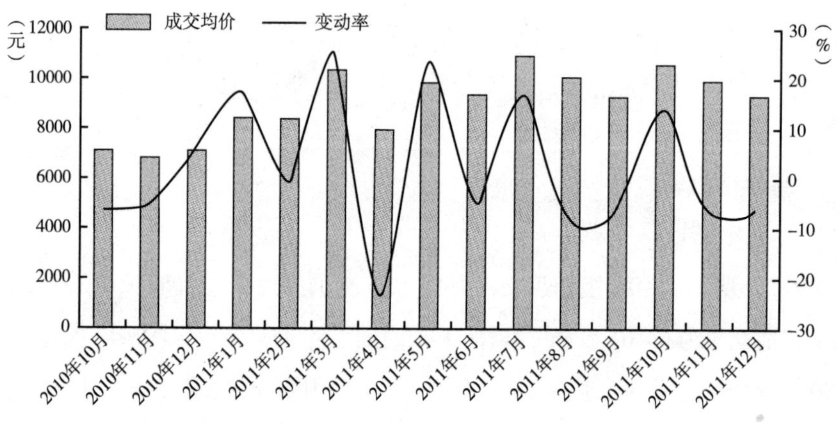


**图 20　西安市写字楼价格走势及变动**

**4. 别墅市场**

（1）市场供应

如表 9 所示，2011 年别墅的整体投资额减少了 24.81%，而施工面积也减少了 33.49%。虽然竣工面积和新开工面积有了小幅的上升，但不难看出西安市的别墅发展呈下降的趋势。

**表 9　2010～2011 年西安市别墅各项面积变动表**

| | 投资额（亿元） | 施工面积（$m^2$） | 竣工面积（$m^2$） | 新开工面积（$m^2$） |
|---|---|---|---|---|
| 2010 年 | 7.78 | 384738 | 377740 | 274755 |
| 2011 年 | 5.85 | 255892 | 388348 | 277780 |
| 变动（%） | -24.81 | -33.49 | 2.81 | 1.10 |

（2）市场销售

随着楼市政策调控的不断深化，2011 年，西安别墅类物业销售也受到较大的打击，从图 21 可见，在 2 月后，市场销售始终处于低迷，月均销售不足 5000 平方米。而从区域销售状况看，西安别墅消化依旧集中在城南及城东两个区域。

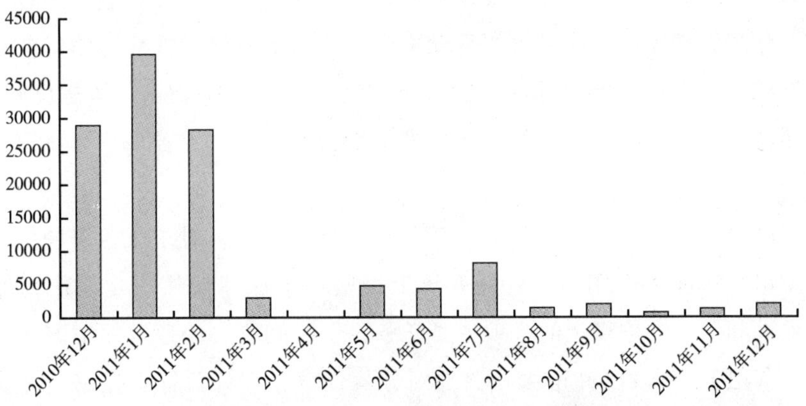


**图 21　2011 年西安市别墅各月销售走势**

从图 22 可见，受到楼市调控影响，住宅市场均价在 2011 年产生了较大的波动，然而，别墅类物业不限购且属高端消费产品，其价格受到调控的影响相对不是很大。随着城南曲江区高端别墅项目在下半年的受宠，2011 年，西安别墅均价呈现上涨的走势，据西安房地产信息网数据研究中心数据显示：2011 年，西安别墅成交均价为 18078 元/平方米，比上年同期上涨 6.72%。

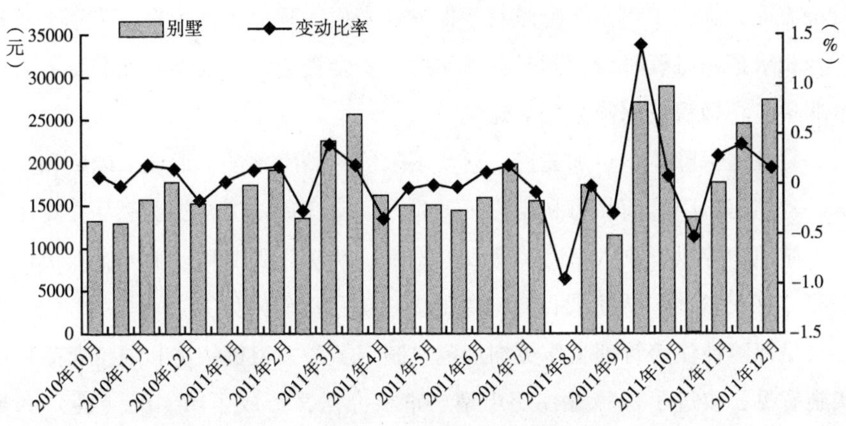


**图 22　西安市别墅成交均价及变动**

## 三 2011 年西安保障房建设情况

近年来，西安市委、市政府高度重视保障性住房建设，坚持与时俱进，积极探索，建立健全保障性住房工作机构，大力推进保障性住房制度建设，强化保障性住房管理工作，积极落实建设资金，扎实推进保障性住房项目建设，确保把这项中央重视、群众期盼、社会关注的民生工程按要求、按进度建设好，逐步缓解本市中低收入家庭的住房困难，为实现“住有所居”目标奠定良好的基础。

2011 年，西安市的保障性住房建设得以快速推进，对于改善市场供应、长效稳定市场发挥了作用。主管局系统上级坚持把保障性住房建设作为保障民生、促进和谐、维护稳定的一项主要任务，在时间紧、任务重的情况下，提早向各区（县）、开发区和市级相关部门分解任务，签订目标责任书，并积极协调，落实建设用地，落实上级补助和市级财政资金，主动办理各种建设手续，做到了当年立项、当年开工建设。同时，进一步完善了保障性住房建设管理各项制度、措施。

2011 年是西安市保障性住房政策逐步走向成熟的一年，也是保障性住房建设取得突出成绩的一年。2011 年，我市开工建设保障性住房共 10.17 万套（户），总投资 231 亿，完成全年任务的 116%，同比翻了两番。

一是保障性住房建设机制逐步形成。落实了政府划拨的土地供应政策，在筹措资金方面，加大了市本级财政对于保障性安居工程的支持力度，申请上级投资补助，积极搭建融资平台，同时盘活住房公积金资金，鼓励支持社会各方力量和企事业单位积极投资保障性住房建设。

二是住房保障体系更加完善。启动了限价商品房建设，形成了以廉租房、经适房、公租房、限价商品房和棚户区改造房“五种形式”的房屋为主要保障形式，以城镇中等以下收入家庭、低收入家庭、新就业职工和外来务工人员住房困难家庭“四类群体”为主要保障对象的多层次住房保障体系。

三是保障性住房管理工作更加规范。制定了公共租赁住房和限价商品住房管理实施意见，改进了保障性住房申请、审核办法，形成了市、区（县）和街办三级审核、三级公示制度等。

## 四　2012 年西安二手房市场运行情况

### （一）近五年来西安二手房销量走势分析

从图 23 可以看出，近五年来西安二手房市场销量先涨后稳。2009 年，由于政策利好，二手房市场销量涨幅显著。进入 2010 年后，楼市调控政策不断袭来，市场观望氛围浓厚，影响二手房年度销量小幅下滑。2011 年，信贷政策持续紧缩使得置业成本不断增加，加之限购令的执行，买卖双方进入了深度博弈中，虽然本年二手房销量较上年有所上涨，但是涨幅甚微。

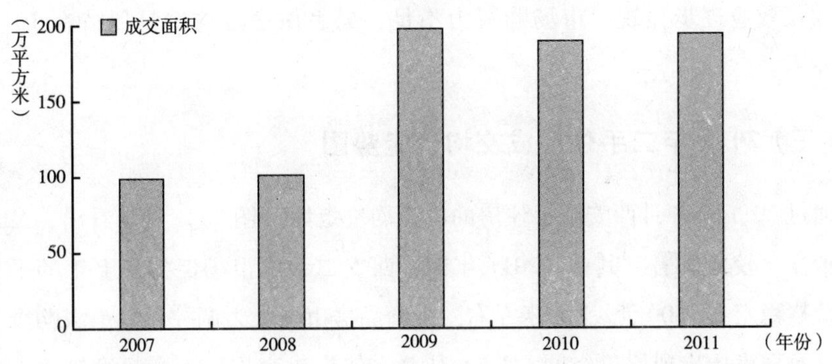


图 23　西安二手房近五年销量走势

### （二）2011 年二手房销售市场分析

西安房地产信息网数据研究中心统计数据显示（如图 24）：2011 年西安二手房共成交 15936 套，较上年增加了 488 套；二手住房成交 14635 套，与上年相比增加了 453 套。二手房销售总面积为 190 万平方米，较上年上涨 1.13%；二手住宅成交面积为 130 万平方米，同比上涨了 5.11%；二手住宅房的成交均价为 3988 元/平方米，较上年上涨了 11.8%。

从 2011 年西安二手房各月走势来看，二手房全部与二手住宅均呈现了先扬后抑再走高的趋势。西安限购令于 2 月底颁布之后，楼市迅速出现浓厚的观望氛围，二手房市场也遭受牵连，直至 5 月，西安二手房达到了全年度的低谷。

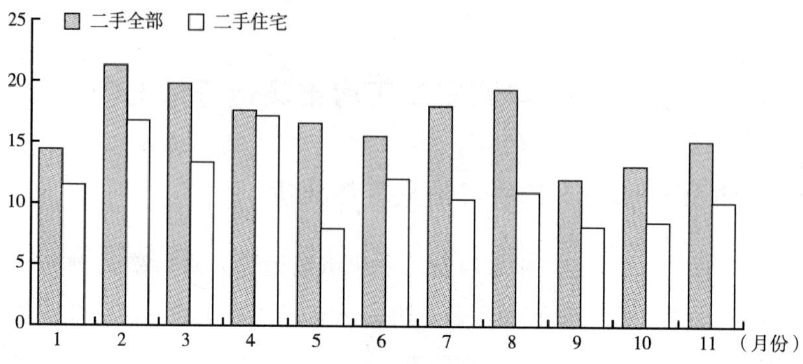


**图 24　2011 年西安二手房销量走势**

进入本年的下半年，银行紧缩、审批严格、首付提高、利率上浮，税费增加等市场政策效应逐步显现，市场购买力不足，二手住房月均销量保持在 10 万平方米左右。

## （三）2011 年二手住房成交均价走势图

通过 2011 年各月西安二手住房的成交均价走势（图 25）可以看出，二手住房均价变化较为显著。其中，2011 年初，西安二手房市场保持了上年的平稳趋势，价格稳定在 3800 元/平方米左右。受商品房市场大力调控尤其是限购令的影响，二手房市场出现议价空间，4、5 月二手住房成交均价下滑幅度较大。在政策强压下，从一手房市场分流出来的部分需求转向二手房市场，优质房源的放量成交使得二手住宅均价急速回升，并在波动之后趋于平稳。

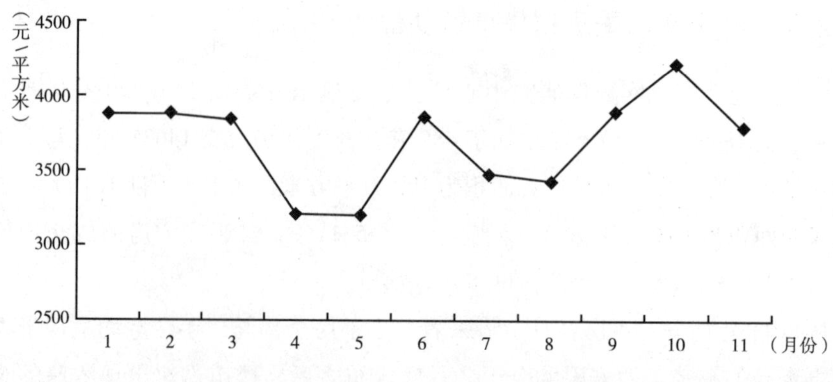


**图 25　2011 年西安二手房成交均价走势**

## （四）2011 年西安二手交易结构分析

### 1. 二手房成交面积区间分布分析

从图 26 可以看出，占据二手房成交主力的依然是 80 平方米的房源；但是与 2010 年比较，减少了 3.5%。对比发现，80～90 平方米、90～100 平方米面积段涨势显著，分别同比上涨了 4.5%、2.9%。虽然小户型一直以其良好的投资价值受到市场的持续关注，但在政策环境下，经济、适用的两房成为重点关注的对象，带动本年 80～100 平方米面积区间段成交放量。

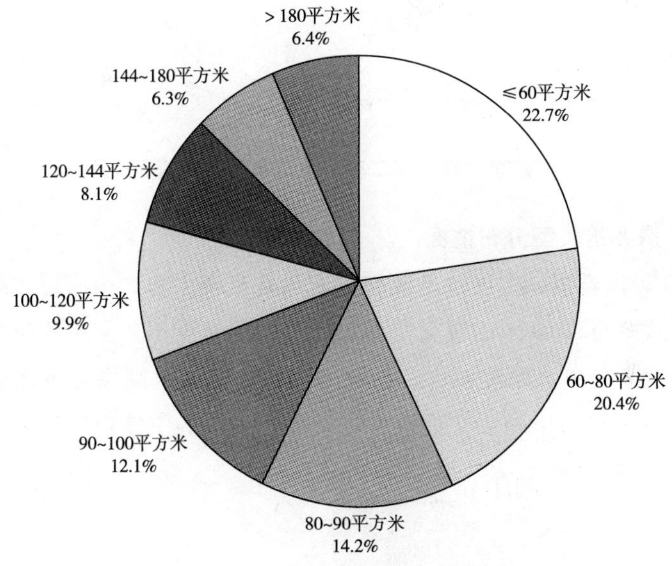


**图 26　2011 年二手房面积区间分布情况**

### 2. 二手房建筑年代分布

从 2011 年西安二手房建筑年代的分布情况（图 27）来看，10 年之内的房源占 47.3%，其次是 15 年以内的房源，占总销量的 25.4%。与 2010 年对比发现，小龄房的成交比重明显提升；其中，10 年内的成交比重涨幅最为显著，同比上涨了 26.9%；5 年内的成交涨幅也较大，上涨了 4.9%。从目前市场购买人群来来看，迫于婚房、学区房的购买比重较大，而这类人群是楼市主力，对房子的要求也比较高；小龄房以其成色新、社区规模化、环境较佳等因素而符合市场所需，使得成交比重上涨明显。

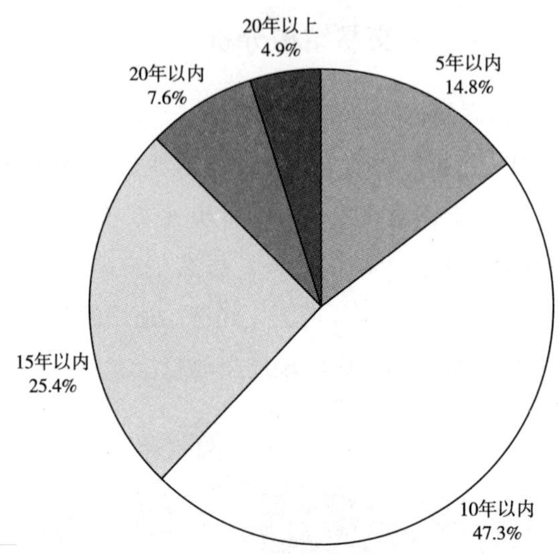


**图 27　2011 年二手房建筑年代分析情况**

**3. 二手房建筑类型分布情况**

从图 28 可以看出，多层建筑成交量依然是市场主力，小高层、高层的成交比重基本一致。与 2010 年的成交情况对比可以明显看出，多层建筑成交占比由 65. 1% 下滑至 59. 3%，幅度较大，与此同时，小高层、高层的占比也分别上涨了 2%、4%。通过历年的成交数据可以看出，多层的主体地位逐渐在下降，取

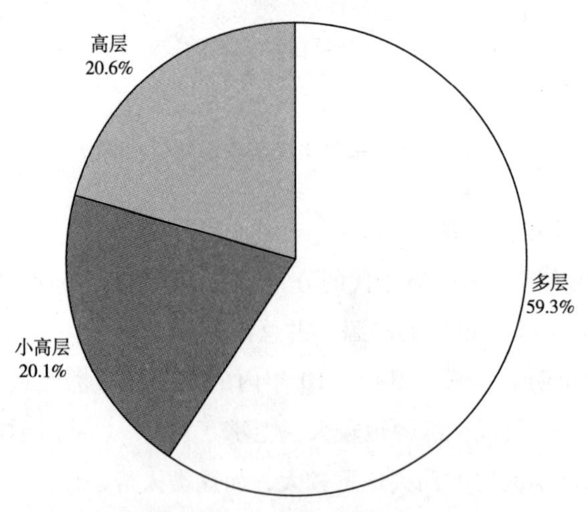


**图 28　2011 年二手房建筑类型分析情况**

而代之的是功能齐全、布局合理的高层、小高层的建筑类型；预计后市随着次新房源的放量入市，该类房源的比重依然将呈现上升态势。

**4. 二手房物业类型分布**

从图 29 可以看出，西安二手房成交中，住宅类的房源成交比重最大，占据总量的 84.1%；这一比重与上年相比，减少了 7.9%。其他各物业中的办公、商业分别同比上涨了 2.5%、4.2%。政策主导下的 2011 年西安楼市，不受限的办公、商业却迎来了“春天”；价格优势显著的二手办公、商业物业也为市场成交贡献不少。

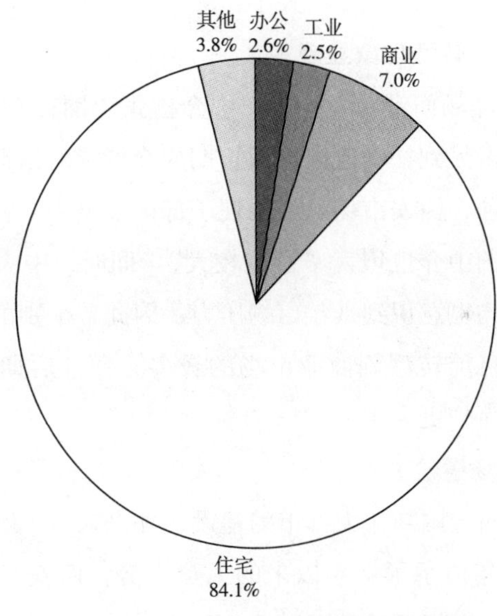


**图 29　2011 年二手房用途分布情况**

## （五）2011 年西安二手房市场特征总结

从目前的市场情况看，2011 年调控的效果已经显现，一线城市二手住宅成交量跌至谷底，房价上涨的步伐得到了遏制。而二线城市的西安同样也出现了一系列“症状”，西安房地产信息网数据研究中心将 2011 年西安二手房市场运行特点总结如下：

**1. 政策主导下二手房市场**

在国家宏观调控政策影响下，西安二手房市场呈现了量价波动趋稳的趋势。

总体来看，2011 年一季度二手房市场整体成交量和价格比较乐观，二季度西安限购令颁布之后，政策调控效果明显显现，银行紧缩、审批严格、首付提高、利率上浮，税费增加等市场连锁反应，导致购买二手房成本不断增加，二手房市场成交缩水。但是基于二手房现房居住、配套成熟、总价较低等特性，加之一手房市场分流的刚需职业群，二手房整体成交量下滑并不大；而变化的是客户类型从之前的投资型、改善型、刚需型等逐渐转化为以“刚需型”为主、“改善型”为辅的购房群分布状态。从价格方面来看，虽然商品房市场打折后促销力度较大，但是二手房价格本身较低，市场并未出现大幅、明显的降价现象，二手房成交均价也呈现趋稳的态势。

**2. 房产中介关门、转型现象显现**

2009 年，楼市火爆场面带动不少地产中介扩张店铺；而在 2011 年，由于国家房地产调控政策尚未见到松动迹象，而长期成交低迷对以佣金为主的房产中介产生了明显影响。目前，西安市场已经出现了部门小型中介机构关门、裁员、被收购的现象，规模化的中介也坦言“影响较大”。同时，中央也表示对后市调控将持续进行，中介机构也意识到来年市场压力；因此，个别的中介结构也积极转型，调整业务方向，目前转型到商业市场的较多。预计后期随着销量的持续走低，房产中介机构将面临更大挑战。

**3. 二手房租赁市场量价齐升**

这几年来，随着西安国际化大都市的建设，外来人口不断增加，二手房租赁市场需求旺盛。2011 年传承了上年以来的火热走势，西安二手房租赁市场呈现了量价齐升的态势。受市场调控政策对楼市的深度影响，市场观望情绪浓厚，卖方惜售心理影响下，转售为租现象比比皆是。而在商品房市场政策效果凸显的影响下，买方也搁置了购房计划；加之 2011 年西安城改步伐的加快，拆迁人群有着庞大的需求量，带动了二手房租赁市场呈现量价齐升的态势。

## 五　2012 年西安房地产市场发展预测预警

2011 年是一个刻骨铭心的年份，中国房地产业经历了历史上最严厉和持续时间最长的调控。从年初的“新国八条”到“限价令”、“国五条”，再到二三线城市限购政策等，房地产市场一路跌宕起伏，楼市多方博弈日渐微妙。从国内

一、二线城市直至西安，楼市量价齐跌普遍上演，年末时节调控效果正逐步放大显现。2012 年调控政策延续实施，房产税的开征也被提上日程。经济运行环境也将对行业走向形成持续影响。种种迹象表明，2012 年中国及西安房地产行业其发展的复杂性、交叠性较之 2011 有过之而无不及。

## （一）2012 年房地产运行环境预判

整体来看，当前对于中国房地产市场发展影响最大的两大方面，一是限购等行业调控政策；其二是宏观经济因素。首先对 2012 年这两大影响因素的运行态势进行梳理。

从经济走向来看，近年来的经济政策始终在拉动 GDP 与控制 CPI 的博弈下寻找经济发展的平衡点。

从近年来的 GDP 季度增长走势图（图 30）来看，2008 年受经济危机及地震等灾害影响，2008 年一季度末起，GDP 增速处于 10.6%，此后直线下滑，至年底，跌至 9.6%；而 2009 年一季度迅速跌至 6.1%，经济的低增长态势下，于是有了 4 万亿投资对于经济的救市拉动；至 2010 年一季度，GDP 增速再度处于 11.9% 的高位，而后再度持续回落。至 2011 年三季度末全年 GDP 增速已经跌至 9.4%。

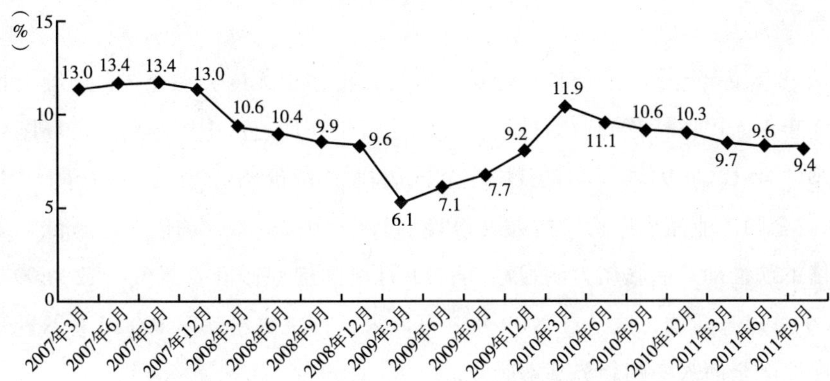


**图 30　2007～2011 年 GDP 季度增速走势**

基于 2008 年广发货币的金融环境影响，对于国内经济的上行形成推力，通过 2009 年 GDP 的增速持续上扬即可看出这一点，但与此同时，也使得国内通胀压力逐步加深，如图 31，2009 年除元月及 12 月外，CPI 始终处于负增长之势，而从 2010 年之初开始直至 2011 年，CPI 由 0.6% 开始持续上行。2010 年 1 月 18 日开始，央行开始首度上调存款准备金率，年度内上调 6 次，并加息两次；2011 年央行六次提高准备金率，同时持续三次加息。国际上 3% 即为高通胀。2011 年国内 CPI 走势来看，1 月 CPI 增幅为 4.9%，至 7 月持续逐月攀升至 6.5% 的年度最高位，从 8 月后开始呈现下行，并且于 10、11 月大幅回落，回落至 4.2%，表明了中央对于 CPI 的可控性，也正在这个前提下，基于宏观经济增长出现下滑态势，于 11 月底央行上调存款准备金率 0.5%。

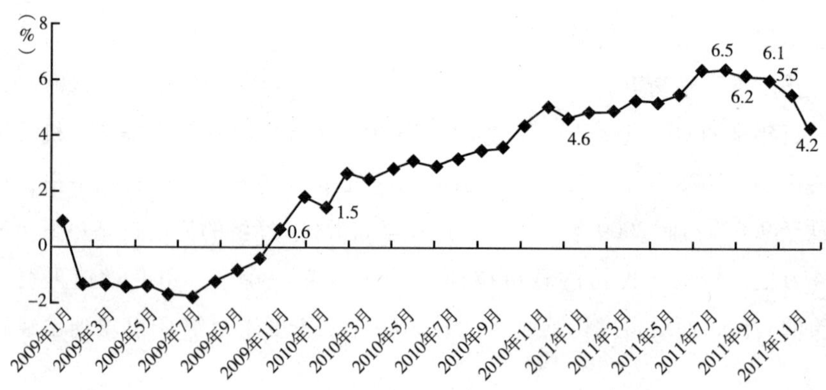


**图 31　国内 CPI 指数走势**

从近期公布的多项经济指标分析：人民币汇率史无前例大逆转，连续七日跌停，终止了人民币持续升值的神话，国际热钱正在加速从中国等新兴市场国家撤退；2011 年 12 月 9 日公布的 11 月全国居民消费价格指数（CPI）同比上涨 4.2%，全国工业品出厂价格指数（PPI）同比上涨 2.7%，均创年内新低，受食品价格下跌推动，通胀压力明显减弱；11 月全国房地产开发景气指数为 99.87，创 28 个月以来新低，这是自 2009 年 8 月以来，首次重新跌回 100 以下不景气区域，房地产全面入冬的趋势基本确立。

清华大学中国与世界经济研究中心预测：2011 年全年增长速度是 9.2%，比上年的 10.4% 明显下降。2012 年的增长速度会进一步下滑、放缓，放缓到 8.5%。目前中国的经济正在向滞胀区域滑行，未来我们有理由相信，为了保证经济基本面的健康，政策层面必然出现相应的动作，在全球经济债务危机背景

下，央行的出手似乎显得有些无奈。更让人担忧的是，中国央行与全球央行不约而同采取行动放松货币，显示在欧债、美债危机阴影下，全球经济面临进入第二轮低潮，中国经济也将受到严重影响。存款准备金率下调，不能代表货币政策转向，但是有理由期待货币政策有可能要转向，只要 CPI 持续可控。

经济发展走势，对于房地产市场的长期走势将形成重大影响，对于房地产产生影响的还有行业调控政策的走势。

2010 年以来，针对部分城市房价过快上涨、投资投机购房过度活跃等问题，中央分别于 2010 年 1 月、4 月、9 月和 2011 年 1 月、7 月，连续 5 次出台加强和改善房地产市场调控政策，特别是实行了限购、限贷、限价和行政问责等调控措施，商品房价格过快上涨的势头得到遏制，涨幅逐步回落。从目前中央的一系列信号可以看出，2012 年调控政策尤其是限购政策仍将延续实施，但这一政策存在微调可能。此外，房产税开征城市范围有进一步放大的趋势，房产税的开征将成为影响房地产市场发展的另外一项不确定因素。

2012 年的行业政策整体方向难有变化，但存在微调可能，由“堵”向“疏”转变。抑制需求的政策属于“短期”政策，而“改善供给结构、改善收入结构”的政策，则属于“长期”政策。楼市政策面，“限购、限贷”主要是“抑制需求”，但并没有从根本上消除“投资性需求、投机性需求”的根源，显然属于短期政策。短期政策一旦“超调”，可能积累后续更大波动的力量。所谓的“调控常态化”，应当是“长期政策框架的形成”，而不是简单的“限购限贷”短期政策的简单延续。

11 月 25 号，南京有 5 家银行下调了首套房贷上浮利率，近日的消息称，包括广州、北京、天津等地的部分银行首套房贷利率回归基准，从银行的举动可以看到房贷的额度相对以前有所放松。原来我们政策对首次购房是鼓励的政策，所以随着政策优化到位，也会在一定程度上让行业获得相对好一些的发展机会。

2011 年 11 月 25 日，北京市出台了对于普通住宅标准的调整。这个标准的调整，是让刚需或者是以自住型改善为主要需求这一部分购房者的税收得到了更多优惠，它所覆盖购房者的面还是比较大的，可以看到局部的政策修正和优化，已经在出现。

### （二）2012 年商品房市场发展预警

基于对于 2012 年的宏观经济政策及行业调控政策预判，对 2012 年西安房地产市场运行预测如下：

**1. 上半年住宅均价小幅回落后趋稳**

2011 年下半年，尤其是 10 月份以后，在万科、保利、金地等大开发商的带动下，一线城市房价出现明显下跌，二三线城市房价滞涨，县级城市房价涨幅放缓。进入 2012 年，在延续调控影响下，商品房价格下跌将由一线城市逐步向二三线城市、县级城市扩散。

目前对于西安房价处于各项利空与利好因素的对冲影响背景之下，为提振经济上行，在 CPI 得以控制的基础上，金融政策有望适度放松，房地产企业资金压力略显舒缓，而基于行业政策持续性收紧预期影响，以及保障性住房于 2012 年将呈现放量上市，商品房市场已经呈现阶段性供大于求的特征，对于商品房市场无疑形成层层挤压。京、沪以及西安本土品牌房地产企业价格下调趋势将拉动 2012 年西安房价呈现下行，从 2011 年 8 月开始，西安品牌房地产企业项目降价已然上演，同时“以价换量”策略的实施，对于市场交易形成了一定拉动作用。

从利好层面权衡，从西安与一、二线城市的房价水平、房价收入比的综合比较，以及西安房地产多年以自住需求为主体的相对良性发展格局，在以关天经济规划及城市建设带动下，城市宜居度、城市地位持续上升的利好因素对房价仍将形成支持，因此西安房价整体大跌的可能性极小。在上述因素综合影响下，预计 2012 年上半年西安房价将呈现小幅回落并逐步趋稳态势，跌幅不会超过 10%。

**2. 上半年刚需观望趋于松动　楼市交易有望低位上扬**

2011 年，是“十二五”开局之年，也是房地产大调控之年，从中央到地方，限购、限价日紧，房产税扩大方案拟推出，全国房地产市场土地流拍、商品房存量大幅度增长、停工等负面消息比比皆是。而西安楼市则先后遭遇限购、限价、限贷、加息等政策的强攻，保障房、限价房、集资房等供应链“大调”，市场一度出现卖方恐慌、买方纠结，成交量急剧下滑再小幅攀升的探底走势。年末楼市交易止跌趋稳，但交易整体低位运行，行业入冬背景下房地产企业以价换量规模将持续扩大。随着部分城市银行对首置业人群贷款政策的松绑，房地产企业资金压力有所缓和，供需双方在博弈状态下将逐步寻找平衡点，观望者在此过程中逐步分化、入市置业，预计次年上半年市场交易将逐步升温，但基于行业政策环境难有更大改观，整体成交量仍将处于低位。

**3. 商业物业库存积压　房地产企业销售压力难以减弱**

2011 年，在限购令的影响下，西安住宅市场销量缩水严重，然而，由于商业类物业不在限购范围之内，住宅市场的低迷，使得很多开发商逐步向商业类物业拓展，商业地产开始火热。西安房地产信息网数据研究中心数据显示：2011 年 3~12 月，西安商服用房月均销量为 9.06 万平方米，比上年同期的月均 6.97 万平方米的销量上涨 30.06%。随着下半年调控效应逐步彰显，传统销售旺季“金九银十”受挫，加上房价出现松动迹象的增强，西安楼市观望氛围日趋浓烈，整个商品房市场的销量持续在低轨运行，商服用房库存量开始加大，市场供应量已远远超过了其消化的速度，数据显示：截至 12 月 31 日，西安商服用房月末结转可售量达到 453.2 万平方米，按目前的消化速度，商服用房消化周期已高达 46.51 个月。

从增量空间预估，2012 年将有更多的商业地产项目陆续入市，以目前的消化情况来看，商业地产未来销售情况堪忧，当大量房地产商将转入商品办公用房开发时，房地产泡沫开始真正形成，其原因是资金回笼太慢，在基建过程中会有许多不可控因素，当形成无法控制局面时，就会出现资金链断裂。

从分城区库存消化分析来看（表 10），成熟的城南区商业存量最高，消化周期需 65 个月；城北作为新兴区域，商业需求尚有较大空间，库存消化周期约 33 个月；高新区消化需 41 个月。

**表 10　2011 年西安市分城区库存消化表**

| | 市场存量(平方米) | 月均消化量(平方米/月) | 消化时间(月) |
|---|---|---|---|
| 城　北 | 980453.2 | 29600.59 | 33.12 |
| 高　新 | 671556.19 | 16071.44 | 41.78 |
| 城　南 | 1009655.11 | 15502.74 | 65.13 |

**4. 住宅市场结构性调整进一步深化**

2011 年，70~90、90~110、110~130 平方米户型是当年的三大面积区间段，分别占 20.1%、24.1%、17.6%。与上年相比，2011 年住宅面积结构呈现出的最大特征是，110 平方米以下各面积段比例纷纷表现为下降趋势，110 平方米以上各面积区间段比例均呈现上扬。2011 年住宅单套成交 106 平方米，较 2009 及 2010 年已两年稳定于 99 平方米明显提升，置业“一步到位”趋势明显，同时对于未来房产税的长期影响预期，将进一步加重这一置业心理，2012 年三室房源预计将进一步升温。

限价政策对于高端住宅物业尤其别墅市场销售影响明显，2012 年进一步加剧。保障性住房的批量上市，对于开发企业的项目运作方式也将形成冲击，从依靠粗放型产业模式转变为更精细化的产业模式，市场结构的重心将从投资性的高档产品转为性价比更高的普通住宅。

## （三）2012 年西安二手房市场预测

### 1. 政策调控依然是二手房市场的导向

通过 2011 年西安二手房市场分析可以看出，政策调控是二手房市场发展的最大影响因素。中央明确表示“坚持房地产调控政策不动摇，促进房价合理回归”，预计限购、限价等行政性政策在 2012 年不会放松，土地制度完善、房产税试点改革等长效机制建立也有可能落到实处。2011 年 11 月底，央行近三年来首次下调存准率，预计货币政策将在 2012 年继续微调，其微调力度和节奏将是影响 2012 年房地产市场走势的关键。可以看出，政策调控的持续性很大，后市楼市发展节奏将放缓，而二手房市场发展将更加稳健。

### 2. 二手房交易量或将回升

从目前来看，西安商品房市场打折促销已经全面铺开，个别已经出现一二手房价格倒挂的现象。预计随着政策的持续，二手楼市有价无市的局面将会逐步被打破，价格下降的幅度和范围都会有所扩大。此外，房产税扩大征收范围并提高税率的消息也不断传来，预计年后投资客将会集中抛售，市场供应膨胀之余房价也将会有所松动，预计来年二手房市场交易量将会有所回升。

### 3. 二手房市场将更为稳健

现阶段宏观调控的效果已经明显，一线城市房价已经进入下降通道，而一刀切的限制措施误伤了大量的改善型需求。从 2011 年 11 月 30 日下调准备金率的信号可以预计，2012 年调控政策将会有利于二手房市场的流通。从成交结构来看，市场需求仍将以首次置业者为主、改善型需求为辅，而在政策影响下，投资水分减少，购买结构将呈现稳定发展态势。此外，从成交类型来看，中低价的普通住宅依然会成为成交量的主体。

**4. 一二手房或将“抱团取暖”业内再度洗牌**

2012 年，楼市调控政策将依然呈现从紧的态势。严峻的房地产市场宏观调控会加大房地产行业洗牌，挤压生存空间，开发商与房产中介共同面临生存压力。据了解，易居中国公司以 2500 万美元收购二手房中介 21 世纪中国不动产公司 37.3% 的股权，成为第一大股东，这也被视为房地产代理和中介行业内新一轮洗牌的开始，一、二手联动的经营方式已经出现，预计这种“抱团取暖”的经营模式将缓解双方压力，成为房地产市场的一个新趋势。

**参考文献**

[1] 西安市建乡建委相关统计资料。
[2] 西安市住房保障和房管局相关统计资料。
[3] 西安市统计局相关统计资料。
[4] 西安房地产信息网相关调研、统计资料。

# 2010～2011 年咸阳市房地产业发展报告

课题组*

## 一　咸阳市基本情况

咸阳位于陕西省八百里秦川腹地，渭水穿南，嵕山亘北，山水俱阳，故称咸阳；东邻西安，西接杨凌国家农业高新技术产业示范区，西北与甘肃接壤。全市总面积 10196 平方公里。总人口 516 万，非农业人口 96 万。

2010 年，咸阳市生产总值 1098.7 亿元，较上年增长 14.5%；规模工业总产值 1334.5 亿元，较上年增长 37%；全社会固定资产投资 1050.5 亿元，较上年增长 31.2%；社会消费品零售总额 293.6 亿元，较上年增长 18.5%；财政总收入 135.3 亿元，较上年增长 35%；地方财政一般预算收入 43.5 亿元，较上年增长 37.3%；城镇居民人均可支配收入和农民人均纯收入分别达到 18914 元和 5056 元，增幅分别为 15.3%、20.2%。咸阳市近年来城镇居民可支配收入不断增加；关中天水经济区发展规划、关中城市群建设规划、西咸新区规划顺利实施；国际化大都市建设、西咸一体化进程加速推进；北塬新城开发建设快速启动。与西安互为一体的独特区域优势、宜居宜业的生态环境优势日益显现，咸阳成为房地产开发的热点区域和最具投资潜力的区域之一。

## 二　咸阳市房地产发展现状

### （一）房地产企业情况

#### 1. 2011 年房地产开发企业增长情况

由表 1 可知，“十一五”以来本市房地产开发企业由 2006 年的 165 家发展到

---

* 课题组由张耀祥（咸阳市住建与规划局副局长），宁颖芳（咸阳市作协副主席《秦都》主编），闫峰春（《华商报》咸阳专版主任）完成草稿。终稿统筹编撰执笔由余劲、任倩、安凯完成。

2011 年的 232 家（一级资质企业 3 家，占 1.29%；二级资质企业 13 家，占 5.60%；三级资质企业 61，占 26.29%；四级资质企业 115 家，占 49.57%；暂定资质企业 40 家，占 17.24%；），注册资金 53.8 亿元，初步具备了规模开发的实力。

**表 1　2011 年咸阳市房地产开发企业基本情况**

| 企业分类 | 企业总数 | 一级 | 二级 | 三级 | 四级 | 暂定资质企业 |
|---|---|---|---|---|---|---|
| 企业个数 | 232 | 3 | 13 | 61 | 115 | 40 |
| 比例(%) | 100 | 1.29 | 5.60 | 26.29 | 49.57 | 17.24 |
| 注册资金(亿元) | 53.8 | NA | NA | NA | NA | NA |

高资质开发企业较少，竞争力有待提升：二级以上企业仅仅 16 家，占房地产开发企业总数的 6.9%；注册资金过亿企业仅有 7 家，占房地产开发企业总数的 3%，总体上对于连片开发整个街区投资乏力。

**2. 企业存在的主要问题**

（1）房地产开发企业数量较多，但规模偏小，行业集中度低；部分企业资金实力不足（主要依靠金融贷款和定金、预付金进行开发），加大了投资风险。

（2）房地产开发结构不合理，住宅品牌单一；全市近几年规模性住宅项目的开发仍然偏少。总体上，房地产开发难以满足不同的消费需求。

（3）个别房地产开发企业管理不正规。企业中存在合同不兑现、面积缩水、虚假广告、延期交付、提高容积率等违法违规行为。

（4）市场配套体系不完善，物业管理和房地产中介服务企业的发展滞后于房地产业的发展。

**3. 企业发展动向和发展趋势**

（1）规模化：随着房地产业竞争加剧，房地产开发企业规模化发展。房地产开发行业中大鱼吃小鱼的态势显现，快鱼吃慢鱼这种现象即将发生。国内资本市场的逐步成熟，将大大加快房地产开发企业规模化、集团化的步伐。

（2）制度化：制度化是企业发展规模化、民营化的基础和保障。我市房地产业的发展仍然显得较“乱”，存在以下不合理制度：房地产企业定价制度、土地征用制度、企业内部激励机制等。未来中国房地产开发企业将按照现代企业制度的基本原则，加强房地产企业内部管理制度、激励制度、用人制度、财务制度等方面的规范化，使得企业的内部以及外部环境进一步向制度化方向发展。

（3）品牌化：品牌化是产品差别化的进一步深化。品牌是一个企业的实力、产品质量、管理水平等指标的综合体现，是核心竞争力和综合素质的外部表现。长久以来，中国的消费者买房子需要全面考虑有关住房的所有因素，但是各因素的权重对比分析只有消费者自身去衡量，从而造成较高的交易费用。未来我市房地产市场的竞争主要在于品牌竞争，而不再是炒作概念，全面采取“跟随策略”就能“全赢”的局面将被逐步打破，房地产业界将会崛起一批行业精品楼盘和明星企业，它们在竞争中占据优势并获得巨大的超额利润。

## （二）房地产开发投资状况

### 1. 土地规划和使用情况

（1）土地规划情况

在新一轮土地利用总体规划修编中，咸阳市将主城区（含沣渭新区咸阳部分）和泾渭新区确定为中心城区规划控制范围。主要包括秦都区（马庄、双照镇除外）、渭城区行政辖区和泾阳县的永乐镇、高庄镇、崇文乡以及兴平市的西吴镇，田阜乡，土地面积共66088公顷。主城区（含沣渭新区咸阳部分）是咸阳城镇体系的核心，承担着咸阳市政中心、经济中心、文化中心、旅游服务中心、高新技术产业基地、综合型居住社区的职能区域范围。规划到2010年，主城区建设用地规模控制在7000公顷，新增建设用地控制在1264公顷；到2020年，建设用地总规模控制在10583公顷，新增建设用地控制在3109公顷，人均用地控制在100平方米。泾渭新区位于渭河以北，西咸北环线以南，西到老咸公路，东至西咸分界线，规划总面积305平方公里；其发展策略是打造国际空港区、文化旅游区、渭河北岸综合商务区和北部产业区。规划到2020年建设规模5013公顷，近期安排新增建设用地2088公顷。

（2）各类物业土地情况

各类物业土地总面积15294526.8亩，其中建设用地1632531.1亩。住房用地总量为19494.6亩（新增用地17545.14亩，存量土地1949.46亩）。其中，中心城市住房用地总量为8346亩（新增用地7511.4亩，存量土地834.6亩）。

商品住房用地9600亩（新供应土地8640亩，存量土地960亩），其中6728.22亩的住宅用地用于供应中小套型普通商品住房。保障性住房用地9894.6亩（新供应土地8905.14亩，存量土地989.46亩），其中：经济适用住房用地654亩（新供应土地588.6亩，存量土地65.4亩）；廉租住房用地934.2亩（新供应土地840.78亩，存量土地93.42亩）；公共租赁住房用地1152亩（新供应土地1036.8亩，存量土地115.2亩）；限价商品房用地4188亩（新供应土地3769.2亩，存量土地418.8亩）；为农民建设普通商品房用地2966.4亩（新供应土地2669.76亩，存量土地296.64亩）。

**2. 住房投资情况**

"十一五"期间，咸阳市城区住宅与房地产市场总投资189.71亿元，年均投资38.07亿元；总开发面积953.16万平方米，各类住房平均建设面积190.63万平方米，年均增长速度9%。其中2010年房地产开发施工面积392万平方米，竣工面积186万平方米（其中商品住宅竣工面积142万平方米）；房地产开发投资稳中回落（全市房地产开发投资93.8亿元，增长27.8%，增速比上年回落6.2%）。总体而言，2010年房地产住房投资呈平缓上升趋势，市场仍然需要一段时间消化。

## （三）房地产销售状况

**1. 2010年房屋销售情况**

（1）各类物业销售量、销售价格

首先，由表2可知，普通商品住宅房价从2010年1月3046元/平方米到12月的3606元/平方米，上涨约为18.4%。

**表2　2010年普通商品住宅销售价格情况**

单位：元，$m^2$

| 2010年 | 1月 | 2月 | 3月 | 4月 | 5月 | 6月 | 7月 | 8月 | 9月 | 10月 | 11月 | 12月 |
|---|---|---|---|---|---|---|---|---|---|---|---|---|
| 均价 | 3046 | 3055 | 3005 | 3345 | 3613 | 3483 | 3416 | 3394 | 3743 | 3674 | 3698 | 3606 |
| 同比(%) | 2 | 4 | 6 | 16 | 20 | 18 | 16 | 14 | 17 | 23 | 21 | 25 |

其次，由表3可知，商业房屋价格从2010年1月5267元/平方米到12月的8772元/平方米，上涨约为66.5%，明显快于不同住宅价格上涨速度。

表3　2010年商业房屋销售价格情况

单位：元，m²

| 2010年 | 1月 | 2月 | 3月 | 4月 | 5月 | 6月 | 7月 | 8月 | 9月 | 10月 | 11月 | 12月 |
|---|---|---|---|---|---|---|---|---|---|---|---|---|
| 均价 | 5267 | 3817 | 7910 | 9078 | 8374 | 7536 | 4641 | 14129 | 9809 | 5038 | 6543 | 8772 |
| 同比(%) | -53 | 101 | 5 | 54 | 119 | -15 | -21 | 248 | 82 | 83 | 47 | -16 |

再次，由表4可知，办公房屋价格从2010年1月3650元/平方米到10月的2951元/平方米，下降约为19.15%。但2010年从1月到10月办公房屋价格经历先升后降过程。

表4　2010年办公房屋销售价格情况

单位：元，m²

| 2010年 | 1月 | 2月 | 3月 | 4月 | 5月 | 6月 | 7月 | 8月 | 9月 | 10月 |
|---|---|---|---|---|---|---|---|---|---|---|
| 均价 | 3650 | 4167 | 4363 | 4377 | 4427 | 4443 | 4506 | 4520 | 4692 | 2951 |
| 同比(%) | — | — | — | — | — | 9 | 9 | 8 | 13 | -32 |

最后，由表5可知别墅、LOFT高档住宅价格2010年整年上下波动，但2010年1月与12月房屋价格基本持平。

表5　2010年别墅、LOFT高档住宅销售价格情况

单位：元，m²

| 2010年 | 1月 | 2月 | 3月 | 4月 | 5月 | 6月 | 7月 | 8月 | 9月 | 10月 | 11月 | 12月 |
|---|---|---|---|---|---|---|---|---|---|---|---|---|
| 均价 | 7040 | 7107 | 7271 | 7228 | 7961 | 8120 | 7960 | 7863 | 7451 | 7693 | 8622 | 7631 |

（2）物业销售结构变化趋势

2010年，在国家政策激励和市场自身调整影响下，咸阳市城区房地产市场发展迅速，并呈现出市场交易投资活跃、景气程度高的特点，全年新建商品住宅销售面积同比增长48%。但是，从二季度开始，受国家一系列房地产市场调控政策的影响，市场开始呈现交易量萎缩，三季度与二季度基本持平；9月开始，房产市场成交量恢复增长，带动房价上扬；四季度交易量快速回升。从建筑类型方面，高层和小高层正在慢慢崛起，大面积户型比例在逐渐增加。

**2. 2011 年咸阳房地产销售情况**

2011 年，城区各类房屋总交易面积 215.83 万平方米，同比下降 9%；交易金额 96.50 亿元，同比上涨 14%；交易套数 21239 套（宗），同比下降 7%。其中新建商品房交易面积 198.55 万平方米，同比下降 6%；交易套数 19261 套（宗），同比下降 6%。存量房交易面积 17.28 万平方米，同比下降 39%；交易套数 1978 套（宗），同比下降 15%（其中：二手住房占总住房交易量的 9%）。

全年新建住房平均价格 4111 元/平方米，比年初省住建厅公布的住房价格调控目标上涨了 4.6%；新批准预售总面积 215.06 万平方米，同比下降了 18%；交易套数 18706 套（宗），同比下降了 26%；新建商品住房交易面积 187.72 万平方米，同比下降了 4%。

## （四）咸阳市保障性住房情况

**1. 保障房建设基本情况**

（1）廉租住房建设步伐加快。政府通过集中新建、收购、改建和企业代建、直管公房改造等多渠道增加廉租住房房源供给。2008 年，新建廉租住房 6.7 万平方米，超额完成当年任务 0.2 万平方米；2009 年，全市廉租住房建设施工面积为 23.15 万平方米（超额完成 5.15 万平方米），竣工面积 18.96 万平方米；2010 年，全市廉租住房建设施工面积为 20.08 万平方米，超额完成 0.08 万平方米；2008～2010 年共建设廉租住房 45.74 万平方米。2011 年全市已交付使用的项目有 7 个；入住房屋面积 11.24 万平方米（2244 户家庭已经入住新房）；34.5 万平方米（6935 套）正在加快项目收尾，将在年底全部配租到户。2011 年，省下达我市廉租住房新建任务 5000 套，截至 2011 年底，全市计划新建廉租住房项目 14 个、投资 6.9 亿元，建设面积 34.25 万平方米、共 6795 套，占目标任务的 136%。中央补助到位 4 个项目，下拨补助资金 5165 万元；省已下拨补助到位 11 个项目，下拨补助资金 8430 万元。

（2）公共租赁住房建设加速发展。为建设国际化大都市创造良好的发展环境，积极解决城镇新就业人员、外来务工人员的住房问题，2011 年，快速启动了公共租赁住房建设。2011 年，全市公共租赁住房建设任务 1.5 万套，占 2008～2011 年四年廉租住房建设任务（13984 套）的 107%。截至 2011 年底，全市通过政府集中新建、收购、改建等方式计划投资 16.54 亿元，建设68.98 万平方米、15052套的19个项目，已开工建设63.48万平方米、12236套，占年度目标任务的82.2%。中央已下拨补助到位资金2.48亿元。

（3）限价商品房建设稳步推进。为解决城镇中等偏下收入“夹心层”的住房问题，2009年开始，本市实施了限价商品房建设。2010年，全市建设限价商品房项目4个，其中总投资11.74亿元、总建筑面积55.46万平方米、建设套数3498套。2011年，全市限价商品房建设新建任务7000套，已开工建设12个项目（共118.91万平方米，8936套），计划安排投资35.27亿元。

**2. 保障性住房存在的主要问题**

近几年，咸阳市保障性住房建设虽然得到了较快发展，但仍存在以下问题：

（1）地方财政配套资金筹措压力大。目前，保障性安居工程建设资金的来源主要有两部分，一是上级补助资金，二是地方政府包底配套资金。除上级补助资金外，按照2600元/平方米高层建造成本，市县区地方财政需要给廉租住房配套1700元/平方米，给公共租赁住房配套2000元/平方米；按本年全市承担廉租住房新建5000套、25万平方米计算，市县两级地方财政需拿出4.2亿元给廉租住房配套；按今年全市承担公共租赁住房1.5万套、90万平方米计算，市县区地方财政需拿出18亿元给公共租赁住房配套。因此，地方财政压力较大，资金筹措较为困难，影响到保障性安居工程的建设。

（2）建设用地征迁难度大。按照国家有关政策，对于保障性住房建设用地指标实行应保尽保；但是从以往土地供应实际情况来看，从拿到土地指标到完成拆迁安置补偿到真正进地施工建设需要较长一段时间。征迁周期长、难度大的问题影响了项目的及时启动。

## （五）拆迁安置现状及对策

**1. 咸阳市房屋拆迁基本情况及特点**

2010年，咸阳市住建与规划局共审批房屋拆迁项目两个，分别是果子市古文化一条街改造项目和秦皇路东侧区域改造项目，拆迁房屋面积约8万平方米，涉及被拆迁人共476户：果子市古文化一条街项目已完成拆迁，签订拆迁补偿安置协议230份；秦皇路东侧区域改造项目进展顺利，公路局公产部分已经签订拆迁补偿协议，其他工作也正在积极协商之中。以前的拆迁遗留项目8个，完成拆迁项目4个，签订拆迁补偿安置协议490份。

咸阳市房屋拆迁特点如下：

（1）严格房屋拆迁许可证制度，把好《房屋拆迁许可证》源头关。城市房屋拆迁实行行政许可制度，凡是实施拆迁的单位，都必须持建设项目批准文件、建设规划用地许可证、建设用地批准文件、拆迁补偿安置方案和拆迁计划、补偿安置资金证明和资金监管协议等文件，才能申请办理《房屋拆迁许可证》。取得《房屋拆迁许可证》后，方能依法对居民、单位户的房屋实施拆迁。在日常工作中，严把拆迁许可证审批关，在申请要件齐全的情况下，坚持现场查看制度，认真核对项目单位提供的有关资料数据，确保要件的准确性，确保补偿安置资金的落实，最终保证《房屋拆迁许可证》的合法性。

（2）认真审查拆迁补偿安置方案，保障被拆迁人利益最大化。一个项目的拆迁补偿安置方案关乎被拆迁人的切身利益，也关乎拆迁项目的顺利实施。在审批拆迁项目前，首先要审查拆迁补偿安置方案：一是拆迁补偿安置方案中要明确安置方式（拆迁人要提供两种安置方式供被拆迁人选择，一种是货币补偿，一种是产权调换。产权调换还要明确安置地点和楼号）；二是要确定拆迁项目的货币补偿基准价格和安置房价格（委托不少于两家的有资质的估价机构对拆迁区域的货币补偿基准价进行测评，召开专家委员会，对测评的货币补偿基准价格进行评审，确定拆迁项目的货币补偿基准价格和安置房屋价格，根据不同结构，两个价格的差距要保障被拆迁人能够接受，不能因为拆迁给群众带来负担）；三是对具体事项做出明确规定（过渡方式、过渡期限、过渡费用、搬迁费、奖励政策等做出规定，对超期过渡如何处理也做了进一步明确，使拆迁补偿安置方案更加切合实际）。

（3）落实科学发展观，增强服务保障意识，深入拆迁现场，宣传拆迁政策。《房屋拆迁许可证》的颁发并非房屋拆迁管理工作的终结。市拆迁管理办把优化投资环境作为落实科学发展观的切入点，进一步转变行政理念，转变工作作风，认真解决项目实施单位最直接、最需要解决的实际问题。坚持做到在服务中实施管理，在管理中体现服务。组织政策理论水平高、工作经验丰富的人员深入拆迁现场，设立拆迁政策咨询点，为民提供政策服务。宣传拆迁政策，解读补偿安置方案，回答群众疑虑，做好被拆迁人思想稳定和诱导工作，确保拆迁安置工作在公平、公正、公开的原则下进行。

（4）坚持靠亲情、靠政策、靠耐心说服被拆迁人，努力做好被拆迁人思想工作。拆迁拆的是被拆迁人的“命根”，改变的是生活习惯，群众承受精神和物质上的双重压力，被拆迁人有抵触情绪是正常的。这就要求一靠亲情，把被拆迁人的事情当自己的事情来办，帮助被拆迁人寻找过渡房源，有一个可靠的落脚处；二靠政策，被拆迁人不怕补偿少，只怕不公，拆迁补偿安置必须做到公平公正、阳光操作、让利于民；三靠耐心，绝不能与被拆迁人顶牛、抬杠，拆迁中往往会遇到被拆迁人的不理解，反复多次给被拆迁人做工作是普遍现象，要有耐心。

**2. 拆迁安置存在的问题**

（1）拆迁补偿一般采取低补偿、低安置的标准，与按市场价格补偿的标准难以统一，易引发拆迁矛盾和纠纷。全市在拆迁评估时采取货币补偿基准价方式，造成房屋拆迁补偿价格低于房屋市场价格，引发拆迁纠纷和矛盾。但货币补偿基准又不能公布得太高，否则会推高房屋市场价格。比如在2007年年初批准的郑西铁路建设项目拆迁时考虑到不能提供安置房，确定货币补偿基准价格为评估价的基础上增加20%的补助来满足被拆迁人能到市场上买到房，但拆迁开始不到一个月，咸阳市的房屋市场价格猛涨（200元/平方米）。

（2）极少数被拆迁人对城市改造不理解，不顾全大局。比如新世纪、铁嘴新村的极少数被拆迁人，不理解拆迁工作，四处告状、上访，各级领导都给予了明确答复：要求回去后要积极配合拆迁，在政策上要给予最大照顾。但现今部分被拆迁人仍然阻挠拆迁。

（3）少数被拆迁人只考虑当前利益，没有长远打算。比如我市现在执行的拆迁政策，都是“低补偿，低安置”，补偿价格虽然低于市场价格，为了满足被拆迁人有房住的基本要求，安置房屋价格更是低于市场房价格。就民房的补偿价格和安置房价格差来说，一般控制在300元以内；而对于多层楼来说，实际补偿下来几乎能达到一换一。

（4）少数开发企业（拆迁人）不讲诚信，直接伤害被拆迁人。个别项目的拆迁人没有按照拆迁补偿方案落实，致使少数被拆迁人的安置工作没有落实，损伤了被拆迁人支持城市改造的积极性。

（5）强制拆迁难，给拆迁带来诸多不利。现《条例》规定，强制执行可以申请政府执行，也可以申请人民法院执行。而实际是相互推诿，谁都不愿执行，随之而来的是拆迁期限的不断延长、开发成本的增加，加大了开发企业的成本负担。开发企业为了减少开发成本，缩短开发周期，进行违法成本和超标准补偿成

本比较，哪个划算就用那个。出现违法拆迁行为，造成被拆迁人到处上访，重复上访，甚至封门堵路，这就带来了拆迁补偿的不公平、不公正。

**3. 拆迁安置治理对策**

（1）《国有土地房屋征收补偿条例》（简称新《条例》）已经公布实施，原有《城市房屋拆迁管理条例》已经废止。按照新《条例》，因公共利益需要进行房屋征收的项目，房屋征收部门先要进行摸底调查和社会稳定风险评估，制定征收补偿方案、征求意见，落实补偿安置资金，上报市政府做出征收决定，有关单位进行征收工作。所以，在做出征收决定之前，资金要落实，补偿方案也要得到大多数被征收人认可，切实维护被征收人的合法利益。

（2）严格控制房屋征收补偿安置资金和以前的房屋拆迁监管资金，保证安置资金专款专用，不得挪作他用，确保项目顺利实施。

（3）加强房屋征收中建设活动的监督管理，对违反城乡规划进行建设的依法予处理，预防和减少房屋征收过程中纠纷的发生。

（4）继续加大协调督办力度，解决被拆迁人安置遗留问题。对于之前没有落实安置的被拆迁人，有关领导限时解决；对于长期不能解决的，要拿出处理意见并上报。

## （六）中介业发展状况及对策分析

随着房产市场的进一步发展，房产中介市场日趋活跃，在推动我市房产业的发展，特别是激活住房二级市场方面发挥了重要作用。现我市城区共有 39 家房产中介机构（其中：房产评估机构 8 家，房产经纪、咨询机构 31 家）。

存在主要问题：（1）中介机构从业记录和台账（报表）不健全，绝大多数无台账。（2）部分中介机构没有在房产主管部门年检备案，部分从业人员无经纪人员资格证。（3）仍有个别房产中介机构没有任何手续，未按规定取得咸阳房地产中介机构年检备案意见书和工商行政管理机关颁发的营业执照。

## （七）物业管理现状、问题及发展思路

**1. 咸阳市物业管理现状**

自 2002 年初市政府机构改革明确物业管理职能部门以来，全市已取得物业管理资质证书的企业 108 家（其中二级资质 4 家，三级资质 104 家，外来企业 10

家），从业人数近4000余人（其中各类专业技术人员600余人，取得全国物业管理企业经理岗位证书及管理员岗位证书的约1200余人，吸纳下岗职工2000余人），实施规范化物业管理项目140个，管理面积710万平方米，服务人口近17万人，市区物业管理覆盖面已达75%。全市创建全国物业管理示范住宅小区两个、省级物业管理示范小区9个、省级信得过物业管理企业1个，省级文明优胜单位1个，省级园林式居住区1个，市级物业管理示范住宅小区（大厦）14个。2008年度，宝鸡住建局被省住房和城乡建设厅评为全省“物业管理先进单位”。

首先，初步建立行业发展的政策法规体系。自2002年以来，围绕《陕西省城市居住区物业管理条例》和国务院《物业管理条例》的颁布实施，先后起草下发了《咸阳市物业管理实施细则》《咸阳市城区物业共用部位共用设施设备维修基金缴交使用管理办法》《关于进一步加强首次业主大会及业主委员会备案工作指导意见》《关于城区住宅物业项目交接有关问题的指导意见》，与市公安局联合下发了《关于加强城区居住小区安全防范工作的通知》，与市物价局联合下发了《物业服务收费管理实施办法》等规范性文件及相关配套办法和规定，有效地改善了咸阳物业管理的法制环境，使物业管理逐步做到有法可依、有章可循。

其次，按照市场经济规律逐步推行物业项目招投标制度，建立了咸阳市物业评标专家库。凡新建住宅小区，一律通过招标方式选聘具有相应资质的物业管理企业实施专业化、规范化管理，严禁采用不正当竞争方式承接业务，逐步创建了公开、公平、公正的市场竞争机制；同时积极指导业主委员会依据有关程序选聘物业服务企业，形成业主与物业服务企业双向选择、优胜劣汰的市场格局。

最后，规范住宅专项维修资金交存、使用和监管工作，成立咸阳市住宅专项维修资金管理中心。截至2011年底，全市已征集住宅专项维修资金1.3亿元，征集户数达26100余户，一定程度保障了住宅共用部位的共同设施设备的维修和正常使用。

**2. 咸阳市物业管理存在的主要问题**

物业管理服务是市场经济的一种新型商品，随着本市城市建设的快速发展和生活需求上升，物业管理面临着新的挑战。对我市乃至整个西部欠发达城市而言，物业管理行业的发展正处在矛盾凸显期。新老体制、新老观念交替过程中的许多问题逐渐暴露，直接或间接约束着行业的健康发展。

（1）业主对物业管理的思想认识没有完全与市场接轨。随着社会主义市场经济体制的建立，各行各业的市场化运作已深入人心，但是人们对物业管理这一行业的认识往往还滞留在计划经济阶段。业主一方面一味要求物业管理公司提供优质、高效的服务，另一方面却拖欠物业管理费，只享受服务不愿意缴纳费用。大部分物业管理处在原始的粗放发展阶段，管理服务大都限于代收水、电、气费，清理楼道卫生等。有人认为物业服务企业与业主之间是管理者与被管理的关系；有的人则认为业主与物业服务企业之间是“主人”与“仆人”之间的关系：这些误解都导致物业管理工作难以开展。业委会与物业管理企业之间的合同意识不强，业主之间的公约意识淡薄，在一定程度上造成了物业管理的混乱局面。

（2）房地产开发商与物业服务公司建管不分模式难以保护业主的根本利益。目前绝大多数物业服务公司是从房地产开发企业中分离出来的，有的是开发企业的一个部门或子公司。随着社会的发展以及人们生活水平和需求水平的提高，这种开发与管理合一模式的弊端日益暴露，不利于房地产开发和物业管理专业化和社会化发展，特别是不利于保护购房者的利益。只有当物业服务公司与房地产商各自独立，在物业的移交过程中，物业服务公司才会尽全力为业主向开发商和施工单位争取利益，确保业主所购买的住房在质量上有保证，出现问题时能尽快修复解决。物业服务公司会自觉不自觉地为房屋的质量把关，以免物业正式移交后留下的隐患由物业服务公司来处理。如果二者是合一的，不难想象，作为开发公司一个部门的物业服务公司，其“甲方思维定势”将继续存在，业主应得的利益难以通过二者之间的约束机制而尽情享有。因此，推行建管分离的模式刻不容缓。

（3）业主大会、业主委员会的性质、地位和工作程序存在认识偏差。业主大会、业主委员会不能有效履行物业管理法规赋予的职责。有的业主委员会代替业主大会行使职权，个别业主委员代替整个组织，造成业主委员会内部、业主与业主之间的矛盾，给物业管理的正常运作带来了不利影响。

（4）水、电、气收费问题引发的矛盾突出。由于绝大多数用户都未实行“一户一表”的收费，而水电气部门都是按总表计量收费，物业管理公司将总表与分户表总量的差额实行分摊，这就导致差额太大，引发业主不满，有的业主拒交物业服务费和水电气费，为此遭到断水、断电、断气。物业管理企业处于业主与水电气部门的夹缝之间，左右为难。

（5）物业管理企业服务意识不强，员工素质不高。一部分物业管理企业往往是以管理者自居，对自己的定位不清，没有完全树立与业主之间的服务与被服务关系，物业管理的服务特征被淡化。少数物业管理企业过度追求利润，不按照合同提供相应服务，收费与服务不相符。一些物业管理企业擅自处分应由业主处分的事项，侵犯业主合法权益，如对小区内停车费、广告费等公共利益不及时纳入维修资金，而是擅自使用等。

（6）各部门对物业管理工作相互配合支持不够，舆论导向存在偏差。城市内的街道办事处、居委会以及相关行政主管部门对物业管理感到“茫然”，对相关法律法规的学习和认识不够，难以按照《条例》和《行政许可法》的要求履行工作职责，不能齐抓共管。各种舆论媒体对于物业管理行业的正面报道少；少数媒体为了追求眼球效应，不做深入调查，随意误导群众，给行业造成负面影响。

（7）物业管理接管撤管机制不健全。在一些物业管理接管撤管纠纷中，街道办事处、居委会、相关行政主管部门工作不到位是小区接管撤管纠纷的一个重要原因。错误的认识是开发商及物业管理企业拒不撤管的主要原因。接管撤管及相关物业管理法规政策不健全，是接管撤管纠纷产生和难以解决的根源。

（8）物业服务收费的监督机制尚待进一步完善。根据国家、省、市有关规定，物业项目的收费标准实行政府指导价，应由价格主管部门会同房产主管部门根据当地物业管理发展水平定期测算并向社会公布。但是在物业项目收费标准的指导过程中，价格主管部门没有及时与房产主管部门商量，因而企业的收费项目、收费标准、服务内容、服务标准缺乏有效监督和规范，不利于物业管理市场的健康发展。

（9）行政执法力度有待进一步加强。随着政府机构改革的深入，原属于房产部门的行政执法职能被划归城市综合执法部门，这就使物业管理的日常执法缺乏有机的统一，受理投诉部门和执法部门不能很好地衔接，物业管理行政执法形同虚设，大量的物业投诉不能得到有效的落实，物业企业和广大业主的合法权益得不到正当的维护，物业管理行业形象受损。

**3. 咸阳市物业管理健康发展的思路与对策**

物业管理是一个新兴的行业，在咸阳这个内陆欠发达的中等城市由于起步晚、基础薄弱、发展滞后等原因还处于水平较低的原始粗放型向规范标准型转变

的过程中，为解决当前物业管理中存在的一些突出问题，各部门应相互配合，齐抓共管。

（1）加强政府管理和引导，完善物业管理法制建设。在已颁布实施的《物业管理条例》和《陕西省物业管理条例》基础上，进一步出台更加完善、操作性强的实施细则及相关配套政策，明确政府部门、开发企业、物业服务企业和业主各方的责任、权利和义务；进一步规范物业服务企业行为方式，完善招标制度、引入竞争机制，把优秀物业服务企业引进来，改变从业人员服务不规范、专业性不强、企业运作透明度不够的落后状况。

（2）大力宣传政策法规，提高居民认知程度。针对业主权利与义务失衡的实际情况，应加大物业管理政策法规的宣传力度，使广大业主明确认识自己的权利和义务，从过去住房的福利型思维中走出来，逐渐认识和接受“谁受益谁买单”进而理解、支持、参与物业管理工作，逐步提高市民物业管理消费意识，培育和发展物业管理市场运作机制，引导和促进物业管理工作健康、有序发展。

（3）提高业主意识，加快业主委员会制度规范化。各区县行政主管部门和街道办事处要指导业主选出真正能够代表业主利益、热心公益事业、有一定知识水平的人员主持、参与业主委员会工作。能够在物业服务企业和业主之间起到桥梁作用，建立业主和物业服务企业之间的信任。定期召开业主大会，监督经费使用情况，受理业主投诉。对于热难点问题，物业服务企业在进驻小区时，要与业主签订公约，对违章搭建、垃圾处理、噪音油烟扰民、放养宠物和乱停车等问题约法三章，共同维护小区稳定。

（4）推进机制改革，使物业管理进入市场化运作轨道。要进一步完善市场机制，提高物业管理市场化程度。规范新建商品住宅物业管理招投标行为，积极引导开发商和业主大会通过公开招投标方式选聘物业服务企业，建立优胜劣汰的竞争机制。积极发挥行业协会的作用，引导物业管理企业优化组合，管理与作业分离，不断提高物业管理市场化程度。

（5）理顺体制，把物业管理纳入社区管理范畴。依据国务院《条例》，要在镇、街道办事处一级建立起正式机构，将物业管理融入社区管理，构筑起由区房地产管理部门业务指导、镇街道办领导和居民委员会参与协调、物业管理企业和业主双方按合同约定对小区实施管理的三级管理网络。充分发挥镇、街道办和居委会在社区管理中的综合优势，将物业管理达标小区、优秀小区的评定与文明小区的创建结合起来，把物业管理的好坏作为文明小区评定的重要内容，以共同加强对物业服务企业的监督和管理，促进物业管理水平的提升。

（6）成立咸阳市物业管理协会，在协会的领导下实行自律管理。行业协会为物业服务企业提供交流平台，促进行业自律，推动公平竞争，协调利益冲突，维护企业合法权益等方面的独特作用。

（7）实施品牌战略，把提高物业管理企业的自身水准作为基础性工作来抓。物业管理企业应有计划、有步骤，积极稳妥地建立起企业的品牌：一是要苦练内功，提高物业管理水平，使客户满意（要规范企业的行为，守合同重信誉，不侵犯业主权益，积极维护企业的形象）；二是走出去请进来，向同行业中的先进单位学习取经；三是加大自身员工专业知识和技能培训，也可通过人才市场、高等院校引进在物业管理方面学有专长的大中专毕业生，充实物业管理队伍；四是政府相关部门通过规范物业市场，严格按标准审批新办物业管理企业资质等措施，为物业管理企业实施品牌战略创造良好的外部环境（建立优胜劣汰机制，用制度规范物业管理企业行为，确保企业证照齐全，资质符实，服务优良）；五是鼓励品牌企业进行兼并和重组，使那些不规范和服务质量差、规模小的企业退出物业管理市场，以提升物业行业整体水平；六是大力开展物业管理项目的创优活动，大力宣传物业管理行业的先进事迹和先进人物，弘扬正气，树立物业管理的正面形象，进而通过规范的物业管理提高百姓的生活质量，改善人们的居住和工作。

## 三　咸阳市房地产现状分析及前景预测

### （一）咸阳市房地产现状

房地产调控始于2009年12月7日的中央经济工作会议，以国务院办公厅1月7日印发的《关于促进房地产市场平稳健康发展的通知》（简称“国十一条”）为标志，以“平稳发展”为总体基调的第一轮调控；第二轮调控以国务院2010年4月17日印发的《关于坚决遏制部分城市房价过快上涨的通知》（简称“国十条”）为标志，以“坚决遏制房价过快上涨”为总体基调；第三轮调控以各部委在2010年9月29日前后下发的关于落实“国十条”为标志，其中财政部、国

税局、住建部下发《关于调整房地产交易环节契税个人所得税优惠政策的通知》；住建部、国土部对各地进一步贯彻落实国务院坚决遏制部分城市房价过快上涨通知提出四项要求；央行下发《关于完善差别化住房信贷政策有关问题的通知》；住建部、国土部、监察部下发《关于进一步贯彻落实国发【2010】10号文件的通知》，这轮调控以“巩固调控”为总体基调。

2011年，受国家宏观调控政策的影响，市场供应量缩小，住房价格波动明显，从四季度开始呈下行趋势。住宅需求逐渐放缓，新建商品住房成交规模从三季度开始缩小，四季度萎缩明显，成交规模减少了4成。普通住宅购买人群来源基本稳定，以本市人口为主，投机投资性购买力不强。从购房者的来源看，我市城区及所辖县市购房人群是主力，占75%。总体来看，购房人群来源基本稳定，以本市人口为主。

**1. 房地产与社会经济的分析**

在保持宏观经济政策的连续性和稳定性的同时，我市房地产市场回暖和快速发展为“促进发展方式转变”、“调整经济结构”目标的实现作出了巨大贡献。2010年，我市GDP增长14%，其中房地产业贡献了1.3%。但是房价过快上涨也加剧了我市城区居民的住房困难。2010年我市城区平均房价收入比达到了10倍（平均房价收入比通常用家庭年平均总收入与一套房屋的平均价格之比来计算，即：房价收入比＝每户住房总价÷每户家庭年总收入）；租售价格比达到1∶300（房价租售比＝单套月租/总价）：房价与居民住房可支付能力之间的差距越来越大，城区出现了大量的夹心层困难群体，对改善民生、促进社会和谐非常不利。

**2. 房地产发展存在问题及原因分析**

我市城区房地产市场秩序总体比较健康，但随着房地产市场的快速发展，为谋取利益房地产开发企业和中介机构违规经营行为也不断增多。从我们日常开展的市场秩序整顿检查工作中发现：部分开发企业存在未取得预售许可的商品房项目，提前进行预售，以认购、预订、排号、发放VIP卡等方式向买受人收取或变相收取定金、预定款等性质的费用；实行代理销售商品房的，委托房地产经纪机构未在主管部门备案；房地产经纪机构未将经纪服务项目、服务内容和收费标准在显著位置公示；额外提供的延伸服务项目，未事先向当事人说明，亦未在委托合同中明确约定；个别房地产经纪机构和执业人员炒卖房号，在代理过程中赚取差价，发布虚假信息和未经核实的信息；捂盘惜售等违规行为；中介机构存在未取得备案手续或超营业范围从事房地产经纪业务，以虚假广告骗取中介费；非法代理不具备交易条件或没有房屋合法产权手续的房产，非法赚取交易差价等违规行为。

## （二）咸阳市房地产趋势及对策

### 1. 咸阳市房地产趋势分析

2012 年，在我市土地资源紧缺、旧城拆迁改造力度大、外来人口增加、城镇化进程加快等客观条件下，住房市场的潜在需求较大，对住房价格的上涨仍有一定推动作用；但从短期看，在咸阳房价比较高的情况下，很大一部分支付能力低的潜在需求者短期内无法转化为有效需求，有要求房价回调的趋势。

从政策层面看，从 2010 年 12 月的中央经济工作会议闭幕后，各主管部门已开始密集部署 2011 年调控，12 月 29 日住建部召开了 2011 年工作会议。2012 年，继续坚定不移地加强房地产市场调控。在支持自住性、改善性住房需求的同时，抑制投机性购房，遏制房价过快上涨。适时会同监察部对省、市人民政府稳定房价工作进行考核，对政策落实不到位、工作不得力的进行约谈直至追究责任。增加住房有效供给：配合国土部门在增加保障性住房供地的同时，切实保障普通商品住房的用地供应。继续大力规范和监管房地产市场秩序，维护消费者合法权益。住房城乡建设部将会同有关部门储备调控政策。房地产调控将着力于保障房建设和分配体系的完善、土地出让和管理制度的改革以及房产税扩征等领域。另外，货币政策逐步收紧也将考验房地产业的资金链。“长短政策结合是今后楼市调控的主要特点。”土地、信贷、税收等政策将进一步趋紧，楼市调控已经步入常态化阶段。从国家及各主管部门土地供给、住房金融、税收政策、市场秩序、住房保障等方面相继出台了一系列的政策措施，显示我国当前房地产市场面临问题之严重及国家整治房地产市场之决心，2012 年房地产市场在自身和国家宏观调控的双重作用下，将进入较长调整期。综合来看，预计 2012 年我市城区住房价格将在市场规则和政策调控的作用下有所回调，房地产市场调整趋势将逐步形成。

### 2. 咸阳市房地产发展对策

（1）近期措施建议

首先，继续加强房地产市场监管。2011 年成立由市政府分管领导任组长，

市政府分管副秘书长、市住建局主要负责同志任副组长，市发改、监察、国土资源、物价、统计、工商、国税、地税、银监等部门负责同志为成员的市住房价格控制领导小组，负责房地产市场工作。坚持取得《商品房预售许可证》后定期开盘、房源一次性上网公示等制度，严格退房管理，打击无证销售、捂盘惜售、变相炒房、哄抬房价、排号收取定金、“阴阳合同”等违规行为，加强新建商品住房明码标价管理。强化中介市场、房屋租赁市场管理，规范房地产经纪行为，建立健康有序的租赁市场环境。随时监控市场，适时出台购房限购令。

其次，进一步加大保障性安居工程建设力度。贯彻落实国家、省关于保障性安居工程的决策部署以及土地供应、资金投入和税费优惠等政策，积极引导鼓励房地产开发企业参与保障性住房建设和棚户区改造。健全保障性住房准入退出机制，切实做到公开、公平、公正。

再次，建立健全住房保障和稳定房价工作的约谈问责机制。对于新建住房价格出现过快上涨势头、土地出让中连续出现楼面地价超过同类地块历史最高价以及保障性安居工程建设进度缓慢、租售管理和后期使用监管不力的情况，市政府将约谈相关区政府、开发区管委会和市级主管部门负责人。对新建住房价格上涨幅度超过年度控制目标、没有完成保障性安居工程目标任务的情况，市政府将责成相关区政府、开发区管委会和市级主管部门做出报告，并追究相关责任人责任。

最后，坚持正确的舆论引导。通过各种形式，全面解析宣传关于抑制房价过快上涨的措施建议，搞好房地产市场信息发布工作，使消费者正确认识国家政策，准确判断房价大势，消除等待观望心态；使开发企业重振投资信心，积极应对房地产市场的新变化。市住建局等部门积极做好房地产市场调控的解读工作，及时公开披露合法项目信息、可售楼盘及房源信息、违法违规行为查处情况；加强房地产市场统计、分析、监测，及时发布市场调控和相关统计信息，引导居民理性消费，引导企业理性投资；组织新闻媒体，大力宣传住房保障和房地产市场调控工作取得的进展和成效，防止虚假信息或不负责任的猜测、评论误导消费预期；对制造、散布虚假消息的，追究有关当事人的责任。

（2）长远措施建议

一是实施房地产企业品牌战略，提升房地产开发品位。鼓励房地产开发企业按照建立现代企业制度要求，实施资产和股权重组、兼并、联合，形成一批具有综合竞争实力的大型房地产开发企业和企业集团。鼓励连片改造、街区开发，整体提升房地产区位品质。

二是拓展开发融资渠道。引导金融机构与房地产企业开展多种形式融资合作，为企业提供金融信贷支持。探索建立房地产行业互助担保基金，发挥众多企业资金聚集优势和担保资金的资金放大效应，解决房地产开发企业资金困难。

三是鼓励项目合作开发。对取得国有土地使用权、开发投资达25%以上的具备转让条件的开发项目，允许开发企业以作价入股合资合作开发经营或已转让方式进行项目合作。

四是发展县域房地产业。积极创造吸引有实力、具备相应资质条件的房地产开发企业到县城、示范镇及一般建制镇进行房地产开发，促进县域房地产业发展。

五是培育繁荣二手房市场。继续加大力度开展遗留问题房屋权属登记工作，制定出台房屋租赁管理实施方法。全面开展房屋租赁登记备案工作。

六是进一步优化房地产业发展环境。持续实施主城区改造提升和开发建设“3+5”工程，全面提升城乡环境品质，为房地产开发创造良好的硬件环境。坚持政务公开，简化办事程序，进一步提高行政效能和服务水平。进一步清理和规范房地产开发、建设和消费环节的行政事业性收费，杜绝重复收费、搭车收费、乱花费现象。

**参考文献**

［1］咸阳市住房和城乡建设规划局：《咸阳市房地产业发展现状与思考》。

［2］咸阳市统计局：《2010年咸阳市统计年鉴》。

# 2010～2011年宝鸡市房地产业发展报告

余劲 程甜 刘瑜婷*

## 一 宝鸡市宏观经济概况

### （一）宝鸡概况

宝鸡市，古名“陈仓”，是陕西省第二大城市、西部工业重镇。是华夏始祖炎帝的故乡，周秦王朝发祥地，素有“炎帝故里、青铜器之乡、佛骨圣地、民间美术之乡”美誉。宝鸡区位独特，交通便捷。位于陕西关中西部，地处西安、兰州、银川、成都四个省会城市的中心位置，是陕、甘、川、宁毗邻地区的区域性中心城市，陇海、宝成、宝中铁路在此交汇，公路交通四通八达，是承东启西、连南接北的交通枢纽城市，是中国境内亚欧大陆桥上第三个大十字枢纽。

宝鸡市辖12个县区和1个国家级高新技术产业开发区，138个乡镇（36个乡，102个镇），12个街道办事处，市域面积18143平方公里，其中市区面积555平方公里，建成区面积33.1平方公里。常住人口约378万，其中市区常住人口91.5万，流动人口8万。

### （二）宏观经济分析

#### 1. 宏观经济指标分析

（1）宝鸡市经济总量

近十年来，宝鸡市经济持续高速发展，每年GDP增长率都在10%以上，平

---

* 余劲，博士，西北农林科技大学经济管理学院教授；程甜，西北农林科技大学经济管理学院研究生；刘瑜婷，西北农林科技大学经济管理学院研究生。

均增长率高达 13.76%，远远高于全国 GDP 年平均增长率和陕西省 GDP 年平均增长率。

2010 年，全年全市生产总值 976.09 亿元，比上年增长 14.4%。其中，第一产业增加值 104.20 亿元，增长 6.9%；第二产业增加值 614.42 亿元，增长 17.2%；第三产业增加值 257.47 亿元，增长 10.3%。按常住人口计算，全市人均地区生产总值 26124 元。

2011 年，宝鸡市全市生产总值 1175.75 亿元，比上年增长 14.5%。其中，第一产业增加值 128.56 亿元，增长 12.3%；第二产业增加值 749.25 亿元，增长 17.6%；第三产业增加值 297.94 亿元，增长 11.0%。按常住人口计算，全市人均地区生产总值 31579 元。

从图1 可以看出，宝鸡市的经济总量在十年内实现了大的跨越。我们可以得知，得益于西部大开发战略，陕西省的经济实力得到飞速发展。而宝鸡市作为陕西省第二大城市，经济也得到了全面快速的腾飞。2010 年 GDP 总量 976.09 亿元，位列全省第四；2011 年 GDP 总量 1175.75 亿元，位列全省第四（前三名分别是西安 3964.21 亿元、榆林 2292.25 亿元、咸阳 1359.05 亿元）。

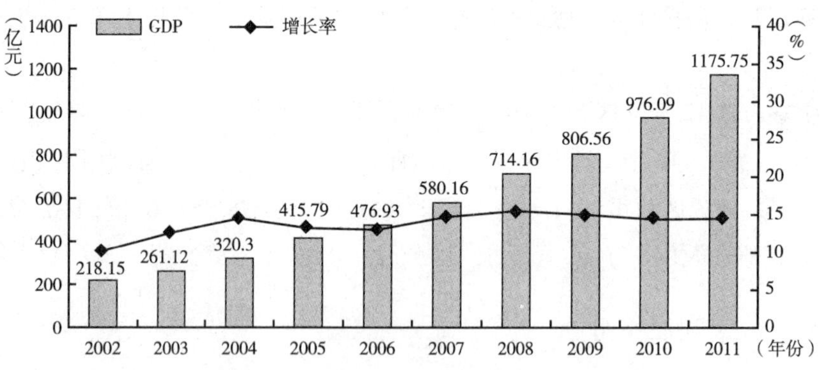


**图 1　2002 ~ 2011 年宝鸡市 GDP 和增长率**

数据来源：宝鸡市统计局网站。

2011 年，宝鸡市经济在全省范围内有明显增速。陕西省经济高点起步、稳健运行、发展强劲。十市一区中，杨凌、铜川、汉中和安康增长最快，增速分别达到 16.5%、16.0%、15.5% 和 15.5%；延安增长最慢，增速为 11.0%。

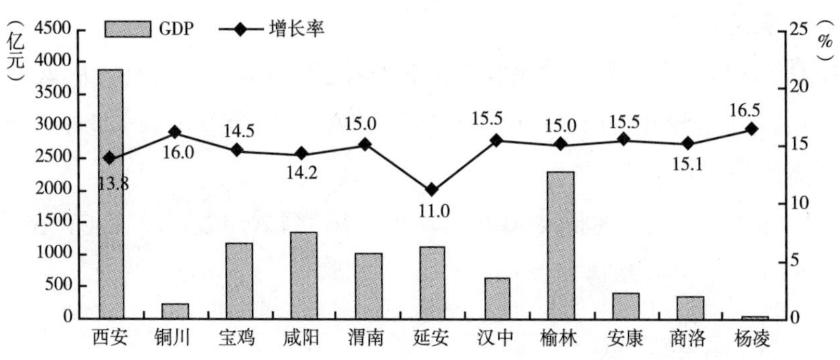


**图 2　2011 年陕西省各地区 GDP 与增长率**

与上年同期相比，西安、咸阳、延安、榆林增速减缓，榆林和延安增速回落幅度较大，分别为 3.3% 和 2.6%；铜川、宝鸡、汉中、安康、商洛和杨凌增速加快，其中杨凌增速加快 1%，增幅最大；渭南增速与上年持平。从绝对值看，西安（3864.21 亿元）、榆林（2292.25 亿元）和咸阳（1359.05 亿元）排在前三位，从全省经济发展可以看出宝鸡总体经济水平。

（2）城镇居民可支配收入

2002～2011 年，宝鸡市人民生活水平有了很大提高，城镇居民和农村居民收入都得到了大幅的增加。宝鸡市城镇居民收入在十年内增长了很大幅度，从 2002 年的 5718 元增长到 2011 年的 22337 元，增长了 16619 元，增长将近 3 倍，年平均增长率达到 14.49%。2010 年，全年城镇居民人均可支配收入 18978 元，比上年增长 16.1%。2011 年，全年城镇居民人均可支配收入 22337 元，比上年增长 17.7%。

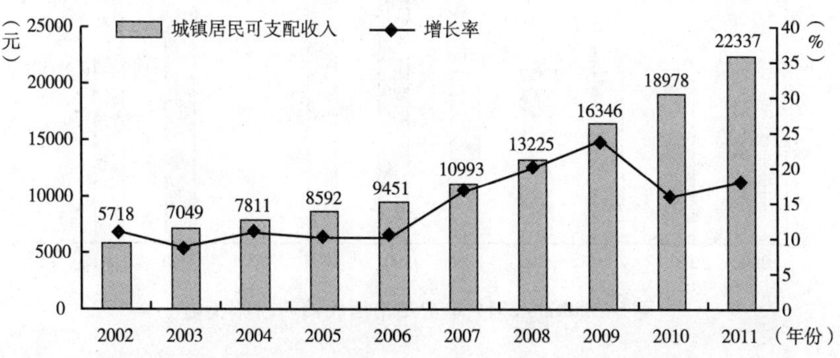


**图 3　2002～2011 年宝鸡市城镇居民可支配收入和增长率**

（3）农民收入

2002～2011 年，宝鸡市农民收入在十年内也有非常大的提高，从 2002 年的 1685.66 元增长到 2011 年的 6340 元，增长了 4654.34 元，增长 2.8 倍，年平均增长率高达 14.94%。

2010 年，农民人均纯收入 5040 元，增长率达到 20.4%。2011 年，农民人均纯收入 6340 元，增长率达 25.8%。

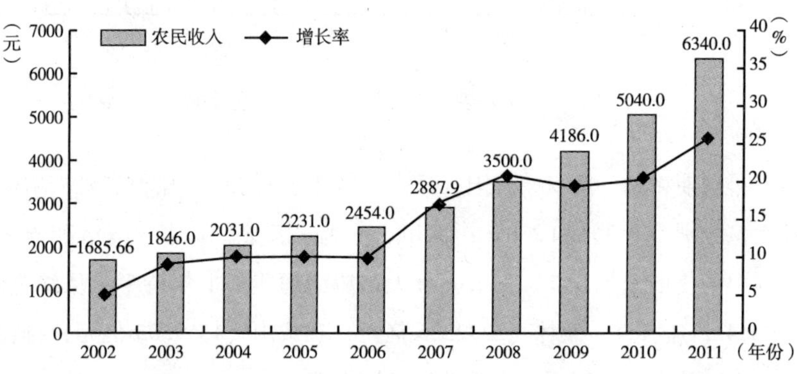


**图 4　2002～2011 年宝鸡市农民收入和增长率**

（4）居民消费价格指数

2002～2011 年，宝鸡市居民消费价格指数较为稳定，没有出现大幅增长，物价水平较平稳。

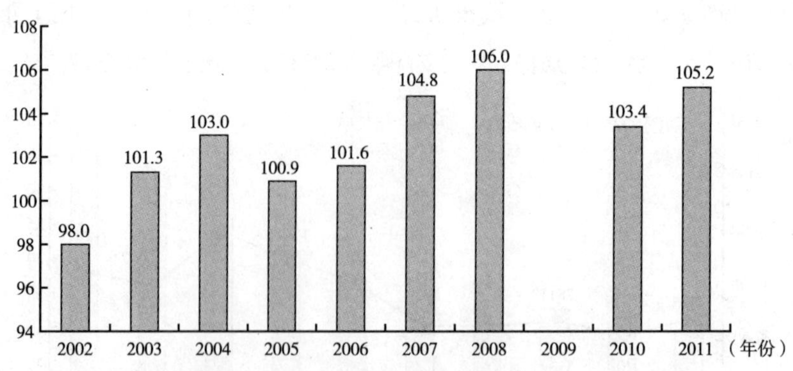


**图 5　2002～2011 年宝鸡市居民消费价格指数**

2010 年，全年居民消费价格比上年上涨 3.4%，其中城市上涨 3.2%，农村上涨 4.6%。全市商品零售价格上涨 3.9%。工业品出厂价格上涨 4.6%。原材

料、燃料、动力购进价格上涨 9.2%。农村生产资料价格上涨 0.5%。2011 年，全年居民消费价格比上年上涨 5.2%，其中城市上涨 5.1%，农村上涨 5.2%。全市商品零售价格上涨 5.9%；工业生产出厂价格上涨 5.3%；工业生产购进价格上涨 10.9%；农村生产资料价格上涨 10.4%。

从居民消费价格指数可以看出，食品消费价格指数从 2010 年的 109.1 上升到 2011 年的 111.0，同比增长 1.74%；烟酒及用品同比增长 1.49%；交通和通讯同比降低 0.3%；娱乐教育文化用品及服务同比降低 0.49%；居住消费价格指数同比增长 1.61%。以上数据表明，宝鸡市经济状况良好，处于经济繁荣期，市场投资需求旺盛，投资品的价格上涨。如表 1 所示：

**表 1　2010、2011 年宝鸡市居民消费价格指数分类**

| 分类名称 | 2010 年 | 2011 年 |
|---|---|---|
| 居民消费价格指数 | 103.4 | 105.2 |
| 其中:食品 | 109.1 | 111.0 |
| 烟酒及用品 | 100.4 | 101.9 |
| 衣着 | 99.2 | 99.5 |
| 家庭设备用品及服务 | 100.2 | 104.5 |
| 医疗保健和个人用品 | 103.8 | 106.0 |
| 交通和通讯 | 98.9 | 98.6 |
| 娱乐教育文化用品及服务 | 101.4 | 100.9 |
| 居住 | 105 | 106.7 |

数据来源：2010 年、2011 年《宝鸡市国民经济和社会发展统计公报》。

（5）地方财政收入

从图 6 可以看出，2002～2011 年十年间，宝鸡市经济持续快速增长，为财政收入增加奠定了坚实基础。宝鸡市地方财政收入稳步增加，使得各项建设有了稳定的财政支持。2010 年，地方财政收入为 38.78 亿元，增收 8.64 亿元，比上年增长 28.7%。整年全部财税总收入为 118.4 亿元，全年财政支出 133.06 亿元，用于民生方面的支出为 108 亿元，其中保障性住房投资完成 4.74 亿元，比上年增长 2 倍多。2011 年，地方财政收入 51.44 亿元，增长 32.7%。全年财税总收入 151.67 亿元，财政支出 163.74 亿元，用于社会保障和就业的支出 22.67 亿元，增长 25.6%。其中，用于住房保障的支出 11.69 亿元，增长 1.47 倍。

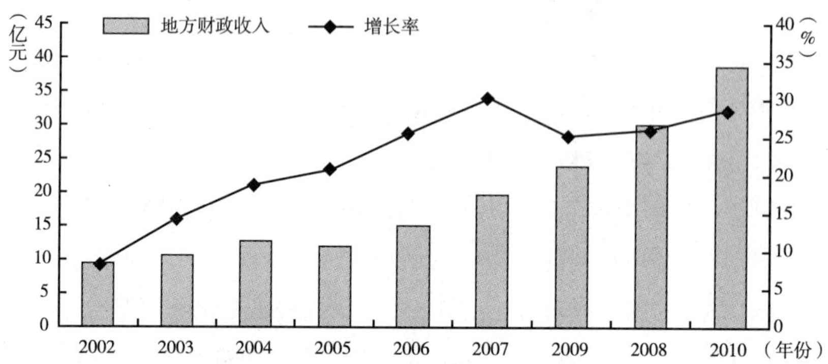


**图6　2002～2010年宝鸡市地方财政收入及年增长率**

备注：2009年为新统计口径。

（6）金融机构存款余额

近五年，宝鸡市金融机构存贷款量持续增加，存贷款余额也在逐渐增加，为房地产业、商业发展带来了机遇。2010年，金融机构存款余额达到1076.77亿元，贷款余额达436.96亿元。2011年，金融机构各项存款余额为611.58亿元，比上年增长13.4%；各项贷款余额为519.84亿元，比上年增长19%。

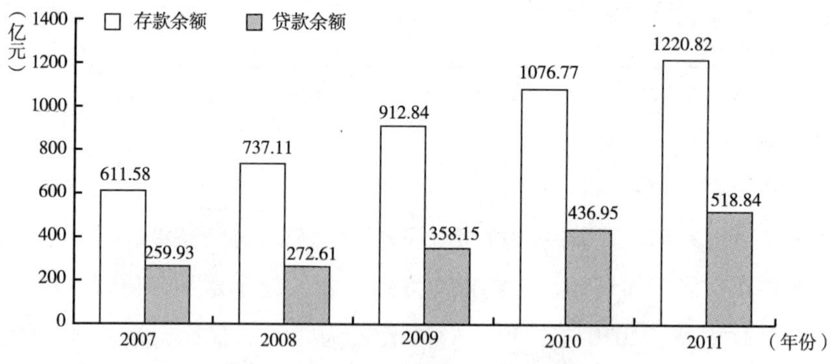


**图7　2007～2011年宝鸡市金融机构存款贷款余额**

数据来源：宝鸡市历年国民经济统计公报。

**2. 城市规划与基础建设**

（1）土地规划状况

宝鸡市位于陕西省关中西部，是我国西北地区的新兴工贸城市，全市东西长

162公里，南北宽159公里，土地总面积18143.02平方公里，占全省土地总面积的8.8%，市辖9县3区，138个乡镇，人口372万。土地总面积中：耕地556.26万亩；园地65.8万亩；林地1488.7万亩；牧草地153.19万亩；其他农用地49.96万亩；居民点及工矿用地121.45万亩；交通用地8.1万亩；水利设施用地6.2万亩；未利用土地230.78万亩；其他土地40.97万亩。

（2）城乡建设用地

2010年，城乡建设用地总面积为66620公顷，占全市建设用地面积的70.6%。其中，城镇用地面积8920公顷，占城乡建设用地总面积13.4%；农村居民点用地面积51627公顷，占城乡建设用地总面积77.5%；工矿用地面积6073公顷，占城乡建设用地总面积9.1%。

（3）城市建设

2010年末，宝鸡市城市道路长度462公里，人均道路面积15.7平方米，路灯总盏数5.37万盏。城市公交营运车辆623台，运营线路36条，线路总长度452公里，年客运量1.69亿人次，万人拥有公交车辆14.12标台。市区垃圾无害化率100%；城市集中供热普及率72%；城市居民用气总户数24.45万户，燃气普及率98.56%；城市供水管网总长552公里，用水普及率99.85%；建成区绿化覆盖率41.96%，绿地率38.7%，人均公共绿地面积14.47平方米。我市荣膺“中国十大生态宜居城市”、“中国十大绿色生态城市”、“全国创新型城市”等3项殊荣。

2011年末，城市道路长度485公里，人均道路面积15.5平方米，路灯总盏数达到5.59万盏。城市公交营运车辆665台，运营线路36条，线路总长度463公里，年客运量1.84亿人次，万人拥有公交车辆11.8标台。市区垃圾无害化率100%；城市集中供热普及率79%；城市居民用气总户数27.28万户，燃气普及率98.7%；城市供水管网总长565公里，用水普及率99.87%；建成区绿化覆盖率42.8%，绿地率39.6%，人均公共绿地面积14.89平方米。

## 二 宝鸡市房地产市场运行分析

### （一）固定资产投资与房地产开发投资

2002～2011年十年间，宝鸡市固定资产投资额增长很快，年平均增长率高达30.89%。2010年，全年全社会固定资产投资835.22亿元，比上年增长30.7%。其中，城镇固定资产投资 727. 41 亿元，增长 28. 3%；农村投资 57. 96 亿元，增长 7. 4%；跨市区项目投资 49. 85 亿元，增长 1. 74 倍。第一产业投资 30. 89 亿元，比上年增长 20. 5%；第二产业投资 333. 2 亿元，增长 35. 3%；第三产业投资 363. 32 亿元，增长 23. 2%。2011 年，全年全社会固定资产投资 1008. 03 亿元，比上年增长 31. 9%。其中固定资产投资 918. 03 亿元，增长 31. 9%；农户投资 45. 34 亿元，增长 39. 6%。在固定资产中，第一产业投资 36. 6 亿元，增长 32. 1%；第二产业投资 427. 35 亿元，增长 31. 1%；第三产业投资 454. 08 亿元，增长 31. 5%。

2003 ~ 2011 年间，房地产开发投资额从 13 亿元增加到 73. 77 亿元，增长了 6 倍，平均年增长率达到 25. 48%。2010 年，宝鸡市完成房地产开发投资 64. 66 亿元，年增长率为 10. 6%。2011 年，完成房地产开发投资 73. 77 亿元，增长 15. 8%。房地产开发投资额的持续增加使得房地产开发有稳定的资金来源。

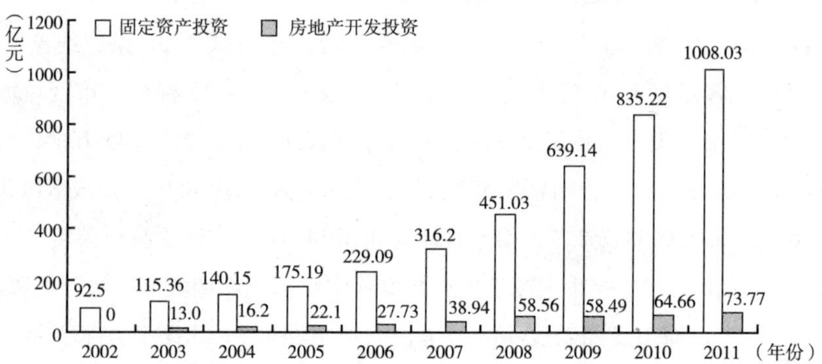


**图 8　2002 ~ 2011 年宝鸡市固定资产投资与房地产开发投资**

数据来源：宝鸡市统计局网站；宝鸡市人民政府网站。

房地产开发投资规模逐渐扩大，房地产开发投资占全社会投资总额的比重逐渐增大，已经成为拉动固定资产投资增长和经济快速发展的重要力量。

## （二）商品房销售情况

2006 ~ 2011 年，宝鸡市商品房销售面积增长约一倍，2009 年之前房地产销售面积增速非常快，而 2010 ~ 2011 年两年增速有所下降，2010 年增长率为 16. 7%，2011 年增长率为 5. 9%，为近几年最低值。从图 9 可以看出，房地产调控政策对于商品房的销售有比较明显的影响。

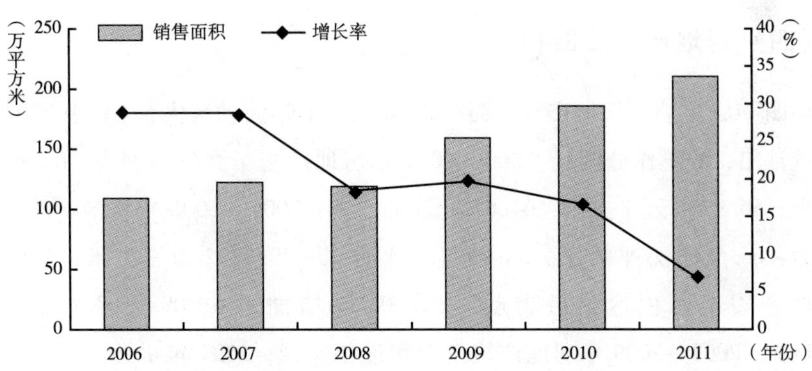


**图 9　2006~2011 年宝鸡市房地产销售面积与增长率**

## （三）房地产施工面积

如图 10，2000~2011 年的 12 年间，宝鸡市房地产施工面积持续上升，其中 2001、2002 年增速回落，较 2000 年分别下降 12.08%、12.93%；2004~2006 年房地产施工面积保持平稳增长，2008、2009 年房地产施工面积基本持平，2010 年房地产施工面积 588.3034 万平方米，达到 2000 年以来最高点；但到 2011 年宝鸡市房地产施工面积增速出现回落，房地产企业开发投资 73.77 亿元，比上年增长 15.8%，商品房施工面积 459.95 万平方米，比上年下降 21.8%，其中新开工面积 169.94 万平方米，下降 16.7%。表明 2011 年国家出台的宏观调控政策对房地产投资和全社会固定资产投资均有抑制作用。

近年来房地施工面积趋势图如图 10 所示：

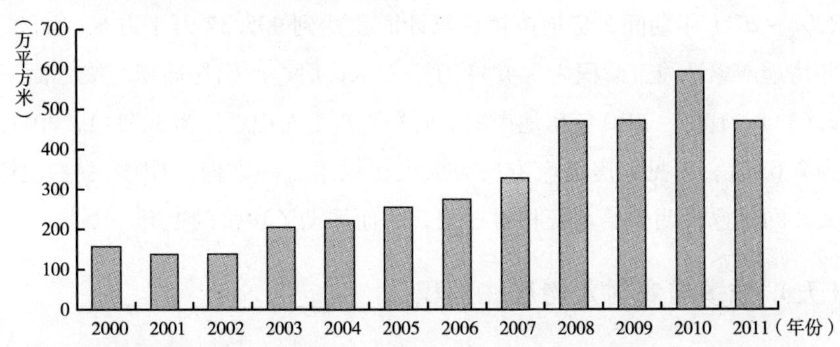


**图 10　2000~2011 年宝鸡市房地产施工面积**

## （四）房地产竣工面积

如图11，宝鸡市房地产竣工面积2000～2011年波动较大，（其中2003年数据未统计出，故不作分析）。2000～2002年房地产竣工面积分别为：66.0427万平方米、56.9216万平方米、64.8241万平方米；2004～2006年房地产竣工面积分别为：65.5868万平方米、38.7508万平方米、79.8392万平方米，其中2006年房地产竣工面积达到最高点，比2005年增加了41.09万平方米，增长106.03%；2007～2009年房地产竣工面积逐年递减，2009年房地产竣工面积比2006年下降43.52%；2010年房地产竣工面积再创新高，比最高点2006年略低3.53%；2011年，由于竣工项目滞后期和宏观调控的影响，房地产竣工面积为40.2229万平方米，同比下降47.78%。

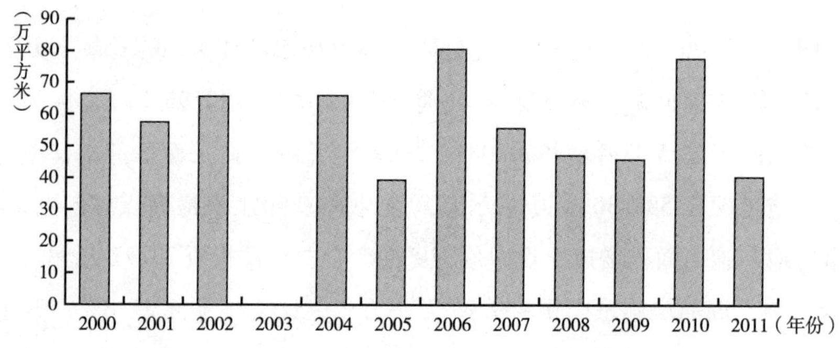


**图11　2000～2011年宝鸡市房地产竣工面积**

数据来源：宝鸡市统计局。

2006～2011年期间，房地产销售累计面积达到905.32万平方米。而2006～2011年房地产累计竣工面积为344.44万平方米，房地产销售面积与竣工面积之比达到2.63∶1。其中，2010年房地产销售面积与竣工面积之比为3.35∶1，2011年此比例为2.63∶1。可见，房地产市场需求大于供给。一方面说明居民住房需求逐年扩大，同时也说明供给增长相对迟缓，从而推动了房价的上升。

## （五）城镇与农村人均居住面积

2006～2011年，城镇人均居住面积从24.97平方米/人增加到28.3平方米/人，增长3.33平方米/人。农村居民人均居住面积从27.02平方米/人增加到32.7平

方米/人。根据相关研究，当一国居民人均居住面积达到 30～35 平方米之前，城镇居民将保持非常旺盛的居住需求。可以看出，2011 年宝鸡市人均居住面积为 28.3 平方米，还低于临界水平。因此，宝鸡市城镇居民的住房刚性需求还比较旺盛，房地产需求量较大。

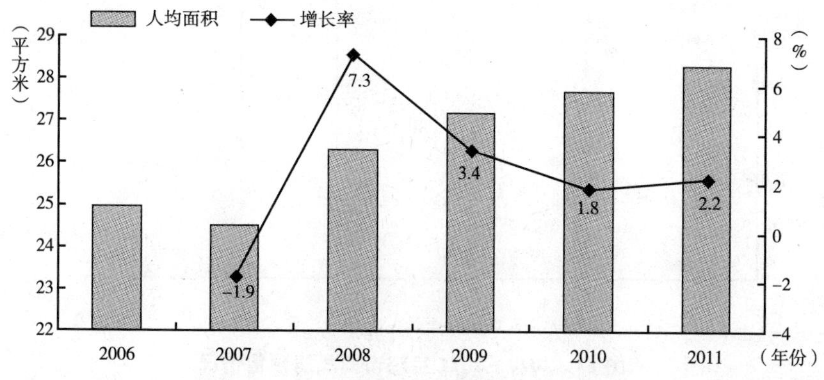


**图 12　宝鸡市历年城镇居民人均住宅面积**

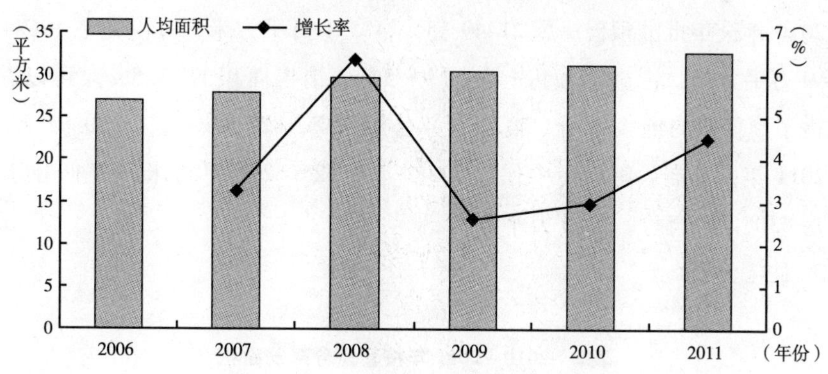


**图 13　宝鸡市农村居民人均住宅面积**

## 三　2010、2011 年宝鸡市房地产市场运行情况

### （一）商品房预售情况

**1. 基本情况**

2010 年 1～12 月份，共办理预售许可证 122 件，批准预售房屋建筑面积

240.21万平方米，批准预售房屋21449套。较上年增长36.95%。2011年1～12月份，共办理预售许可证143件，批准预售房屋26689套，建筑面积278.12万平方米，较上年同期略有下降。

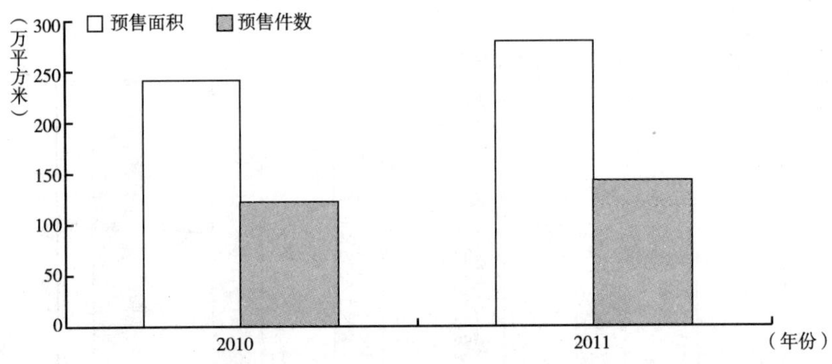


**图14　2010～2011宝鸡市商品房预售情况**

**2. 预售分析**

2010年全年批准预售房屋21449套，240.21万平方米，其中住宅19624套，200.59万平方米，占全部预售套数的91.5%，销售面积的83.5%。可以看出，住宅占了预售房的绝大部分；商业、办公用房等1825间（套），39.62万平方米。2011年，批准预售房屋中住宅22384套，225.62万平方米；商业用房、办公用房4305间（套），52.5万平方米。

**3. 住宅分析**

**表2　2010～2011年按套型分建筑面积**

| | 2010年 | | 2011年 | |
|---|---|---|---|---|
| 套型 | 建筑面积(万平方米) | 套数 | 建筑面积(万平方米) | 套数 |
| 1)60平方米以下 | 11.40 | 2531 | 11.67 | 2352 |
| 2)60～80平方米 | 6.38 | 875 | 7.81 | 1100 |
| 3)80～90平方米 | 28.43 | 3309 | 25.54 | 2966 |
| 4)90～100平方米 | 33.19 | 3490 | 51.58 | 5415 |
| 5)100～120平方米 | 40.36 | 3726 | 55.21 | 5110 |
| 6)120～144平方米 | 55.19 | 4265 | 58.01 | 4450 |
| 7)144～180平方米 | 15.79 | 1019 | 13.66 | 889 |
| 8)180平方米以上 | 9.85 | 409 | 2.13 | 102 |
| 合　计 | 200.59 | 19624 | 225.61 | 22384 |

**表3　2010～2011年不同套型住房所占比例**

单位：%

| 套型 | 建筑面积与总面积的比例 | |
|---|---|---|
| | 2010 | 2011 |
| 1)60平方米以下 | 5.68 | 5.17 |
| 2)60～80平方米 | 3.18 | 3.46 |
| 3)80～90平方米 | 14.17 | 22.86 |
| 4)90～100平方米 | 16.55 | 24.63 |
| 5)100～120平方米 | 20.12 | 24.47 |
| 6)120～144平方米 | 27.51 | 25.71 |
| 7)144～180平方米 | 7.87 | 6.05 |
| 8)180平方米以上 | 4.91 | 0.94 |

数据来源：宝鸡市房地产网。

2010～2011年，商品房120～144平方米的住房所占比例最大，分别为27.51%和25.71%；2010年，60～80平方米的小户型所占比例最小，为3.18%，2011年，180平方米以上商品房建筑面积最小，占商品房总建筑面积的0.94%；其中80～90平方米、90～100平方米、100～120平方米、120～144平方米的面积居大多数，分别占商品房总建筑面积的14.17%和22.86%、16.55%和24.63%、20.12%和24.27%、27.51%和25.71%。以上数据表明，越来越多的居民倾向于选择面积较大的住房，说明居民居住条件和生活水平档次逐渐提高。

**4. 住宅按层次分析**

2010年全年批准预售住宅用房19624套，200.59万平方米，其中多层54.47万平方米，5434套；高层146.12万平方米，14190套。2011年全年批准预售住宅用房22384套，商品住宅中多层32.83万平方米，3350套；高层192.79万平方米，19034套。可以看出，高层住宅占到住宅用房的大部分比例，2010年和2011年高层住宅面积分别占总住宅面积的72.8%和85.4%。

## （二）商品房成交情况

**1. 基本情况**

2010年，全年商品房共成交19889套，203.47万平方米，其中住宅成交19150套，面积192.28万平方米，商业、办公等其他用房成交739套，面积11.19万平方米。住宅中多层住宅成交5578套，57.34万平方米；高层住房成交

13572 套，139.94 万平方米。

2011 年，全年商品房共成交 19510 套，199.51 万平方米，其中住宅成交 18097 套，面积 185.69 万平方米，商业、办公等其他用房成交 1413 套，面积 13.82 万平方米。住宅中多层住宅成交 4086 套；高层住房成交 14011 套。

**2. 商品房成交价格情况**

2010 年全年宝鸡市商品房成交价为 3246.49 元/平方米，其中住宅成交均价 3116.32 元/平方米（多层住宅成交均价 2777.28 元/平方米，高层住宅成交均价 3255.24 元/平方米），商业等其他用房成交均价为 7393.49 元/平方米。住宅成交均价较上年同期上涨 16.01%，较上半年增长 8.0%。

2011 年全年宝鸡市商品房成交均价为 3631.09 元/平方米，其中住宅成交均价 3425 元/平方米（多层住宅成交均价 3058.85 元/平方米，高层住宅成交均价 3530.55 元/平方米），商业等其他用房成交均价为 6399.72 元/平方米。住宅成交均价较上年全年均价提高 9.8%。

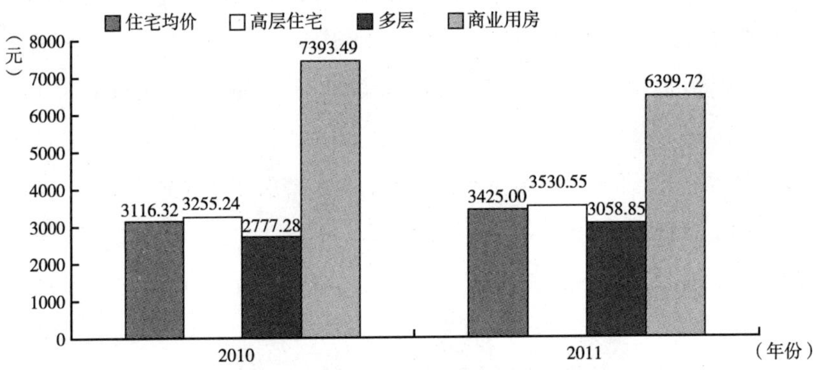


**图 15　2010～2011 年商品房销售价格**

**表 4　2011 年宝鸡市商品房成交概况**

| 完成月份 | 房屋套数 | 建筑面积（万 $m^2$） | 均价（元/$m^2$） |
| --- | --- | --- | --- |
| 2011－01 | 1501 | 16.52 | 3379.50 |
| 2011－02 | 683 | 6.96 | 3470.40 |
| 2011－03 | 1255 | 12.43 | 3404.77 |
| 2011－04 | 815 | 7.93 | 3574.36 |
| 2011－05 | 2520 | 26.19 | 3393.13 |
| 2011－06 | 1921 | 19.99 | 3273.71 |

续表

| 完成月份 | 房屋套数 | 建筑面积(万 $m^2$) | 均价(元/$m^2$) |
|---|---|---|---|
| 2011－07 | 1999 | 19.30 | 3413.89 |
| 2011－08 | 1339 | 13.98 | 3481.15 |
| 2011－09 | 1358 | 13.88 | 3354.54 |
| 2011－10 | 1216 | 13.03 | 3488.1 |
| 2011－11 | 1947 | 19.92 | 3395.65 |
| 2011－12 | 1543 | 15.55 | 3652.02 |
| 合计 | 18097 | 185.69 | 3425.00 |

数据来源：宝鸡市房地产网。

### 3. 房地产价格指数

**表 5　2010 年全年累计房地产价格指数**

| 2010 年全年累计同比指数 | | 2010 年全年累计同比指数 | |
|---|---|---|---|
| 一　房屋销售价格指数 | 108.2 | 高层 | 107.7 |
| (一)新建房 | 107.8 | 2. 非住宅 | 114.1 |
| 1. 住宅 | 105.7 | 二　房屋租赁价格指数 | 104.1 |
| #多层 | 107.3 | #住宅 | 106.3 |
| 高层 | 105.1 | 三　物业管理价格指数 | 99.9 |
| 2. 非住宅 | 118.8 | #住宅 | 99.9 |
| (二)二手房 | 109.7 | 四　土地交易价格指数 | 123.1 |
| 1. 住宅 | 109.4 | #居住用地 | 126.7 |
| #多层 | 107.8 | | |

注：同比指数以上年同期为 100，环比指数以上季同期为 100。

数据来源：宝鸡市统计局。

**表 6　2011 年全年累计房地产价格指数**

| 2011 年全年累计同比指数 | | 2011 年全年累计同比指数 | |
|---|---|---|---|
| 新建住宅销售价格指数 | 105.9 | 90 平方米以下 | 124.9 |
| 1. 保障性住房 | 100.7 | 90～144 平方米 | 109.8 |
| 2. 新建商品住宅 | 106.3 | 144 平方米以上 | 99.4 |
| 保障性住房 | 100.7 | 房屋租赁价格指数 | 103.1 |
| 新建商品住宅 | 106.3 | #住宅 | 103.1 |
| 90 平方米以下 | 104.5 | 物业管理价格指数 | 100 |
| 90～144 平方米 | 108.9 | #住宅 | 100 |
| 144 平方米以上 | 96.5 | 土地交易价格指数 | 131.8 |
| 二手住宅销售价格指数 | 118.9 | #居住用地 | 127.8 |

注：同比指数以上年同期为 100，环比指数以上季同期为 100。

数据来源：宝鸡市统计局。

**4. 按成交价格分析**

2010 年全年商品住房共成交 19150 套，197.28 万平方米，其中价格在 2000 元/$m^2$ 的成交 534 套，5.75 万平方米；价格在 2000～2500 元/$m^2$ 的成交 3339 套，35.47 万平方米；价格在 2500～3000 元/$m^2$ 的成交 5307 套，57.73 万平方米；价格在 3000～4000 元/$m^2$ 的成交 7153 套，79.28 万平方米；价格在 4000～5000 元/$m^2$的成交 1749 套，11.98 万平方米；价格高于 5000 元/$m^2$（买赠结合情况和别墅）的成交 1067 套，7.07 万平方米。

2011 年，价格在 2500 元/$m^2$ 之间的成交 2376 套，26.04 万平方米；价格在 2500～3000 元/$m^2$ 的成交 3464 套，36.81 万平方米；价格在 3000～4000 元/$m^2$ 之间的成交 7873 套，84.49 万平方米；价格在 4000～5000 元/$m^2$ 的成交 1681 套，27.61 万平方米；价格在 5000～6000 元/$m^2$ 的 1047 套，5.9 万平方米；大于 6000 元/$m^2$ 的成交 655 套，4.83 万平方米。

可以看出，2010 年价格在 2500～4000 元/$m^2$ 范围的住房成交比例最大，占了所有成交套数的 65%。2011 年，价格在 2500～4000 元/$m^2$ 范围内的住房成交比例也占了所有成交住房的 62.6%，其中价格在 3000～4000 元/$m^2$ 的商品房所占比例最大。

## （三）存量房成交情况

**1. 基本情况**

2010 年全年存量房共成交 3980 套，37.42 万平方米，其中住宅成交 3732 套，面积 29.79 万平方米，商业等其他用房成交 248 套，面积 7.63 万平方米。

2011 年 1～12 月份宝鸡市存量房共成交 4596 套，42.58 万平方米，其中住宅成交 4346 套，面积 34.99 万平方米，商业等其他用房成交 174 套，面积 2.78 万平方米。

**2. 成交价格情况**

2010 年全年宝鸡市存量住房成交均价为 1893 元/平方米，较上年同期上涨 12.75%。2011 年全年宝鸡市存量房成交均价为 2405.48 元/平方米，其中存量住房成交均价为 2390.25 元/平方米。

**3. 不同性质房屋基本情况**

2010 年，存量住房成交 3732 套，面积 29.79 万平方米，其中房改房上市交

易1718套，11.90万平方米；已购经济适用房上市交易277套，3.01万平方米；其他存量住房交易1737套，14.87万平方米。

2011年，住宅成交4346套，面积34.99万平方米，其中房改房上市交易1925套，13.09万平方米；已购经济适用房（集资建房）上市交易272套，2.9万平方米；其他存量住房交易2149套，19.01万平方米。

**4. 按套型分析**

2010年全年存量住房共成交3732套，29.79万平方米，其中套型在60平方米以内的成交1063套，5.41万平方米；60～80平方米的成交1100套，7.60万平方米；80～90平方米的成交389套，3.30万平方米；90～100平方米的成交414套，3.93万平方米；100～120平方米的成交402套，4.32万平方米；120～144平方米的成交239套，3.15万平方米；144平方米以上的成交125套，2.07万平方米。可以看出，60～80平方米和60平方米以内的住房成交面积最大，分别占了总成交住房面积的25.5%和18.2%，成交套数占总成交套数的比例分别为29.5%和28.5%。

2011年，套型在60平方米以内的成交1387套，6.73万平方米；60～80平方米的成交1197套，8.30万平方米；80～90平方米的成交461套，3.93万平方米；90～100平方米的成交556套，5.25万平方米；100～120平方米的成交490套，5.25万平方米；120～144平方米的成交283套，3.73万平方米；144平方米以上的成交222套，9.4万平方米。60平方米以内的成交套数最多，约占30.1%，但是144平方米以上的套型所占的成交面积比重最大，为22.1%。

## （四）商品房与存量房成交情况对比

2010年全年宝鸡市全市共成交房屋23869套，240.89万平方米，其中商品房共成交19889套，203.47万平方米，占总成交量84.47%；存量房共成交3980套，37.42万平方米，占总成交量15.53%。

2011年，宝鸡市全市共成交房屋24106套，242.09万平方米，其中商品房共成交19510套，199.51万平方米，占总成交量的80.93%；存量房共成交4596套，42.58万平方米，占总成交量的19.07%。

从图16中可以看出，2011年较2010年，商品房成交数量有所下降，但是存量房交易数量则有一定幅度的上涨，分析可得，2011年房地产调控政策初见成效。

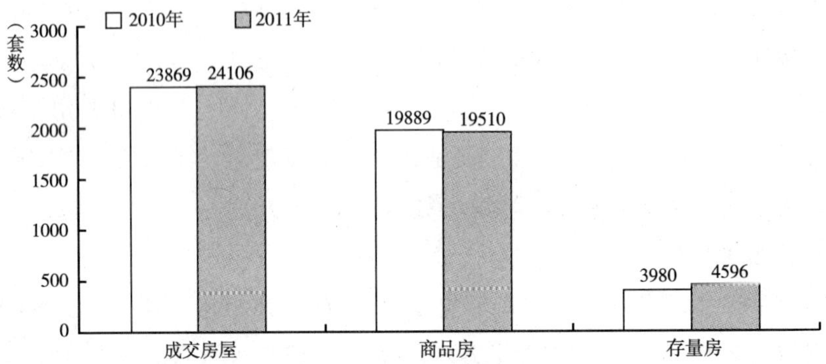


**图 16　2010～2011 年商品房与存量房交易比较**

总成交量中住宅成交 22443 套，220.68 万平方米，其中商品住宅成交 18097 套，面积 185.69 万平方米，占总成交量的 80.64%；存量住宅成交 4346 套，面积 34.99 万平方米，占总成交量的 19.36%。

从以上数据来看，2010 年和 2011 年宝鸡市房地产市场商品房、存量房交易面积同比都有大幅度增加，尤其是新建商品房在市场中仍然占据主导地位，存量房所占比重较轻。商品房和存量房成交价格都有一定的涨幅。

## （五）房地产施工面积及竣工面积分析

2010 年房地产开发面积中，房屋施工面积为 588.30 万平方米，房屋竣工面积为 77.02 万平方米；商品房中，住宅为 6125 套，其中 90 平方米以下住房 1848 套，经济适用房 42 套，商品房销售额为 53.9773 亿元，其中，现房销售额为 12.5597 亿元，期房为 41.4176 亿元。

**表 7　2010 年宝鸡市房地产施竣工分析**

| 指标 | 单位 | 合计 |
|---|---|---|
| 房屋施工面积 | 万平方米 | 588.30 |
| 房屋竣工面积 | 万平方米 | 77.02 |
| 商品房竣工套数 | | |
| 住宅 | 套 | 6125 |
| 90 平方米以下住房 | 套 | 1848 |
| 经济适用房 | 套 | 42 |
| 商品房销售额 | 亿元 | 53.98 |

数据来源：宝鸡市统计局。

从表 7 可以得出，房地产在建工程数量较多，正在施工的房屋还有相当的数量，为持续强劲的住房需求提供了未来供给量。

2011 年，宝鸡市商品房施工面积 4599500 万平方米，比上年下降 21.8%，其中新开工面积 1699400 万平方米，下降 16.7%。商品房销售面积 2100800 万平方米，增长 5.9%，其中住宅 203.46 万平方米，增长 5.2%。2011 年，宝鸡市住房需求仍保持了相当强劲的增长趋势，但是商品房供给却比 2010 年减少，因此供需矛盾使得 2011 年房价有所上涨。

综上所述，受房地产调控政策影响，2011 年，宝鸡市房地产开发市场较 2010 年稍有回落，但是交易市场仍然增速加快。商品房成交量和成交面积以及成交价格都较上年有所上升。由于房地产市场的繁荣发展，很大程度带动其他产业的连锁发展，2011 年宝鸡市整个宏观经济总体增长较快。

## （六）房地产市场空置面积

2010 年宝鸡市房地产市场空置面积共计 76593 平方米。住宅合计 53638 平方米，其中 90 平方米以下住房空置面积 1153 平方米，140 平方米以上住房空置面积 14000 平方米；商业营业用房 19355 平方米，其他房屋合计 3600 平方米。空置 1～3 年的面积共 42950 平方米，其中，住宅面积 26950 平方米，包括 140 平方米以上的住房 14000 平方米，商业营业用房 16000 平方米。

**表 8　2011 年宝鸡市房地产市场空置情况**

| 指标名称 | 单位 | 合计 | 住宅 | 90 平方米以下 | 140 平方米以上 | 商业用房 | 其他房屋 |
|---|---|---|---|---|---|---|---|
| 空置面积 | 平方米 | 76593 | 53638 | 1153 | 14000 | 19355 | 3600 |
| 其中:空置 1～3 年面积 | 平方米 | 42950 | 26950 | | 14000 | 16000 | |

数据来源：2011 年宝鸡市统计局。

## （七）宝鸡市房地产企业情况

据表 9 可知，2010 年，宝鸡市房地产开发企业共有 120 个，实收资本金总计 16.7902 亿元，资产总计 111 亿元，2010 年折旧值为 0.335 亿元，负责总计

85.9972亿元，所有者权益合计25.0039亿元；120个房地产企业中全部从业人员年平均人数为3390人，2010年应付工资总额9290万元。

**表9　2010年宝鸡市房地产开发企业基本情况**

| 项目 | 合计 | 项目 | 合计 |
|---|---|---|---|
| 开发公司个数(个) | 120 | 负责总计(万元) | 859972 |
| 实收资本金总计(万元) | 167902 | 所有者权益合计(万元) | 250039 |
| 资产总计(万元) | 1110011 | 全部从业人员平均人数(人) | 3390 |
| 本年折旧(万元) | 3350 | 本年应付工资总额(万元) | 9290 |

数据来源：2011年陕西统计年鉴。

## （八）保障房建设情况

宝鸡市委、市政府高度重视保障性安居住房建设，以建立健全住房保障体系、实现“居者有其屋”为目标，坚持政府主导、企业参与、分类实施、全面保障的指导思想，积极探索，大胆创新，不断强化工作责任，努力推进项目建设，保障性住房工作取得了显著成效。截至2010年8月底，宝鸡市建成廉租住房18.03万平方米、2840套，累计实施住房保障11922户，其中享受实物配租的353户，实物配售的3236户，租赁补贴的7860户，租金核减的473户；享受农村危房改造政策的农户累计达到4160户，有效地解决了低收入家庭和农村贫困家庭的住房问题。2010年保障性住房投资完成4.74亿元，比上年增长2倍多。截至2010年底，宝鸡市区共建设廉租住房5个，总建筑面积达到301600平方米，5934套廉租房，总投资达37620万元。

2010年，为了使市政府经济适用住房的保障政策尽快惠及百姓，从现有普通商品住宅开发楼盘中调整出500套90平方米以下的房子供给购买对象。由市物价部门审查核定经济适用房的购买价格及核查开发商小区楼盘的市场价格，符合条件的购买对象按审定的经济适用住房价格购买，与市场价格的差价部分由市政府补贴，预计补贴总额在1000万元以上。经联系，高新区“左岸新城”住宅小区可提供250套，“田丰高新国际”住宅小区可提供140套，其他开发公司可提供110套房子。

2011年，新开工各类保障性住房50705套。其中：廉租房5740套，公共租赁房20173套，经济适用房2584套，限价商品房11641套，城市棚户改造7149

套，国有工矿棚户改造 394 套，国有林区棚户改造及国有林场危房改造 3024 套。廉租房补贴标准：宝鸡市区廉租房补贴标准中金台、渭滨、陈仓三区由原来的每人每月 4 元/平方米增至 5 元/平方米，九县统一提高到 4 元/平方米。廉租房套型面积以中小套型为主，中套户型一般控制在 80 平方米左右，不超过 90 平方米；小套型一般控制在 60 平方米左右，不超过 70 平方米。

廉租房价格：按照保本微利的原则，由物价部门审查制订，并向社会公示。

宝鸡市廉租房保障形式：有租金核减、住房补贴、实物配租多种形式。从宝鸡市当前实际情况看，以最低价格提供给符合安置条件的最低收入家庭租住，以改善弱势群体的居住状况。

## （九）2010 年以来国家宏观调控和宝鸡房地产业的变化状况

受全国房地产形势的影响，宝鸡市商品房价格自 2009 年下半年以来上涨明显，虽然仍处在合理和可控范围内，但是房价环比上涨幅度在全国二、三线城市中处于前列。从 2010 年以来，国务院办公厅和省政府办公室先后出台了一系列文件，2011 年宝鸡市政府也出台了相关政策，加强房地产市场调控力度。

2010 年 1 月，国务院办公厅出台了“国十一条”，即《关于促进房地产市场平稳健康发展的通知》，其规定，增加保障性住房和普通商品住房有效供给，适当加大经济适用住房建设力度，扩大经济适用住房供应范围。商品住房价格过高、上涨过快的城市，要切实增加限价商品住房、经济适用住房、公共租赁住房供应。

2010 年 3 月，陕西省人民政府办公厅发布了《关于促进房地产市场平稳健康发展的意见》（陕政办发〔2010〕29 号），强调切实增加保障性住房和普通商品住房的有效供给，加快中低价位、中小套型普通商品住房建设，发挥普通商品住房的调控作用。

2011 年 3 月，宝鸡市政府出台《关于进一步做好房地产市调控的通知》（宝政发〔2011〕4 号文件），制定了十条有力措施来做好房地产市场调控工作，也制定了房价涨幅调控目标，房价年度涨幅控制在 10% 以内。

房地产调控政策的加强对宝鸡市房地产开发投资的压力渐强，目前宝鸡市多数房地产开发企业调整销售策略，拿地、开发意愿不强，商品房开发周期延长，竣工面积增速回落，因而影响了房地产的供给增速。相对于持续强劲的房地产需求来说，供给的相对减少造成了供需缺口，引致房价上涨。

2010 年，在国家实施“保发展、调结构、防通胀”的宏观调控政策引导下，信贷总规模收缩，房地产开发调控力度持续加大，地方政府融资平台的管理更加科学，相关项目投资也受到一定影响。宝鸡市施工项目 1619 个，比上年同期增加 133 个，增长 9.0%；其中投资规模在 1 亿元以上的项目 162 个，比上年同期增加 49 个，增长 43.4%；其中亿元以上新开工项目 55 个，比上年同期增加 25 个，增长 83.3%。亿元以上项目全年完成投资 401.50 亿元，占城镇项目投资比重为 60.6%，项目平均投资额为 2.48 亿元。房地产开发投资 64.66 亿元，增长 10.6%。

另外，由于国家对保障性住房建设的大力监控，宝鸡市保障性住房建设也有了很大增长。市政府高度重视保障性安居住房保障工作，以建立健全住房保障体系，实现“居者有其屋”为目标，坚持政府主导、企业参与、分类实施、全面保障的指导思想，积极探索、大胆创新，保障性住房工作取得了显著成效。为确保租赁补贴发放公平公正，宝鸡市建立了市、县（区）、街道、社区四级住房保障管理网络，实行“四级管理三级审批两级公示”的申报审核制度，即先由申请人按申报条件自愿选择保障方式，到社区申请报名、接受公示，再经街道初审、县区房改办复审，最终在市级新闻媒体公示后确定保障对象。同时，相关部门进一步完善监管措施，健全退出机制，定期进行资格复审。目前，宝鸡市正在抓紧建立住房困难家庭信息档案和住房保障档案，构建住房保障对象、资金、建设、分配、管理等数据库和住房保障信息化综合应用平台，为更多的保障对象提供更加便捷和优质的服务。

## 四　宝鸡市房地产发展展望

### （一）2011 年宝鸡市整体经济状况

宝鸡市经济继续呈现平稳良好的发展态势：工业增速稳中趋快，消费市场活跃升级，财政收支同步快速增长，投资运行趋稳，外贸持续高速增长，金融存贷款平稳运行。

工业增速稳中趋快：宝鸡市规模以上工业总产值 2010 年为 1340.45 亿元，比上年增长 35.3%；2011 年实现工业总产值 1692.40 亿元。

投资运行稳健：2011年，全市固定资产投资1008.03亿元，同比增长31.09%，增速比上月提升了1.2个百分点，仍在高位运行。

房地产投资继续加快：2011年，全年房地产开发投资73.77亿元，比上年增长15.8%。全年房屋施工面积459.95万平方米，比上年下降21.8%；其中新开工面积169.94万平方米，同比下降16.7%。全市商品房销售面积210.08万平方米，同比增长5.9%。2011年宝鸡市房价整体保持稳中略升态势。

社会消费品零售总额持续增长：全市社会消费品零售总额实现354.78亿元，同比增长16.5%。

外贸进出口持续高速增长：全市外贸进出口总值累计实现8.23亿元，同比增长35.5%。其中，出口4.99亿美元，增长88.7%；进口3.24万美元，下降5.6个百分点。

财政收支同步快速增长：全市财政总收入累计完成151.67亿元，同比增长28.1%。

全市金融机构人民币存款余额122.82亿元，同比增长13.4%。其中，新增存款144.05亿元。年末全市金融机构人民币各项存款余额1220.82亿元，比年初增长13.4%，增加144.05亿元。其中，个人存款余额764.62亿元，增长16.1%；单位存款余额445.34亿元，增长9.1%。

### （二）2012年市场预测

#### 1. 国家宏观政策

第一，央行再降存款准备金率，房产市场新一轮降价潮或将来临。从央行近期的动向来看，货币政策似乎正在“定向定量宽松”。受此信号影响，会有越来越多的开发商以降价的方式回收资金。2012年2月24日，央行存款准备金下调0.5%，这是近三年存款准备金率的第二次下调，预计国家在未来6个月内或许还有下调存款准备金率的行为。因此，在全国范围内，新一轮的降价潮或许正在拉开帷幕。据国家统计局公布的最新数据显示，2012年1月，全国70个大中城市房价首次全部止涨，房价继续保持下跌趋势。

第二，首套房贷款利率再度下调，最低下限为基准利率。近日，建行的首套房贷利率已经下调到了“不低于基准利率”，而工行一直是最低基准利率，估计近期还会有相当规模的利率调整。

第三，全国土地市场遇冷，开发商深陷“资金困局”。供应方面，2012 年一季度，全国土地市场呈现明显供应放缓趋势，环比、同比均有下跌，住宅用地跌幅较大。宝鸡市房地产市场观望情绪浓厚，1 月份土地成交量不论是环比还是同比都比较低迷。有专家认为，调控压力过大会造成房地产商拿地不积极，从而影响下一轮的供求关系。从长远看，房地产市场还是要以中国宏观经济发展方向为中心，保持平稳快速发展态势。

第四，温家宝总理强调，房价远没有回到合理价位，政府调控房地产不能松动。中国处于工业化和城镇化进程中，房地产的需求长期刚性，为了促进社会公平和稳定，着实解决低收入群体的住房需要，特别强调房地产调控政策的执行坚决不能松动。到目前为止，房地产调控效果才初显成效，如果此时为房地产调控政策“松绑”，房地产价格就会出现大幅度反弹，房地产泡沫会愈演愈烈，后果不堪设想。

**2. 宝鸡惠民“九大”基础设施项目**

宝鸡市为加快完善城市功能、改善城市环境、提升城市综合承载能力和城市形象提出了惠民九大项目，这九大项目与市民生活幸福指数息息相关。其中，蟠龙新区基础设施建设项目要确保上塬路建成通车，蟠龙大道完成 80% 工程量，并开工建设上塬路与蟠龙大道连接主干道，蟠龙塬供水和供气工程 5 月份建成；南客站片区开发建设项目，本年完成征迁用地 3000 亩，站前大道、和谐大道、高新 5 路三条主干道和车站广场 4 月份全面开工，在高铁通车前建成；金陵河两岸综合开发项目，本年完成金陵河市区段堤防整治，并于年内建成三座跨金陵河桥梁；内涝治理及重点区域道路、排水项目，本年完成福临堡地区、姜谭地区、渭河北岸、隧道北入口四个地区内涝治理及道路、排水管网建设工程；十大城市综合体建设项目，年内做好动迁方案；旧城区基础设施改造提升项目，本年完成 34 个旧城区基础设施改造提升续建项目，以及 50 个旧城区基础设施改造提升项目，进一步改善市场停车场、环卫设施、公共绿地、亮化等设施条件；省级重点示范镇建设项目，本年完成柳林镇、法门镇、蔡家坡镇、汤峪镇四个省级重点示范镇道路建设、市场改建等年度建设任务；园林绿化及环卫设施建设项目，本年将增加绿地 150 万平方米、环卫设施 50 处；公用事业建设及其他项目，本年实施石鼓文化城、渭河“一河两岸”亮化、石头河引水等工程建设。这些惠民项目的建设，无疑是解决民生问题，提升人民生活质量的重要举措。

**3. 宝鸡保障性住房计划**

根据宝鸡市住建局工作规划，“十二五”期间，宝鸡市将按照每年 3.5 万套建设规模（含区县）规划保障性住房，对市、县、重点镇、开发区和工业园区统筹加大。宝鸡市 2012 年保障性安居工程的 101 个项目中，廉租住房项目 15 个，8500 套，42.5 万平方米；公共租赁住房项目 17 个，7778 套，46 万平方米；经济适用住房和限价商品房项目 28 个，15188 套，146.55 万平方米；城市棚户区改造项目 29 个，18735 套，191.91 万平方米；国有工矿棚户区改造项目 5 个，1630 套，9.24 万平方米；国有林区（场）棚户区（危旧房）改造项目 7 个，340 套，1.7 万平方米。这些项目中，有 50 个保障性安居工程建设项目已于 3 月 29 日集中开工，包括 208 栋楼、2.06 万套保障性住房，总建筑面积达 195.5 万平方米，其余项目都将于 5 月底前全部开工，如果加上往年结转续建项目，2012 年宝鸡市将共建保障性住房 8.3 万套。

从以上分析可得出如下结论：

2010 年，国家一直在制定各种政策抑制房价，但对于宝鸡这样的三线城市来说收效并不明显，广大民众是希望房价下跌，可房产投资持有者却不断提高放盘的价格。宝鸡市作为陕西省的第二大城市，在很长一段时间里，商品房价格都属于平缓发展的态势，相比较而言，是与宝鸡城市经济发展、人均收入水平等实际情况相符合的。与同时期全国各地楼市的较大动荡、热炒，房价急剧飙升的现象相比，宝鸡楼市的发展呈现出良好的态势。2010 年，宝鸡商品房市场在一系列调控政策的作用下，并未出现明显的影响。

2011 年，国家对房地产市场调控持续加码，国内部分一线城市房价出现回落，宝鸡作为全国三线城市受到的影响的确不小，许多有购房需求的人也产生观望情绪。2011 年 9 月 15 日，陕西省政府出台了《关于支持宝鸡加快建设关中 - 天水经济区副中心城市的意见》。该意见赋予宝鸡“一中心、两城市、四基地”（西北重要的交通枢纽和商贸物流中心，陕甘宁川毗邻地区的特大城市和社会管理创新示范城市，国家新材料基地、全省高端装备制造业基地、全国一流的旅游目的地和集散地、彰显华夏文明的文化产业基地）的战略定位。其中明确提出到 2020 年，将宝鸡建成 143 平方公里、130 万人的具有较强竞争实力和吸纳集聚辐射功能的经济区副中心城市，地区生产总值要占到全省的 15%，城镇化率要达到 70% 等一系列发展硬指标。

**4. 宝鸡市 2012 年房地产市场预测**

国家房地产调控政策将进一步加强，并扩至二、三线城市。宝鸡市也已经出台了相关政策对房地产市场进行调控。

宝鸡大力兴办廉租房、经济适用房将有效解决居民住房问题。宝鸡市人口虽然有 370 万，但是城镇化率低，城市人口压力相对不大。政府已经着力建设保障性住房，将有效降低住房刚性需求。

宝鸡的收入水平决定房价不能再大幅上涨，对于多数从业者只有一两千元收入的城市，接近 4000 元的房价让居民无法承受。虽然宝鸡市人均可支配收入近几年保持较快增长，也高于同期房价上涨幅度，但是购房总额相对于居民家庭收入来讲上涨较快，居民对房价的承受能力较弱。一个普通家庭平均 12～15 年的储蓄才能购买一套住宅。因此，受制于收入水平，房价不可能有大幅增加。

## 参考文献

[1] 宝鸡市人民政府：《2002～2011 年国民经济和社会发展统计公报》。
[2] 宝鸡市住建局，《宝鸡市 2011 年上半年房地产市场运行情况报告》，《陕房通讯》2011 年 4 月。
[3] 宝鸡市房地产网：《2010 年 1～12 月市场分析报告》2011 年 1 月。
[4] 宝鸡市房地产网：《2011 年 1～12 月市场分析报告》2012 年 2 月。
[5] 陕西日报：《陕西地产》，2012 年 2 月。

# 2010～2011年渭南市房地产业发展报告

课题组*

## 一 市域概况

### （一）市域总人口、土地面积、建设用地面积

渭南地处我国中西结合部过渡区，是西部大开发的桥头堡，西北东大门。现辖一区（临渭）、两市（韩城、华阴）、八县（华县、潼关、大荔、蒲城、澄城、白水、合阳、富平）及政府派出机构（国家级高新技术开发区、省级经济技术开发区、卤阳湖现代产业开发区），142个乡镇（办事处），3221个行政村，常住人口552万，总面积1.31万平方公里。境内交通发达，连霍、西禹高速公路，108、310国道同陇海、西延、西韩、西南、西郑等7条铁路纵横交错，构成四通八达的交通网络。县县通铁路、通高速，乡乡通油路，村村通公路，全市公路总里程达1.7万公里，高速公路总里程为325.8公里，全市道路通村率达到100%，均居陕西省各市之首，建设用地2010年188.5万亩。

### （二）市域经济发展水平

渭南是国家重要的能源化工和有色金属基地，是关中－天水经济区重要组成部分。“十一五”规划实施五年，渭南经济持续快速发展。2010年，全市生产总值达到801.4亿元，增长15%，总量是2005年的2.4倍，年均增长14.5%。其中，第一产业实现增加值128.9亿元，增长7.3%，年均增长6.7%；第二产业实现增加值394.6亿元，增长20%，年均增长16.9%；第三产业实现增加值

---

* 课题组成员：高敏芳，教授；杨培源，讲师；张萍，副教授；李富荣，副教授；白萍，统计师；张嵘勇，统计师；迪爱胡，统计师。

277.9亿元，增长10.6%，年均增长14.8%。全市财政总收入74.9亿元，其中地方财政收入34亿元，增长20.4%。城镇居民人均可支配收入15918元，比上年增加2266元，增长16.6%；农民人均纯收入4372元，增加788元，增长22%。农业优势突出，初步形成了以粮棉油、果蔬、奶畜、林果为主体的特色产业链。现有西北地区唯一的国家优质小麦基地、陕西省唯一的以秦川牛为主导产业的国家农业科技园，有国家苹果生产百强县5个，有国家优质棉花基地县1个和商品鱼基地县3个。渭南素有陕西“粮仓”、“棉库”之称，粮食种植面积822.5万亩，总产264.2万吨；棉花占全省总产的80%。现代工业初具规模。能源、化工、食品、建材、有色、机械、医药等产业发展较快，是陕西乃至全国重要的能源重化工基地。秦岭、韩城、蒲城三大发电厂和星罗棋布的地方发电站，总装机容量770万千瓦，年发电282.8亿度，占陕西省总发电量的1/3强。以韩城、澄合、蒲白三大矿务局为主体、地方煤矿相辅助的煤炭工业，年产原煤1884.4万吨。以渭河煤化工集团、陕西华山化工集团公司等企业为主的化肥工业，年产化肥43.7万吨，占全省产量的一半以上。以西北地区三大钢铁企业之一的龙钢集团为主的冶炼工业，年产钢材460万吨，占到全省产量的近一半。园区经济发展加快。目前渭南已有1个国家级高新区、2个省级开发区和10个重点工业园区，建成面积达到78平方公里，入园企业716户，年实现工业产值514亿元，占全市工业总产值的54.8%。国家级渭南高新技术开发区占地33平方公里，基础设施完善，投资环境良好，现已形成现代医药、精细化工、设备制造、电子信息等6个产业园，入驻企业300余户，2010年实现工业总产值74.7亿元，是全市经济增长最快的区域。韩城龙门生态工业园被国家确定为循环经济示范园。以通用航空制造业为主导的卤阳湖现代产业综合开发区、以食品医药、装备制造为主的渭南经济技术开发区、以煤电铝产业群为主的澄城工业园、以农化工为主的蒲城工业园、以冶金建材为主的富平工业园初具规模，成为带动我市经济的先导区和核心区。商贸、旅游业势头迅猛。2010年，全市共接待国内外游客1328.5万人（次），增长19.4%，实现旅游综合收入67.6亿元，增长31.4%。进出口总额1.69亿美元。全市拥有商业、饮食业、服务业经营网点和机构5万多个，城乡集贸市场400个。2010年实现消费品零售总额231.8亿元，增长18.6%。全市财政总收入完成94.39亿元，增长26%，地方财政收入完成44.29亿元，增长30.25%，分别增收20亿元和10亿元，均创历史新高。

# 二　房地产发展现状

## （一）房地产企业情况

### 1. 房地产企业基本情况

渭南市企业 94 家，其中三级以下企业 78 家，占总数的 82.98%，注册资金占 72.87%，从业人员占 62.63%。

表 1　房地产企业基本情况（按资质等级分）

| 企业分类 | 企业总数 | 一级 | 二级 | 三级以下 |
|---|---|---|---|---|
| 企业个数(个) | 94 | 1 | 15 | 78 |
| 比例(%) | 100 | 1.06 | 15.96 | 82.98 |
| 注册资金(万元) | 50812 | 6800 | 6992 | 37029 |
| 比例(%) | 100 | 1.33 | 13.76 | 72.87 |
| 从业人员(人) | 2901 | 180 | 904 | 1817 |
| 比例(%) | 100 | 6.2 | 31.16 | 62.63 |

### 2. 房地产企业人员构成

渭南房地产企业经过多年的发展，队伍日渐壮大，质量不断提升，人员素质也有明显改观，全市现有的 100 多家企业在册人员总数为 2901 人，其中工程技术管理人员平均占 30% 左右，拥有中级职称的占 18%，拥有高级职称的不到 10%。尽管渭南房地产企业在城市化建设中做出了不可磨灭的贡献，但从目前的人员构成来看，总体结构依然存在很大偏差，还不能满足房地产企业日益激烈的竞争格局和社会经济技术快速发展的要求，因此，渭南房地产企业应该在人员引进、培训、教育方面加大投入力度，通过创新性人力资本战略实现渭南房地产企业的跨越式发展。

### 3. 2010、2011 年房地产开发企业增长情况

2010 年，全市完成房地产开发投资额 420818 万元，与上年相比增长 49.2%。全市房地产开发企业共新增固定资产 189404 万元，比上年增长 7.5%。从房地产企业盈利情况看，全区房地产企业整体盈利水平较高。全区房地产企业实

现利润总额20.3亿元，与上一年相比增长了16.4%，数字可观。户均利润总额达到1133万元，人均利润总额亦达到了65万元，企业的平均盈利水平越来越高。如果剔除无资质房地产企业，则有资质房地产企业的户均和人均利润总额更高，分别达到1262万元和66万元，相比上一年分别上升了12.9%和35.0%，见表2。

**表2 2010、2011年房地产投资完成情况（按登记注册类型分）**

| 指标名称 | 自年初累计完成投资(万元) | 去年同期累计完成投资(万元) | 绝对数(±) | 增长速度(%) |
|---|---|---|---|---|
| 国有企业 | 5246 | 23830 | -18584 | -78 |
| 集体企业 | 46068 | 45780 | 288 | 0.6 |
| 股份合作企业 | 4550 | 4800 | -250 | -5.2 |
| 联营企业 | 6447 | 3398 | 3049 | 89.7 |
| 有限责任公司 | 354851 | 175190 | 179661 | 102.6 |
| 股份有限公司 | 52736 | 33732 | 19004 | 56.3 |
| 私营企业 | 213137 | 134088 | 79049 | 59 |

渭南市统计局：《2011年房地产投资分析表》。

从2010、2011两年总的情况看，渭南市房地产投资获得了快速增长，增幅达到62.3%。市场资本日益成为投资主力，其中私营企业投资增长额占总增长额的30%以上，增长率占总增长率的95%。

**4. 企业存在的主要问题**

企业规模偏小，房地产开发企业竞争能力较低。2010年，渭南94家房地产开发企业中一级资质企业1户，比重为1.06%；二级资质企业15户，比重为15.96%；三级资质企业40户，比重为42.55%；四级资质企业33户，比重为35.11%；四级以下资质企业5户，比重为5.32%。较低的资质等级削弱了渭南市房地产开发企业的竞争能力，全市目前修建的高档社区和高层住宅楼基本都是由外地企业开发建设，本地企业不具备开发能力。

自有资金不够充足，制约房地产开发企业的进一步发展。2010年，全市房地产开发企业资金来源合计571469万元，在资金构成中，上年末结余资金39688万元，比重为6.94%；国内贷款43798万元，比重为7.66%；自筹资金219445万元，比重为38.4%；其他资金来源268538万元，比重为46.99%，房地产开发企业主要依靠购房者的定金、预收款和银行贷款进行经营，房地产开发企业自有资金不足，制约企业进一步发展。

经营方式单一，范围有待拓宽。全市房地产企业主营业务收入占全年总营业收入的98.5%，虽然比上一年有所下降，但是房地产企业仍旧靠房地产开发经营赚取利润，要保持房地产企业的长久生命力，必须拓宽其经营范围，除了房地产综合开发外，还可以考虑进行与房地产业相关的资本运作，促进整个房地产行业的可持续发展。

资产负债率过高，利润与风险有待权衡。全市房地产开发业资产负债率为75%，负债率相当高。对房地产开发经营企业来说，资产负债率越高，意味着负债经营程度提高，可以获得更快更多的收益，但财务风险也越大。若企业经营不善，过度的负债经营，将遭到财务杠杆的惩罚，降低资本收益率，并可能导致"资不抵债"而破产的局面。因此房地产企业必须权衡利润与风险两者之间的利害关系，控制资产负债率，做出正确的决策。

**5. 企业发展动向和发展趋势**

首先，渭南房地产企业需要实现集团化规模化经营，提高企业竞争能力。目前渭南市仅有一家一级以上开发企业，大多数企业还停留在起步阶段，人员少、项目少、竞争能力弱，许多企业几年才开发一个项目，一些企业急功近利，缺乏长远发展的眼光。因此，渭南市房地产开发企业应该认清目前面临的严峻形势，加快进行自身改造提升，不断提高竞争能力，才不会被淘汰。同时，对一些小型信誉低的房地产企业进行整合，维护全市房地产业的健康发展。

其次，全市房地产企业很多方面还存在不规范的做法和一些不完善的制度需要改革，如房地产定价制度、土地征用制度、企业内部激励机制等。未来房地产企业应按照现代企业制度的要求，完善企业内部的管理制度、激励制度、用人制度和财务制度等。企业的内部运行和组织建设及企业的外部环境和行业管理也都将进一步向制度化、规范化方向发展。

再次，行业发展应追求专业化和品牌化。目前，渭南许多房地产企业既做房地产，又做地产，而且不分档次、不分区位、不分用途，什么项目都做。这种"全能型开发商"缺乏竞争力，随着房地产行业利润的不断下降，以及房地产相关业务形成产业化，房地产企业的专业化将是必然的发展趋势。与此同时，房地产开发产品的差别化也将越来越明显。目前，城镇居民已处在一个从追求"量"向追求"质"转轨的时期，这是大势所趋。从市场的微观层面看，市场需求和消费者偏好又是多变的，有时还变得很快，开发企业如果事先不充分考虑这些变化将会尽失先机。所谓“得客户者得天下”，研究消费者偏好，开发适销对路的产品，研究细分市场，形成独特的他人无法模仿复制的产品特征和竞争优势，将是未来渭南市房地产开发企业考虑的一个主要问题。

## （二）房地产开发与投资状况

### 1. 土地规划状况

渭南市行政辖区内全部土地，土地面积13046.03平方公里。以2005年为基期，近期及中长期全市土地规划情况如下（见表3，表4）。

**表3　建设用地**

| | 2010年 | 2015年 | 2020年 |
|---|---|---|---|
| 总规模(万亩) | 188.5 | 196.7 | 200.25 |
| 城乡建设用地规模(万亩) | 161.57 | 166.91 | 169.4 |
| 城镇工矿用地规模(万亩) | 31.62 | 37.16 | 39.72 |
| 人均城镇工矿用地(平方米) | 108 | 107 | 105 |

资料来源：渭南市人民政府网站：http：//www.weinan.gov.cn/structure/zwgk/fzgh/gtgh/ztgh.htm（引用日期：2012-1-10）。

**表4　新增建设用地及补充耕地**

| | 2006~2010年 | 2006~2015年 | 2006~2020年 |
|---|---|---|---|
| 新增建设用地规模(万亩) | 6.68 | 14.63 | 19.38 |
| 建设占用农用地规模(万亩) | 6.2 | 13.33 | 17.97 |
| 新增建设占用耕地(万亩) | 5.3 | 10.62 | 14.13 |
| 新增建设补充耕地(万亩) | 5.3 | 10.62 | 14.13 |

资料来源：渭南市人民政府网站：http：//www.weinan.gov.cn/structure/zwgk/fzgh/gtgh/ztgh.htm（引用日期：2012-1-10）。

### 2. 房地产资金（资金来源、各种资金所占比重、资金来源发展趋势）

2010年，全市房地产开发企业资金来源合计571469万元，在资金构成中，上年末结余资金39688万元，比重为6.94%；国内贷款43798万元，比重为7.66%；自筹资金219445万元，比重为38.4%；其他资金来源268538万元，比重为46.99%，房地产开发企业主要依靠购房者的定金、预收款和银行贷款进行经营，房地产开发企业自有资金不足，制约企业进一步发展壮大。2011年，全市房地产企业资金中国内贷款64652万元，利用外资410万元，自筹资金209488

万元，其他资金来源304042万元。从资金结构变化来看，房地产企业自筹资金能力明显下降，而更加倚重银行贷款，可见在全市房地产投资快速增长的趋势下，企业融资结构明显反映出内源性融资能力不断下降，融资风险日益加大的趋势。渭南2010~2011年房地产资金来源详细情况见表5：

表5 渭南市房地产资金来源概况

单位：万元

| 指标名称 | 2011年 | 2010年 | 绝对数(±) | 增长速度(%) |
|---|---|---|---|---|
| (1)国内贷款 | 64652 | 43798 | 20854 | 47.6 |
| 银行贷款 | 64114 | 41880 | 22234 | 53.1 |
| 非银行金融机构贷款 | 538 | 1918 | -1380 | -71.9 |
| (2)利用外资 | 410 | 0 | 410 | 1.# |
| 其中:外商直接投资 | 0 | 0 | 0 | -1.# |
| (3)自筹资金 | 209488 | 249445 | -39957 | -16 |
| 其中:自有资金 | 109223 | 134596 | -25373 | -18.9 |
| (4)其他资金来源 | 304042 | 238538 | 65504 | 27.5 |
| 其中:定金及预收款 | 135014 | 107971 | 27043 | 25 |
| 其中:个人按揭贷款 | 103634 | 51841 | 51793 | 99.9 |

渭南市统计局:《2011年房地产投资分析表》。

### 3. 固定资产投资额、房地产投资额

2010年，渭南市完成社会固定资产投资7422455万元，与上一年相比增长了31.3%。全市完成房地产开发投资额420818万元，与上年相比增长49.2%。全市房地产开发企业共新增固定资产189404万元，比上年增长7.5%。

按工程用途分：商品住宅完成投资额342387万元，其中，90平方米以下完成投资额68271万元，90平方米以上完成投资额62215万元，经济适用房完成投资额14332万元，别墅和高档公寓投资额为0。办公楼类完成投资额6560万元。商业营业用房61871万元。其他类房地产投资占10000万元①。

渭南市2011年1~4月房地产开发投资情况：渭南市房地产开发完成投资18.01亿元，同比增长111.6%。其中，住宅完成投资11.97亿元，增长65.6%；办公楼完成投资0.5亿元，增长350.3；商业营业用房完成投资5.01亿元，增长

① 《2010年渭南市统计年鉴》。

543.7%；其他投资0.54亿元，增长37.2%。房地产开发主要呈现以下特点：

（1）施工面积高速增长：1～4月，渭南市商品房施工面积为380.07万平方米，比上年同期增长92.7%。其中，住宅施工面积308.67万平方米，增长77.4%。1～4月，渭南市房地产新开工面积100.8万平方米，比上年同期增长30.6%。其中：住宅新开工面积90.03万平方米，增长23.1%。

（2）大户型住宅投资比重提高：1～4月，渭南市140平方米以上住宅投资2.3亿元，比上年同期增长294.4%，高出住宅投资228.8个百分点，占全部投资的12.77%；比上年提高4.71个百分点。140平方米以上住宅施工面积和新开工面积分别为57.93万平方米和18.44万平方米，分别比上年同期增长189%和763.9%①。

**4. 房地产施工面积、竣工面积**

2010年，全市商品房投资中住宅投资达342387万元，比重为81.36%，居主导地位；办公楼、商业营业用房和其他类，分别完成投资6560万元、61871万元和10000万元，比重分别为1.56%、14.7%和2.38%。从施工面积看，2010年全市商品房屋施工面积389.06万平方米，其中住宅施工面积320.15万平方米，比重为82.29%，也占据着主导地位；商业营业用房施工面积61.05万平方米，比重为15.69%；办公楼用房施工面积4.09万平方米，比重为1.05%；其他配套房屋建筑施工面积3.77万平方米，比重为0.97%，其中，本年新开工面积的指标反映也较为明显，在全部新开工面积232.63万平方米中，新开工住宅面积比重为83.29%。

2011年，渭南市房地产开发资金来源合计为68.3亿元，同比增长62.3%。渭南市全年房屋施工面积为600万平方米，与上一年相比增长66.5%，其中房屋竣工面积100万平方米，与上一年相比增长55.3%。房屋销售面积200万平方米，与上一年相比增长72.1%。由上述主要指标可以看出，渭南市房地产呈现供需两旺的发展态势。这种快速发展的主要驱动力来自于全市高速城市化和工业化进程，渭南作为一个传统农业大市，房地产发展起步晚、起点低，现在正面临着全市高速城市化、工业化发展所带来的空前发展机遇。渭南市2010、2011年各类物业施工面积及竣工面积详细情况见表6：

---

① 国家信息中心：http://dqbg.cei.gov.cn/showdoc.asp?blockcode=DQBGSHXFX&filename=201106022007。

**表6 2010、2011年各类物业施工面积及竣工面积**

**2010~2011年渭南市房地产发展报告**

| 指标名称 | 合计 | | | | 住宅 | | | | 90平方米以下住房 | | | |
|---|---|---|---|---|---|---|---|---|---|---|---|---|
| | 2011年完成 | 2010年完成 | 绝对数(±) | 增长速度(%) | 2011年完成 | 2010年完成 | 绝对数(±) | 增长速度(%) | 2011年完成 | 2010年完成 | 绝对数(±) | 增长速度(%) |
| 房屋施工面积($m^2$) | 6479172 | 3890573 | 2588599 | 66.5 | 5306760 | 3201477 | 2105283 | 65.8 | 555156 | 779551 | -224395 | -28.8 |
| 其中:新开工面积 | 3434260 | 2326311 | 1107949 | 47.6 | 2888613 | 1937665 | 950948 | 49.1 | 225865 | 518343 | -292478 | -56.4 |
| 房屋竣工面积($m^2$) | 1169444 | 753254 | 416190 | 55.3 | 1010926 | 666207 | 344719 | 51.7 | 139871 | 211459 | -71588 | -33.9 |
| 其中:不可销售面积 | 16265 | 8056 | 8209 | 101.9 | 11365 | 0 | 11365 | *** | 6415 | 0 | 6415 | *** |
| 商品住宅竣工套数 | 0 | 0 | 0 | *** | 9030 | 6795 | 2235 | 32.9 | 1788 | 2717 | -929 | -34.2 |
| 竣工房屋价值(万元) | 213876 | 123865 | 90011 | 72.7 | 178293 | 95614 | 82679 | 86.5 | 23701 | 30892 | -7191 | -23.3 |
| 出租房屋面积($m^2$) | 1817 | 13669 | -11852 | -86.7 | 0 | 0 | 0 | *** | 0 | 0 | 0 | *** |
| 商品房销售面积($m^2$) | 2404404 | 1397240 | 1007164 | 72.1 | 2090987 | 1278653 | 812334 | 63.5 | 327101 | 297494 | 29607 | 10 |
| 其中:现房销售面积 | 463294 | 520387 | -57093 | -11 | 413690 | 479456 | -65766 | -13.7 | 101704 | 136415 | -34711 | -25.4 |
| 其中:期房销售面积 | 1941110 | 876853 | 1064257 | 121.4 | 1677297 | 799197 | 878100 | 109.9 | 225397 | 161079 | 64318 | 39.9 |
| 商品房销售额(万元) | 669212 | 246952 | 422260 | 171 | 505719 | 209297 | 296422 | 141.6 | 79039 | 43175 | 35864 | 83.1 |
| 其中:现房销售额 | 114929 | 92142 | 22787 | 24.7 | 92683 | 76593 | 16090 | 21 | 20323 | 18660 | 1663 | 8.9 |
| 其中:期房销售额 | 554283 | 154810 | 399473 | 258 | 413036 | 132704 | 280332 | 211.2 | 58716 | 24515 | 34201 | 139.5 |
| 商品住宅销售套数 | 0 | 0 | 0 | *** | 18116 | 11960 | 6156 | 51.5 | 3979 | 3739 | 240 | 6.4 |
| 其中:现房销售套数 | 0 | 0 | 0 | *** | 3825 | 4646 | -821 | -17.7 | 1247 | 1749 | -502 | -28.7 |
| 其中:期房销售套数 | 0 | 0 | 0 | *** | 14291 | 7314 | 6977 | 95.4 | 2732 | 1990 | 742 | 37.3 |
| 空置面积($m^2$) | 241754 | 88671 | 153083 | 172.6 | 186993 | 69412 | 117581 | 169.4 | 1896 | 3478 | -1582 | -45.5 |
| 其中:空置1~3年面积 | 97902 | 42904 | 54998 | 128.2 | 79101 | 33873 | 45228 | 133.5 | 460 | 2810 | -2350 | -83.6 |
| 其中:空置3年以上面积 | 0 | 0 | 0 | *** | 0 | 0 | 0 | *** | 0 | 0 | 0 | *** |

续表

| 指标名称 | 140平方米以下住房 | | | | 经济适用房 | | | | 办公楼 | | | |
|---|---|---|---|---|---|---|---|---|---|---|---|---|
| | 2011年完成 | 2010年完成 | 绝对数(±) | 增长速度(%) | 2011年完成 | 2010年完成 | 绝对数(±) | 增长速度(%) | 2011年完成 | 2010年完成 | 绝对数(±) | 增长速度(%) |
| 房屋施工面积($m^2$) | 830906 | 393040 | 437866 | 111.4 | 302153 | 236832 | 65321 | 27.6 | 199464 | 40878 | 158586 | 387.9 |
| 其中:新开工面积 | 380888 | 162529 | 218359 | 134.4 | 118917 | 45960 | 72957 | 158.7 | 127443 | 13781 | 113662 | 824.8 |
| 房屋竣工面积($m^2$) | 87480 | 20292 | 67188 | 331.1 | 83328 | 97442 | -14114 | -14.5 | 24100 | 8056 | 16044 | 199.2 |
| 其中:不可销售面积 | 0 | 0 | 0 | *** | 6415 | 0 | 6415 | *** | 4900 | 8056 | -3156 | -39.2 |
| 商品住宅竣工套数 | 546 | 142 | 404 | 284.5 | 1010 | 1084 | -74 | -6.8 | 0 | 0 | 0 | *** |
| 竣工房屋价值(万元) | 25266 | 4857 | 20409 | 420.2 | 9706 | 9216 | 490 | 5.3 | 4949 | 900 | 4049 | 449.9 |
| 出租房屋面积($m^2$) | 0 | 0 | 0 | *** | 0 | 0 | 0 | *** | 1417 | 0 | 1417 | *** |
| 商品房销售面积($m^2$) | 452484 | 229154 | 223330 | 97.5 | 140304 | 135734 | 4570 | 3.4 | 33391 | 17844 | 15547 | 87.1 |
| 其中:现房销售面积 | 16910 | 43329 | -26419 | -61 | 42630 | 24950 | 17680 | 70.9 | 17733 | 2544 | 15189 | 597.1 |
| 其中:期房销售面积 | 435574 | 185825 | 249749 | 134.4 | 97674 | 110784 | -13110 | -11.8 | 15658 | 15300 | 358 | 2.3 |
| 商品房销售额(万元) | 110527 | 47451 | 63076 | 132.9 | 16126 | 17320 | -1194 | -6.9 | 10249 | 2175 | 8074 | 371.2 |
| 其中:现房销售额 | 4115 | 8897 | -4782 | -53.7 | 4896 | 3528 | 1368 | 38.8 | 5651 | 545 | 5106 | 936.9 |
| 其中:期房销售额 | 106412 | 38554 | 67858 | 176 | 11230 | 13792 | -2562 | -18.6 | 4598 | 1630 | 2968 | 182.1 |
| 商品住宅销售套数 | 2992 | 1522 | 1470 | 96.6 | 1509 | 1559 | -50 | -3.2 | 0 | 0 | 0 | *** |
| 其中:现房销售套数 | 115 | 247 | -132 | -53.4 | 498 | 268 | 230 | 85.8 | 0 | 0 | 0 | *** |
| 其中:期房销售套数 | 2877 | 1275 | 1602 | 125.6 | 1011 | 1291 | -280 | -21.7 | 0 | 0 | 0 | *** |
| 空置面积($m^2$) | 37484 | 0 | 37484 | *** | 0 | 11810 | -11810 | -100 | 2050 | 60 | 1990 | 3316.7 |
| 其中:空置1~3年面积 | 37484 | 0 | 37484 | *** | 0 | 0 | 0 | *** | 1990 | 0 | 1990 | *** |
| 其中:空置3年以上面积 | 0 | 0 | 0 | *** | 0 | 0 | 0 | *** | 0 | 0 | 0 | *** |

续表

| 指标名称 | 商业营业用房 | | | | 其他房屋 | | | |
|---|---|---|---|---|---|---|---|---|
| | 2011 年完成 | 2010 年完成 | 绝对数（±） | 增长速度（%） | 2011 年完成 | 2010 年完成 | 绝对数（±） | 增长速度（%） |
| 房屋施工面积（$m^2$） | 806921 | 610518 | 196403 | 32.2 | 166027 | 37700 | 128327 | 340.4 |
| 其中：新开工面积 | 338258 | 363101 | -24843 | -6.8 | 79946 | 11764 | 68182 | 579.6 |
| 房屋竣工面积（$m^2$） | 131509 | 78991 | 52518 | 66.5 | 2909 | 0 | 2909 | *** |
| 其中：不可销售面积 | 0 | 0 | 0 | *** | 0 | 0 | 0 | *** |
| 商品住宅竣工套数 | 0 | 0 | 0 | *** | 0 | 0 | 0 | *** |
| 竣工房屋价值（万元） | 29383 | 27351 | 2032 | 7.4 | 1251 | 0 | 1251 | *** |
| 出租房屋面积（$m^2$） | 400 | 13669 | -13269 | -97.1 | 0 | 0 | 0 | *** |
| 商品房销售面积（$m^2$） | 242164 | 97943 | 144221 | 147.2 | 37862 | 2800 | 35062 | 1252.2 |
| 其中：现房销售面积 | 31871 | 38387 | -6516 | -17 | 0 | 0 | 0 | *** |
| 其中：期房销售面积 | 210293 | 59556 | 150737 | 253.1 | 37862 | 2800 | 35062 | 1252.2 |
| 商品房销售额（万元） | 138578 | 34300 | 104278 | 304 | 14666 | 1180 | 13486 | 1142.9 |
| 其中：现房销售额 | 16595 | 15004 | 1591 | 10.6 | 0 | 0 | 0 | *** |
| 其中：期房销售额 | 121983 | 19296 | 102687 | 532.2 | 14666 | 1180 | 13486 | 1142.9 |
| 商品住宅销售套数 | 0 | 0 | 0 | *** | 0 | 0 | 0 | *** |
| 其中：现房销售套数 | 0 | 0 | 0 | *** | 0 | 0 | 0 | *** |
| 其中：期房销售套数 | 0 | 0 | 0 | *** | 0 | 0 | 0 | *** |
| 空置面积（$m^2$） | 52711 | 19199 | 33512 | 174.6 | 0 | 0 | 0 | *** |
| 其中：空置 1~3 年面积 | 16811 | 9031 | 7780 | 86.1 | 0 | 0 | 0 | *** |
| 其中：空置 3 年以上面积 | 0 | 0 | 0 | *** | 0 | 0 | 0 | *** |

## （三）房地产销售状况

### 1. 各类物业销售量、销售价格

表7　普通住宅价格

| 2011 | 1月 | 2月 | 3月 | 4月 | 5月 | 6月 | 7月 | 8月 | 9月 | 10月 | 11月 | 12月 |
|---|---|---|---|---|---|---|---|---|---|---|---|---|
| 均价(元) | 3650 | 3766 | 3782 | 3798 | 3814 | 3830 | 3830 | 3900 | 3900 | 3900 | 3900 | 3900 |
| 同比(%) | 9 | 8 | 9 | 10 | 11 | 12 | 12 | 13 | 13 | 14 | 15 | 14 |

### 2. 物业销售结构变化趋势

商品房销售量快速增长，空置率大幅降低。2010年，房地产开发企业销售商品房面积达到139.72万平方米，实现销售金额246952万元，分别比上年同期增长39.2%和55.4%。2010年，商品房屋空置面积为8.87万平方米，仅占竣工面积的11.77%，比2009年减少4.07个百分点，空置率降低，其中空置1~3年的待销面积为4.29万平方米。商品房销售以住宅为主。从销售商品房屋的结构分析，2010年全市住宅实际销售127.87万平方米，比重高达91.52%，商业营业用房实际销售9.79万平方米，比重为7%，住宅在商品房的开发和销售中占据着绝对的地位。

商品房销售价格逐年攀升。2010年，商品房销售平均单价为1767元/平方米，比2006年（1265元/平方米）、2007年（1373元/平方米）、2008年（1512元/平方米）、2009年（1583元/平方米）分别增长39.68%、28.7%、16.87%、11.62%，呈现出持续走高，不断攀升的态势。①

## （四）国家宏观调控房地产以来房地产业的变化状况

2010年，渭南市房地产市场受一系列宏观调控政策出台和实施的影响，房地产市场表现出一定程度的波动，市场各方也表现出观望气氛。

2010年元旦刚过，国务院办公厅就发出了《关于促进房地产市场平稳健康发展的通知》，重提“二套房贷款政策”，要求首付不得低于40%，旨在抑制投

① 陕西省统计局网站：http://www.sn.stats.gov.cn/news/sxxx/201131490146.htm（引用日期：2012-1-10）。

机性购房，控制房价上涨。1～6月，国务院及有关部门出台了一系列针对房地产市场的调控政策，牵涉到住房和城乡建设部、国家发改委、财政部、国土资源部、中国人民银行、国家税务总局、工商总局、银监会、证监会等九个部门，从信贷、土地、税收、市场监管等方面调控房地产市场，抑制投机和投资，遏制房价过快上涨。政策出台时间之密集、涉及范围之广、调控手段之严厉前所未有，调控力度逐渐加大。4月14日，国务院常务会议专题讨论了遏制部分城市房价过快上涨的问题，确定了“抑制不合理住房需求、增加住房有效供给、加快保障性安居工程建设、加强市场监管”等四个方面的政策措施。4月17日，国务院发出《关于坚决遏制部分城市房价过快上涨的通知》，要求“省级人民政府负总责、城市人民政府抓落实”，并进一步收紧了个人购房贷款，提出房价过高地区可暂停发放第三套住房贷款等，强力遏制投资需求，调控力度逐渐加强。

在一系列调控政策的作用下，渭南房地产市场交易表现出一定程度的“量缩价滞”的基本态势。从2010年商品房销售面积来看，渭南市商品房累计销售同比下降12.4%，其中，住宅累计销售同比下降11.6%。从商品房成交价格来看，并没有出现明显下降趋势。2010年，全市商品房成交均价为1767元/平方米，高于2009年同期1623元/平方米和2008年同期1547元/平方米的水平，分别增长8.9%和14.2%。

总体来讲，尽管2010年全国房地产市场运行受宏观调控政策影响比较明显，呈现出量缩价滞走势、观望气氛浓厚的特征，由于渭南房地产市场一直以刚性消费需求为主导，投资性需求对市场影响不明显，受政策的影响较弱，尽管表现出一定程度的量缩价滞和观望气氛，但房地产发展仍然保持了长期较为稳定的增长态势，表现在销量和房价上的稳定增长和小幅波动相互交融。

### （五）房地产业与社会经济的关系分析

#### 1. 房地产业在经济发展中所占比重

2010年，从总体上看渭南经济表现为高开稳走、逐步趋稳向好的态势，实现了年初预期的较快增长目标。全市实现生产总值801.42亿元，较上年增长15%。其中，第一产业增加值128.94亿元，增长7.3%；第二产业增加值394.55亿元，增长20.7%；第三产业增加值277.93亿元，增长10.6%。一、二、三次产业结构为16.1∶49.2∶34.7。全年商品房销售额24.7亿元，同比增长

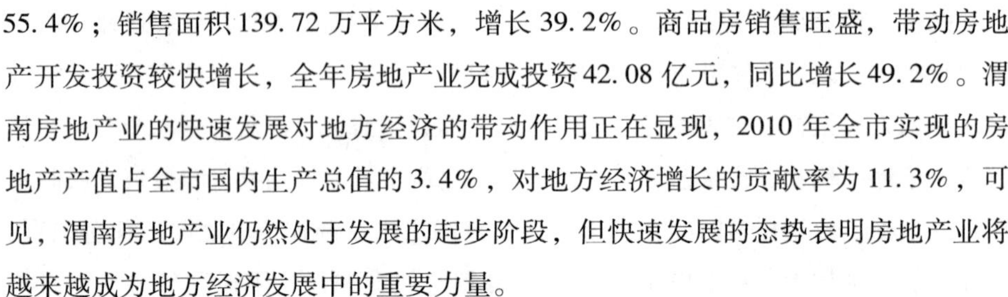

55.4%；销售面积139.72万平方米，增长39.2%。商品房销售旺盛，带动房地产开发投资较快增长，全年房地产业完成投资42.08亿元，同比增长49.2%。渭南房地产业的快速发展对地方经济的带动作用正在显现，2010年全市实现的房地产产值占全市国内生产总值的3.4%，对地方经济增长的贡献率为11.3%，可见，渭南房地产业仍然处于发展的起步阶段，但快速发展的态势表明房地产业将越来越成为地方经济发展中的重要力量。

**2. 房地产业对本市经济的拉动作用**

2010年，全市房地产开发投资34.24亿元，全社会固定资产投资完成742.25亿元，房地产业所占比重不到5%。从已经实现的增加值来看，与上一年相比全市国内生产总值的增加值为120亿元，与此相对应，全市房地产业的增加值为13.85亿元，即渭南房地产业对地方经济增长的贡献率为11.3%。尽管渭南房地产业发展的基数仍然很低，但从渭南城市化发展所处阶段、未来发展的巨大空间以及当前房地产业快速扩张的趋势来看，渭南房地产业在不远的将来必将成为拉动全市整个固定资产投资增长的主要力量。2010年，房地产开发企业销售商品房面积达到139.72万平方米，实现销售金额246952万元，分别比上年同期增长39.2%和55.4%。全市商品房总体上供应充足，住房供应结构逐步完善，房屋空置率保持在合理范围，房地产市场呈现出供求两旺的良好局面。房地产业的快速发展也有效带动了建材、建筑、商贸、服务等一系列50多个行业的发展，对扩大内需，促进全市经济增长起到了积极的拉动作用。

2010年，全市进一步加大保障性住房建设力度，开工建设经济适用住房项目17个，48.27万平方米，竣工13.08万平方米，入住居民2878户，完成投资15698万元。在全市各级住房保障部门的共同努力下，保障性住房建设的项目资金争取额、廉租补贴发放、项目开竣工、项目形象进度及租售并举实施等工作在全省处于领先位次，市住房保障工作在全省责任目标考核中位列豫东南四市首位、全省第六位。通过保障性住房建设，对商品房需求形成分流，既增加了房地产投资，平抑了房价，促进居民住房消费，又改善了中低收入家庭居住环境，实现了“群众得实惠、企业得市场、地方得发展、党政得民心”的良好局面，真正做到了把保障住房工程建设成为群众办实事的民心工程、暖心工程。

**3. 房地产对就业的贡献**

房地产业是一个劳动密集型产业，可吸纳规划设计、建筑安装、装饰装潢、

工程监理、房地产中介、劳务服务、信息等各方面的人员就业，是吸纳农民进城务工的主要劳务市场。房地产开发延伸出来的工作岗位，大多数并不需要特殊技能训练，对农业大市渭南来说房地产业就业的低门槛、大容量和就业高弹性恰好满足广大农民工进城务工的就业需求，有力带动了地方农民工的就业。到2010年，渭南直接从事建筑和房地产开发及其相关行业的务工人数达十多万人，形成了规模宏大的产业大军。从事建筑和房地产开发的从业人员，收入水平也不断上涨。由于房地产开发的兴盛，建筑和房产开发的劳力日益成为紧缺资源，这一趋势推动了劳动者收入的稳步提升。泥瓦工、水电工等大工工资达到每天100～200元。售楼员等从业人员的工资增幅更快，凭借业绩一年收入可达数十万元。房地产开发的兴盛对社会消费有巨大的拉动作用。按照经验公式，销售额乘以1.34系数计算，渭南市2010年商品房销售额24.7亿元左右，带动社会整体消费34亿元，对消费需求的贡献率达到10%以上。

**4. 对地方财税和居民收入的贡献**

2010年，渭南市房地产业直接创税0.6747亿元，占地税收入的3%。带动相关行业创税0.4亿元，加上城镇土地使用税等，累计实现税收1.74亿元，占地区财政收入的5.2%。2010年，渭南市房地产业完成投资占限额以上固定资产投资的11.91%，占第三产业限额以上固定资产投资的25.57%，渭南市房地产业正在成为地方经济发展中的重要力量。2010年，渭南全市企业单位从业人员总数为193029人，其中房地产业从业人员为2978人，建筑业从业人员为17180人。从劳动报酬来看，2010年，全市企业单位从业人员劳动报酬为546954.9万元，其中房地产行业为7869.7万元，建筑业39788.4万元，房地产行业对地方居民收入的直接贡献率为8.7%。由于房地产业的发展能有效带动建材、建筑、商贸、服务等一系列50多个行业的发展，对地方居民收入的间接贡献率则更大。

## 三　房地产发展趋势分析

### （一）供给趋势

2010年，全市房屋施工面积3890573m²，房屋竣工面积753254m²，批准预售面积2125786m²，商品房销售面积1397240m²，其中现房销售面积520387m²、

期房销售面积 876853m²，商品房销售额 246952 万元，其中现房销售额 92142 万元，期房销售额 154810 万元。2011 年，全市房屋施工面积 6479172m²，房屋竣工面积 1169444m²，商品房销售面积 1397240m²，其中现房销售面积 463294m²，期房销售面积 1941110m²，商品房销售额 669212 万元，其中现房销售额 114929 万元，期房销售额 554283 万元。

## （二）需求趋势

渭南市是一个以农业为基础产业的人口大市，多年来的工业化努力和城镇化战略使渭南地区成功进入中等收入水平。“十二五”规划中，渭南实施以“构建秦东城市群，优化提升发展平台”为导向的城镇化战略，提升中心城市首位度，发展壮大县级市、县域中心城区和重点镇，构建“一个中心（中心城市）、三个层次（次中心城市、县域中心城市和重点镇）、两横两纵（西潼、西禹、渭蒲、罗韦高速）”秦东城市群和关中－天水经济区次核心区域中心城市，战略的制定将有利于房地产业发展和扩张。

住房需求由城镇常住人口增加带来的刚性需求、人均居住面积增加带来的改善性需求、旧房拆迁新增带来的刚性需求三部分构成。

**1. 城镇常住人口增加带来的刚性需求**

渭南市全市人口 552.26 万，其中城市居民人口 167 万，近几年年人口增速为 2.5 万。渭南市 2009 年城镇人均居住面积为 33.7 平方米，2011～2020 年年均新增住房需求为 84.25 万平方米。

**2. 人均居住面积增加带来的改善性需求**

与国际发展趋势一致，我国城镇居民人均居住面积一直在增加。2009 年城镇人均居住面积为 33.7 平方米，假设未来 10 年按照每年 0.4～0.9 平方米速度提升，2011～2020 年新增住房需求为 2110～4760 万平方米。

**3. 旧房拆迁带来的刚性需求**

在城镇存量住房中，随着部分老住宅的拆除新建，假设基本需求的 60%～80% 由商品住宅市场解决（20%～40% 由保障房市场解决），则需要每年提供相当数量的商品住宅。

## （三）价格趋势

近年来渭南市商品房销售价格持续走高，2010 年达到 1767 元/平方米，比

2006年（1265元/平方米）、2007年（1373元/平方米）、2008年（1512元/平方米）、2009年（1583元/平方米）分别提高39.68%、28.7%、16.87%、11.62%，呈现出持续走高、不断攀升的态势。有些城区黄金地段甚至达到3200多元/平方米。

## 四　房地产发展存在问题及原因分析

### （一）政策方面

2009年，受多项经济刺激政策的影响和大量信贷资金的推动，渭南市房地产市场在投资、价格和供需等方面全面复苏。2010年以来，针对房价上涨过快、房地产市场过热等问题，国家展开了密集的房地产“由救市到遏制”、“调结构、抑房价”市场调控，即“国十条”、“国五条”、取消七折利率优惠、严格二套房贷、上调存款准备金率等一系列强有力的措施，受政策的时滞效应和居民预期等因素影响，渭南市房地产行业市场却正在经历着一场自2009年全面复苏以来的持续稳步快速发展，主要表现为：房地产投资大幅增长，主要流向住宅领域；施工面积明显增长，大面积住房占主导；销售市场量价齐涨，二手房相对平稳；保障性住房发展强劲，政策未能及时跟进。

### （二）消费偏好及观念方面

“有恒产者有恒心”传统观念，让国人不爱租房爱买房；攀比心理、一步到位意识，让国人不买小房买大房；买涨不买落的从众心理，让不少人跟风抢购。佑护子女的传统观念，使部分还不具备购房能力的年轻人，靠父辈资助提前买房。另外，受通胀预期的影响，相当一部分人通过购房置业来使财产保值增值，加之我国对房地产只是在交易环节征收契税、营业税、所得税，对保有环节没有征税，使老百姓特别是有钱人更愿买房。

### （三）商品房销售价格过高

近年来渭南市商品房销售价格持续走高，2010年达到1767元/平方米，比2006年（1265元/平方米）、2007年（1373元/平方米）、2008年（1512元/平方米）、2009 年（1583 元/平方米）分别增长 39.68%、28.7%、16.87%、11.62%，呈现出持续走高、不断攀升的态势。有些城区黄金地段甚至达到 3200 多元/平方米，大大超出了居民的承受能力，与渭南市经济发展水平很不适应，影响渭南市房地产业的健康发展。

### （四）房地产开发企业竞争能力较低

2010 年，渭南 102 家房地产开发企业中一级资质企业 1 户，比重为 1.06%；二级资质企业 15 户，比重为 15.96%；三级资质企业 40 户，比重为 42.55%；四级资质企业 33 户，比重为 35.11%；四级以下资质企业 5 户，比重为 5.32%。较低的资质等级削弱了渭南市房地产开发企业的竞争能力，全市目前修建的高档社区和高层住宅楼基本都是由外地企业开发建设，本地企业不具备开发能力。

### （五）自有资金不够充足，制约房地产开发企业的进一步发展

2010 年，万元全市房地产开发企业资金来源合计 572369 万元。在资金构成中，上年末结余资金 39688 万元，比重为 6.93%；国内贷款 43798 万元，比重为 7.65%；自筹资金 250345 万元，比重为 43.73%；其他资金来源 238538 万元，比重为 41.68%。2011 年，全市房地产开发企业资金来源合计 664546 万元。在资金构成中，上年末结余资金 85954 万元，比重为 12.9%；国内贷款 64652 万元，比重为 9.7%；自筹资金 209488 万元，比重为 31.52%；其他资金来源 304042 万元，比重为 45.88%。房地产开发企业主要依靠购房者的定金、预收款和银行贷款进行经营，房地产开发企业自有资金不足，制约企业进一步发展。

## 五　国家土地政策对本市房地产业的影响

### （一）土地市场基本情况及增长情况

2010 年，渭南市规划用地面积 4953.8392 万平方米，实际占征用和购置土地面积 849.9193 万平方米，土地成交价款为 104911 万元。

## （二）土地市场存在的主要问题及治理对策

**1. 主要问题**

（1）宏观调控管理中发生错位。

土地作为一种资源，政府必须对土地市场进行较强的宏观调控，但是政府在宏观调控管理中往往会迷失方向，发生角色错位，在土地市场中扮演经济主体、调控、监管、仲裁等多重角色，却又以经济主体为重，这是土地市场产生很多问题的根源。

（2）土地闲置现象比较严重，导致土地资源的极大浪费。

过去一些地方盲目进行土地开发，特别是工业园区和房地产用地开发，遗留下来的闲置建设用地至今未能完全消化。另外有些政府征收或收回了大量土地但找不到新的使用渠道，造成了土地闲置，这是政府土地出让规划的失误。还有就是有的地方拿到土地使用权后不进行土地开发从而导致闲置。土地大量闲置不但降低了土地利用率，更带来很大的经济损失。

（3）土地增值收益的分配模糊不清。

土地增值收益是指由于土地改变用途后所带来的增值，土地的增值属于土地的附属物，应当归所有者所有，但在现实中，土地使用方所获得的增值收益并不是由土地本身获得，而是基于土地的用途依靠自己的财产获得，对于土地增值收益中要分配给土地所有者的比例则难以确定。我国农民的弱势地位决定了对于被征收耕地的使用，使用方应该分配一定的土地增值收益给失地农民，但分配比例的确定非常不明确。

（4）农村集体所有土地违法交易现象普遍存在。

在农村部分农民因缺房子住而申请占用耕地得不到批准，有的便未批先用，或者采取欺骗手段报批用地，违法用地案件时有发生，且屡禁不绝。另外，在国有土地使用权公开招标拍卖挂牌出让活动中，少数地方还存在着私下交易或暗箱操作的违法现象。

**2. 治理对策**

（1）及时完善、补充与修改当前不适应的土地管理法律法规。

从实际出发，及时重新修编土地利用总体规划，不搞一刀切，使其成为具有地方特色的土地利用总体规划，从而更有利于宏观调控与微观管理。结合全国土地市场秩序的治理整顿，针对新出现的闲置土地案件，严格实行闲置土地不消化或消化不多的，坚决不再重新办理批地，并对新增的闲置土地从重征收土地闲置费，或者由人民政府依法收回。要进一步加强土地的法律框架建设，完善土地法规，把对土地的开发利用建立在科学合理健全的法律制度基础之上。

（2）完善土地增值收益分配与管理。

中央政府、地方政府与集体和农民三方对于农村集体土地增值收益的重新分配，重点在于确定土地出让金纯收益的分享比例。也就是说，在维持现有集体和农民获得土地补偿、地方政府获得主要税费分配格局基础上，将原来主要由地方政府或集体和农民占有的出让金纯收益进行重新分配。中央政府分享的出让金纯收益，应主要用于农地整理、公益性征地补贴和基础设施建设。地方政府分享的出让金纯收益，应主要用于当地基础设施建设、公益性征地补贴和失地农民社会保障。集体和农民所得的出让金收入，除直接分配给农民个人外，其他的应当用于失地农民社会保障和集体公共公益事业建设。

（3）进一步完善土地市场配置机制。

转变地方政府在土地市场中的角色，限定政府在土地市场中的权利，建立透明公开的土地市场。应坚持土地公有的地位，在此框架下修正土地市场的利益主体的权利范围，建立透明公开的土地市场，有效制约部分地方政府的行为，减少违法违规行为的发生。地方政府在土地市场中的角色很大程度上成为很多问题的根源。要逐步改变地方政府在土地市场中的角色，这里的角色仅指经济主体的角色。要以完善土地税费改革为途径，将政府配置公有土地的权利限制在合理的范围内。必须对政府强制性征地进行严格限制，对征地的目的和范围要有严格的界定，国家不能滥用征地权。在向市场经济体制转轨过程中，政府要推动甚至主导土地市场化发育和发展的进程，必须代表市场经济发展方向，政府参与土地市场的建设应从创造和经营市场向培育和服务市场转变。

（4）加强土地管理，加大土地市场的监管，合理配置土地资源。

加强土地管理，合理配置土地资源，要按照供地计划供地、按项目用地指标供地，高度垄断土地一级市场。要建立健全招标、拍卖、挂牌出让国有土地使用权制度，实行科学管理，落实建设用地管理的各项技术指标，坚持土地有偿使用制度，减少划拨用地。要逐步建立规范、公开、有序的土地有形市场，规范土地

交易行为，使管辖范围内的所有土地，除公益事业用地按规定可以划拨外，其他开发建设用地一律通过市场进行配置。要逐步建立土地市场监测和监管体系，准确把握地价动态变化，严厉查处非法转让土地和违法用地行为，加大执法监察工作力度，清理整顿土地市场。严厉查处非法转让土地使用权，隐形交易和闲置、荒芜土地等违法用地行为。从根本上扭转土地市场的混乱和管理失控，防止土地资产流失，保证土地市场健康发展。

## 六　保障房建设

### （一）经济适用房建设

**1. 经济适用房开发分析及其增长情况**

近几年来，随着渭南经济的快速发展，城市居民收入不断增加，市民用于改善居住条件的投资逐年增加，居民住房状况不断改善，各式户型的楼盘不断被开发、利用。由于需求的强劲拉动，全市房地产市场不断升温，楼价不断上涨。高收入或收入稳定者购房能力较强，但部分低收入、生活困难群体买房压力较大，甚至没有能力买房，因此渭南市人民政府将经济适用房建设列入为民办实事项目，2010 年，经济适用房施工面积为 315345 平方米，竣工面积 100938 平方米。

**2. 经济适用房市场存在的主要问题**

（1）经济适用房入住率低

经济适用房成为出租房、商用房，甚至被转让，引起这一现象的原因有主要有三方面：第一，购房即是购房产。经济适用房的申购者大部分拥有固定的住所，即使不搬入新房同样有房可住，购买经济适用房即是购置房产，因此需要在改善居住条件和获得房产收入之间做选择。购房者决定是否搬入经济适用房需要权衡这一行为获得的效应，当购房者认为搬入新居获得的效应小于将住房出租获得的效应时，他们更愿意将住房出租出去；住房出租获得的效应与家庭经济状况呈负相关关系，经济状况越困难的购房者通过租赁获得收入来改善家计的愿望越强烈。经济适用房作为住房中的一类，具有居住、出租、转让的本质功能，通过非市场化方法限制经济适用房的出租和转让，违背了事物发展的客观规律，因此政策作用不明显。第二，保障的对象宽泛。国务院《关于进一步深化城镇住房制度改革，加快住房建设的通知》明确提出，中低收入者购买经济适用房，最低收入者租用政府或单位提供的廉租房。“中低收入家庭”这个类别过于宽泛，缺乏明科学的细分，涵盖了住房最困难的低收入阶层在内的大量中等收入群体，导致低收入家庭买不起，较高收入者需求旺盛的局面。主要表现为两个方面：一是，低收入家庭中包含应有廉租房解决却没有解决的困难群体，他们确实没有购买能力。二是，中等收入家庭购买力强，购买能力较弱的低收入家庭很难买得到。不同收入家庭经济负担能力差异较大，如何确定经济适用房价格很难把握。第三，房产销售价格“双轨制”的影响。在政府的干预下，经济适用房的销售价格低于市场价格，获得经济适用房后转让即可获得丰厚收益。

（2）开发商改变土地用途。

开发商以建设经济适用房的名义获得土地，建设超标准经济适用房、商品房甚至豪华别墅现象在各地纷纷出现。这一现象出现主要有两个原因：第一，经济适用房开发商获利空间偏小。为控制经济适用房的价格，政府将开发商的收益限制为不超过3%，政府给予开发商的利润空间偏小。如果开发商使用自由资本进行经济适用房建设，政策允许的最高收益只比银行存款取得的利息收入高0.75%；如果向金融机构融资，那么开发商获得的利润更少。因此，开发商在建设经济适用房过程中违规操作在一定程度上是无奈之举。第二，房产开发用地“价格双轨制”的影响。根据《经济适用房管理办法》，经济适用房采取划拨方式供给，商品房用地通过购买方式获得，而这两者的差价收益很大。通过建设商品房获得的利润，开发商违规操作的收益可以达到100%。违规使用经济适用房所要承担的机会成本不足违规收益的1/10，进而助长了开发商违规操作行为的发生。

（3）政府管理不到位。

第一，管理者的权力寻租。管理者权力寻租表现为，管理者以握有的权力为筹码，通过允许不具有开发资格的开发商进入经济适用房开发行列、放宽监督标准等方式从开发商手中获得经济利益；通过允许不具有申购资格的购房者加入申购行列，或者通过其他方式影响经济适用房公平分配获得经济利益。第二，管理权下放的消极影响。管理机构人员不足和信息不对称的制约，长期以来，管理机

构的审核权层层下放，以致审核权最后转移给最基层的管理者。在经济适用房的审核中，房产审核需要民政签章，民政审核需要社区签章，社区审核需要街道签章；申请购买经济适用房只需通过街道审核即可顺利办完一系列的程序，申请材料的真实性由街道负责，最高层次管理者根据申请材料填写的情况对申购者进行筛选。基层审核者受邻里情结的影响，很难做出公正的裁决。

（4）有效供给不足是根本原因。

据不完全统计，经济适用房申购比为 40∶1，经济适用房供给不足已经成为制约安居工程实施的主要因素。有效供给不足时，房产市场形成卖方垄断，处于优势地位的房地产商即使在销售过程中附加条件销售、改变住房建筑面积或者降低房产质量，处于劣势地位的申购者同样会购买。因此，供给与需求的矛盾直接影响政府干预的效果，导致社会失灵。

**4. 经济适用房市场的治理对策**

（1）正确认识经济适用房

第一，正确界定经济适用房。经济适用房要根据中低收入居民的住房经济承受能力和心理承受能力界定，经济不仅指每平方米的价格低，适用不仅指户型的大小，更重要的是每套经济适用房的价格在经济能力方面适用。每套价格由每平方米的价格和户型大小决定，降低经济适用房每平方米的价格对房价的影响固然重要，灵活调整户型大小对房价影响更加直接有效；假定房价为 2000 元/$m^2$，80 平方米户型价格为 16 万元，60 平方米户型价格为 12 万元，40 平方米户型价格为 8 万元；因此，经济适用房的建筑面积不要搞“一刀切”，为低收入家庭和困难家庭建设一批小户型住房，有助于在低收入群体经济承受能力范围内解决住房问题。第二，“居者有其屋”的含义。“居者有其屋”是所有国家和地区住房政策的目标，但“有”的含义并不相同，在新加坡、香港，这个“有”是指拥有产权，而在西方更多的是指拥有居住权；西方发达国家中，比利时、英国的住房自有率约为 70%，法国约为 54%，荷兰约为 45%，瑞士则为 30%；无论一国经济有多发达，也很难达到绝大部分居民能够购买住房的地步。因此，“居者有其屋”包含居住自有产权住房和租住他人所有产权住房两层含义，即不是让所有居民都拥有房产，而是为居民提供一个经济上可以承受并可以长期居住的优质住房。在这一意义上，“居者有其屋”只要通过扩大经济适用房的供给数量即可以实现。

（2）市场操作盘活经济适用房

第一，市场化经济适用房开发模式，即政府提供建设用地并负责经济适用房的设计开发，通过公开招投标的方式选择开发商进行工程建设；政府在开发商完成工程建设并通过质量监督检查后，向开发商支付工程建设费用；政府将验收合格的经济适用房委托房产中介以商品房形式公开发售，收回建设投资并将其用于下一轮的经济适用房开发；真正实现“让阳光照进经济适用房”的设想。这一模式将为促进房地产市场的发展，保持经济平稳快速发展，拉动国内消费起到不可估量的作用。第二，市场化操作，实现政府、开发商、居民三方共赢。首先，政府通过市场化操作使经济适用房投资循环流动，用一份投资持续满足经济适用房建设需求，实现经济适用房供给数量的连续增加；土地开发权、经济适用房户型大小确定权与开发商分离，可以有效地控制开发商滥用土地开发权，实现政府财政支出省、管理成本低的预期；同时，政府的一份投资可以带动数倍的社会资本参与经济适用房的建设中来，盘活了经济适用房建设的资金来源，实现了动员各方面的力量加快住房建设，进一步改善居民的居住状况的设想。其次，公开招投标建设为开发商创造了公开、公平、公正的市场环境，有助于房地产业健康有序发展。最后，居民不仅可以买到独立产权的经济适用的住房，而且可以通过从其他居民手中以可以承受的价格租赁住房改善居住条件；独立产权使经济适用房可以抵押贷款，盘活了居民购房的资金来源。第三，市场化操作下“多米诺骨牌效应”。增加经济适用房的有效供给是市场化操作的核心，有效供给增加将引起房地产市场连锁反应，即房地产市场价格下降，购买房产的投资收益降低，将抑制炒房行为和促使炒房者出售囤积的住房，市场供给进一步增加而房产价格再次下降；房产价格将直接促使住房租赁价格下降，直至市场上优质住房数量满足居民居住需求时才会趋于稳定。市场化操作带来的充足优质住房和低廉的价格，为“居有其所”的早日实现提供可能；市场化操作的最终受益者是低收入居民，符合经济适用房政策的初衷。

## （二）廉租房开发及增长状况

### 1. 廉租房开发分析及其增长情况

渭南市深入贯彻落实科学发展观、构建社会主义和谐社会，为了切实解决城市低收入家庭住房困难问题，通过新建、改造、购置等方式，2010 年开工 16 个

廉租住房项目，廉租住房面积达43万平方米、共计7754套廉租住房。

**2. 存在的主要问题**

（1）保障资金和房屋供给不足

廉租房建设一般有两个条件，即土地和资金，这二者构成了廉租房建设的瓶颈。就土地而言，城市用于建设的用地总量是确定的，为了降低成本，用于建设廉租房的土地必须是划拨而不是出让，但是如果用于建设廉租房的土地划拨多了，用于出让而获得财政资金的土地就会减少。这对政府来说是一个两难问题。政府面临着是急于取得城市各项发展急需的资金，把这些资金用于投资建设，加快本地区的GDP增速，还是放弃这个利益，给老百姓无偿建房，同时又贴进去更多资金的两难处境。就资金而言，作为地方主要财政收入的土地出让金及公积金增值收益是廉租房建设的主要资金来源。如果没有强有力的法律约束，地方政府注定会缺乏提供资金的动力，继而造成房源难以为继，并形成恶性循环。这种状况在现实情况下是难以避免的。

（2）廉租住房制度的保障对象过窄

按照现行住房保障制度，最低及低收入住房困难家庭租赁廉租房，中低收入住房困难家庭购买经济适用房和限价房。但现实情况是，即使是经济适用住房和限价房，许多低收入家庭因支付能力不足仍然买不起。并且还有大量的外来务工人员，比起具有当地城镇户口的职工，他们的收入普遍更低，居住条件更差，更应享受住房保障，但现行住房保障制度却将他们排斥在外。

（3）准入机制和退出机制不完善

我国经济发展水平不高，用于住房保障的资源更是相当缺乏，然而廉租房保障对象即使在最严格的审批程序下获得廉租住房，也有可能冒着道德风险谋取利益并将其所得用于改善其基本生活条件。如何防范和避免保障对象错位，防止不该保障的人获得额外的利益，该保障的人未获得保障，将有限的资源用于最需要保障的家庭，在满足保障目的的同时，又不至于使廉租房成为新的牟利工具，这是廉租房保障制度设计时应予以考虑的重要内容。同时，腾退机制是廉租住房制度的重要内容，但在一些城市的廉租住房腾退过程中，已不符合配租条件的家庭拒不腾退，廉租住房退出机制很难实行，“有进无出”的退出机制会增加政府的财政压力，导致新生弱势群体无法获得住房保障。

**3. 廉租房市场的治理对策**

（1）积极搭建融资平台，多渠道筹集建设资金

通过无偿划拨土地、银行信贷、公积金贷款等方式，确保廉租房建设顺利推进。政府必须调整财政支出结构，在每年的财政预算中，保证一定的住房保障资金。廉租房拓宽融资渠道还可发行公债，公债是国家依据信用原则获取财政收入的一种特定方式。同时，还可以将廉租房开发贷款证券化。这样可以加强金融资产的流动性，转移和降低商业银行的贷款风险，不仅有利于防止银行不良贷款的再生，还可以使廉租房开发更容易获得银行的资金支持，从而达到拓宽廉租房融资渠道的目的。

（2）增加廉租房建设和供给

随着国家民生政策的不断深入，廉租房保障对象的范围也应随之不断扩大。必须根据居民的实际收入情况确定廉租房保障对象。扩大廉租房政策的覆盖面，大力发展公共租屋。为了解决无力购买经济适用房，又不符合廉租住房保障条件的这部分“夹心层”困难家庭住房问题，不能将之排斥在廉租房保障对象之外。引导居民树立买房与租房都是住房消费的合理形式的观念，有效缓解房地产市场紧张的供需关系，促进房产市场健康、稳定、有序发展。

（3）完善保障性住房准入与退出机制

现阶段，在廉租房资源非常有限的情况下，应在准入上确定一个资格标准，建立科学的排序方式，并在廉租家庭不符合资格标准时建立合理的退出机制。这既可最大限度地提高住房资源效用，又可减少社会成员之间的分配不公。廉租房制度管理部门应定期对享受廉租房家庭的收入、住房状况等基本情况进行复核，以避免廉租房消费的“搭车现象”，确保有限的廉租房资源发挥最大效用。

## 七　拆迁安置现状及对策

### （一）拆迁市场总体情况及特点

房地产市场的高速发展催生了拆迁市场的诞生和发展，渭南在城市化的强有力的推动下，房地产事业如火如荼，增长速度空前，与此相应，拆迁市场也呈现出繁荣景象。随着拆迁需求的不断扩张，涌现出 70 多家三级资质以上、以拆迁

为主营业务的企业，推动了拆迁市场的成熟，保证了房地产市场的顺利发展。为了使拆迁市场规范、健康发展，渭南市制定出台了《关于进一步加快城镇化进程的决定》，提出按照“重心下移、属地管理、分级负责、权责利相统一”的思路，加快建立“两级政府、三级管理、四级网络”的城市管理体制和土地征收征用工作。区县政府根据市上的要求，专门设立组织机构，成立了各区县征地拆迁工作办公室，明确了工作职责，代表政府负责各类项目征地及被征地范围内建筑物、附属物的拆迁，协调市、区县相关部门，指导各有关办事处和相关单位做好征地拆迁工作。全市2010年以来共征收征用项目用地约30000亩，累计拆迁约3000户，建筑面积约140万平方米。从2010年以来的征地拆迁工作中，没有强拆一户，做到了依法征地拆迁、文明征地拆迁、和谐征地拆迁。

### （二）拆迁安置存在问题

渭南市作为传统农业大市、人口大市正经历着前所未有的社会转型和经济转型，城镇化、工业化进程的加速推进，既为房地产业提供了强大的动力，同时也给房地产业带来了严峻的考验，主要表现为房地产业发展速度还不能满足城镇化、工业化快速发展的要求。近几年，建设用地指标严重不足，土地供需矛盾突出一直是困扰渭南工作的最大问题。省每年下达渭南的建设用地指标仅有8000～10000亩，特别是上年以来，随着省供地政策的调整，渭南许多项目用地因指标问题无法报批，用地形势十分紧张，2010年土地指标缺口更达20000多亩，致使全市许多项目建设难以正常开工。另外，建设项目用地大量增加，大量的农村集体土地被征收和征用，被征用土地所在地的市县人民政府承担的征地拆迁任务十分繁重。在征地拆迁工作中，由于目前各地的征地拆迁补偿费标准偏低，拆迁程序不到位，拆迁工作透明度不高等原因引发征地拆迁纠纷，有的甚至引发群体性上访事件，已经成为影响社会稳定的重要因素。主要表现在以下几个方面：

1. 少数干部群众对拆迁安置的政策了解不够、理解不透，或者误解了拆迁安置政策。由于缺乏拆迁主体和被拆迁人之间的对话交流的渠道，作为拆迁主体一方的干部对群众的疑问不能正确解答，甚至有的干部对群众反映的问题敷衍塞责，上推下压，引起群众的不满。

2. 在拆迁调查工作中，对补偿标准的尺度掌握出现偏差。尽管政府部门按照拆迁政策，制定了统一补偿标准，但由于对同类房屋的结构、装修、价格等问题的认同存在差异；对居民建在集体土地上与国有土地上的房屋估价混同；甚至存在个别讲人情、论亲疏，对拆迁地面积的丈量、拆迁标的物的估价不统一，出现个别超面积丈量、超值估价等现象，致使被拆迁人之间相互攀比，引发矛盾。

3. 由于现行的有关拆迁安置法律规定的原则性强，实际可操作性较差，有些村组制定的村规民约，有部分违反现行法律政策的规定，且在发放拆迁安置补偿过程中缺乏透明度，侵犯了被拆迁群众的合法权益。

4. 拆迁安置工作体制不畅。街道、乡（镇）对拆迁安置工作重视不够，思想不够统一；相当多的干部对政策理解不透彻，执行政策存在较大的偏差；部分项目管理人员责任心欠佳，导致很多项目前期工作难以落实；部分拆迁单位及拆迁户对拆迁工作不配合，漫天要价，导致有些项目的拆迁工作难以推进。

5. 农民安置工作落实欠佳，超期过渡现象严重。由于近年来大开发、大建设，特别是一些省、市重点工程建设的需要，农民拆迁大多是在先拆迁后安置或边拆迁边安置的情况下开展的，加之部分安置用地、安置资金难以到位，导致大批拆迁农民住户安置难以到位，长期处于过渡状态。

6. 失地农民的生活出路难以解决。拆迁后，农民失去了赖以生存的土地，且绝大部分农民除农活外无一技之长，较难找到工作，安置补偿费又十分有限，缺乏足够的资本开展经营活动，社会保障、子女入学等一系列问题得不到妥善解决，给社会带来不稳定因素。

## （三）拆迁安置治理对策

### 1. 加强对拆迁单位规范化管理，提高拆迁队伍整体素质

一是严格拆迁员工管理。已取得拆迁上岗证的工作人员进入拆迁现场应统一着装、统一配挂标有拆迁单位名称的胸牌和市拆迁主管部门核发的拆迁人员、项目经理上岗证，对拆迁人员的仪表仪容也应有严格要求；拆迁公司员工要经过市拆迁办的培训、考核、备案后才可从事拆迁工作。拆迁单位在招录员工时，对有前科及社会劣迹的，不予录用。二是严肃拆迁市场纪律。拆迁单位必须规范拆迁现场项目部名称，不得冠以“拆迁办”名称或以拆迁办名义进行拆迁；拆迁单位进行项目前期调查，必须经市拆迁办审查同意，出具拆迁调查介绍信。否则，不得进入后期城市房屋拆迁招投标活动。三是严惩拆迁违法行为。对违法拆迁行为将依据相关规定作出处理，并视轻重程度在一段时间内禁止参与拆迁招投标，

直至提请资质许可机关吊销该单位的资质证书。因拆迁单位原因发生大规模集体上访或越级上访事件，处置不当，造成恶劣影响等不良行为的拆迁单位，将在招投标中实施“一票否决制”。

**2. 政府应当好拆迁裁判**

拆迁管理部门不能仅仅停留在简单的项目审批上，还要主动跟踪项目，深入项目服务，当好项目的参谋助手，及时处置疑难问题。拆迁项目从立项开始，到项目拆迁成本测算，再到拆迁方案制定，直到拆迁过程的顺利实施，政府相关部门应严加监管，以确保公正和公平，尤其是在拆迁项目单位具体拆迁活动中，往往会遇到许多条例、书本上没有涉及的问题，这就需要拆迁管理部门做大量分析研究讨论工作，并给予及时权威的答复，以促进项目顺利实施。

**3. 规范拆迁工作程序，用程序管理拆迁活动**

在拆迁程序管理方面，渭南市拆迁管理部门先后提交市政府出台了《渭南市市区房屋拆迁管理暂行规定》《渭南市城区房屋估价规则》《渭南市城区房屋拆迁货币补偿基准价》《渭南市城区房屋拆迁重置价》等规范性文件，政策规定的程序使拆迁双方趋于理性，也能敦促双方更好地协商解决问题，有力地指导和保障了随后实施的几个重点拆迁项目的顺利实施。

**4. 密切关注信访苗头，着力解决历史遗留问题**

关注信访有助于将矛盾消灭在萌芽状态，保证拆迁的顺利进行。在拆迁信访方面，城建部门除了应继续落实各个拆迁项目的信访排查责任、密切关注日常的不稳定因素之外，还应坚持宜粗不宜细，宜快不宜拖的原则，不遗余力地发现和解决历史遗留下来的拆迁信访问题，以求能有效化解矛盾隐患。

## 八　中介业发展状况及对策分析

### （一）中介企业及市场现状

随着城乡居民住房需求不断增长以及伴随而来的房价飙升，加之人口流动的加剧，渭南市二手房市场日趋活跃，房产中介公司也如雨后春笋般发展起来，涌现出100多家房地产中介公司，在一定程度上对促进房地产业的发展提供了有力的支撑。目前，渭南房地产中介企业提供的服务，主要是房地产买卖、租赁、互换代理业务、房地产策划、广告推销等初级业务，高级业务也有明显的发展，比如近年来中介公司在楼宇按揭、融资贷款、物业评估、物业管理等方面所提供的服务也有长足的拓展和增长，表明渭南市房地产中介企业在数量和规模不断扩大的同时，业务内容和企业资质也在明显提升，房地产中介企业正在走向成熟化、规范化和现代化。

## （二）中介市场存在问题

渭南市中介市场尽管取得了一定发展，并且在房地产市场发展中发挥了不可或缺的作用，但由于起步晚、时间短，仍然存在许多问题，主要有：

**1. 规模小，专业化程度不高，抗风险能力较弱**

在从事房地产中介服务的近 100 个企业中，10 人以下的占到 84%；超过 50 人的仅占 5.1%。房地产中介企业资产总计在 50 万元以下，占全部企业的 95%。专业化程度低也是此类企业普遍存在的问题之一，除少数规模较大的机构内部设有一些专业部门，绝大部分机构业务范围狭窄，没有实行专业分工，缺乏自身的业务强项，由此带来的结果是为数不少的企业在竞争中被逐渐淘汰。

**2. 行业内从业人员的素质参差不齐，缺乏高素质管理人才**

据调查，渭南中介从业人员中取得高级专业职称和中级职称的人数仅占从业人员的 2.2%，低于房地产企业平均水平 8 个百分点，低于全市二、三产业平均水平 8.6 个百分点，导致从业人员的素质参差不齐，其综合素质和专业水平与社会发展的需求相比，与国际同行水平相比，都有较大的差距。有部分从业人员道德水平不高，不遵守职业标准和道德规范，或是开展欺骗性业务，导致执业质量低下，信誉丧失，也给社会造成了负面影响。

**3. 信息虚假、诚信问题严重阻碍发展**

一些不法房地产中介公司通过压上家瞒下家、赚取差价、违规经营等手段坑害消费者，不但使消费者的财产受到损失，而且还为整个行业的发展带来了极大的隐患。我市由于二手房房源信息市场发展不规范，监管力度不强，一些不法房地产中介单位为追求短期效益，臆造虚假信息蒙骗购房者，不让买卖双方面谈，以此赚取差价，甚至故意隐瞒房屋缺陷情况的现象时有发生，造成整个行业在消费者心里大打折扣，导致大部分消费者有意识避免通过房地产中介进行交易。

## （三）中介市场发展对策

### 1. 规范房地产中介企业的市场准入和退出制度

规范市场准入制度，加快实施房地产中介人员执业资格管理，从事房地产中介的机构必须具备相应的人员和资金，并取得有关部门颁发的房地产中介机构资格证书；严肃查处无资质的中介企业和中介行为。同时，加快建立健全行业退出机制，保证市场上现存企业的质量。

### 2. 对中介机构进行清理登记和等级评定，打击“地下黑中介”

对全市所有主营、兼营房地产中介的机构进行清理登记，清理登记的内容包括有无超范围经营和无照经营，有无房地产中介服务机构资质证书，有无固定的服务场所、注册资金和持证从业人员，有无违法违章行为。对不符合有关规定的中介机构限期责令整改，直至注销执业资格，同时加大力度打击“游击式”的不规范二手房中介。

### 3. 完善房地产中介机构和中介人员资质、资格认定制度

建立中介机构必须符合规定的条件，按照一定的程序，由主管部门审查批准，并到工商行政管理部门注册登记，方可开业。建立完善的中介从业人员的资质和资格认定制度，严格考核和培训制度。

### 4. 规范房地产中介行业的服务行业的行为

规范从业人员的经营行为，所有进入市场的个体中介人员必须向市场主管部门登记姓名、住址、身份证号及电话等相关资料，工作时必须佩戴统一编号制作的工作证，便于群众识别；规范收费标准，制定收费项目和收费标准，统一执行，并向消费者公示，杜绝中介机构的恶性竞争和乱收费、不合理收费等坑害消费者的不良行为；规范合同文本，制定分别适用于不同中介业务的合同文本，合同明确规定委托权限、各方应遵守的约定、办理时限、工作进度、佣金的结算方式、违约责任、争议解决方式等条款，在全市统一实行。

### 6. 加强信息化建设，引导房地产企业走向规模化和专业化经营

当前的房地产中介服务企业基本实行的是团队制，希望通过团体的合作弥补从业人员素质参差不齐的不足，其服务水平还有待提升，并且中介行业信息化程度远远滞后。房地产中介规模化、专业化、信息化运营将成为市场的大势所趋，规模化、专业化运营，不仅需要大量的资金做后盾，还需要先进的思想观念、科

学的内部信息化管理以及政策的正确指导。

**7. 健全房地产中介的行业自律和社会监管体系**

从房地产中介服务业的长远发展来看，需要建立完善房地产中介行业协会，加强行业自律。要加快建立包括经纪机构资信评价指标、执业规则、服务标准、职业道德、执业风险管理与顾客投诉管理等一系列自律性管理制度在内的行业规则体系。尽快建立、健全以经纪人执业资格注册管理为核心的行业自律管理约束机制。

## 九　物业管理现状及对策

### （一）物业管理基本情况及特点

2006年，渭南市成立了渭南市物业管理处，专门负责全市的物业管理工作，并且具体负责物业管理的日常工作。截至目前，渭南全市有物业服务企业103家，其中二级资质一家，三级资质102家，物业从业人员3000余人，物业服务面积达600万平方米以上，物业服务领域从单一的住宅物业逐步扩展到商场、写字楼、学校、医院、工厂等各类公共服务行业，已经成为与广大人民群众生活工作息息相关的行业。

渭南市物业服务收费实行业主和物业服务企业协商，政府备案的管理模式，收费标准严格按照渭价发【2011】84号和渭价发【2005】182号文件执行，物业服务收费多层基本在每平方米0.3～0.4元人民币之间，高层每平方米0.7元，代收的水电费用按渭价发【2004】173号文件执行。

### （二）物业管理市场存在问题

**1. 人力资源队伍建设滞后于物业管理发展水平**

目前，渭南市有相当数量的物业管理企业的人力资源队伍在专业结构、知识结构等方面与物业管理的发展要求有较大差距。房地产开发企业的分流人员、传统房管局（所）的转型人员等依旧充斥物业管理市场，管理人员普遍素质低，服务不到位。而按照《物业管理条例》（以下简称《条例》）第33条规定：从事物业管理的人员应当按照国家有关规定，取得职业资格证书。但实际从事物业管

理的人员中取得物业管理员职业资格的人数并不多，具备高级管理资格（如物业管理企业经理、部门经理、“三总师”等）的人员更是凤毛麟角，这种人才不足的局面，已经严重影响了物业管理行业向高水平发展。

**2. 业主的物业知识缺乏**

首先是舆论宣传缺乏明确的政策发展方向。其次，某些媒体为了吸引观众、读者，缺乏职业精神与职业道德，肆意扩大物业管理中的矛盾报道，或者受企业恩惠为企业摇旗呐喊，热衷于典型事件的炒作，而缺乏对社会、对企业、对业主的理性引导和宣传，更缺乏公正而深刻的思考。

**3. 物业管理收费难是物业管理企业发展的羁绊**

传统的福利住房消费观念还有相当的惯性，服务标准与收费标准不符等现象时有出现，许多物业公司收费范围和价格透明度低，有的公司收取物业费后，一些维修工作仍需要缴费，而物业公司提交的物业收费预算、决算等财务报告也存在问题，收费难问题依然困扰着各物业管理企业，这些都极大影响了物业管理的健康发展；同时，也使物业管理主体双方产生了后续不良连锁反应，遏制了物业管理企业进一步发展壮大。

**4. 物业管理企业规模小，缺乏市场竞争**

近年来，物业管理发展迅速，目前渭南市共有物业企业100多家，尽管企业数量较多，但市场份额普遍较小，经营管理水平更是参差不齐，企业缺乏创新能力，相互模仿严重，既不利于自身发展，也不利于抵御港澳台地区及外国同行的“入侵”。

## （三）物业管理市场治理对策及展望

**1. 人才建设是物业管理健康发展的根本**

物业管理要有专门的针对对象和具体的细分市场，在管理上要有专业化水准。因此要摈弃落后的用人观念，建立科学的人力资源管理机制，加大专业人才培训力度，吸引和留住人才，发挥和调动他们的积极主动性和创造精神，做好服务集成，通过高标准服务来激发消费者的自觉缴费意识，从根本上解决物业管理收费难的问题，向知识型管理过渡，走一条人才专业化、服务专业化、竞争市场化的道路。

**2. 法制化是物业规范发展的保障**

物业管理是业主对物业进行自治的权利，是一项产权人对财产进行处置权利，不应该规定业主必须通过物业公司进行物业管理。为此，要完善不动产登记制度，对物业特别是业主共有共享的部分详细登记；明确物业管理是业主对物业进行自主治理的活动，物业管理权是业主的权利，真正做到依法管理，依法服务。

**3. 走集团化发展之路**

物业管理的微利性客观上要求物业管理企业必须走规模化、集团化之路。同时，必须摆脱现行的小而全模式。为此，有关部门应制定相应政策，一方面，提高企业的注册门槛。另一方面，严格清除制度。启动物业管理市场预警系统，促使一部分物业管理企业进一步发展壮大，清除一些制约行业整体水平提高的“小、散、滥”物业管理企业，最终实现强强联合，形成物业管理集团。

**4. 走“以人为本”的发展之路**

物业管理企业要倡导“以人为本”的科学发展观，在与业主的接触和服务中把人情味体现在每个细节中，注重对业主的感情投资，提高业主满意度。任何物业管理企业必须捕捉市场信息，突出物业服务人性化理念，将物业管理服务超越单纯的维修与维护，为小区用户营造一种高品位的生活气氛，引导一种全新的生活方式，推行“零缺陷”服务理念。

## 十　房地产发展对策及房地产业发展趋势预测

渭南地区是传统的农业大市和人口大市，多年来的工业化努力和城镇化战略使渭南地区成功进入中等收入水平城市之列。渭南“十二五”规划中，以“构建秦东城市群，优化提升发展平台”为导向的城镇化战略，主要内容是提升中心城市首位度，发展壮大县级市、县域中心城区和重点镇，构建“一个中心（中心城市）、三个层次（次中心城市、县域中心城市和重点镇）、两横两纵（西潼、西禹、渭蒲、罗韦高速）”秦东城市群和关中－天水经济区次核心区域中心城市，战略的制定有利于房地产业发展和扩张。

从经济基本面看，全市生产总值年均增长率为15%左右，全市人均GDP将达到36000元，全社会固定资产投资在2015年将达到10000亿元，年均增长率

30%以上。2015年，城镇化率将达到55%以上，年均增长率3%以上，意味着每年将有150000人从农村进入城市。

渭南市作为中华五千年历史文化的重要发祥地，承载了陕西历史文化的厚重，孕育了中华农耕文化的辉煌，传承了三秦民俗文化的活力，在漫长的历史演变中，形成了独具地域特色，而又兼容并蓄的东府文化，在这人文与自然优势的支撑下，如今渭南已成为充满活力的陕西旅游胜地，这将进一步为商用和住宅用房地产业提供发展契机。总体看，渭南房地产业正面临着难得的发展机遇和发展空间。可以预见，渭南房地产业将成为渭南市经济增长的重要力量。预计未来渭南房地产业的发展将会呈现如下特点：

**1. 房地产开发规模仍将较快增长，住宅投资占据主导地位**

住宅投资占据主导地位。以住房建设为主导，商业营业用房将在满足人们投资需求方面发挥积极作用。从投资规模看，2011年，全市商品房投资中住宅投资将会超过40亿元，比重仍将居主导地位，办公楼、商业营业用房和其他类的投资也会有超过10%的小幅增长。

**2. 商品房销售量将有明显增加，售价提升空间受阻**

随着渭南人均收入的持续提升和城市化的加速推进，商品房销售量仍将呈现快速增长趋势，空置率有望大幅降低。2010年，房地产开发企业销售商品房面积达到139.72万平方米，实现销售金额246952万元，分别比上年同期增长39.2%和55.4%。2010年，商品房屋空置面积为8.87万平方米，仅占竣工面积的11.77%，比2009年减少4.07个百分点，空置率降低，其中空置1～3年的待销面积为4.29万平方米。商品房销售以住宅为主。从销售商品房屋的结构分析，2010年全市住宅实际销售127.87万平方米，比重高达91.52%；商业营业用房实际销售9.79万平方米，比重为7%，住宅在商品房的开发和销售中占据绝对地位。2011年，商品房销售量将在上一年水平上继续实现明显增长。考虑到国家在房地产领域的调控方向和政策效应及地方房地产供需双方发展态势，未来渭南房地产价格的提升将会遭遇阻力。

**3. 自有资金不够充足，仍将制约房地产开发企业的进一步发展**

2010年，全市房地产开发企业资金来源合计571469万元，在资金构成中，上年末结余资金39688万元，比重为6.94%；国内贷款43798万元，比重为7.66%；自筹资金219445万元，比重为38.4%；其他资金来源268538万元，比重为46.99%，房地产开发企业主要依靠购房者的定金、预收款和银行贷款进行经营。考虑到渭南房地产市场需求的快速扩张、供方产能的滞后、金融市场的狭小和不完善，预计渭南房地产开发企业自有资金不足的状况在未来一段时间不会有实质性改善，这将制约企业进一步发展。

## 参考文献

[1] 渭南市统计局相关资料。

[2] 渭南市人民政府网站（http://www.weinan.gov.cn/structure/zwgk/fzgh/gtgh/ztgh.htm）。

[3] 陕西省统计局相关资料。

[4] 国家信息中心（http://dqbg.cei.gov.cn/showdoc.asp?blockcode=DQBGSHXFX&filename=201106022007）。

# 2010~2011年铜川市房地产业发展报告

王赵民*

## 一　市域概况

### （一）市域总人口、土地面积、建设用地面积

铜川市位于关中向陕北过渡地带，南接古都西安，北邻革命圣地延安。1958年建市，现辖耀州区、王益区、印台区、宜君县和新区，总面积3882平方公里，人口86万。

2010年，全市耕地保护面积148.47万亩，其中基本农田113.64万亩，2011年建设用地9000亩，保障了房地产业的健康有序发展。

### （二）市域经济发展水平在全省的排位

**1. 2010年铜川市经济发展状况**

2010年，铜川市抓住用好资源型城市转型等历史机遇，大力实施项目带动、工业强市和可持续发展战略，经济社会保持了持续快速发展的良好态势，实现了“十一五”圆满收官，主要经济指标增幅连续八年位居全省前列。全年实现生产总值187.73亿元，增长15.6%，增幅居全省第二位，是“十五”末的2.69倍；固定资产投资117.23亿元，增长33%，增幅居全省第三位，五年累计投资369.23亿元，是前十个五年计划总和的1.65倍；财政总收入28.28亿元，增长34.3%，地方财政收入13.75亿元，增长36.5%，增幅均居全省第三位；城镇居民人均可支配收入15884元、超过全省平均水平189元；农民人均纯收入4789元、超过全省平均水平684元。铜川已经进入了加快发展、实现跨越的新时期。

**2. 2011年铜川市经济发展状况**

2011年，铜川市紧紧围绕提速发展、富民强市的主题，紧扣加快转变经济

* 王赵民，铜川市人民政府研究室副调研员。

发展方式、推进资源型城市转型的主线，按照“创特色、比速度、争一流”的总体要求，积极应对经济环境的复杂变化，加大解决突出问题力度，圆满完成了市十五届人大一次会议确定的各项任务，顺利实现了“十二五”开局之年高起步的目标。全市经济持续快速增长，主要经济指标增速保持第九年位居全省前列。全年实现生产总值234.53亿元，增长16%，增速位居全省第二位；财政总收入38.36亿元，增长35.7%，增速位居全省第四位；地方财政收入18.89亿元，增长37.4%，增速位居全省第三位；全社会固定资产投资完成145.96亿元，增长32.6%，增速位居全省第二位；城镇居民人均可支配收入18775元、增长18.2%，增速位居全省第三位，农民人均纯收入6077元、增长26.9%，增速位居全省第五位，分别高出全省平均水平537元和1048元。

## 二　房地产发展现状

### （一）房地产企业情况

#### 1. 房地产企业基本情况

截止2011年底，铜川市实有房地产企业48家，资产总计达31.71亿元，从事此项工作的就业人员达到1500人以上，完成投资20.36亿元，占全社会完成投资的14.9%。本年资金来源小，共计20.78亿元，同比增长30.4%；商品房销售面积51.76万平方米，比上年增长17.6%；商品房销售额14.61亿元，同比增长45.1%。房地产业规模越来越大，成为全社会固定资产投资的重要组成部分，在国民经济中起着越来越重要的作用。

**表1　2010年铜川市房地产企业基本情况**

| 企业分类 | 企业总数 | 一级 | 二级 | 三级以下 |
|---|---|---|---|---|
| 企业个数(个) | 48 | 0 | 3 | 45 |
| 比例(%) | — | 0 | 6.3 | 93.7 |
| 注册资金(万元) | 不详 | 0 | — | — |
| 比例(%) | — | 0 | — | — |
| 从业人员(人) | — | 0 | — | — |
| 比例(%) | — | 0 | — | — |

**2. 房地产企业人员构成**

2010年，房地产开发经营企业14个，从业人员274人；物业管理企业7个，从业人员542人；房地产中介机构2个，从业人员20人。国有房地产企业20个，从业人员137人；集体企业23个，从业人员313人；其他企业14个，从业人员305人。

**表2　2011年铜川市房地产企业基本情况**

| 企业分类 | 企业总数 | 一级 | 二级 | 三级 | 四级及四级以下 |
|---|---|---|---|---|---|
| 企业个数(个) | 76 | 0 | 3 | 23 | 50 |
| 比例(%) | — | 0 | 4.5 | 41 | 54.5 |
| 注册资金(万元) | — | — | — | — | — |
| 比例(%) | — | — | — | — | — |
| 从业人员(人) | 966 | — | — | — | — |
| 比例(%) | — | — | — | — | — |

2011年，全市有房地产开发企业93家，其中：二级资质3家；三级资质23家；四级资质35家；暂定资质15家；外地驻铜开发企业17家。

**3. 房地产开发企业增长情况**

（1）2010年，全市完成固定资产投资117.23亿元，比上年增长33%。其中，完成房地产投资17.6295亿元，占比15.6%，比上年增长29.7%。

（2）2011年，完成固定资产投资45亿元，占年计划的102.27%。其中：房地产投资完成30.69亿元，城乡基础设施建设完成固定资产投资14.31亿元。

全市房地产开发投资中，住宅完成投资18.5亿元，同比增长81.9%，高于房地产开发投资增速38.3%。住宅施工318.08万平方米，增长55%，高于房屋施工面积增速11.9%。

全市房屋建设规模继续扩大，从施工面积、新开工面积来看，增势依然强劲。但无论是投资额，还是施工面积，都显示出铜川市房地产开发种类较为单一，住宅开发占主导地位。

从施工面积上看，全年房屋施工面积为354.34万平方米，同比增长43.1%。其中，住宅施工318.08万平方米，增长55%。

**表3　2011年铜川市房地产施工面积及新开工面积情况**

| | 2011年(万平方米) | 2010年(万平方米) | 同比增速(%) |
|---|---|---|---|
| 施工面积 | 354.34 | 247.57 | 43.1 |
| #住宅 | 318.08 | 205.2 | 55 |
| 新开工面积 | 116.85 | 92.47 | 26.4 |
| #住宅 | 111.19 | 60.69 | 83.2 |

从新开工面积上看，房屋新开工面积116.85万平方米，增长26.4%；其中，住宅新开工面积111.19万平方米，增长83.2%，同比提高了61.9%。

**4. 房地产企业存在的主要问题**

铜川市房地产企业包括各种类型的房地产开发公司、商品房建设公司，隶属区县、市属和陕西煤业集团等，组织形式有国有、股份制、集体等。多年来，按照“企业自控、社会监理”的原则，房地产开发市场秩序健康发展，大多数工程项目建设行为规范、质量可靠、安全管理严谨，能够严格按照国家相关法律法规依法建设，建设工程质量安全始终处于可控状态，在建工程项目质量安全管理总体水平呈平稳态势。存在的主要问题，一是房地产企业隶属关系复杂，给管理工作带来不便；二是力量没有整合，没有形成“旗舰”；三是管理水平参差不齐，行业自律亟需加强。

## （二）房地产开发与投资状况

**1. 土地规划状况**

铜川市农业人口43.5万，农村人口总户数115940户，农村居民点总面积20.29万亩，户均占地1165平方米，人均占地311平方米，远远超过了陕西省农村宅基地户均最高0.4亩，国家人均建设用地150平方米的标准，普遍存在土地利用效率低下，节约集约利用化程度不高的现象。

在土地供应方面，对保障性安居工程住房项目实行应保尽保和绿色通道，在土地年度计划中，将保障性建设项目用地单列出来，优先保障，并将土地计划落实到具体项目中。

2010年，省国土资源厅决定在已下达3300亩计划指标的基础上，再给铜川追加建设用地计划2500亩指标，以保障铜川发展用地的需求。

2011年，安排保障性安居工程住房建设用地计划3084亩。

**2. 各类物业规划状况**

物业管理发展起步晚，距离广大人民群众日益增长的居住环境要求还有差距，同时在行业发展中也存在着不少问题，也面临着不少机遇。随着西铜第二条高速公路的建成通车，铜川已融入西安半小时生活圈，吸引了西安的物业公司参与铜川住宅小区的物业管理。对外地来铜开展业务的物业服务企业，依法进行备案登记，重点对驻铜工作人员的持证上岗情况进行检查，并要求每年上报经营管理情况，进行动态监管。

今后，铜川市将不断加大物业管理政策法规宣传力度，积极探索制定符合本地实际的管理制度，严把物业管理市场准入关，严格按照建设部《物业服务企业资质管理办法》的规定，采取后置原则，紧抓物业管理从业人员教育培训，依法查处物业管理活动中各类违规行为，切实保护广大业主的合法权益，维护行业稳定，促进物业管理行业健康有序发展。

**3. 房地产资金**

多方筹资，"直通"拨付。通过争取国家、省上专项补助资金，市上逐年加大保障性住房建设资金投入，将廉租住房资金与棚户区改造资金捆绑使用，鼓励困难群众以每平方米 680 元的价格购买廉租住房，将为住宅小区配套建设的商业用房的盈余资金补充为建设资金等方式多方筹措建设资金，不足部分由政府兜底，既解决了建设资金问题，又使保障性安居工程住房起到共同的承担和维护责任。同时所有保障性安居工程住房建设资金坚持按工程进度"直通车"支付，确保资金使用安全。

**4. 固定资产投资额、房地产投资额**

2010 年，完成全社会固定资产投资 117.2313 亿元，新增固定资产 43.7129 亿元，第三产业完成 61.7289 亿元，其中，房地产开发投资完成 17.6295 亿元，占总投资额的 15.6%。

2011 年，完成全社会固定资产投资 145.96 亿元，较上年增长 32.6%。其中，房地产开发投资完成 20.36 亿元，增长 43.6%。第三产业完成 76.07 亿元，增长 52.9%。投资继续向传统优势行业和民生领域集中。其中，房地产业完成投资 24.56 亿元，较上年增长 33.8%，占总投资额的 18%。

**5. 房地产施工面积、竣工面积**

2010 年，房屋施工面积累计为 2475722 平方米，其中新开工面积为 924712 平方米。全市在建住房建设项目 129 个，在建面积 518.14 万平方米。全市新开工项目56个，开工面积233.17万平方米。竣工项目64个，竣工面积110.59万平方米。

2011年，房屋施工面积累计为3543421平方米。其中新开工面积为1168496平方米，房屋竣工面积31785平方米。全市在建住房建设项目129个，在建面积518.14万平方米。全市新开工项目56个，开工面积233.17万平方米。竣工项目64个，竣工面积110.59万平方米。

## （三）房地产销售状况

### 1. 各类物业销售量、销售价格

2010年，铜川市新建商品房均价在每平方米2850～3100元之间徘徊（见表4）。商品住宅销售4169套，面积440166平方米。其中，现房1273套，面积143279平方米，期房2896套，296887平方米。

表4　普通住宅价格

单位：元，%

| 均价 | 1月 | 2月 | 3月 | 4月 | 5月 | 6月 | 7月 | 8月 | 9月 | 10月 | 11月 | 12月 |
|---|---|---|---|---|---|---|---|---|---|---|---|---|
| 2010年 | 2850 | 2900 | 2900 | 3000 | 3000 | 3050 | 3080 | 3080 | 3100 | 3100 | 3100 | 3100 |
| 2011年 | 3200 | 3200 | 3200 | 3200 | 3200 | 3300 | 3300 | 3300 | 3300 | 3300 | 3300 | 3300 |
| 同比 | 12.3 | 10.3 | 10.3 | 6.7 | 6.7 | 8.2 | 7.1 | 7.1 | 6.5 | 6.5 | 6.5 | 6.5 |

1～5月份，新建商品房均价为3200元/平方米，同比增长12.3%；7～8月份，新建商品房均价3300元/平方米，同比增长7.1%；9～12月份新建商品房均价3300元/平方米，同比增长6.5%。

2011年，商品住宅销售5623套，比上年增长34.9%，面积517334平方米。其中，现房39套，6144平方米；期房5584套，610990平方米。我市新建商品房累计销售62.59万平方米，其中住宅累计销售60.42万平方米，5609套。

目前，铜川的商铺、写字楼等商业地产开发较少。通过对房地产开发企业的调查，了解到新开发的10个项目都涉及了商铺和写字楼的开发。另外，加之南市区规划和建设的日趋合理与完善，可以预计，铜川市将会崛起一批新的商铺，商圈及写字楼等商业地产。

### 2. 物业销售结构变化趋势

2010年底，铜川市在售项目35个，其中新区在售项目有24个，王益区在售

项目有6个，印台区在售项目有3个，耀州区在售项目有2个。商品房在售均价为2722元/平方米，较上月增加了2元/平方米，环比上涨0.07%，其中普通住宅在售均价为2826元/平方米，较上月增长1元/平方米，环比上涨0.03%；写字楼在售均价4552元/平方米，较上月增长2元/平方米，环比上涨0.04%；商业在售均价8135元/平方米，较上月增长5元/平方米，环比上涨0.06%。

从项目建筑类型来看，在售楼盘以小高层、多层为主，高层较少，其中多数楼盘以多层、小高层结合为主要产品。

全市房屋销售面积实现51.76万平方米，同比增长17.6%。

房屋销售额实现14.61亿元，同比增长45.1%。从8月份开始，房屋销售面积增速一直处于平稳下滑态势（见图1）。

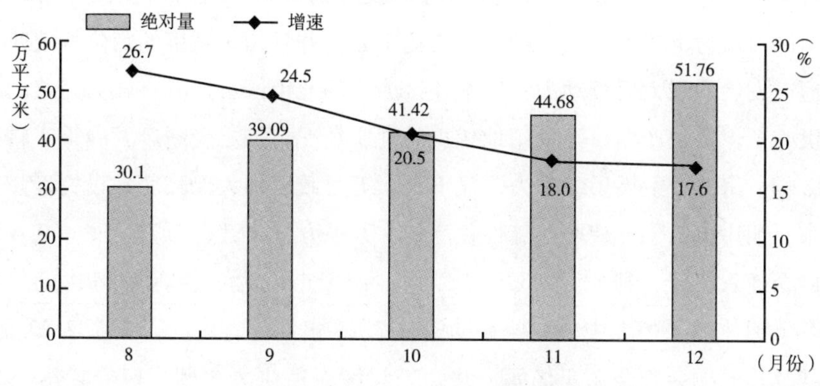


**图1 2011年8～12月房地产销售状况**

## （四）国家实施调控政策以来房地产业的变化

面对国家连续出台房地产调控政策，铜川房地产业所受影响并不明显，铜川房地产业呈现出蓬勃发展的势头。一是区位优势加速铜川房地产市场快速发展。西安、铜川“半小时”经济圈已形成。根据政府规划，已着手谋划铜川在关中－天水经济区的战略定位，统筹做好产业布局、交通网络、土地利用等衔接。把交通基础设施建设作为突破口，促进东西向两条高速公路、西铜城际铁路及铜延铁路尽快实施，构建西安、铜川“半小时”经济圈已成定局。二是房地产企业自身发展迅猛，在经历铜川房地产市场快速发展的过程中，一方面，铜川市本土房地产企业自身素质和竞争力都有了相当程度的提升，尤其是近两年来，铜川市资质为三级以上的企业数量日益增多，达23家，改变了企业资质差、融资渠道狭窄等局面；另一方面，外来知名企业也纷纷涌入，较为雄厚的资金、先进的物业等管理经验，使得其颇受购房者欢迎，无疑加速了房地产企业间的竞争度。三是市场供求两旺推动房地产市场蓬勃发展。一方面，铜川市城镇化比例逐步提高，截至2010年末，城镇化比例达51.19%，客观上导致了房地产市场的蓬勃发展；另一方面，居民收入的提高、改善居住条件的期望等因素使得铜川市商品房刚性需求量也大幅上升。调查显示：铜川市2010年商品房需求量较2006年翻了3倍，其中80%以上的购房为刚性需求。四是南北市区房地产发展后续动力不平衡。以新区为核心的南市区具有明显的区位优势，距离西安市及西安咸阳国际航空港均为60多公里，同时交通便捷，且有良好的区位投资环境。按照市政府规划，新区将成为铜川的政治、经济、文化中心，并且园林城市的定位将使新区具有房地产发展的强大后续动力。以王益区为主的北市区虽然具有较为完善的区域配套设施，但房地产项目开发用地较少的现实情况，加之受新区发展重心转移因素的影响，房地产发展后续动力明显不足。五是政府加大保障房建设力度。2003年以来，铜川市已累计建成保障性住房205万平方米，已有2.77万户、9.6万名困难群众迁入新居。特别是2008年以来，铜川市全力加快保障房建设。截至2011年6月末，共争取中央专项补助资金3.16亿元，省级配套资金2.23亿元，市区县及其他配套资金2.5亿元，共开工建设廉租住房和棚户区安置房191.49万平方米，其中2011年上半年开工建设176.83万平方米，保障房建设力度明显加大。

## （五）房地产与社会经济的关系分析

### 1. 房地产在经济发展中所占比重

如表5，2010年，铜川市完成地区生产总值187.7340亿元，第三产业增加值完成57.0540亿元。其中，房地产业完成5.2740亿元，占全市地区生产总值的2.8%。

2011年，铜川市实现生产总值234.53亿元，剔除价格因素，较上年同期增长16%。第三产业实现增加值67.81亿元，增长14.2%。建筑业快速增长。截至2011年底，全市拥有资质等级以上建筑业企业28家；年末从业人员11273人，较上年增加1422人。全年完成建筑业总产值33.78亿元，增长27.5%；实

现建筑业增加值15.5亿元，增长23.9%；实现利润7200万元，增长20.4%；实现税金206万元，增长8.4%。全年房屋施工面积299.17万平方米，增长34.1%。其中，当年新开工面积142.57万平方米，增长48%。

**2. 房地产业对本市经济的拉动作用**

如表5，2011年的房地产产值虽然占整体生产总值的比重有所下降，但是在房地产增加值方面有了大幅度提高，2011年较2010年增加了23.3%。由此表也不难看出房地产业对经济的拉动作用随着房地产增加值的增加而有了较大的增强。

**表5　房地产业在全市经济中的比重**

| 指标名称 | 单位 | 2010年 | 2011年 |
|---|---|---|---|
| 房地产增加值 | 亿元 | 5.274 | 6.503 |
| 占生产总值的比重 | % | 2.8 | 2.6 |
| 房地产业对经济的拉动作用 | % | 0.15 | 0.24 |

**3. 房地产对就业的贡献**

铜川市房地产业的规模不断壮大，对全市经济增长的贡献功不可没。

**4. 对地方财税和居民收入的贡献**

2010年，房地产业上缴国税736.4万元，上缴地税5.5729亿元。

地税局征收房产税2285.5万元。其中，省级685.6万元，市级1087.8万元，县级512万元。

**表6　2010年企业缴房产税统计**

单位：万元

| 国有企业 | 集体企业 | 股份合作 | 联营企业 | 股份公司 |
|---|---|---|---|---|
| 522.3 | 51.4 | 40.5 | 2.4 | 1320.2 |

| 民营企业 | 其他企业 | 外商投资 | 港澳台企业 |
|---|---|---|---|
| 769.7 | 14.4 | 303.4 | 15.7 |

## 三　房地产发展趋势分析

2011年，铜川市房地产开发完成投资20.36亿元，同比增长43.6%，增幅较上年同比上升 13. 9%，较上半年回落 1. 1%，较前三季度回落 10. 2 个百分点。房地产开发投资占固定资产投资比重为 14. 9%，对固定资产投资的贡献率达到 17. 1%。90 平方米以下住房增速较快，全年完成投资 6. 7 亿元，同比增长 69. 1%，增速较上半年上升 55. 1%。

分类型看，住宅完成投资增速明显提高，经济适用房亮点突出。全年住宅完成投资 18. 5 亿元，同比增长 81. 9%，较上半年提高了 34. 5%。其中，经济适用房完成投资 4. 43 亿元，同比增长 95. 7%。办公楼完成投资 0. 15 亿元。商业营业用房完成投资 1. 02 亿元，增长 46. 6%；其他完成投资 0. 7 亿元，下降 78. 6%。

**1. 供给趋势**

2010 年以来，铜川市住宅供给充足，销售呈平稳增长趋势。但从 2011 年开始，房屋销售一直呈逐月下滑态势。全年房屋销售面积同比增长 17. 6%，较 8 月份下滑 9. 1%。

**2. 需求趋势**

需求趋势，划分为解决居住、改善居住、结婚用房、投资及其他五大类，见图 2：

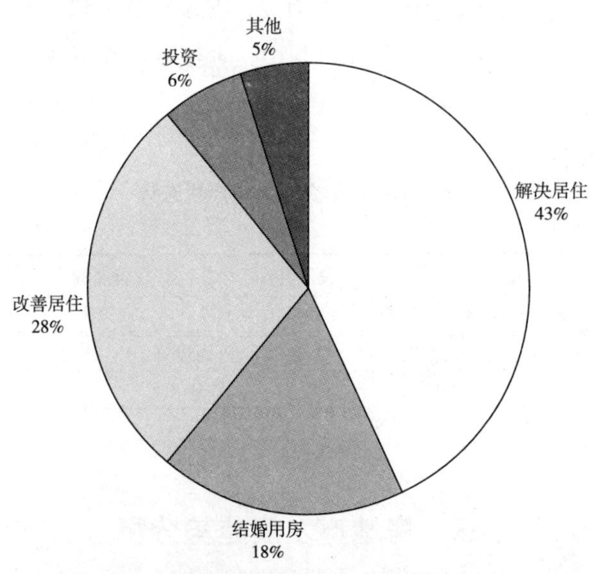


**图 2　2010 年铜川楼市购房人群类型**

**3. 价格趋势**

相对于西安、咸阳等市，铜川市新建住宅均价涨势较缓。虽然受当前房地产政策大环境的影响，铜川市购房者会出现观望态势。通过对7个楼盘和60位预购房者的调查发现，无论是开发商，还是消费者都对铜川市房价的上涨持观望态度。其中76.7%的预购房者认为新的房地产调控政策出台后，会观望一两个月，房价不降便会购房。可以判断，目前国家出台的调控政策对铜川这样的四线城市不会造成大的影响，总体房价还将稳步上升。

**4. 结构趋势**

由图3不难看出，铜川市在售的户型主要以两、三居室为主，其中两居室的比例占到了45%。在所有户型中，一室最少，仅占到整体的7%。

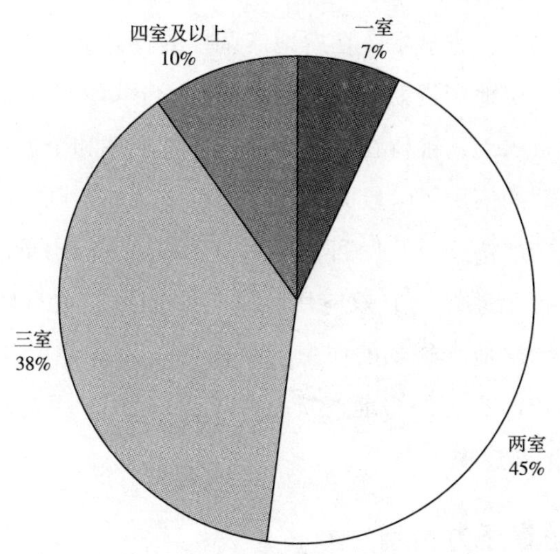


**图3　2010年铜川市在售户型分布**

## 四　房地产发展存在问题及原因分析

政策方面。

一方面，2011年已连续六次上调存款准备金率，对于铜川这种以国有商业银行主要支持房地产开发的地市来说，无疑会按照上级政策收紧房地产开发信贷投放，实际调查结果也是如此。因此，对于铜川市多数小型房地产开发企业的资金链的稳定性将是一次冲击。另一方面，铜川市政府已开始，并持续加大保障房建设力度。据了解，到2012年，铜川市将为5.7万户、近20万人提供保障房，人数已占到铜川总人口的24%，这将会占去很大一部分房地产市场份额，尤其是在当前国家房地产调控政策背景下。第三，铜川市政府已开始重点开发大唐养生园项目，目前基础设施已经基本完成。项目重点就是开发住宅、商业、休闲等，是一个以高档消费为主的主题区域，这必定会引起房地产开发企业的角逐。但是也对企业的开发能力提出了更高的要求，资金投入风险势必增大。新区开发建设初期，也吸引了一批房地产企业进行投资开发，由于铜川市区域发展政策连续性不高，烂尾楼的景象也出现过，因此风险与机遇同样值得关注。

信贷方面。

通过对金融机构的调查显示：在房地产调控的背景下，存量房地产贷款的信用风险较高，而新增房地产贷款的信用风险会有所下降。主要是因为，在前几年房地产投资较热的背景下，银行在发放房地产开发贷款和个人住房贷款时，信用审核不严，导致贷款的信用风险较大。在最近两年房地产调控的背景下，银行的房地产信贷政策比较严格，对开发商、具体项目和个人信用条件审核都比较科学和规范，尤其是对征信系统的有效应用，对“假按揭”也有较好的防控，在一定程度上保证了新增房地产贷款的质量。据调查，以2009年12月31日为时点进行统计，铜川市该时点上的房地产贷款存量近占2011年6月末各项贷款余额的8%，信用风险不容忽视。

### （一）房屋销售压力倍增

根据历年经验，销售市场的“金九银十”以及年末“翘尾”因素是刺激商品房销售市场活跃的主要因素。而本年的“金九银十”并未形成旺市，相反的是从8月份开始，房屋销售一直呈逐月下滑态势。全年房屋销售面积同比增长17.6%，较8月份下滑9.1%。

### （二）资金形势严峻

截至2011年6月末，铜川市各金融机构房地产类贷款余额为8.92亿元，占各项贷款余额的9.86%，较年初增长16.3%。其中：房地产开发贷款余额1亿

元，占比11.21%；个人房屋贷款余额7.92亿元，占比88.79%。个人房屋贷款中个人住房贷款占94.32%，个人商业用房贷款占5.68%。由以上数据可以看出，铜川市房地产类贷款种类较为单一，主要集中在个人住房贷款上。

受货币政策和房地产市场销售形势变化的影响，2011年，全市房地产开发企业到位资金总计20.78亿元，同比增长30.4%，增幅比上年同期下降42%。（详见表7）

**表7　2011年房地产开发资金到位情况**

| | 2011年(万元) | 2010年(万元) | 增速(%) |
|---|---|---|---|
| 本年资金来源 | 207837 | 159375 | 30.4 |
| (1)国内贷款 | 12166 | 12477 | -2.5 |
| 银行贷款 | 9566 | 6732 | 42.1 |
| 非银行金融机构贷款 | 2600 | 5745 | -54.7 |
| (2)利用外资 | 0 | 0 | — |
| 其中:外商直接投资 | 0 | 0 | — |
| (3)自筹资金 | 114649 | 90307 | 27 |
| 其中:自有资金 | 30417 | 25466 | 19.4 |
| (4)其他资金来源 | 81022 | 56591 | 43.2 |
| 其中:定金及预收款 | 36994 | 24207 | 52.8 |
| 其中:个人按揭贷款 | 18198 | 13550 | 34.3 |

与上年同期各资金来源的比重相比，国内贷款比重同比下降2%；自筹资金比重同比下降1.5%；其他资金来源比重上升3.5%。

## （三）投资结构欠合理

2011年，全市房地产开发投资中住宅完成投资18.5亿元，同比增长81.9%，高于房地产开发投资增速38.3%。住宅施工318.08万平方米，增长55%，高于房屋施工面积增速11.9%。全市目前房地产开发投资中，新区的比重占到52.8%，但纵观新区的房地产市场，住宅占据主导力量，缺乏对商业营业用房、办公楼等的投资。

## （四）区县投资发展不均衡

全市房地产投资稳固增长，但各县区房地产投资发展不均衡，区域分布结构不合理，致使房地产投资的区域稳健性差。如表8所示，新区占比高达52.8%，王益区以 29.1% 的份额居第二，耀州区和宜君县房地产开发投资额占全市投资总数的份额均不足 5%，呈现明显的市辖区投资集中，周边区县投资不足的态势，全市房地产开发投资整体均衡效果较差。特别是耀州区，房地产开发投资全年只有 0.9 亿元，同比下降 40.8%，占固定资产投资比重只有 1.9%。

**表 8　铜川市各区县房地产投资情况**

| | 绝对量(万元) | 增速(%) | 占全市房地产投资比重(%) | 占固定资产投资总额比重(%) |
|---|---|---|---|---|
| 王益区 | 59220 | 62.6 | 29.1 | 17.9 |
| 印台区 | 23030 | 32.9 | 11.3 | 15.4 |
| 耀州区 | 9479 | -40.8 | 4.7 | 1.9 |
| 新　区 | 107625 | 59.3 | 52.8 | 38.5 |
| 宜君县 | 4280 | -5.3 | 2.1 | 4.1 |
| 全　市 | 203634 | 43.6 | 100 | 14.9 |

## 五　国家土地政策对本市房地产业的影响

### （一）2010 年土地市场基本情况及增长情况

从购置土地面积看，2010 年全年房地产企业共购置土地面积 23984 平方米，同比下降 73.9%。土地购置费用为 2340 万元，同比减少 76.7%。

### （二）土地市场存在的主要问题及治理对策

由于铜川建市较早，城市土地储备相对匮乏，加之治理“棚户区、沉陷区、滑塌区”，虽然国家给予很宽松的政策，但城市、县城和重点镇存量土地和可供保障性住房建设的平坦安全土地少。

治理对策：一是优先拿出存量土地满足城市居民住宅需求，二是对保障性住房用地指标要与其他建设用地分开使用，三是落实支持政策，减免有关规费。

## 六　保障房建设状况

铜川市非农业人口多，城市化率高，以前多数人居住在低矮的棚户区、沉陷

区和滑塌区。从 20 世纪 90 年代开始，全市通过全面实施城镇住房制度改革，推行住房商品化、社会化、大力发展集资建房和经济适用住房，住房建设速度不断加快，房地产开发投资保持了年均增长 20% 的高速度。尤其是全面实行老市区棚户区改造工程和滑塌区、沉陷区整体搬迁工程，广大困难群众的住房条件得到了明显改善。

2003 年以来，全市累计建成廉价廉租住房、经济适用住房等保障性安居工程住房 205 万平方米，已有 2.77 万户、9.6 万困难群众喜迁新居。2008 年以来，累计开工建设廉租住房 69.27 万平方米，竣工 14.38 万平方米，已有 2052 户入住廉租房。累计争取国家廉租住房专项补助资金 3.16 亿元，省政府配套资金 2.23 亿元。全市棚户区及危险地段危房改造共拆除危旧房 87 万平方米。中央下放煤矿棚户区改造项目计划新建和维修住宅 344 万平方米，安置居民 5.3 万户，18.6 万人。

**表 9　铜川市“十二五”期间住房保障计划表**

单位：万平方米，套（户）

| 任务 / 年代 | 新建廉租住房套数 | | 棚户区改造新建安置住房 | | 新建公共租赁住房 | | 新建经济适用住房 | | 限价商品房 | |
|---|---|---|---|---|---|---|---|---|---|---|
| | 面积 | 套数 | 面积 | 套数 | 面积 | 套数 | 面积 | 套数 | 面积 | 套数 |
| 2011 | 25 | 5000 | 55 | 8300 | 6 | 1000 | 7 | 1000 | 12.5 | 1500 |
| 2012 | 30 | 6000 | 50 | 8000 | 46 | 10000 | 14 | 2000 | 12.5 | 1500 |
| 2013 | 30 | 6000 | 40 | 5710 | 8 | 1700 | — | — | 8.5 | 1000 |
| 2014 | 30 | 6000 | 39 | 5650 | 8 | 1700 | — | — | 9 | 1100 |
| 2015 | 30 | 6000 | 39 | 5650 | 8 | 1700 | — | — | 8.5 | 1000 |
| 合计 | 145 | 29000 | 223 | 33310 | 76 | 15200 | 21 | 3000 | 51 | 6100 |

## （一）经济适用房建设状况

### 1. 经济适用房开发分析及增长情况

根据《铜川市 2010～2012 年保障性住房建设规划》，如表 9 所示，到 2012 年，新开工建设廉租住房 30 万平方米、6000 套、新增租赁补贴户 2500 户，新开工建设经济适用住房 14 万平方米、2000 套，建设公共租赁住房 46 万平方米、1 万套，开工建设棚户区改造安置房 50 万平方米、8000 套，建设限价商品房 12.5 万平方米、1500 套。

2010 年，铜川市常住人口 84.12 万，其中城镇常住人口 41 万。从 20 世纪 90 年代开始，全市通过全面实施城镇住房制度改革，推行住房商品化、社会化、大力发展集资建房和经济适用住房，住房建设速度不断加快，房地产开发投资保持了年均增长 20% 的高速度。尤其是 2003 年以来，全市开始全面实行老市区、棚户区改造工程和滑塌区、沉陷区整体搬迁工程，广大困难群众的住房条件得到了明显改善。仅 2003 年以来，累计建成廉价廉租住房和经济适用住房等保障性住房 141 万平方米，已有 1.76 万户、6.2 万困难群众喜迁新居，全市人均住房建筑面积由 1958 年建市之初的 4.95 平方米提高到 28 平方米，达到了全省平均水平。与此同时，作为老工矿城市，城镇人口占全市人口的比重较大，下岗职工、困难企业及城市低收家庭人数较多，据初步统计，目前全市低收入困难家庭有 7.14 万户，24.13 万人，其中人均住房建筑面积在 13 平方米以下的住房困难户和无房户有 5.71 万户，19.3 万人，享受城镇低保的困难家庭有 2.6 万户，7.32 万人。

2011 年，新开工建设保障性住房 180 万平方米，累计建成经济适用房和廉租房 192 万平方米，9 万人喜迁新居，城镇居民人均住房面积由“十五”末的 21 平方米提高到 30 平方米。

2011 年，省政府下达铜川市保障性住房建设任务为：新开工建设各类保障性住房 2.2 万套，其中廉租住房 0.5 万套，经济适用住房 0.1 万套，公共租赁住房 0.7 万套，限价商品房 0.2 万套，城市棚户区改造 0.7 万套；新增廉租住房租赁补贴 1500 户。另外省发改委下达铜川市 2011 年中央下放煤矿棚户区改造任务 8834 套。两项相加，保障性住房建设的总任务为 30834 套。

省政府对各地市住房保障工作实行月考核制度，铜川市在全省 5 月底各城市住房保障工作考核中排名第一；在保障性住房进展半年考核中，铜川市位列全省第二位；11 月份取得满分，提前 1 个月完成了全年的目标任务。在 2012 年全省保障性住房工作表彰大会暨住房和城乡建设工作会议上，铜川市被省委、省政府评为 2011 年全省保障性住房建设一等奖，奖励 5000 万元；王益区被授予全省保障性住房综合管理工作“十佳县”称号，奖励 600 万元。

全年新开工建设各类保障性住房 181.61 万平方米、3.3 万套。其中廉租住房 26.825 万平方米、5287 套；经济适用房 20 万平方米、3147 套；公共租赁住房 44.275 万平方米、7112 套；限价商品房 24.98 万平方米、2124 套；各类棚户区改造 65.53 万平方米、1.55 万套。目前已有 1.24 万套完成主体封顶，0.95 万

套达到正负零以上，1.11 万套基槽开挖，分别占任务的 40.22%、31.26% 和 36%（见表 10）。

**表 10　2011 年保障性安居工程分类型建设情况**

单位：套，%

| | | 计划新开工 | 实际新开工 | 完成比例 |
|---|---|---|---|---|
| 廉租房 | | 5000 | 5447 | 108.9 |
| 公租房 | | 7000 | 7112 | 101.6 |
| 经济适用房 | | 1000 | 3147 | 314.7 |
| 限价商品房 | | 2000 | 2264 | 113.2 |
| 各类棚户区改造 | 城市棚户区 | 7000 | 7228 | 103.3 |
| | 国有工矿棚户区 | 2000 | 1444 | 72.2 |
| | 国有林区棚户区及国有林场危房改造 | 352 | 516 | 146.6 |
| | 中央下放地方煤矿棚户区 | 6935 | 7300 | 105.3 |
| 合　计 | | 31287 | 34458 | 110.1 |

**2. 经济适用房市场存在的主要问题**

（1）保障性住房建设中与群众利益的协调。铜川市棚户区居民 90% 属铜川矿务局煤矿职工家属，其中退休矿工多、伤亡家属多、低保户多、下岗职工多。拆迁户对拆迁补偿期望值过高，城市改造建设与群众利益的协调难度越来越大，拆迁矛盾日益突出。

（2）铜川市廉租住房大多在棚户区改造中配建，廉租住房户型面积 50 平方米，大多为一室一厅，不能满足拆迁回楼户中符合廉租住房保障条件住户的基本住房需求，影响了项目实施进度和社会稳定。

（3）保障性住房建设中地方配套资金压力。根据我市廉租住房和公租房建设规模，每年需地方财政配套 4 亿多元。由于铜川属经济欠发达城市，地方财力有限，足额配套难度很大。

（4）铜川市在新区的保障房项目在施工时，周围村民干扰较大，影响工程进度。

**3. 经济适用房市场的治理对策**

为切实降低建设成本，根据省委办公厅、省政府办公厅《关于加快保障性住房建设的意见》精神，制定出台了铜川市委办公室、市政府办公室《关于加快保障性住房建设的意见》（铜办发（2010）11号），规定新建廉租住房、公租房一律免收各种行政事业性收费和政府性基金，土地行政划拨。另外，研究出台了《铜川市经济适用住房管理办法》，明确了相关税费优惠政策。

（1）继续加大保障性住房建设力度，减轻中低收入者购房负担

保障性住房反映着一个国家和地区的文明程度，事关民生改善、经济发展和社会和谐大局。加快保障性住房建设，对于增强消费对经济增长的拉动力、推动有条件农村居民进城和调控优化住房结构、促进社会和谐稳定，都具有重要作用。铜川市保障房建设起步早，成果显著，以“滑塌区、沉陷区综合治理”为带动的保障房建设已经进入尾期。根据省委、省政府《关于加大力度推进有条件的农村居民进城落户的意见》，“十二五”期间，我省将通过“宅基地换住房、承包地换社会保障”的方式，推动占全省农村人口四分之一的农民变身为居民。“根据进城落户农民的收入和分布状况，加大建设廉租住房和公共租赁住房，解决新就业职工和进城务工人员的住房问题”成为下一阶段保障房建设的重点。一是要继续加大廉租房建设，扩大准入范围，规范准入制度，做到应保尽保；二是要进一步加快公租房建设，解决好新工作职工、外来务工人员等“夹心层”的住房困难问题；三是要落实好用地指标、建设资金和税费优惠等支持政策，为保障性住房建设创造良好条件；四是要推进企业保障性住房建设，允许有条件的企业利用存量土地建设一批集体宿舍，通过只租不售的方式解决企业内部员工的住房问题。

（2）拓宽房地产企业融资渠道，稳定房地产行业资金链

在国家控制房地产业过快发展，清除房地产泡沫的宏观调控下，银行政策缩紧，银行贷款资金数量和份额均大幅降低，企业可用周转资金减少，投资稳健性降低。房地产行业需高度关注自身来源，确保资金链的连续性。首先，企业加大自身资金结余储备，保证生产必需的流动资金数额，确保工程顺利进行。其次，合理安排前期投入资金中定金及预付款与个人按揭贷款的比例，确保资金的连续性。最后，加大引用外资力度，扩展资金来源途径，为开发的顺利进行储备充足的应急准备金。

（3）重视非居住用房的建设和发展

铜川市对房地产项目的开发、建设和管理不仅限于住宅，办公楼、商业用房等经营性物业的建设也应达到全省乃至全国先进水平。目前，我市的办公、商业

楼宇市场普遍存在缺乏统一的等级分类标准、配套服务不够完善等问题。因此，在稳定住房价格、抑制投机购房的同时，更要重视办公楼、商业用房等经营性物业的规划、建设和管理。

### （二）廉租房开发及增长状况

2010 年，新开工建设保障性住房 180 万平方米，累计建成经济适用房和廉租房 192 万平方米，9 万人喜迁新居，城镇居民人均住房面积由“十五”末的 21 平方米提高到 30 平方米。

2011 年，省政府下达全市保障性住房建设任务为（见表 11）：新开工建设各类保障性住房 2.2 万套，其中廉租住房 0.5 万套，经济适用住房 0.1 万套，公共租赁住房 0.7 万套，限价商品房 0.2 万套，城市棚户区改造 0.7 万套。铜川市确定 2011 年将实施保障性住房建设 180 万平方米、3 万套。其中：新开工建设廉租住房 27 万平方米、5400 套，公共租赁住房 40 万平方米、7000 套，经济适用住房 20 万平方米、2800 套，限价商品房 20 万平方米、2600 套，棚户区改造安置住房 73 万平方米、9700 套，新增租赁补贴 2500 户。全市实际新开工保障性安居工程住房 181.2 万平方米、3.3 万套，竣工面积 55.82 万平方米。包括廉租住房开工面积 26.825 万平方米；公共租赁住房开工面积 43.88 万平方米；限价商品房开工面积 24.98 万平方米；经济适用房开工面积 20 万平方米；全市棚户区改造开工面积 65.53 万平方米。新增廉租住房租赁补贴 2074 户，累计保障家庭户数 10801 户，发放补贴金额 4905 万元。安置困难群众 3565 户。农村危房改造开工 4200 户，竣工 3400 户。

**表 11　“十二五”期间住房保障计划表**

单位：万平方米，套（户）

| 年份＼任务 | 新建廉租住房套数 | | 棚户区改造新建安置住房 | | 新建公共租赁住房 | | 新建经济适用住房 | | 限价商品房 | |
|---|---|---|---|---|---|---|---|---|---|---|
| | 面积 | 套数 | 面积 | 套数 | 面积 | 套数 | 面积 | 套数 | 面积 | 套数 |
| 2011 | 25 | 5000 | 55 | 8300 | 6 | 1000 | 7 | 1000 | 12.5 | 1500 |
| 2012 | 30 | 6000 | 50 | 8000 | 46 | 10000 | 14 | 2000 | 12.5 | 1500 |
| 2013 | 30 | 6000 | 40 | 5710 | 8 | 1700 | — | — | 8.5 | 1000 |
| 2014 | 30 | 6000 | 39 | 5650 | 8 | 1700 | — | — | 9 | 1100 |
| 2015 | 30 | 6000 | 39 | 5650 | 8 | 1700 | — | — | 8.5 | 1000 |
| 合　计 | 145 | 29000 | 223 | 33310 | 76 | 15200 | 21 | 3000 | 51 | 6100 |

## 七 拆迁安置现状及对策

### （一）2011 年拆迁市场总体情况及特点

国务院近期颁布了《国有土地上房屋征收与补偿条例》。《条例》针对近年我国法律制度环境的变化，房屋拆迁中暴露出的种种问题，调整了房屋拆迁制度，取消了《房屋拆迁许可证》的许可式管理，建立了以地方政府为单一征收主体的新制度。铜川市制定了《铜川市国有土地上房屋征收与补偿暂行办法》《铜川市城中村改造工作模块推进办公室工作方案》《铜川市城中村改造实施方案》《铜川市城中村改造管理办法》《铜川市城中村改造工程模块推进办公室工作经费使用管理办法》等实施办法，为顺利开展拆迁和城中村改造工作奠定了基础。

### （二）拆迁安置存在问题

1. 全市棚户区居民 90% 属铜川矿务局煤矿职工家属，其中退休矿工多、伤亡家属多、低保户多、下岗职工多，协调工作矛盾突出。房屋征收户对征收补偿期望值过高，城市改造建设与群众利益的协调难度越来越大，征收矛盾日益突出。

2. 户型需求矛盾。全市廉租住房大多在棚户区改造中配建，廉租住房户型面积 50 平方米，大多为一室一厅，不能满足拆迁回楼户中符合廉租住房保障条件住户的基本住房需求，影响了项目实施进度和社会稳定。

3. 新旧政策的衔接问题。对按原《拆迁条例》已经实施许可的项目，要解决剩余拆迁中的矛盾纠纷，继续加强监管，实现政策平稳过渡。

### （三）拆迁安置治理对策

破解拆迁难题已成为目前加快棚户区改造和廉租住房建设的头等大事，结合“三创”工作要求，在落实国家、省上拆迁政策的前提下，对不合理诉求，漫天要价的拆迁户实行必要的强制措施，加大拆迁行政执法力度，加快保障性住房建设步伐。

要充分利用电视、报纸、网络等媒体宣传政府制定的解决低收入家庭住房困难的目标、步骤及申请程序等一系列政策措施。引导媒体既要宣传廉租住房保障取得的成绩，又要曝光在廉租住房制度实施中不规范、不公平的行为，加强舆论监督。

## 八　中介业发展状况及对策分析

### （一）中介企业及市场现状

2010，全市有专门房地产中介服务企业两个，从业人员 24 个，其中女性 6 个，年均工资 21000 元。有经营房屋租赁、二手房转让、劳务介绍等业务的中介服务信息部 32 个，从业人员 48 人。

### （二）中介市场存在问题

铜川房屋中介处于起步阶段，中介市场规模小、从业人员少，业务量小。主要原因是二手房存量少，市场交易不活跃。

### （三）中介市场发展对策

铜川中介市场发展需要大力培育。

## 九　物业管理现状及对策

铜川市物业管理行业起步于 20 世纪 90 年代末，十余年来物业服务行业不断发展，在促进我市经济发展和社会和谐稳定方面做出了贡献。

### （一）物业管理基本情况及特点

#### 1. 2010 年物业管理基本情况及特点

2010 年，铜川市有三级资质物业服务企业 17 家，三级（暂定）资质物业服务企业 5 家，外地来铜备案物业服务企业 2 家。全市物业管理从业人员共计 800 余人，其中各类专业技术人员 180 余人。目前已实行规范化物业管理服务的住宅小区（项目）共计61个，298.19万平方米。其中新区住宅小区16个，163.45万平方米；办公区4个，8.18万平方米；王益区28个，92.06万平方米；印台区9个，21.41万平方米；耀州区3个，12.4万平方米；宜君县1个，0.69万平方米。目前全市已创建省级物业管理示范住宅小区（办公区）7个，市级物业管理优秀住宅小区35个，卫生达标小区29个。新建和在建的成片住宅小区总面积近300万平方米，也在逐步走向规范化物业管理阶段。

按照2009年5月1日起施行的《陕西省物业管理条例》规定，当前我市物业服务行业监管分为市住建局、县（区）住建局（住改办）、街道办事处（乡镇人民政府）三级。市住建局负责全市物业服务行业的监督管理工作，负责准确及时贯彻落实国家和省上的物业管理法律、法规和政策，因地制宜制定下发适合铜川经济社会发展现状的地方规章制度、管理制度。各县（区）住建局（住改办）负责辖区内物业管理活动的监督管理工作，负责辖区内住宅小区成立业主大会的政策指导工作。为了调动县（区）住建局（住改办）的工作积极性，市住建局将三级物业服务企业资质的初审权进行了下放，要求资质申报单位的相关申报材料必须经县（区）住建局（住改办）签署审查意见。未通过县（区）住建局（住改办）审查的，市住建局不予受理。街道办事处（乡镇人民政府）负责辖区内物业管理活动的监管工作，负责牵头组织成立住宅小区业主大会、选举产生业主委员会，并对业主大会和业主委员会的活动进行监督。

**2. 2011年物业管理基本情况及特点**

（1）与县区住建部门充分讨论，按照“条块结合、以块为主”的原则，形成《铜川市2011年度物业管理目标责任书》，对各县区2011年物业管理工作提出了目标任务，并与各县区住建部门负责人签订，年终进行综合考核，要求区县住建部门高度重视物业管理工作，切实履行自身职责，全面负责辖区内的物业管理监管工作，并督促指导街道办事处和乡镇人民政府开展物业管理监管工作，以此强化区县的属地管理职责，促进全市物业管理水平的总体平衡。

（2）开展物业管理示范（优秀）小区等创建活动，联合县区住建部门对申报省（市）级物业管理示范（优秀）住宅小区的14个住宅小区，申报市级优秀物业服务企业的3家企业进行初验。全年全市争创2个省级物业管理示范住宅小区，创建5个市级优秀物业管理住宅小区，创建优秀物业服务企业3个。

（3）5月份开展物业管理政策法规宣传月集中宣传。本月这是铜川市第六个

物业管理政策法规宣传月，为确保宣传活动取得实效，精心组织，认真部署，制定下发了《物业管理政策法规宣传月活动方案》，整个宣传月活动期间，全市共出动宣传人员 500 余人次，悬挂宣传横幅 100 余条，展出宣传展板 160 张，散发宣传资料 6000 余份，接受群众政策咨询 150 余人次。

及时将国家和省上新出台的物业管理政策法规向县区住建部门和各物业服务企业（房屋管理部门）进行传达，并结合我市实际提出贯彻意见。

（4）狠抓落实，对县区各项物业管理工作开展巡查，实地调查了解各项目标任务完成进度。

（5）做好全市物业管理重大信访纠纷和矛盾的调处化解工作，严肃查处物业服务企业违规经营、侵犯业主合法权益的行为，进一步提高全市物业管理总体水平。

## （二）物业管理市场存在的问题

### 1. 2010 年物业管理市场存在的问题

（1）开发建设遗留问题

《物业管理条例》规定：按照房地产开发与物业管理相分离的原则，住宅物业的建设单位，应当通过招投标的方式选聘具有相应资质的物业服务企业；投标人少于 3 个或者住宅规模较小的，经物业所在地的区、县人民政府房地产行政主管部门批准，可以采用协议方式选聘具有相应资质的物业服务企业。但在实际工作中，开发建设单位往往在一个项目临近交付使用时，投资成立物业服务企业，未经过招投标或者县（区）房地产行政主管部门批准即指定下属物业服务企业接手该项目的前期物业管理。开发建设单位为节省人员和开支，往往又指定由下属物业服务企业代为负责交房工作。开发商和物业服务企业这种“父子”关系，导致前期物业管理阶段职责混乱，不能在物业承接查验或房屋交付时充分维护业主合法权益。部分开发商在项目建设过程中，存在房屋交付时间、建设质量、配套设施建设等方面的违约问题。当业主与开发建设单位产生矛盾纠纷时，物业服务企业无法客观公正处理问题，使业主产生不满情绪。在此后的物业管理活动中，业主会刁难或拖欠各项物业服务费用，物业服务企业难以取得业主信任。其次是造成物业管理市场混乱，不能发挥市场经济优胜劣汰的机制，致使社会声誉良好、管理规范的物业服务企业难以获得新的物业管理项目；而服务理念不强、管理粗放、制度不健全的物业服务企业基于是开发建设单位的下属企业，就可以轻易获得物业管理项目，这种违反市场经济规律的现象将严重制约我市物业服务行业的持续健康发展。

（2）收费不规范，收费难、交费率低

物业服务收费问题一直是物业管理工作的难点，主要原因，一是广大业主的思想观念未能转变，我市物业管理起步较晚，部分业主习惯了大包大揽式的单位后勤管理模式，入住商品房住宅小区后，对物业管理这种有偿服务方式不理解，产生抵触情绪；二是部分物业服务企业存在重收费、轻服务现象，片面追求经济利益，忽视小区的共用设施设备维护和公共秩序维护工作，业主对物业管理服务质量不满意；三是部分物业服务企业不按规定公示收费项目、收费标准、服务标准、监督电话等信息，导致业主对费用标准有疑虑；四是部分业主因房屋存在质量瑕疵等原因与开发建设单位存在纠纷，将责任转嫁到物业服务企业身上，主观上认为物业收费了，什么事都应该管，不知道物业服务的具体范围和内容，将特约有偿服务强加给物业。

（3）专业人才缺乏、服务水平低、制约行业发展

铜川市物业服务行业物业管理专业人才缺乏、服务水平低下的现象，提供高端物业管理服务的能力不够。原因一方面是我市物业管理行业发展时间短，处于劳动密集型的初级阶段，对专业物业管理人员的需求较少。当前物业服务企业中80%以上的员工从事保洁、绿化、秩序维护等工作，这些岗位对文化素质、年龄没有更高的要求。另一方面是物业服务行业是微利行业，从业人员的工资待遇跟不上社会发展的水平，导致有较高素质的工程技术类、企业经营管理类的专业人员不愿意到物业服务行业从业，客观上将从事物业管理行业作为向房地产开发建设领域谋职的过渡或跳板，导致物业服务行业新的人才吸引不来，原有人才不断流失，行业人才队伍建设停滞不前，制约了行业发展。

（4）业主对物业管理的认识不高

由于铜川市物业管理起步较晚，受传统公房管理模式影响，一方面，部分业主的物业管理消费观念尚未形成，对已经商品化的房屋缺乏保养意识；另一方面，部分业主认为现在小区实行物业管理和之前的管理并没有多大的改变。许多业主根本不知道业主和物业服务企业各自的权利义务是什么，甚至认为只要按时交纳了物业服务费，在住宅使用过程中发生的任何问题，物业服务企业都应该免费解决。

（5）街道办事处（乡镇人民政府）未切实履行起监管职责，住宅小区业主大会组建工作进展缓慢

按照《陕西省物业管理条例》规定，街道办事处、乡镇人民政府依法负责辖区内物业管理活动的监督管理工作，在业主大会组建、业主委员会选举及日常活动监督等方面履行职责。在实际工作中，部分街道办事处（乡镇人民政府）对履行职责不积极，不能较好地解决群众来电来访反映的问题，或者仅仅为平息上访而不按规定匆忙组建业主委员会，导致业主委员会组建后不能有效发挥应有作用，产生新的矛盾纠纷。《陕西省物业管理条例》颁布实施后，依法按照程序成立业主委员会的住宅小区仅有两家。这两个住宅小区的业主委员会都是在物业管理出现矛盾后，街道办事处为平息矛盾仓促之间成立的，在组建业主大会和选举业主委员会过程中都存在较多瑕疵。

（6）老旧住宅小区居民与物业管理矛盾时有发生

物业服务企业职责是依据物业服务合同的约定，对房屋及其配套设施设备和相关场地进行维修、养护、管理，维护物业管理区域内的环境卫生和相关秩序。老旧住宅小区或居住区广大住户随着生活水平不断提高，对居住环境的要求也不断提高，而现实是房改后的旧住宅小区普遍存在共用设施设备老化、破损等问题，需要维修改造却缺少资金。按规定住宅小区内的共用部位、共用设施设备属于全体业主所有，依据《物业管理条例》规定，应由全体业主共同分担维修改造费用，但是大部分业主认识不高，普遍不愿承担应分摊费用。典型的例子是屋面漏雨，多层住宅六楼以下业主认为事不关己，不予理睬，造成问题无法解决，受影响业主不是投诉就是上访。

**2. 2011 年物业管理市场存在的问题**

（1）信访压力较大

近年来广大居民维权意识的不断增强但维权渠道过度单一（依赖信访渠道），而往往一信多投，同一信访问题反复处理，导致工作量不断加大。

（2）新区物业管理行政主管部门缺失

随着新区建设步伐的加快，住宅、商业、办公、工厂等多种类型的物业项目不断涌现，新区物业项目多、规模大、种类杂，仅就住宅小区而言规模已超过北市区。国家和省上出台的物业管理政策法规对于县区物业管理行政主管部门在辖区内的物业管理活动负有监管职责。

（3）住宅小区供暖引发的矛盾突出

铜川市自备锅炉集中供暖小区的供热价格形成方面存在较大矛盾，按照《铜川市物价局关于对自备锅炉供热价格实行协商备案管理的通知》（铜价发【2011】118号）要求，物业服务企业（供热人）须与小区2/3以上的业主就供热价格达成一致后，才能到价格主管部门备案。但实际情况往往是物业服务企业认为自身提出的供热价格合情合理、有理有据，而业主不予认可就难以达成一致，导致无法到价格主管部门备案。在双方就供热价格无法达成一致的情况下，物业服务企业会选择不予供暖，而业主就选择到政府部门上访，要求供暖，形成不安定因素。

## （三）2011年物业管理市场治理对策

### 1. 2010年物业管理市场治理对策

（1）制定完善各类物业管理制度和程序

为了指导和规范物业管理市场各方主体行为，制定了《铜川市住宅专项维修资金使用程序》《铜川市前期物业管理备案程序》和《铜川市首次业主大会组建程序》。

（2）加强行业监管，提升物业管理水平

一是加强物业服务企业的资格管理。按照《物业管理条例》和《物业服务企业资质管理办法》的规定，尽快建立物业服务企业信用档案，严格物业管理市场准入和退出机制，实现优胜劣汰。二是加强物业服务企业的收费监管工作。由市物价部门建立物业管理收费季度或年度专项检查制度。每年度制定专项检查计划并组织落实，检查结果在市级新闻媒体予以公告，严格处罚违规巧立名目乱收费、变相收费、收费项目不公示等违规行为，坚决杜绝乱收费、只收费不服务、高收费少服务的现象的发生，逐步扭转广大业主对物业服务行业的认识，树立花钱买服务的观念。三是深入开展物业服务行业争先创优活动。指导县区物业管理行政主管部门积极组织创建活动，通过“省级物业管理示范住宅小区”、“市级优秀物业管理住宅小区”和“优秀物业服务企业”创建工作，带动各住宅小区的环境面貌和物业服务水平有效提升。四是加强物业管理从业人员的再教育。举办第二期物业管理从业人员上岗培训班，培训从业人员160余人，累计培训持证上岗人员近400人。同时要积极探索物业管理从业人员的定期教育培训制度，要求各物业服务企业要结合工作实际开展内部培训活动，学习新的政策法规，掌握新的工作技能，不断提高物业管理人员的知识结构和专业知识水平。五

是积极引进各类具有专业知识和专业技能的人才。从行业的长远发展出发，倡导物业服务企业要积极从物业管理发达地区引进具有丰富物业管理实践经验和较强工作能力的专业人才，发挥他们的专业优势，通过传、帮、带，培育物业服务企业自有从业人员，从根本上提高物业管理人员的素质。六是坚持日常巡回检查制度，切实维护广大业主的合法权益。日常巡回检查制度是对住宅小区的物业管理工作不打招呼、不定时间进行抽查的一种措施，通过抽查了解各小区物业管理真实情况，并将检查结果纳入物业服务行业争先创优工作中。

（3）履行职责，加快业主委员会组建工作

业主委员会由业主大会依法选举产生，是业主和物业服务企业之间沟通的桥梁。县区物业管理行政主管部门和街道办事处（乡镇人民政府）要按照《陕西省物业管理条例》的规定，高度重视住宅小区业主大会的组建工作。通过政策宣传和实地调研，引导广大业主按照法定程序组建业主大会并选举产生业主委员会。在日常物业管理活动中，县区物业管理行政主管部门和街道办事处（乡镇人民政府）要认真监督业主委员会履行职责情况，引导其按照《业主大会和业主委员会指导规则》和相关法律法规依法开展维权、监督和协调作用，切实维护业主和物业服务企业的合法权益。

（4）依法行政，齐抓共管

物业管理作为一项社会管理活动，关系民生，涉及住建、工商、物价、公安、民政等众多管理部门。设区的市、县（区）人民政府也肩负着对不符合物业管理条件的居住区进行治理，完善市政、公用和生活服务设施，使其达到实施物业管理条件的职责，街道办事处或乡镇人民政府具有依法做好辖区内物业管理活动的监督管理职责。各级人民政府、各行政管理部门都应当按照物业管理政策法规的相关规定去履行职责，形成合力，充分维护物业服务企业和业主的合法权益，公正、公平地研判物业管理活动中出现的矛盾和纠纷，不断规范、纠正物业管理市场各方主体的行为，共同推动物业服务行业发展提升。

**2. 2011 年物业管理市场治理对策及展望**

（1）进一步强化监管力度、完善监管措施，维护广大业主和物业服务企业双方的合法权益，减少矛盾纠纷产生的土壤。

（2）做好政策宣传工作，引导广大业主依据购房合同或物业服务合同，通过司法途径解决矛盾纠纷。

（3）解决住宅小区供暖引发的矛盾，物价局应当作为第三方介入，对住宅小区供热价格形成进行成本监审，并将结果向全体业主公示，明确告知全体业主该供热价格是否合理。

（4）启动组建铜川市物业管理协会，通过协会对物业管理政策法规进行宣传、培训，组织会员单位定期举办座谈会、研讨会，对国家和省上物业管理政策法规进行研究、讨论，对我市当前物业管理行业出现的共性问题进行探讨，集思广益，引导物业管理行业协调发展，逐步形成全市物业管理服务整体模式的统一，并依据服务优劣形成差别收费。

## 十　房地产发展对策及2012年房地产业发展趋势预测

从长期来看，铜川市房地产业依旧处于向上发展空间，但是短期内，受政策调控影响，增长阻力较大。央行下调存款准备金率，让一些房地产业者看到了调控松绑的曙光。但业内人士及专家纷纷表示货币政策的结构性放松，重点是针对实体经济，并不是房地产融资政策转折的信号。对整个房地产的融资政策，包括供给需求调控方面的政策，并没有根本性的转变。

2012年，国家即使不出台新的房地产市场调控政策，房地产开发企业的资金紧张状态也无法缓解，2012年铜川市的房地产市场形势不容乐观。

投资方面：据了解，房地产企业开发新楼盘的愿望不强烈，新开工项目不多，投资必受其影响，不可能保持2011年的高位，将有所回落。

销售方面：2012年全年将有可能是一个低迷期。

房价方面：由于铜川市房价相对较低，市场受调控政策的波及小，成本增加（主要是土地成本和人力成本的增加）的压力大，因此，2012年房价将有可能继续呈小幅上涨态势。

**参考文献**

［1］近年铜川市政府工作报告。
［2］铜川市统计局近年相关资料。

# 2010～2011 年汉中市房地产业发展报告

张科强　周志军　李 军　孙 炜*

## 一　市域概况

### （一）地理面貌及城镇化建设水平

**1. 地理面貌**

汉中位于陕西省西南部，北依秦岭，南倚米仓山，中为汉江上游谷地平坝，北与宝鸡市的凤县、太白县及西安市的周至县毗邻，东与安康市的宁陕县、石泉县、汉阴县和紫阳县接壤，南与四川省广元市的青川县、朝天区、旺苍县以及巴中市的南江县、通江县和达州市的万源市相连，西与甘肃省徽县、成县、康县及武都县相邻。汉中气候温和、湿润，生态环境良好：森林覆盖率达 51.2%，植被覆盖率 56%。

**2. 城镇化水平**

截至 2010 年 12 月 31 日，汉中市辖 1 区 10 县（市辖中心汉台区），面积 27246 平方公里，户籍人口 380.03 万，常住人口 341.62 万。其中，中心城市建成区面积 39 平方公里，人口 40.2 万；全市 11 个县城、132 个建制镇、94 个乡、8 个街道办事处，城镇常住人口 150.48 万，比 2005 年增加 27.72 万；城镇化水平达到了 39.6%，超过“十一五”城镇化发展规划目标（38%）1.6 个百分点，城镇化水平得到较快发展但总体发展水平仍落后于全省 3.1 个百分点，低于全国平均水平 6.7 个百分点。

---

* 张科强，陕西理工学院土木工程与建筑学院院长，教授；周志军，陕西理工学院土木工程与建筑学院土木工程教研室主任，副教授；李军，陕西理工学院土木工程与建筑学院，讲师；孙炜，陕西理工学院土木工程与建筑学院，讲师。

## （二）市域经济

### 1. 经济概况

2010年，全市完成地区生产总值509.70亿元，按可比价计算增长15.1%。其中，第一产业增加值110.39亿元，增长6.6%；第二产业增加值199.5亿元，增长19.6%；第三产业增加值199.81亿元，增长14.3%。

2011年，全市实现地区生产总值647.48亿元；第一、二、三产业增加值分别为142.29亿元、267.58亿元和237.61亿元，同比增长6.6%、22.2%和13.7%。

### 2. 财政收入及居民可支配收入

2010年，全市财政总收入完成45.20亿元，增长22.4%；地方财政收入18.62亿元，增长29.4%；各项税收收入14.99亿元，增长29.9%。其中营业税6.81亿元，增长47.1%；增值税2.12亿元，增长20.9%。财政支出126.67亿元，增长8.6%，其中教育支出21.74亿元；增长3.9%；社会保障和就业支出15.37亿元；增长54.7%；医疗卫生支出10.97亿元；增长25.5%。

全年城镇居民人均可支配收入14509元，增长15.5%；农民人均纯收入4183元，增长21.4%；城镇居民人均生活消费支出9519元，农民人均生活消费支出3192元，分别增长6.2%和12.6%。

### 3. 经济发展趋势

根据汉中市“十二五”发展规划，到2015年，全市生产总值将突破1000亿元，工业总产值突破1000亿元，财政总收入突破100亿元；城镇居民人均可支配收入、农村居民人均纯收入实现翻一番。

全社会固定资产投资年均增长30%以上，达到1000亿元以上，累计完成4000亿元；工业增加值占生产总值的比重达到36%，服务业层次和水平上升，三次产业比例由原来的21.66∶39.14∶39.2调整为17∶40∶43。

城镇居民人均可支配收入年均增长15%，超过30000元；农村居民人均纯收入年均增长15%，超过8000元，农村贫困人口显著减少；人口自然增长率控制在5‰以内；五年全市新增就业人数15万人，农村劳动力转移就业80万人，城镇登记失业率控制在4.6%以内。

# 二　房地产发展现状

## （一）房地产企业基本情况

截至2011年底，汉中市有房地产企业177家，其中具有二级开发资质21家，三级及以下开发资质156家，尚无一级开发资质企业，资质较低，且主要以本地企业为主。房地产开发企业正式员工4012人。

**表1　汉中市房地产企业基本情况**

| 企业分类 | 企业总数 | 一级 | 二级 | 三级及以下 |
|---|---|---|---|---|
| 企业个数(个) | 177 | 0 | 21 | 156 |
| 比例(%) | — | 0 | 11.9 | 88.1 |
| 从业人员(人) | 4012 | 0 | 723 | 3289 |
| 比例(%) | — | 0 | 18.0 | 82.0 |

## （二）房地产开发与投资状况

### 1. 土地总体规划状况

未来十年汉中城市发展的总体思路为“一个先导，两大突破，三个目标，五大战略”，即以交通为先导，以城市实力和城市特色的突破为切入点，采取以接轨西安和成都为重点的区域融入战略、汉中盆地城镇为核心的空间发展战略、新型工业化突破战略、历史文化传承战略和生态文明战略，使汉中成为衔接大西北、大西南和中部地区的枢纽，“西三角经济圈”的重要节点和国内知名的特色旅游休闲城市。

汉中市城市总体规划区范围：东以城固县的老庄镇、文川镇、崔家山镇、柳林镇为界；南以南郑县的黄官镇、红庙镇为界；西以勉县老道寺、长林镇，南郑县的阳春镇、协税镇、濂水镇为界；北以汉台区的河东店镇、武乡镇、汉王镇为界。总面积为1289平方公里。规划汉中市中心城区包括三条高速合围地界以内的城市建设用地和其外三个城市组团（柳林组团、石门组团和周家坪组团）。到2020年，人口规模达到100万，建设用地100平方公里。

汉中城市性质：以汉文化为主要特色的国家级历史文化名城、陕甘川渝毗邻地区省际开放的枢纽城市，生态环境优越的宜居休闲城市和优秀旅游城市。

中心城区结构形态和功能分区确定为“一江两区三组团，三轴十个功能区”。其中，一江即汉江城区段（以上游梁山至铺镇长约30公里）；两区为江北区和江南区；三组团分别是东面的柳林组团、北面的石门组团和南面的周家坪组团。三轴为城市向东、南、北三个方向发展形成的轴线；十个功能区分别是老城区、城东新区、开发区、铺镇片区、褒河物流园区、大河坎片区、梁山片区、石门组团、柳林组团、周家坪组团。

**2. 固定资产投资额、房地产投资额**

2010年，全社会固定资产投资完成312.8亿元，增长31.2%，其中城镇固定资产投资完成253.5亿元，增长25.7%；本年50万元以上施工项目1489个，投资总额比2009年增加51.9亿元，其中亿元以上的项目22个，比2009年增加7个；全年房地产开发完成投资38.22亿元，增长33.1%；完成房屋施工面积466.7万平方米，增长43.8%；商品房销售额42.9亿元，增长54%。

2010年，100个重点项目完成投资136.79亿元，其中24个收尾项目完成投资17.11亿元，57个续建项目完成投资107.75亿元，19个新开工项目完成投资5.24亿元。高速汉中至安康段建成通车，尧柏水泥洋县、勉县新建项目、略钢年产70万吨转炉生产线竣工投产，西成客专、阳安铁路扩能改造开工建设，汉中钢铁集团公司500万吨钢整合技改项目有序推进，重点项目推进顺利。

资质以上建筑施工企业完成总产值59.96亿元，增长59%。其中建筑工程产值完成58.73亿元，增长60.2%；安装工程产值完成1.04亿元，增长43.5%；竣工产值35.12亿元，增长47%；已签订合同金额84.87亿元，增长33.4%；建筑业生产率达到人均16.8万元，比2009同期增加6万元，增幅达55.1%。

**3. 房地产销售情况**

2010年，汉中市中心城区商品房批准预售面积128.03万平方米；实际累计销售商品房面积104.66万平方米；成交套数为10986套；普通商品房销售均价3285.48元/平方米；经济适用房销售均价2418.85元/平方米。二手房交易2163套，交易面积23.06万平方米。

2011年，全市房地产在建项目累计施工面积454.5153万平方米，同比增长20%；完成投资41.8314亿元，同比增长7%；新开工面积257.14万平方米，同

比增长40%；竣工面积145.989万平方米，同比增长15%；商品房销售面积183.42万平方米，同比下降27%；住宅累计待售面积163.8548万平方米。市中心城区房地产在建项目累计施工面积229.0803万平方米，同比增长28%；完成投资15.6545亿元，同比下降6%；新开工面积129.43万平方米，同比增长29%；竣工面积50.0228万平方米，同比下降19%；商品房批准预售面积144.53万平方米；实际累计销售商品房面积76.17万平方米；同比下降27%；成交套数7657套；普通商品房销售均价3712元/平方米；经济适用房销售均价2727.3元/平方米。二手房交易2030套，交易面积21.72万平方米。

## （三）房地产销售价格

### 1. 新建住宅价格

2011年，新建住宅销售价格同比指数有所回落。新建住宅同比指数在2011年年初时达115.5%，期间小幅波动，到12月份，同比指数下降至108%。

新建商品住宅中，90～144平方米所占比重较大，对新建商品住宅价格指数影响较大。90～144平方米类型新建商品住宅的同比指数整体呈回落态势，从1月份的116.8%回落至12月份的106.5%。各月环比指数小幅波动，房价稳中有升。

### 2. 二手房价格

二手房市场和新建商品住宅市场一致，同比指数回落，环比指数各月持平。全年同比指数分别为：113.2、113.0、111.7、111.5、111.4、110.8、109.0、111.6、108.7、107.3、105.9、104.1。

### 3. 其他价格

2011年一至四季度，汉中城市土地交易价格同比指数分别为110.5、102.4、114.0、116.6，价格在二季度出现回落后，于下半年强势拉升。房屋租赁价格同比指数分别为104.5、106.6、106.6、106.6，租赁价格持续上涨；物业管理费用与上年基本持平。

### 4. 价格运行特征分析

新建住宅销售价格同比指数高位回落，环比指数在100.0～101.0之间小幅波动。2011年1～12月，汉中城市新建住宅价格同比指数分别为115.5、116.8、115.5、114.5、114.2、115.0、115.3、113.3、111.3、109.9、109.4、108；环比指数分别为100.5、101.2、100.4、100.8、100.8、100.9、100.6、100.5、100.7、100.9、100.4、100。

从纵向对比来看，2011年，全年同比指数与2010年相比整体呈回落态势。1～8月，新建住宅销售价格同比涨幅均高于2010年同期水平，9月份开始价格指数低于上年同期。

2010年，汉中新建房屋销售价格同比指数全年高位运行。1～4月呈逐月扩大的态势；5～6月，国家宏观调控政策开始奏效，楼市涨幅减缓，同比指数有所缩小；7～9月，房屋销售进入旺季，同比指数有较大升幅；10～12月，同比指数稳步上升。

2011年上半年，新建住宅同比指数出现小幅波动，从下半年开始，指数一直处于回落态势，到12月，同比指数回落至108。

## 三　房地产市场分析

### （一）房地产市场走势分析

**1. 政策影响**

受房地产宏观政策和市场因素的影响，商品房价格存在不确定性，为进一步调控通胀预期，央行继续提高存款准备金率和存贷款利率。

**2. 从投资者和消费者信心看**

2011年，汉中城市居民家庭人均可支配收入7671.06元，同比增长14.18%。全市经济步入了发展的关键时期，消费结构向发展型、享受型升级，产业结构整体进入加速升级新阶段，全市加快转变经济发展方式，这将提升汉中房地产投资与消费的信心，在城市居民可支配收入稳定增加的情况下，房地产投资由于较高的收益和较强的保值性而受到广大投资者的青睐。

**3. 房价继续稳中趋升**

国家出台的房地产调控政策对我市房价的实际影响有限，房价的涨跌更多体现在购房者的心理影响。市区棚户区的改造、城市化水平的提高等因素构成刚性需求，加之人们普遍存在的“买涨不买跌”的心理，预计未来一段时间房价下降的可能性不大，仍呈平稳上升趋势。

## （二）房屋销售价格走势成因分析

### 1. 环比指数变化较小，同比指数一路下跌

新建房销售价格未见明显松动，并未真正降价。主要原因有：一是当前建材、建筑机械、人工等成本持续上涨，降价空间受到压缩；二是刚性需求旺盛，推动房价上涨。汉中属于西部三线城市，房地产市场上存在旺盛的刚性需求和改善性需求，这是支撑房价的主要因素；三是开发商和投资者对汉中房地产市场前景预期未发生根本性逆转。

同比指数高位回落，主要原因是受 2010 年房价指数涨幅较大的翘尾因素影响。翘尾因素是指上年价格上涨对下一年价格指数的滞后影响，即使在当年价格保持一定水平的情况下，由于翘尾因素作用，同比指数也会出现回落。因此，在 2011 年房价销售价格变化不大的情况下，房价销售同比指数逐渐降低。

### 2. 2011 年指数高位回落

2010 年，汉中新建房屋销售价格同比指数全年高位运行，每月销售价格都有较大涨幅，国家对楼市调控政策从 2010 年 4 月份开始陆续在各地实施。2011 年，宏观调控政策的作用显现，房价一路上涨的态势被遏制，基本保持在一个稳定的水平。加之大量保障性住房的陆续开工，一方面缓解了住房压力，另一方面使得部分购房者对商品房的购买进入政策观望期，等待商品房降价的心理预期强烈。这两方面的原因导致 2011 年房地产销售平淡，同比指数“高开低收”。

# 四　房地产发展存在问题及原因分析

## （一）体制方面

### 1. 土地管理和房地产业制度的不健全

土地和一些物质资源的消耗远远超过陕西省其他地区，而出现囤地、炒地等现象，严重影响房地产市场正常发展。保障性住房建设存在制度和结构缺失问题，这直接导致保障性住房需求远远大于建设进度。质量监管需强化。房屋的质量是消费者人身安全的保障，相关部门和消费者在关注高房价时，严重忽略了房屋质量和物业管理等方面的问题，由于人们的关注一直在向房价倾斜，有的开发商钻空子、偷工减料，存在安全隐患。

**2. 房地产行业税收制度存在的问题**

主要表现在结构不合理；税、租、费关系混乱；征收制度不合理等诸多问题。政府相关部门缺乏经验及宏观监控造成项目的盲目开发和不合理竞争，影响了城市商业功能的整体布局。

**3. 供应结构未明显改善**

房地产企业在房地产开发投资快速增长的同时，供应结构并未明显改善，在以利益为目的的商业性企业中，保障性住房建设规模偏低。并且随着投资快速增长，投资风险剧增。再有房地产建筑科技含量低、能耗相对较高，浪费严重。

### （二）政策方面

汉中市房地产业在政策落实上面存在漏洞，比如房地产商虚报、假报当年项目或业务的实情，使政府部门不能全面如实得知信息，从而影响政府制定相关政策。宏观调控难度大，负面效应明显。

### （三）消费偏好及观念方面

汉中市目前房地产渴望消费者多为 30 岁左右的青年人，以居住为主要目的，但汉中市房地产价格快速上涨，使居民购买力下降。消费者对多层和七楼以上高层比较喜好，房屋户型的需求以两室两厅、三室两厅居多。

### （四）收入及信贷方面

汉中市房地产开发融资渠道单一，资金链条较长，开发和回收周期较长。房地产投资过快、银行风险加大。

快速发展的经济和城市人口迫切需求更多商业场所的出现，对商业地产的发展提出了更高的要求。商业地产的发展有压力也有动力，一方面，需要政府部门的正确引导，给予政策的支持和合理的限制；另一方面，也要求开发商提高企业的开发能力和风险控制能力，尽快建立一套完善可行的商业地产开发管理模式，使汉中市商业地产市场平稳健康发展。

## 五　保障房（经济适用房和廉租房）建设状况

### （一）2010 年保障房开发建设情况

2010 年，全市共计开工保障性住房项目 28 个（其中，在建廉租房项目 22 个，在建经济适用住房项目 16 个），共建设保障性住房 15450 套 111.25 万平方米（其中：廉租住房 7670 套 39.19 万平方米，经济适用住房 7780 套 72.06 万平方米；其中：新开工廉租住房项目 11 个，建设廉租住房 18.97 万平方米 3806 套，竣工项目 7 个，建成廉租住房 8.19 万平方米 1594 套；新开工廉租住房项目 11 个，建设廉租住房 18.97 万平方米 3806 套，竣工项目 7 个，建成廉租住房 8.19 万平方米 1594 套。累计完成投资额 93895 万元。

### （二）2011 年保障房开发建设情况

2011 年，全市共计开工保障性住房项目 120 个（含回购、改造项目 3 个），共建设保障性住房 34860 套 263.98 万平方米（其中：廉租住房 8047 套 39.48 万平方米、经济适用住房 15241 套 142.4 万平方米、公共租赁住房 7792 套 42.39 万平方米、限价商品房 3780 套 39.77 万平方米）；工程进度达到主体封顶 14352 套 116.11 万平方米；全年累计完成投资 50.44 亿元（含城市棚户区改造 12.54 亿元）。

### （三）保障房市场存在的主要问题

调查显示，汉中市保障性住房规划布局有待改善，交通等外部配套设施建设相对滞后，大部分保障性住房项目选在离城市中心较远的市郊地区，更有甚者建于农田环绕之中，配套设施无法同步建设，而建成入住延后，或是入住了但生活缺乏便利性。有的保障性住房内部空间结构不合理，影响使用功能。

首先，工程质量差。

保障房质量问题一直是政府部门监管和处罚的重点，但这两年保障房质量问题频发。2010、2011 年、陕西省政府下达给汉中市的保障房建设任务分别为 10610 套、27400 套。保障房建设任务空前繁重，政府为完成已签订的建设任务，往往项目手续不全就开工，“边开工边办手续”成为普遍现象。由于时间仓促，施工、监理、建材等企业的招投标流程也有所弱化，从而忽视了对建设质量的监管，造成质量问题频发。

其次，房地产开发商参与热情不高。

建设任务逐年增加，资金筹措存在一定困难，个别保障性住房用地未能及时完成征地拆迁，拉长了建设周期。并且经济适用房建设利润率平均在7%～8%，不到普通商品房的一半。算上各项税费、土地成本和通胀因素，利润更被压缩。而廉租房项目的利润率更低，且资金回笼速度较慢，因此开发企业的积极性不高。

最后，分配和运营管理方面存在不少问题。

家庭和个人住房、收入以及金融资产等基础信息不足，核定有一定难度。出现了骗租、骗购的情况。个别楼盘为加快销售进度增加资金回笼，诱导不具有购买资格的消费者骗购的行为也时有发生。有的家庭收入增加了，但仍然不退出保障性住房，群众意见很大。

## （四）保障房市场的治理对策

1. 提高规划设计水平，合理布局，科学选址，把保障性住房安排在交通便利、基础设施齐全的地段。同时，推广在商品住房小区配建保障性住房的做法，促进不同收入群体混合居住、和谐发展。

2. 加强防范措施，严禁以任何形式向不符合住房困难标准的家庭供应保障性住房；完善保障性住房分配、使用的公众监督机制；进一步研究保障性住房退出机制。一方面，通过控制保障性住房户型面积，引导保障对象当收入条件改善、具备了一定经济能力后自然退出。另一方面，对租赁性保障房，要研究制订合适的、动态的、有利于退出的租金标准；对购置型保障房，要完善并严格执行交易时对收益调节的规定，消除牟利空间，确保保障性住房公平配置、合理使用。

3. 深入研究住房保障制度，做好政策顶层设计和法规的建设，使保障房建设置于法律的监管之下，从实际出发安排保障性住房的年度计划，加强保障性住房规划建设和质量监管工作，完善保障性住房公平分配和运行管理机制。

4. 通过增加财政补助、安排中央代发地方政府债券资金、提高土地出让收益提取比例、组建投融资平台等方式来拓宽保障房建设资金来源。

## 六　拆迁安置现状及对策

### （一）2010年拆迁安置总体情况

2010年，汉中市新开工城市棚户区改造项目2个（西环路棚户区改造项目、中山街部分区域棚户区改造项目），国有工矿棚户区改造项目1个，累计完成拆迁400户2.52万平方米，完成投资2100万元。

### （二）2011年拆迁安置总体情况

2011年，汉中市有工矿棚户区改造项目21个，计划改造5670户。年底累计完成拆迁5249户，完成拆迁占目标任务的104.98%，新开工住房5042套47.89万平方米，累计完成投资12.54亿元。

### （三）拆迁安置存在问题

通过对相关情况的分析总结，汉中市拆迁安置工作主要存在以下几个问题：

**1. 开发与保护的矛盾较突出**

汉中市是“中国国家历史文化名城”，大部分历史古迹较集中的区域，正面临大规模“旧城改造”、城市基础设施建设、房地产开发和环境改造。在这个过程中，如果处理不好“开发与保护”的矛盾，忽略对城市历史及文脉的保护，或被眼前的利益所左右，将导致城市历史文化的破坏，甚至会造成难以挽回的严重后果。

**2. 对违法建筑的认定难度较大**

为适应城市发展，增加城市建设用地，汉中市市郊农村的拆迁安置是拆迁安置工作的重要组成部分，在拆迁过程中对违法建筑认定没有统一标准，存在模糊现象。导致部分违章建筑无法拆除，被拆迁人面对极大的利益诱惑，想方设法以事实存在为由，让“违法建筑”合法化，实现自身利益的最大化，不仅给拆迁工作带来巨大的阻力，而且容易激化矛盾。

**3. 拆迁安置区人口密度高，拆迁难度大**

以汉中市汉台区为例，汉台区拆迁安置范围主要集中于四门（东西南北门），四关（东西南北关）。这些地区人口数量多，建筑密度大，且民族成分相对复杂，这都增加了拆迁安置工作的困难。

**4. 政府要求项目建设速度与依法拆迁要求的矛盾突出**

为了适应发展需要，政府对各类项目的建设进度提出了更高的要求，给予依法拆迁时间较短，两者容易形成冲突，影响项目建设进度。

**5. 拆迁队伍机制合力欠缺**

在拆迁工作中，往往没有相对固定人员，流动性较大，拆迁专业知识匮乏，工作责任不明确，相互之间缺少沟通和交流，很难调动各方面的积极性，容易出现“推诿、扯皮”现象，影响了合力的形成，不利于项目的实施和整体工作的开展。

### （四）拆迁安置治理对策

**1. 正确处理项目推进与依法拆迁的关系**

对于牵涉拆迁的建设项目，项目一经确认，应尽可能提前介入，以便拆迁实施阶段安排充足时间认真履行依法拆迁手续，使每个程序不遗不漏，既做到严格按照拆迁程序规定的时点依法实施拆迁，又不影响项目快速推进。

**2. 探索创新拆迁安置新思路**

在广泛调查与征求广大被拆迁人意见的基础上，大力创新拆迁安置工作机制，推行“拆迁安置一体化管理”新模式，统一测算拆迁规模，统一下达建房任务，统一安置审核，实现拆迁安置房建设与房屋拆迁之间对接、联动并进。

**3. 加强拆迁队伍建设**

所有征拆项目均建立档案，通过资格年审等措施，加强拆迁队伍资质管理，确保拆迁主体的合法性。邀请专家对执法人员进行岗前执业培训，提升拆迁队伍整体素质。强化监督，完善拆迁内部制约机制。建立拆迁责任机制，采取明查暗访、邀请临时监察员等形式，对拆迁人员和拆迁行为进行全方位监察，严格考核奖惩，强化行政问责。

## 七　物业管理现状及对策

### （一）物业管理基本情况及特点

至2011年年底，汉中市物业管理行业有注册企业62家，其中汉台区最为集

中有35家。从业人员1800余人，且从业人员中高素质人才不多，本科及以上学历约占6%，大专约占20%，高中约占42%，初中约占32%。

各小区物业管理费无统一标准，每平方米0.4～1.2元不等，营业收入增长缓慢，盈利水平不高。

## （二）物业管理市场存在问题

**1. 物业管理企业资质低、数量少**

汉中市现有物业管理企业62家，还没有一级资质企业，物业管理行业发展缓慢、资产规模小、市场运行不规范、整体发展水平不高等，严重制约物业管理行业的健康快速发展。

**2. 开发商遗留问题较多，增加了物业管理企业的运营难度**

一些设施在移交时未发现问题，但保修期过后出现了质量问题，只能由物业管理公司负责维修，增加了其运营成本；通胀压力的加大，原材料价格、劳动力成本明显增加，造成物业管理企业运行成本不断增高，压缩了企业的利润空间，甚至出现亏损，使整个行业发展后劲不足。

**3. 物业管理收费难是物业管理企业发展的羁绊**

传统的福利住房消费观念还有相当的惯性，服务标准与收费标准不符等现象时有出现；许多物业公司收费范围和价格透明度低：有的公司收取物业费后，一些维修工作仍需要缴费；物业公司提交的物业收费预算、决算等财务报告也存在问题；收费难成为困扰物业管理企业的一大难题。

## （三）物业管理市场治理对策

**1. 推进物业管理的专业化**

汉中80%的物业管理公司是由房地产开发企业派生的，物业管理企业要克服这种一体化管理中机构庞杂、人员众多、管理成本高的弊病，摈弃落后的用人观念，建立科学的人力资源管理机制，加大专业人才培训力度，吸引和留住人才，发挥和调动他们的积极主动性和创造精神，做好服务集成，通过高标准服务来激发消费者的自觉缴费意识，从根本上解决物业管理收费难的问题，向知识型管理过渡，走一条人才专业化、服务专业化、竞争市场化的道路。

**2. 加深物业管理在房地产开发中前期介入力度**

物业管理企业提前介入物业的开发和建设，对物业使用功能的完善和物业建设质量保障具有重要作用。现代建筑的设计越来越复杂，技术含量越来越高，建设周期越来越长，安装和施工难度越来越大。为了保证物业的正常使用，及时发现物业规划设计中的缺陷和建筑施工阶段的问题，有利于对物业实施更有效的管理，减少物业管理中的矛盾和纠纷，保障物业管理企业的合法权益并规避风险。

**3. 推进物业管理的法制化**

物业管理是业主对物业进行自治的权利，是一项产权人对财产进行处置权利。为此，要完善不动产登记制度，对物业特别是业主共有共享的部分详细登记；明确物业管理是业主对物业进行自主治理的活动，物业管理权是业主的权利。

**4. 推进物业管理的人性化**

物业管理的服务对象是人，物业管理企业要倡导“以人为本”的科学发展观，在与业主的接触和服务中要把人情味体现在每个细节，注重对业主的感情投资，提高业主的满意度。物业管理企业所从事的一切活动要以业主称心满意为前提，其核心是提供完善、优质的服务。

## 八　地产业发展趋势预测

### （一）有利因素分析

**1. 旅游资源丰富，气候宜人，地缘优势明显**

汉中两汉三国文化底蕴厚重，自然风光独特秀丽，有“秦巴天府”之称。汉中盆地属于亚热带气候区，北有秦岭屏障，寒流不易侵入，气候温和湿润，与关中及陕北地区相比，自然环境优势明显，被称为省会西安的“后花园”。旅游房产、休闲房产将成为汉中承接省内及周边中心城市房产投资的重要途径。

**2. 交通运输状况持续改进**

国家交通网的建设给汉中经济发展带来了新的机遇。西汉、十天、巴宝高速促进汉中经济腾飞。还有将建的西汉高铁和阳安铁路复线。西汉高铁建成后，从汉中至西安和成都路段所用时间仅 1 个小时，这将会把汉中分别融入西安及成都

的“一小时生活圈”，大大促进汉中经济的发展，使其成为一个有利的交通枢纽，促进汉中房地产业的进一步发展。

**3. 保障性住房建设工作的持续推进**

近几年来保障性住房建设成为国家惠民利民重要举措。2011 年 9 月 7 日，陕西省省长赵正永做了《创新思路完善机制，全力推进保障性住房建设》的重要讲话，表明省政府对保障性住房建设工作持续推进的决心和信心，势必会为汉中市房地产业的发展提供基础动力。

## （二）不利因素分析

**1. 工业发展相对落后**

一个地区工业化水平决定着其技术水平和经济发展水平。工业化是现代化不可逾越的阶段，也是汉中经济腾飞的必然要求。但是由于各种制约因素影响，汉中市工业经济的竞争力还比较弱，发展能力还不够强、优势企业较少、缺乏基础经济支持等问题一直是汉中市房地产业发展的短板。

**2. 城镇化水平相对较低**

汉中市到 2012 年城镇化水平只有 39.6%，总体水平比较滞后，分别低于全省、全国平均水平 3.1 个和 6.7 个百分点，造成刚性需求不足。

**3. 房产空置率较高，租金与房价比低**

截至 2011 年底，汉中市已完工楼盘的空置率大约在 30% 以上，高于合理水平。汉中市 2011 年底平均房价为 3712 元，房租约为 8 元/月・平方米，租售比远低于 1∶300 的国际标准线。这些都将一定程度上影响汉中房地产业的健康发展。

## （三）2012 年房地产业发展预测

**1. 商品房项目主要是住宅开发，房产出现扁平化特征**

随着汉中市房地产市场的快速发展，房产开发项目从以住宅为主向全面开发的形式发展，逐步形成住宅、写字楼、商铺、商住楼等可发项目为一体的综合开发模式。但是住宅项目仍然占很大比例，住宅房产项目开发占到总开发量的 90%。从汉中市住宅需求形势来看，住宅需求将持续强劲，住宅房产开发仍有很大的提升空间。由于缺乏拔尖开发企业，各处住宅开发项目价格差别不明显，市场整体呈现明显的扁平化发展特点。

**2. 刚性需求依然是支撑房产市场的主导力量**

由于汉中市有利的环境优势，房地产市场发展比较迅速。从近几年汉中市普通住宅购买来源看，首次购买的年轻群体以及为改善居住条件重新置业的群体为购房主要群体。刚性需求依然是推动汉中市房地产市场发展的重要力量。

**3. 保障性住房建设发展平稳**

汉中市不但加快商品房发展速度，而且也逐步加快了保障性住房的建设。这些保障性住房建设的发展，对缓解汉中市商品房价格上涨和解决中低收入家庭的住房问题起到了积极作用。

**4. 汉中市房地产业竞争将日趋激烈**

随着汉中市经济的快速发展，以及国内大中城市房地产市场竞争日趋白热化。越来越多的外地房地产企业开始在汉中投资。这些外来的开发商不仅带来了新的建筑特点以及建筑构思，同时也给汉中市的房地产市场注入了新的经营理念和经营模式，推动了汉中市房地产业快速发展以及竞争的加剧。

**5. 汉中房地产市场将进入品牌化、规模化时期**

目前一线城市的房地产市场日趋饱和，汉中市的环境优势和关中－天水经济区发展规划的出台，使得汉中、渭南、宝鸡等地的房地产开发迎来一轮新潮，如恒大地产、紫薇地产、曲江集团已进入汉中市进行项目投资。预计未来几年汉中市将进入大、中型房产品牌的快速增长期。

**6. 竞争加剧，促进房地产市场对商品品质产生新的要求**

随着房地产商开发水平的不断提高以及外地强大品牌的进入，开发商越来越注重房子周围景观和建筑特点的设计；在设计过程中，既讲究景观的美感设计，又讲究人文环境的塑造；要在视觉感觉良好的同时，注重实用、科学和人性化；在对小区品质的追求过程中，多关注社区的配套设施和设备功能完备性、建筑材料的质感，提高居住的舒适程度和便捷程度。

### （四）对未来房价的预测

预计未来汉中新建住宅销售价格将会出现小幅下降，原因主要有以下几点：

一是 2011 年下半年，尤其是 10 月份以后，在万科、保利、金地等大开发商的带动下，全国房地产销售市场，一线城市房价出现明显下跌，二三线城市房价

滞涨，县级城市房价涨幅放缓。在延续调控影响下，2011年，部分一线城市商品房价格已开始下跌；进入2012年，商品房价格下跌将由一线城市逐步向二三线城市、县级城市扩散。汉中属于西部三线城市，未来房地产市场必然也会选择降价，只是降价幅度不会太大、时间可能较晚。二是保障性住房项目陆续完工，将满足一部分住房需求。根据汉中市政府发展计划，2010~2012年，全市将通过多种方式开发建设经济适用房2.07万套、165.6万平方米，建设廉租住房1.12万套、55.72万平方米，基本解决城镇中低收入居民家庭住房困难问题。

由于上述两点原因，虽然会使2012年汉中房价呈现下降趋势，但从长期看，汉中宜居的生活环境、“双百”战略的城市化进程、不断提高的居民收入水平、持续攀升的房屋建设成本等因素，将在一定程度上推动房价上涨，“降”和“涨”两方面的因素将使汉中房价在新的一年里变化较小。

**参考文献**


[1] 汉中市人民政府：《汉中市人民政府2011年政府工作报告》，2011年4月6日。

[2] 汉中市改革和发展委员会：《关于上半年经济运行情况分析和下半年工作建议》，2011年第7期。

[3] 汉中市发展和改革委员会：《关于汉中市2010年国民经济和社会发展计划执行情况与2011年国民经济和社会发展计划草案的报告》，2011年4月26日。

[4] 汉中市统计局：《新汉中六十年》，2009年第9期。

[5] 汉中市统计局：《2010年汉中市国民经济与社会发展统计公报》，2011年3月18日。

[6] 汉中市房产交易中心：《2010年汉中市中心城区房地产市场综述》，2011年3月29日。

[7] 汉中市城乡建设规划局：《汉中市城市总体规划（2009~2020年）》，2010年6月2日。

[8] 王斐：《汉中市房地产发展现状分析》，《现代商贸工业》，2010年第19期。

# 2010～2011年安康市房地产业发展报告

陈兴平　杨玉竹*

## 一　市域概况

### （一）市域总人口及城镇化水平

#### 1. 市域总人口

安康市位于祖国版图中部，陕西东南部，国土面积23529平方公里，占陕西省国土面积的11.4%，其中耕地面积199432公顷，林地1658496公顷，森林覆盖率55.4%，荒山荒地91691公顷，水域面积39861公顷。第六次全国人口普查数据显示，安康市常住人口中共有家庭户773547户，常住人口2629906。其中，男性1389650人，占52.84%；女性1240256人，占47.16%。总人口性别比（以女性为100，男性对女性的比例）为112.05。在全市常住人口中，0～14岁人口为436360，占16.59%；15～64岁人口为1957654，占74.44%；65岁及以上人口为235892，占8.97%。

#### 2. 城镇化水平

2009年末，全国的城镇化水平为49.68%，西部为38.5%，陕西为37.5%，同期安康市城镇人口达到93万，城镇化率达到31%。其中城市人口32万，占全市城镇总人口的35%；9县城人口27万，占全市城镇总人口的29%；建制镇和一般集镇人口34万，占全市城镇总人口的36%。除县城以外，90%的城镇人口少于2万，在少于2万人的城镇中，又有70%的城镇人口规模少于1万。可见，安康市城镇化水平低于全国、西部和全省水平。但比上一年全市城镇化率增长1.5%，呈现出明显的增长趋势。依据“逻辑斯蒂”曲线理论，目前，安康市处

* 陈兴平、杨玉竹，安康学院。

在城镇化水平中等偏下，从城市化进程来看，城市化进程呈加速发展态势。

**3. 土地资源**

全市土地总面积3529.39万亩，其中，未利用土地104.03万亩，占2.95%；其他土地37.35万亩，占1.06%。农用地3327.34万亩，占全市土地总面积94.27%，在农用地中，耕地面积585.68万亩，占全市土地总面积16.59%；园地面积64.32万亩，占全市土地总面积1.82%；其他农用地面积31.29万亩，占全市土地总面积0.89%。建设用地60.67万亩，占全市土地总面积1.72%。其中，居民点及工矿用地面积38.29万亩，占全市土地总面积1.08%，居民点及工矿用地中城市占地2.79万亩，建制镇3.17万亩，农村居民点29.62万亩，独立工矿1.92万亩，特殊用地0.79万亩；交通用地面积9.42万亩，占全市土地总面积0.27%，交通用地中铁路用地1.11万亩，公路用地8.19万亩，民用机场0.11万亩，港口码头0.01万亩；水利设施用地面积12.96万亩，占全市土地总面积0.37%，水利设施用地中水库水面12.76万亩，水工建筑用地0.20万亩。

## （二）市域经济发展水平

**1. 经济发展现状**

2011年，安康市生产总值407.17亿元，增长15.5%；全社会固定资产投资304.5亿元，增长29.2%。其中地方固定资产投资241.2亿元，增长26.5%；财政总收入43.5亿元，增长22.2%。其中一般预算收入17.3亿元，增长31.3%；全社会消费品零售总额129.32亿元，增长17%；城乡居民收入分别为17365元和5009元，分别增长18.6%、26%；单位生产总值能耗下降4%。全市实现工业总产值342.36亿元，增长45.5%，增加值127.13亿元。

**2. 市域经济发展特点**

（1）经济增速较慢，但呈现逐年提升趋势

2011年，全市固定资产投资总体上保持着稳步增长的态势。全年完成全社会固定资产投资304.49亿元，增长29.2%。其中，跨市区投资44.19亿元，占全社会固定资产投资的比重为14.5%，比上年回落8.6个百分点；固定资产投资234.68亿元，增长30.8%，占全社会固定资产投资的比重为77.1%，比上年上升6.6个百分点；农村农户完成投资25.62亿元，增长59.7%，占全社会固定资产投资的比重为 8.4%，比上年上升 2 个百分点。投资走势平稳有序，增速持续稳定增长。从月度增幅看，全市固定资产投资呈现比较平稳的态势，除个别月份外，全市固定资产投资增幅一直保持在 30% 左右，上下浮动不超过 5 个百分点。无论在增速还是在增幅的震荡上，投资都呈现为一种理性增长，全年投资运行总体上平稳有序。

（2）第三产业发展迅速

第三产业投入对投资增长的贡献度加大。2011 年，全市固定资产第一产业完成投资 21.98 亿元，增长 50.1%，占固定资产投资比重为 9.4，比上年同期上升 1.1 个百分点，对固定资产投资增长贡献率为 12.8%；第二产业完成投资 62.05 亿元，与上年同期持平，占固定资产投资比重为 26.4%，比上年同期减少 8.5 个百分点；第三产业完成投资 150.65 亿元，增长 49.7%，比上年同期上升 7.4 个百分点，对固定资产投资增长贡献率为 87.2%。从第三产业的投资构成看，主要集中在房地产和水利、环境和公共设施管理业，这两个行业新增加的投资分别占三产及固定资产投资 59.9%、38.5%，这两个行业投资的增长，对第三产业乃至全部固定资产投资的快速增长起了重要的作用。

（3）区域经济比较

对安康与西安、渭南、安康、十堰、三门峡五市 2010 年主要经济指标的比较可以看出（详见表 1），安康主要发展指标均处下游水平，明显落后于周边区域。在该区域，省会城市西安综合实力突出，三门峡、渭南工业发展较好，十堰商贸业发展有一定的优势。六市在资源禀赋和产业发展上存在一定程度的相似性，安康必须在单纯依赖资源的发展模式下谋求创新，突出区位优势以及便捷的交通条件，走特色道路。

## 二 房地产发展现状

### （一）房地产企业情况

#### 1. 安康市房地产企业基本情况

安康市房地产业 1990～2010 年经历了从无到有、从小到大的渐进式发展阶

**表1　安康与周边地区其他市域的经济发展比较**

| | | 陕西省 | | | | 河南省 | 湖北省 |
|---|---|---|---|---|---|---|---|
| | | 商洛 | 西安 | 渭南 | 安康 | 三门峡 | 十堰 |
| 行政级别 | | 地级市 | 省会 | 地级市 | 地级市 | 地级市 | 地级市 |
| 国家赋予的政策 | | 西部大开发政策、关中－天水经济区发展政策 | | | 西部大开发政策 | 中部崛起政策 | 中部崛起政策 |
| 区位条件 | | 鄂豫陕三省交界之处，陕西东大门 | 新欧亚大陆桥中国段中心城市之一 | 晋陕交界。陕西东大门。新亚欧大陆桥经济带前沿 | 陕西东南部，处于川、陕、鄂、渝四省市的结合部 | 鄂豫陕三省交界之处 | 位于鄂豫陕渝四省市毗邻地区的结合部 |
| 主要发展指标（年） | 地区生产总值（亿元） | 285.9 | 2719 | 655 | 274 | 709 | 551 |
| | 人均地区生产总值（元） | 11677 | 32351 | 12069 | 10341 | 31912 | 17015 |
| | 产业结构比值 | 20.3∶41.2∶38.5 | 4.0∶42.2∶53.7 | 15.3∶47.8∶36.9 | 23.9∶34.6∶41.5 | 8.1∶66.3∶25.6 | 12.1∶46.2∶41.7 |
| | 人口（万） | 243.05 | 843.46 | 550.06 | 266.56 | 222.89 | 351.03 |
| 资源条件 | | 生物资源、矿产资源（铁、钒、钛、银）、水能资源 | 矿产资源（煤、钼、金、石）、生物资源（农业生态区、珍禽珍畜）、水资源 | 矿产资源（煤、钼、金、石）、能源资源、生物资源 | 矿产资源、水能资源、生物资源 | 矿产资源（黄金、铝、煤）、生物资源、水能资源 | 矿产资源（绿松石、金银、稀土、大理石）、生物资源 |
| 现状支柱产业 | | 采矿、冶金、建材、医药、食品 | 装备制造、能源化工、食品、医药、电子、冶金、旅游 | 采矿、冶金、电力、化工、机械、食品 | 医药、纺织、食品、采矿、水电、旅游 | 采矿、冶金、建材、电力、化工、机械 | 汽车、冶金、电力、医药、食品、旅游 |
| 联系方向 | | 西安 | 郑州、兰州 | 西安 | 西安 | 洛阳、南阳 | 南阳、宜昌 |
| 规划定位 | | 商洛是天水－关中经济区的重要组成部分，陕、鄂、豫三省交界地区的重要边贸城市，西安第二生活区和产业区 | 陕西省省会，国家重要的科研、教育和现代国防科技工业基地，我国西部地区重要的中心城市，国家历史文化名城，世界著名古都 | 国际山水文化旅游城市，关中东部新兴工业城市，秦晋豫黄河金三角商贸物流中心城市，关中最适宜人居的绿色生态文明城市 | 陕鄂渝毗邻地区重要的物资集散地，襄渝、西康、阳安三条电气化铁路交汇处，以水利、矿产为主导产业的现代工业城市 | 欧亚大陆桥上重点城市，风景优美的历史名城，以水利、矿产（铝）、烟草为主导产业的新兴城市 | 新兴的现代化汽车城，风景优美的旅游城市，以发展机械制造、医药生产为主的工业城市 |

段，经过近二十年的发展，截至2010年底，安康市房地产企业30家（见表2），资产总计达5.9亿元，从事此项工作的就业人员达到54119以上，在国民经济中起着越来越重要的作用。

**表2 安康市房地产企业基本情况表**

| 企业分类 | 企业总数 | 一级 | 二级 | 三级以下 |
|---|---|---|---|---|
| 企业个数(个) | 30 | 1 | 5 | 24 |
| 比例(%) | 100 | 3.3 | 16.7 | 80 |
| 注册资金(万元) | 59708 | — | — | — |
| 比例(%) | 100 | — | — | — |
| 从业人员(人) | 54119 | — | — | — |
| 比例(%) | 100 | — | — | — |

**2. 安康市房地产企业人员构成**

随着西部大开发步伐的加快，安康成为西安后花园，有利于改善安康市房地产开发的融资环境，刺激房地产业的发展，省内外公司和企业陆续进入安康市，安康市房地产企业及人员构成也愈见成熟。

**3. 安康市房地产企业存在的主要问题**

（1）企业结构和管理问题

安康市作为城市化进程刚起步的中小城市，房地产企业数量和规模在不断增加和扩大。可是有些企业由于资源环境约束日趋显现等因素，导致企业规模不大，企业内部结构不完善，管理体制松散和紊乱，从而影响了企业的良好运转和持续发展。

（2）服务体系建设仍需加强

企业融资难问题突出，2011年，金融机构年末贷款余额同比下降了26.29%；涉企收费偏多偏高，中小企业负担较重；公共服务基础设施薄弱。2011年中小企业职工参加培训人数基本与上年同期持平；企业设立前置审批手续繁杂，服务质量有待提高。

**4. 安康市房地产企业发展动向和发展趋势**

安康市房地产企业的显著特点是以建筑业务为主兼营房地产开发或房地产开发为主兼营建筑业务及其他业务，而且，随着政府调控房地产市场的持续，这种现象已成为趋势。

## （二）房地产开发与投资状况

### 1. 安康市城市规划状况

（1）远景规划控制区

依据陕南城镇体系规划，按百万人口大城市区构架，将瀛湖风景区、汉阴至安康月河川道和安康主城区区域一并进行通盘控制，其规划控制区范围为450平方公里。

（2）规划区

规划区160平方公里，涵盖建成区、香溪洞风景区、近远期发展空间及周边山体和城区汉江段、黄洋河、吉河、月河下游河体。具体界定为：北到将军乡南界，包括龙王山林区在内；东至石梯乡、九条沟、八庙湾一线；西以现状机场以西至花园乡冉家河为界；南到吉河镇、香溪洞风景名胜区南缘。

（3）用地规划及人口规模

2015年，建成区面积发展到38平方公里，人口40万；2020年，建成区面积发展到55平方公里，人口60万；远期建成区面积发展到72平方公里，人口80万。

（4）规划目标

充分利用区域自然资源、生态优势、区位交通优势，将安康城市打造成具有区域竞争力，各类产业协调发展的现代城市；优化城市结构，完善城市功能，塑造形态完整、布局合理、适应发展需求的新安康；强调陕南独特的生态景观特色，优化城市内外生态环境，通过人工绿化环境和自然山水的有机结合，体现“自然环境与人工环境共生”的生态型城市理念；突出城市历史文化特色，强化旅游休闲功能，营造多元文化氛围，浓厚的城市整体环境，将安康建设为旅游名城；充分结合城市建设实际，通过分期规划，为安康城市建设提供灵活、动态、可持续发展的规划指导。

（5）城市性质

关中－天水经济区的重要辐射区；西安、成都、重庆、武汉四大都市圈的重要连接点；陕西省东南部中心城市和全省重要的交通枢纽城市；以发展旅游休闲、新型工业（清洁能源、新型材料、富硒食品、生物医药、安康丝绸）、现代物流产业为平台，建设具有生态环境优美、人文景观丰富、自然风光优美的山水园林城市。

**2. 房地产资金**

长期以来，安康市房地产直接融资渠道狭窄。据统计，2003 年，随着国家宏观调控对房地产信贷规模的控制，房地产贷款增长趋缓，房地产企业开始寻求新的融资途径，如机构投资者开始参与房地产投资，房地产基金开始运作，信托资金开始进入房地产业，海外融资也发展较快。因此，安康房地产投资资金仍然主要是银行贷款，而以投资和投机为目的的社会资金近两年也成为推动房地产投资快速增长的重要资金来源。

**3. 固定资产投资额、房地产投资额**

2011 年，安康市全年全社会固定资产投资 304. 4866 亿元，比上年增长 29. 2% 。其中：房地产开发投资 22. 3246 亿元，比上年增长 34. 0% ，具体见表 3。

**表 3　安康市 2011 年全市全社会固定资产投资**

| | 2011 年(万元) | 同比增长 ±% |
|---|---|---|
| 全市全社会固定资产投资 | 3044866 | 29. 2 |
| #跨市项目投资 | 441878 | －24. 1 |
| 农村农户投资 | 256188 | 59. 7 |
| 固定资产投资 | 2346779 | 30. 8 |
| #房地产开发投资 | 223246 | 34. 0 |
| 1. 按构成分:建筑安装工程 | 1938797 | 34. 2 |
| 设备工器具购置 | 157596 | 70. 8 |
| 其他费用 | 250386 | 5. 7 |
| 2. 按产业活动分:第一产业 | 219786 | 50. 1 |
| 第二产业 | 620524 | 持平 |
| 第三产业 | 1506469 | 49. 7 |
| 3. 按建设性质分:新建 | 1851756 | 30. 1 |
| 扩建 | 80217 | -0. 1 |
| 改建和技术改造 | 118923 | 38. 3 |
| 4. 新增固定资产 | 1539656 | 54. 6 |
| 房屋竣工面积(万平方米) | 241. 39 | 15. 5 |
| #住宅(万平方米) | 164. 42 | 205. 0 |
| 5. 施工项目个数(个) | 1085 | 29. 0 |
| #本年新开工(个) | 709 | 21. 4 |

在房地产开发投资中，2011 年，完成 14.66 亿元，比上年增长 1.36%，增速明显回落。2009 年和 2010 年增速较高，分别达到 64.15% 和 54.82%，见表 4。

**表 4　2001～2011 年安康市房地产投资情况统计表**

| 年份 | 完成投资(亿元) | 增长率(%) | 年份 | 完成投资(亿元) | 增长率(%) |
|---|---|---|---|---|---|
| 2001 | 5.89 | 5.03 | 2007 | 5.22 | -13.86 |
| 2002 | 6.38 | 8.32 | 2008 | 5.69 | 9.01 |
| 2003 | 6.85 | 7.36 | 2009 | 9.34 | 64.15 |
| 2004 | 7.27 | 6.13 | 2010 | 14.46 | 54.82 |
| 2005 | 6.48 | -10.86 | 2011 | 14.66 | 1.36 |
| 2006 | 6.06 | -6.48 | | | |

**4. 房地产施工面积、竣工面积**

2011 年，全市完成房地产开发投资 14.66 亿元，其中完成房地产开发投资 6.20 亿元，房地产施工面积 140 万平方米，新开工面积 10.2 万平方米，竣工面积 23.55 万平方米，销售面积 23.99 万平方米。2011 年，新开工建设公租房和廉租房项目 6.30 万平方米、1120 套，其中公租房 4.21 万平方米、700 套，廉租房 2.09 万平方米、420 套，实际开工面积 9.80 万平方米、1622 套，续建面积 3.65 万平方米、694 套（见表 5）。

**表 5　2001～2011 年安康市房地产竣工面积、销售面积统计表**

| 年份 | 竣工面积(万平方米) | 销售面积(万平方米) | 增长率(%) |
|---|---|---|---|
| 2001 | 15.28 | 15.91 | 3.91 |
| 2002 | 17.36 | 16.57 | 4.15 |
| 2003 | 19.07 | 18.27 | 10.26 |
| 2004 | 21.19 | 21.63 | 18.39 |
| 2005 | 20.87 | 20.95 | -3.14 |
| 2006 | 21.85 | 22.43 | 7.06 |
| 2007 | 20.52 | 23.59 | 5.17 |
| 2008 | 23.85 | 22.64 | -4.03 |
| 2009 | 26.44 | 25.32 | 11.84 |
| 2010 | 25.56 | 24.65 | -2.65 |
| 2011 | 23.55 | 23.99 | -2.68 |

## （三）房地产销售状况

### 1. 销售面积

2011 年，安康市销售各类房地产（主要是商品房）23.99 万平方米，比 2010 年下降 2.68%（见表 6）。从各月看，波动较大，8 月份的销售面积最低，只有 12019 平方米，11 月的销售面积最高，达 32368 平方米（见表 6）。

**表 6　2011 年安康商品房销售面积**

| 月份 | 销售面积(平方米) | 销售套数 | 成交面积增长率 | 备注 |
|---|---|---|---|---|
| 1 | 16020 | 142 | 3.36 | — |
| 2 | 14835 | 130 | -7.46 | — |
| 3 | 12733 | 102 | -14.15 | — |
| 4 | 16024 | 149 | 41.58 | — |
| 5 | 23980 | 314 | 33.04 | — |
| 6 | 21482 | 203 | -10.42 | — |
| 7 | 22460 | 211 | 4.55 | — |
| 8 | 12019 | 112 | -42.03 | — |
| 9 | 20515 | 179 | 59.82 | — |
| 10 | 31233 | 277 | 54.75 | — |
| 11 | 32368 | 308 | 11.19 | — |
| 12 | 16280 | 148 | -51.95 | — |

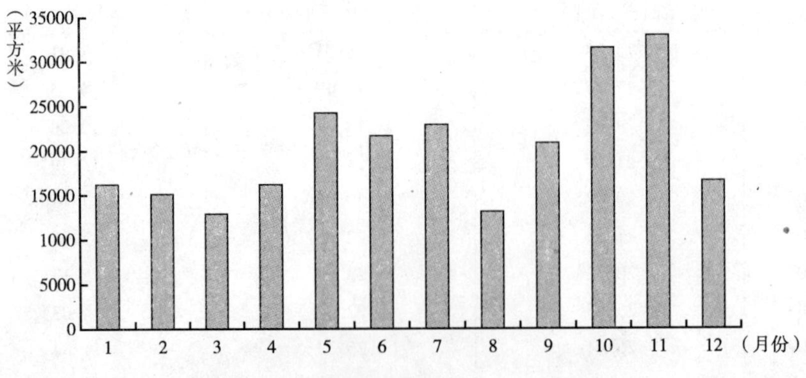


**图 1　中心城市 2011 年商品房销售面积**

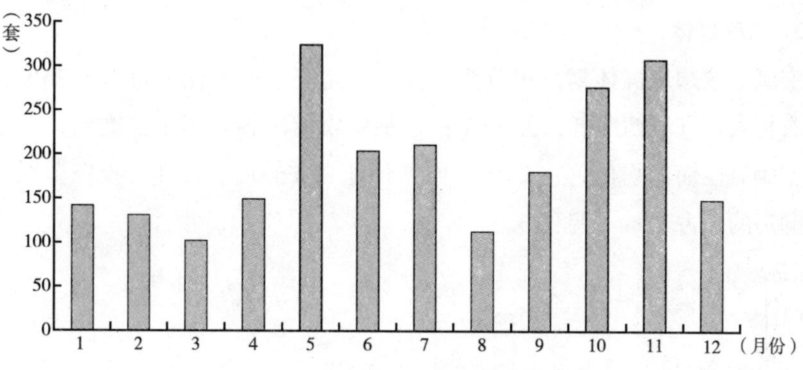


**图 2　2011 年中心城市商品房销售套数**

### 2. 销售价格

安康市房地产销售价格与全国其他城市一样，近 10 年来一路飞涨，均价从 2001 年的 890 元/$m^2$ 上涨到 2011 年的 4445 元/$m^2$，特别是 2005 年后涨幅惊人，远远超出了普通市民的收入承受能力，见表 7。但 2010 年后涨幅有所缩小。就 2011 年各月的销售均价看，10 月前均价仍是逐月上升，10 月达到最高 4850 元/$m^2$，之后开始回落，见表 7、8。

**表 7　2001～2011 年安康市房地产价格统计表**

| 年份 | 均价(元/$m^2$) | 增长率(%) | 年份 | 均价(元/$m^2$) | 增长率(%) |
|---|---|---|---|---|---|
| 2001 | 890 | 5.08 | 2007 | 2160 | 31.71 |
| 2002 | 950 | 6.74 | 2008 | 2750 | 27.31 |
| 2003 | 1040 | 9.47 | 2009 | 3540 | 28.73 |
| 2004 | 1190 | 14.42 | 2010 | 4030 | 13.84 |
| 2005 | 1380 | 15.97 | 2011 | 4445 | 10.30 |
| 2006 | 1640 | 18.84 | | | |

**表 8　安康市 2011 年各月房地产价格变动表**

| 月份 | 均价(元/$m^2$) | 增长率(%) | 月份 | 均价(元/$m^2$) | 增长率(%) |
|---|---|---|---|---|---|
| 1 | 4030 | 0.02 | 7 | 4553 | 2.8 |
| 2 | 4240 | 5.21 | 8 | 4730 | -0.7 |
| 3 | 4335 | 2.24 | 9 | 4698 | -0.68 |
| 4 | 4339 | 1.27 | 10 | 4850 | 3.24 |
| 5 | 4460 | 1.57 | 11 | 4658 | -3.96 |
| 6 | 4585 | 2.8 | 12 | 4445 | -4.57 |

### 3. 购房群体

安康市按购房群体划分可分为四类；一是安康市常住人口，占 25%；二是乡镇农村人口进城购房者，占 35%；三是安康辖区各县因工作变动、为子女将来在安康居住而购房的，占 25%；四是外地来安经商、创业、投资和在外工作回乡购房的，占 15%，见图 3。

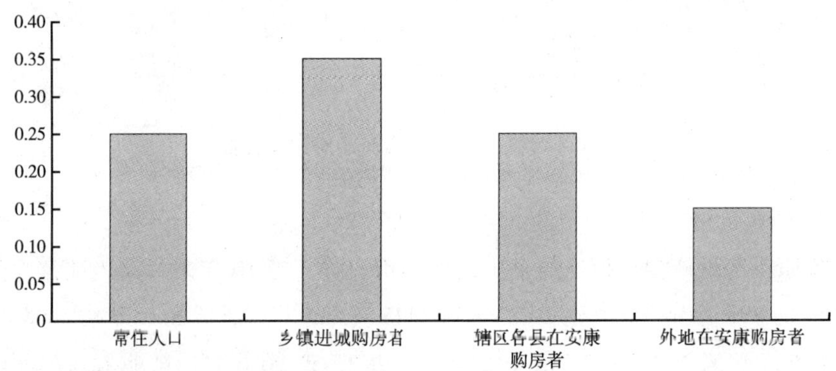


**图 3　安康市购房群体分布**

按购房需求划分，主要可分为四类：一是无房者的购房需求等，占 58%；二是改善性需求，占 23%，主要包括干部职工、城市改造中搬迁户的安置等；三是提前为子女购房的需求（二套房需求），占 18%；四是投资需求，占 1%，见图 4。

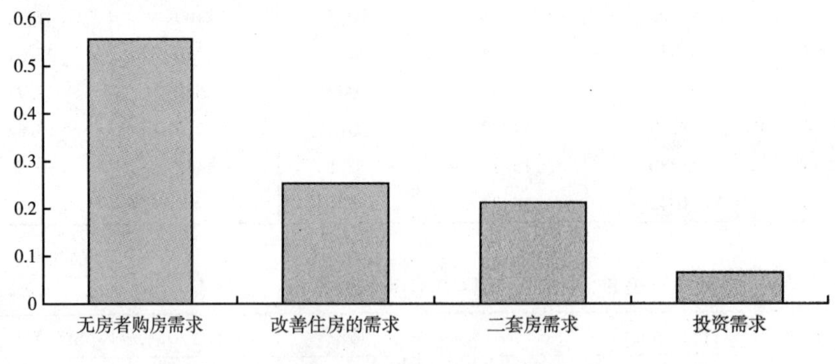


**图 4　安康市住房需求结构**

## （四）2010 年国家宏观调控房地产以来房地产业的变化状况

2010 年，中国房地产政策已由此前的支持转向抑制投机，遏制房价过快上

涨，并且先后采取了土地、金融、税收等多种调控手段。同时，国务院调控房地产“新国十条”，提出地方政府对稳定房价、推进保障性住房建设工作不力，影响社会发展和稳定的，要追究责任。安康市作为三线城市，2010 年国家宏观调控的一线二线城市大批流动资金进入到安康市房地产业，刺激带动了安康市房地产业的发展。

到 2010 年底，国家有关部门主要以变动税收、支出的形式和货币政策调控影响安康市房地产市场。安康市房地产比较火爆的时候，通过提高相关的税率，增加相关的税收，减少政府支出等财政政策，减少相关的投资者的利润率，增加房地产投资的成本，从而影响到房地产市场的发展，抑制了潜在进入者的进入，从而缓和了相关的市场矛盾，从间接的角度，影响房地产相关行业的发展，防止和预防房地产行业过快发展而引发的附加问题，最终影响到国民经济的发展。

货币政策的调控主要是通过中央银行对货币供给量的控制影响利率，从而影响相关的需求政策。如国家通过提高或降低银行存款准备金率，从而减少或增加银行货币供给量，影响利率进而影响投资。其次，中央银行通过调整再贴现率，调整商业银行对外货币供给量，从而影响了利率升降，影响房地产市场投资者资金流动，最终影响到房地产投资进而影响到总需求，从而对房地产贷款等进行控制，收紧银根，抑制房地产市场的过热发展，进而对房价进行间接调控，为人民解决相关的民生问题。由于调控有一定的时滞性，其效果到 2011 年下半年才开始显现。可以看出，安康市的房价 2010 年的涨幅开始缩小、2011 年 10 月后开始回落。

## （五）房地产与社会经济的关系

### 1. 房地产在安康市经济发展中所占比重

安康市的房地产业，在国家连续多年宏观调控下，经过大浪淘沙、风雨洗礼。目前，安康市房地产业规模越来越大，成为全社会固定资产投资的重要组成部分，在国民经济中起着越来越重要的作用。

### 2. 房地产业对安康市经济的拉动作用

安康市房地产投资额与 GDP 呈现一致高速上升趋势，进一步分析房地产投资与 GDP 的关系，发现房地产投资和 GDP 密切相关。房地产投资越大，同期的 GDP 增长速度越快，而 2006 年房地产投资出现下降趋势，同期的 GDP 出现较低的增长，说明安康市房地产投资有力地带动了 GDP 的增长。安康市房地产开发投资的兴盛对社会消费产生了拉动作用，按照经济学家提出的计算公式，安康市 2011 年商品房的销售额（23.99 万平方米 ×4445 元/$m^2$）10.66 亿元乘以 1.34 系数计算，大约带动社会整体消费 14.3 亿元。

**3. 房地产对就业的贡献**

房地产业是一个劳动密集型产业，可吸纳规划设计、建筑安装、装饰装潢、工程监理、房地产中介、劳务服务、信息等各方面的人员就业，是吸纳农民进城务工的主要劳务市场。房地产开发延伸出来的工作岗位，大多数并不需要什么技术，普通农民工只要肯出力气，就能找到用武之地。

据不完全统计，2011 年，安康市直接从事建筑业和房地产开发的务工人员为 24272 人，形成了规模宏大的产业大军。从事建筑和房地产开发的从业人员，工资水平也不断上涨。由于房地产开发的兴旺，建筑和房产开发的劳力成为“香饽饽”，以泥瓦工、水电工等大工工资达到每天 100 元以上。售楼员等白领从业人员的工资，一年在 8 万元以上。

## 三　房地产发展趋势分析

### （一）供给趋势

当年完成的房地产开发投资就是未来的供给。安康市各年已完成的房地产开发投资从 2008 年 5.69 亿元上升到 2011 年的 14.66 亿元，虽然 2011 年比 2010 年有较大幅度回落，但保障房建设的增加会予以弥补（安康市政府从 2010 年开始建设 5000 套经济适用房，目前正逐步竣工交付使用，各县在县城也有类似的举措），表明未来几年安康市房地产的供给仍然趋于增加。

### （二）需求趋势

安康市房地产市场的需求主体主要是国家行政事业单位的职工和富裕的返乡农民工，由于政府大幅度建设保障房以及房价回落致使商品房缺乏升值预期，国家行政事业单位的职工将不再是商品房市场的需求主体，因此，未来安康市商品房市场需求将趋于萎缩。

## （三）价格趋势

安康市房地产供需趋势表明，未来几年，安康市商品房市场将是供过于求，如果政府继续调控房地产市场并落实好保障房建设项目，则安康市房地产均价将趋于下降，2011 年 10 月后的房地产均价已显露出这种趋势。

## （四）结构趋势

安康市住房未来的趋势是选择高层住居。安康市是一个成长的年轻城市。从 20 世纪末开始，以中银大厦为标志的商业高楼、以中心医院内科大楼为标志的服务高楼、以广场大厦为标志的住宅高楼、以建设大厦为标志的办公高楼等高层建筑如雨后春笋般拔地而起，特别是近住宅和商业融为一体的综合性高层建筑接连现身，使高层建筑逐渐成为房地产市场主导产品。一般来说，9 层到 11 层高的住宅称为小高层，12 层以上的称为高层住宅。按照这个标准，目前安康共有高层 20 余栋，安康房地产高层时代悄然来临，折射出四个标志：

### 1. 高层建筑的出现是土地集约利用的标志

随着土地资源的日渐稀缺，土地储备制度的实施，开发商获取土地的门槛也相应提高。国务院《关于深化改革严格土地管理的决定》，把实行强化节约和集约用地政策放在了非常重要的位置，而高层建筑符合政府政策，符合房市的产业导向，也是未来楼市的发展趋势。开发商们普遍认为，建设用地的发展空间狭小是制约安康市房地产业发展的瓶颈问题。为了节约土地资源，适应新的市场要求，必须使高层成为高品质住宅的主流产品，才能在房地产市场上立于不败之地。从 2006 年起，安康市多层建筑一统天下的局面已经打破，在新建的 10 个楼盘中，有高层建筑的楼盘已占半壁江山，这也是开发商顺应潮流的必然选择。

### 2. 高层建筑的出现是人们观念转变的标志

安康高层建筑由冷变热，主要有以下几个原因：大多数安康人从未住过高层，没有高层住宅的概念和接受高层住房的观念；高层住宅户型不如多层灵活多变，公摊面积较大，得房率不高，价格不菲，居住成本较高。但是，这些观念伴随着社会进步的脚步已烟消云散，现在的购房者，更多地看到了高层住宅的优势：视野开阔，景观较佳，通风采光好；通过电梯自由上下，免去了爬楼的劳顿之苦；出入口集中，便于进行物业管理实施；高层建筑的配套标准高于多层，抗震性能强，安全系数高等。由此安康开盘的高层都出现了火爆热销场面，安康人对这种新的居住习惯和居住模式的接纳，标志着安康楼市高层时代的全面来临。

**3. 高层建筑的涌现是科技进步的标志**

由于高层建筑档次高、设备多、技术复杂，从而让不少开发商望而却步。迫于城市土地、水源、能源等资源的日益稀缺的压力，房产商必须走资源节约型开发之路，多建高层、小高层。随着建筑施工科技含量的不断提高，新材料、新工艺的不断涌现，确保了高层住宅的建筑质量，使消费者对高层住宅的舒适程度和满意程度不断提高。同时，住宅智能化的发展也推动了高层住宅建设，“安全防范系统、信息管理系统和信息网络系统”三个系统逐步推广，极大地提高了高层住宅的生活质量。目前，不少高层住宅在住宅设计、消防给水、防火防盗、安全疏散等方面实现了舒适、安全、节能的效果，无疑增加了高层建筑的吸引力。

**4. 高层建筑的聚集是经济发展的标志**

高层建筑云集的地方往往是一个城市政治、经济、文化的中心，同时也象征着居住的最高水平。纵观世界各大城市，但凡高楼聚集的地方都是具有时代感的现代化城市，无不体现其现代化的内涵。从城市发展的规律上看，高层住宅无疑是一个城市健康发展的必然产物。高层建筑云集不仅体现着一个城市的综合实力，更体现出城市的现代化水平。虽然高层住宅的价格较高，但是依然受到购房者的热捧，既是人们紧跟时代步伐的表现，也是安康经济发展带动人们消费的体现。高层住宅正渐渐突显出自己的优势，让许多望“高”却步的人不得不重新调整思路，融入高层建筑时代的生活圈。

高层建筑改变着城市空间结构，改变着人们生活习惯。面对迅速来临的高层时代，我们要更加重视空间和地下的空间规划，让周边关系更加协调；要重视高层建筑本身的规划设计，把它变成城市一座景观；要注重配套设施建设，完善高层建筑的物业服务功能，让每一座高层建筑永远成为城市的符号、城市的记忆、城市的经典和城市的标志。

## 四　房地产发展存在问题及原因分析

### （一）安康市房地产市场存在“三升三降”的基本态势

自2007年以来，安康市房地产业发展呈现出“开发成本上升，市场需求上

升，商品房价格上升”和“投资增速下降，竣工面积下降，空置率下降”的“三升三降”态势。

2010年1～7月，全市房地产开发投资额累计完成2.26亿元，同比下降20.6%。其中：住宅用房投资完成1.9亿元，同比下降0.8%；商业营业用房投资完成0.08亿元，同比下降了220%。2007年商品房施工面积78万平方米，全市商品房新开工面积34万平方米，同比下降17%。房屋竣工面积11万平方米，同比减少27%。商品房空置面积大幅减低，空置面积为5.9万平方米，同比减少25%。同时，2010上半年全市住宅价格较上年有较大增长，商品房价格为1550元/平方米，比同期上升了16%，其中汉滨区为1680元/平方米，各县为1300元/平方米。

### （二）廉租房存在一定问题

廉租住房的管理是廉租住房建设的延续，是完善住房保障制度的一个重要组成部分。面对大规模建设廉租房小区，如何以科学发展观统领廉租住房后期管理工作，实现“住有所居”的目标，是一个新课题。如果廉租房小区后期管理混乱，就可能演变成为贫民窟，从而与廉租房建设的初衷背道而驰。加强廉租住房后期管理工作，就需要打破单一的行政手段管理模式，综合运用经济、行政、法律三种手段，提高廉租房小区的社会效益、经济效益和环境效益，建立起运行协调、管理高效的廉租住房管理机制。

### （三）经济适用房既没有体现“经济”性，也没有体现“适用”性

分房摇号，弄虚作假；买房不住，违规出租；改变套型，建成别墅，被老百姓寄予厚望的经济适用房案件频发，丑闻频出，引起了全社会的广泛关注和强烈质疑。此类现象在安康市也不同程度的存在。上述问题产生的原因是多面的，既有体制方面、政策方面的，也有消费偏好及观念方面，还有收入及信贷等方面的。

## 五　物业管理现状及对策

### （一）物业管理基本情况及特点

随着城镇住房制度改革的深化和城市建设的发展，物业管理行业应运而生。

经过几年的努力发展，安康市物业管理领域也逐步扩大，工作环境不断得到改善，行业发展已初具规模。目前，全市有25家具备从业资质的物业企业，物业托管面积达170余万平方米，从业人员500多人。

## （二）物业管理市场存在问题

目前，物业管理行业在安康市的运行情况不容乐观，行业发展不够成熟，物业投诉居高不下，很难实现理想状态中的社会效益、经济效益、环境效益三效统一。不断暴露的问题和矛盾，居高不下的投诉，使安康市的物业正在遭受“黎明前的黑暗”。物业管理问题已成为社会关注的热点和政府解决问题的难点。

## （三）物业管理市场治理对策及展望

### 1. 强化业主自治意识

引导业主大会在充分尊重全体业主意愿的基础上，依法选出热心公益事业、责任心强、具有一定组织能力的业主担任业主委员会委员，解决小区无委托主体的问题，强化业主委员会利用业主公约调整业主之间权利与义务关系，引导业主积极主动交纳物业管理费，真正实现小区自管，业主自治。

### 2. 健全物业管理市场机制

开发企业与物业管理企业要逐步脱离“父子”关系，通过改制等方式，真正使物业管理企业成为自主经营、自负盈亏的市场竞争主体。

### 3. 完善物业政策法规

目前安康市已陆续出台了《安康市城市居住区物业管理实施办法》和《安康市住宅共用部位、共用设施设备专项维修资金管理使用实施办法》等一批法规，对促进物业管理行业的发展起到一定积极的作用。但还需同步制定出台《安康市物业管理投诉受理暂行办法》《住房维修资金使用细则》和《安康市城市居住区业主大会指导规则》等地方性法规，进一步完善政策法规体系。

### 4. 推进“以法管理”进程

政府各物业管理投诉受理部门，在接到业主投诉以后应严格按照各自职权，各负其责，解决好职责范围内的物业管理投诉，根据物业投诉的不同性质，依法引导业主通过司法程序解决问题，缓解信访压力，做到依法行政，纠正行政越权。

## 六　安康市房地产发展对策及 2012 年房地产业发展预测

房地产业是我国现阶段重要的支柱产业和消费热区，为了使这个产业不出现大起大落和“泡沫崩盘”，国家采取了一系列宏观调控措施，坚定不移地解决发展中的突出问题，引导市场走上健康、平稳发展轨道。

### （一）从热销变到滞销，品质提升是关键

在市场经济条件下，影响商品价格的主要因素是供求关系，从房地产市场的总量上分析，潜在的需求是市场的有力支撑。但是房产新政后，房地产市场的格局也发生了很大变化。现阶段商品房量的供应已较充裕，市场由卖方市场转变为买方市场，消费者挑选的余地变大，要求会更高，消费会更加理智和冷静，房地产开发商制造几个概念就能促成房产热销的局面已成为历史。那些楼盘规划设计落后、建筑质量低劣、营销手段单一、项目定位偏差和物业管理水平低的楼盘将难以受到购房者的青睐，而那些注重产品创新，品质提升，以人性化、智能化为方向，以营造节能、舒适、温馨的家庭环境作为卖点的开发企业必将成为消费者追捧的对象。总之，在买方市场下，消费者对房产的品质提出了更高要求，今后房产企业之间的竞争将从量的扩张转到品质的提高和售后服务上来。

### （二）从高储备到低储备，土地供给在紧缩

土地是房地产市场供应的源头，对土地市场进行监管是政府宏观调控的主要手段之一。从 20 世纪 90 年代末，安康房地产业迅猛发展，当时的土地供应还没有显示出其稀缺性，在“圈地”之风盛行而又缺乏城市综合开发的有效指引下，开发企业都屯积了一定数量的土地，但经过几年开发利用，并随着土地性质的进一步明确和安康城市北移战略的实施。开发用地的供给数量将会减少，特别是土地使用制度改革的深化，土地招、拍、挂价格的增加，地价支付周期的缩短，银行开发贷款比例的降低，开发企业融资渠道的变窄，都使开发商大规模圈地的梦幻破灭。国家将进一步严把土地供应“闸门”，调整信贷结构，把农用地转用计

划指标继续控制在从紧的水平上。可以预计，在未来很长一段时间里，土地供给短缺将成为安康房地产发展的新挑战。

### （三）从快速度到慢速度，稳健发展可以实现

近两年，党中央、国务院着眼经济全局和长远发展，及时采取了针对房地产的宏观调控政策，频率之高、力度之大前所未有。房地产市场在经历了前所未有的快速增长后，市场调整的压力很大，中央实施的“管严土地，看紧信贷”为主的宏观调控措施，把住了房地产开发的两大命脉，使广大房地产企业普遍感受到了“地根”严控、“银根”紧缩的压力。尽管房地产业发展相对落后，但“城门失火，殃及池鱼”，房地产业迅猛发展势头得到有效遏制，2012 年安康的房地产将会继续呈现市场保持平稳发展，投资增速有所放缓，供需结构有所改善，住房价格稳中有升，行业竞争更趋激烈的局面。

### （四）从内销到外销，市场定位要准确

随着城镇化步伐的加快，以高收入阶层住房更新换代为特征的主动型需求，以加快旧城改造和拆迁为特征的被动型需求和以农村人口向城镇转移所需住房为特征的自动型需求，都是带动住宅销售的内在动力。以前，安康房地产的销售以城区内销为主，外销为辅，但是现在受购买力不足的制约和市场潜在需求激发不够的影响，商品房热销的风光不再，城区的房地产销售对象发生了变化，主要销往汉滨区各乡镇及各县。但从安康未来发展走势分析，随着生态旅游品牌的经营和西康高速公路的开通，作为西安“后花园”的绿色安康，将成为西安及陕北仁人志士到陕南购房置业首选，开发商对此也应提前谋划。

### （五）安康市房地产企业发展展望

安康房地产企业大多为 20 世纪 90 年代以后诞生的企业，随着行业高度发展和购房需求急骤上升而发展壮大。然而，任何一个产业发展到一定程度，行业会出现饱和，企业会优胜劣汰，未来的房地产企业的发展方向在哪里，这是开发企业必须做出的选择。受宏观调控政策后续效应的影响和房地产市场激烈竞争作用，整个房地产行业的利润率下降成为必然。从开发商的角度来讲，市场集中

度将会越来越高，房地产行业所具有的高投入、高风险的特性迫使部分中小企业被淘汰出局，目前安康市 30% 的房地产企业歇业或转产就是例证。因此，在变局之下，开发企业要实行优化组合，壮大自身实力，培育企业品牌，改善开发结构，满足不同需求。在新的发展格局中，迎接新的挑战，创造新的业绩。

## 参考文献

［1］安康市房地产信息网近年相关资料。
［2］安康市统计局近年相关资料。
［3］安康市房地产信息网近年相关资料。

# 2010～2011年商洛市房地产业发展报告

杨存典　张 燕*

## 一　市域概况

### （一）市域总人口及城镇化水平

**1. 市域总人口**

商洛市位于陕西省东南部，秦岭东段。全市国土总面积19292km²，东西长约229km，南北宽约138km。2010年总人口为244.83万，其中男性129.98万，女性114.85万，男女性别比例为1.13∶1，人口自然增长率为1.3%，全市人口密度为127人/km²。

**2. 城镇化水平**

2010年末，全国的城镇化水平49.68%，西部38.5%，陕西37.5%，同期商洛市非农业人口86.17万，城镇化水平36%，可见，商洛市城镇化水平低于全国、西部和全省水平，但与2005年22.8%的城镇化水平相比，提高了13.2个百分点，五年年均增长2.65%，呈现出明显的增长趋势。依据"逻辑斯蒂"曲线理论，目前，商洛市处在城镇化水平中下端。从城市化进程来看，城市化进程呈加速发展态势。经过近10年发展，尤其在"十一五"期间，商洛市出台县域城乡一体化规划及鼓励农村居民进城落户的11个配套政策，农村居民进城落户工作有序开展。城乡联创成效明显，柞水县被命名为国家级卫生县城，镇安、洛南两县被命名为省级卫生县城，商南县创建省级卫生县城通过验收。

**3. 土地资源**

商洛市地形大体划分为川塬、低山、中山三大类。川塬地形主要分布在较宽

---

* 杨存典，教授；张燕，讲师。

阔平缓的河谷地带，面积为 375.27 万亩，占全市总面积的 2.86%，土壤肥沃，灌溉条件较好，是本区主要粮油产区，也是经济、文化较发达的区域；低山地形是河谷川原至中山之间的过渡地带，面积为 2067.91 万亩，占全区总面积 70.86%；中山地形位于各山脉海拔 1000 米以上的地方，面积为 474.98 万亩，占全区总面积的 16.28%。

2010 年末，耕地总资源 2884747 亩，常用耕地面积 1984094 亩。年内减少耕地 19061 亩，全年建设占用耕地 8338 亩，因灾废弃耕地 8775 亩，退耕还林还草占地 1461 亩，耕地改为园地 180 亩，其他 307 亩。年内新增耕地 21877 亩，其中废弃地利用 13346 亩，围垦 708 亩，园地改为耕地 1870 亩，新开荒地面积 846 亩，其他 5107 亩。

**4. 建设用地面积**

作为山区城市，商洛市城市用地较为宽松，市区农业人口多，人均居住面积较大，市中心建筑密度大，绿地面积不足，用地布局不尽合理。2005 年建设用地 1134 公顷，人均 75.2 平方米；居住用地 455.4 公顷，人均 35 平方米；工业用地 158.3 公顷，人均 10.5 平方米；道路广场 119 公顷，人均 7.9 平方米；绿地 18 公顷，人均 1.2 平方米。随着商洛市区域中心地位的确立，以及沙河子铁路站场的建成，规划城市建设用地 2567 公顷，人均 85.6 平方米；近期建设用地 1460 公顷，人均 77 平方米。

## （二）市域经济发展水平

**1. 经济发展现状**

（1）市域经济发展概况

国民经济快速增长，综合实力显著提升。2011 年，经济总量 362.88 亿元，是 2005 年的 3.17 倍；财政总收入是 2005 年的 5.16 倍，地方财政收入是 2005 年的 6.68 倍，在全省的比重由 0.89% 提高到 1.25%；财政支出 106.62 亿元。上年城镇居民人均可支配收入 17344 元，年增长 17.1%；农民人均纯收入 4586 元，年增长 27.2%，是 2005 年的 3.05 倍。

（2）产业发展现状

由图 1 可知，2011 年一、二、三产业分别为 70.61 亿元、162.96 亿元、129.31 亿元，与 2010 年相比，第一、二、三产业都呈现增长态势，其中第二产业所占比重增加较大，工业经济增长势头明显，工业总产值完成262.96亿元，增长21.2%；第三产业所占比例有所减小，完成产值129.31亿元，同比增长13.1%。其中非公有制经济实现增加值180.02亿元，占全市生产总值49.61%。

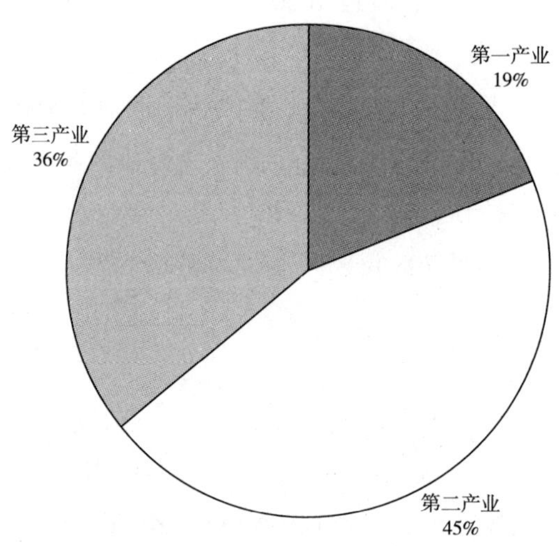


**图1　2011年商洛市一、二、三产业百分比**

分行业看，制造业所占比重最大，完成固定资产投资45.56亿元，占全部固定资产投资的23.28%；其次是水利和公共设施管理业，完成固定资产投资37.83亿，占全部固定资产投资的19.34%；再次是采矿业，完成固定资产投资26.2亿，占全部固定资产投资的13.39%。

**2. 市域经济发展特点**

（1）经济增速较慢，但逐年提升

如表1所示，2008年以前，商洛生产总值增速低于全省增速，但呈现逐年提升态势。2009年，商洛生产总值增速达到14.1%，超过全省平均增速。2010年，全市生产总值比上年增长14.9%；2011年比2010年增长15.1%，全市生产总值达到362.88亿元。

**表1　2005～2011年商洛市生产总值比较**

| 项目 | 2005年 | 2006年 | 2007年 | 2008年 | 2009年 | 2010年 | 2011年 |
|---|---|---|---|---|---|---|---|
| GDP(亿元) | 100.16 | 112.2 | 135.8 | 174.04 | 225.12 | 285.9 | 362.88 |
| GDP值增长速度(%) | 9.6 | 10 | 12.4 | 15.2 | 14.1 | 14.9 | 15.1 |

（2）第二产业发展迅速

发展方式有效转变，特色经济日益明显。2011年，商洛市一、二、三产业比重为23.54∶54.32∶43.10，与2010年一、二、三产业比重20.3∶41.2∶38.5相比，第二、三产业发展迅速，逆转了2009年“Ⅲ＞Ⅱ＞Ⅰ”的产业结构特征，出现“Ⅱ＞Ⅲ＞Ⅰ”的现象，步入发展正轨，即农业为基础，工业为主导，第三产业为关键的产业发展模式。

（3）各县区经济发展比较

商洛各县区依托当地资源条件，初步形成了地方产业特色，各县生产总值较2010年平均增长接近或超过15%，初步形成自己的产业特色。但因起步较晚，经济发展水平整体还很薄弱，人均GDP普遍较低。

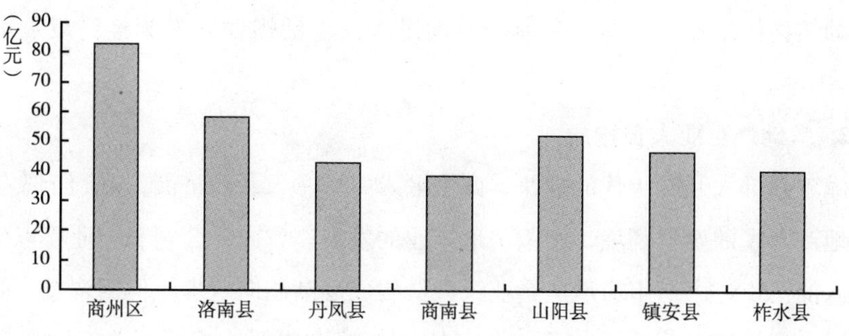


**图2　2011年商洛市各县区生产总值排名**

## 二　房地产发展现状

### （一）房地产企业情况

#### 1. 房地产企业基本情况

由表2可知，截至2010年底，商洛市实有房地产企业66家，资产总计9.09亿元，完成投资5.94亿元，占全社会完成投资的3%。资金来源合计8.23亿元，同比增长37.63%；商品房销售面积27万$m^2$，比上年增长33.8%；商品房销售额4.83亿元，完成土地开发面积6.75万$m^2$。房地产业规模越来越大，成为全社会固定资产投资的重要组成部分，在国民经济中起着越来越重要的作用。

表 2　商洛市房地产企业基本情况

| 企业分类 | 企业总数 | 一级 | 二级 | 三级 | 四级 |
|---|---|---|---|---|---|
| 企业个数(个) | 66 | 0 | 3 | 10 | 53 |
| 比例(%) | — | 0 | 4.55 | 15.15 | 80.30 |
| 注册资金(万元) | 90900.00 | 0 | 16358 | 74542 | — |
| 比例(%) | 100 | 0 | 18 | 82 | — |
| 从业人员(人) | 24952 | 0 | — | — | — |
| 比例(%) | 100 | 0 | — | — | — |

总之，商洛市房地产业 1990～2010 年经历了从无到有、从小到大的渐进式发展阶段。经过近二十年的发展，房地产投资额增长近 100 倍，已初步形成较为合理的结构体系和市场运行机制，由满足人民生活需要转变为经济发展的支柱产业。

**2. 房地产企业人员构成**

随着西部大开发步伐的加快，商洛融入关中－天水经济圈，有利于改善商洛市房地产开发的融资环境，刺激房地产业的发展。省内外公司和企业将以更大规模进入商洛市，商洛市房地产企业及人员构成逐渐趋向合理。但据调查，商洛近 80% 以上房地产企业还不完善，存在从业人员素质低、相关企业有明显欺诈行为、政府监督不严等问题，有些问题还相当突出。

**3. 2010 年房地产开发企业增长情况**

2010 年底，商洛市房地产企业由 2005 年的 28 家（其中三级开发资质 5 家，其余均为四级或暂定开发资质）增长到 66 家，其中具有二级开发资质 3 家，三级开发资质 10 家，四级开发资质 53 家，从事房地产开发经营和项目管理人员约 2500 人。本地城市化程度较低，当地房地产开发企业资金匮乏、项目开发进展相对缓慢。

**4. 企业存在的主要问题**

（1）企业结构和管理

商洛作为城市化进程刚起步的中小城市，房地产企业不断增加、规模不断扩大，但有些企业内部结构不完善、管理体制松散，影响了企业的运转和持续发展。

（2）从业人员素质不一、运作不规范

商洛房地产业虽然处于快速增长期，但从业人员良莠不齐，服务态度差，素质不一，运作不规范。一些开发商的诚信度差，社会信誉较低，直接影响开发商整体形象。

**5. 企业发展动向和发展趋势**

以商洛房地产业中的物业公司为例，2010 年以前，商洛市物业管理公司有 12~15 家，各小区物业管理费无统一标准，大都处于经营亏损状态。到 2011 年底，商洛市物业公司增加到 16 家，并成立了房地产物业协会。西安等城市成熟房地产企业的不断加入商洛房地产业、地方相关政策完善以及业主需求层次的提高，给商洛房地产业带来了机遇和挑战。

## （二）房地产开发与投资状况

**1. 土地规划状况**

商洛市城市用地较为宽松，市区农业人口多，人均居住面积较大，市中心建筑密度大，绿地面积不足，用地布局不尽合理。按照商洛市城市总体规划（见表 3），规划城市建设用地 2567 公顷，人均 85.6 平方米，到 2010 年末，商洛市人均住房面积将达到 35 平方米。

**表 3　商洛市城市总体规划用地汇总表**

| 序号 | 类别名称 | 面积(公顷) | 占总用地比例(%) |
|---|---|---|---|
| 1 | 城市总体规划用地 | 3940 | 100 |
| 2 | 城市建设用地 | 2567 | 65.2 |
| 3 | 水域和其他用地 | 1373 | 34.8 |
| 其中 | 水域 | 210 | 5.3 |
| | 耕地 | 617 | 15.7 |
| | 园地 | 23 | 0.6 |
| | 其他用地 | 523 | 13.2 |

**2. 固定资产投资额、房地产投资额**

2011 年，完成全社会固定资产投资 308.36 亿元，比上年增长 30.9%。其中，城镇固定资产投资 256.84 亿元，增长 32.5%；房地产开发 10.98 亿元，增长33.5%；房屋销售面积达到432954平方米，增长30.3%。房地产开发中，住宅投资完成8.955亿元，占全部房地产投资的81.55%。房屋平均价格为2751元/平方米，增长5.9%。

2011年前三季度，150个市级重点项目在建144个，在建率为96%；完成投资168.2亿元，占年任务的81%，重点项目建设投资在历年同期重点项目建设中推进最快。其中，138个市县承建项目开工在建134个，完成投资136.41亿元，占年度计划的90.8%。其中138个市县承建项目开工在建134个，完成投资136.41亿元，占年度计划的90.8%。

**3. 房地产施工面积、竣工面积**

2011年上半年，商洛市建筑业运行呈现较快增长态势，为经济稳定增长起到积极推动作用。上半年，建筑业完成增加值24.66亿元，增长24.5%（现价）。资质以上建筑业企业完成总产值29.0亿元，增长30.0%。其中，建筑工程产值28.1亿元，增长30%；安装工程产值0.47亿元，增长29%；房屋建筑施工面积28.9万平方米，增长35%；竣工产值16.5亿元，增长40.0%。

## （三）房地产销售状况

**1. 各类物业销售价格**

（1）普通住宅（以5层砖混结构为主）

取消实物分房政策以来，普通住宅房价呈现缓慢上升趋势，2006年以前房屋均价不足1000元/平方米，到2006年开始迅速上涨，当年价格就飚升至1250元/平方米，2010年未飙升到2700元/平方米，销售率为100%，4年间增长幅度达1.16倍，2009～2010年增幅达到0.35倍，超过全省其他地区。在宏观调控政策下，房地产价格增长速度有所回落，但回落幅度不大，房价趋于平稳。商洛市境内高速路密集，已融入西安一小时经济圈，区位优势明显，“山水园林生态旅游城市”“西安后花园”已初步显现。从2010年全省情况看，商洛房地产业发展迅速，房价飞速增长的结果必然导致供求关系的变化，从而导致房价增长的缓慢和平稳。

（2）商住

2010年1月，团购均价2480元/平方米，同年6月增到2700元/平方

米，到2010年底均价3200元/平方米，2011年底炒到3500～3800元/平方米，销售率为30%，2012年3月初，销售价为3100元/平方米。商用高层建筑已经作为商洛市主要发展类型，价位不断提高，但已趋于平稳并出现下降。

（3）写字楼

2010年3月，商洛市写字楼一层均价7000元/平方米，二层5000元/平方米，三层4000元/平方米，四层3000元/平方米，销售率为60%。2010年底，同层上涨1000元，涨幅不大，这与商洛市整体经济发展水平有关。

**2. 物业销售结构变化趋势**

由各物业销售价格可知，商洛将以开发高层建筑为主，普通住宅开发越来越少，这与商洛是山城，土地资源及可利用建筑用地有限有关，只能通过提升楼层高度来满足人们对住房的需求。

## （四）2011年以来房地产业变化情况

2011年，中国房地产政策转向抑制投机，遏制房价过快上涨，为此，先后利用了土地、金融、税收等多种调控手段。同时，国务院出台调控房地产新“国十条”，提出对稳定房价、推进保障性住房建设工作不力、影响社会发展稳定的地方政府要追究责任。

到2011年底，国家有关部门以变动税收、财政支出和货币政策调控商洛市房地产市场，缓和了市场矛盾。

## （五）房地产业与社会经济的关系

**1. 房地产业在经济发展中所占比重**

截至2010年底，商洛市实有房地产企业66家，资产总计9.09亿元，从事此项工作的就业人员509人，完成投资5.94亿元，占全社会完成投资的3%。资金来源合计8.23亿元，同比增长37.63%；商品房销售面积27万平方米，比上年增长33.8%；商品房销售额4.83亿元，完成土地开发面积6.75万平方米。房地产业规模越来越大，成为全社会固定资产投资的重要组成部分，在国民经济中起着越来越重要的作用。

**2. 房地产业对经济的拉动作用**

图3表明，商洛房地产投资额总体上呈持续增长状态，年均增长率高达43%，2011年投资额为10.98亿元，将近2002的18倍。房地产投资额与GDP呈现一致上升趋势。进一步分析房地产投资与GDP的关系，发现房地产投资和GDP密切相关，房地产投资越大，同期的GDP增长速度越快，而2006年房地产投资出现下降趋势，同期的GDP出现较低的增长，说明商洛市房地产投资有力带动GDP的增长。

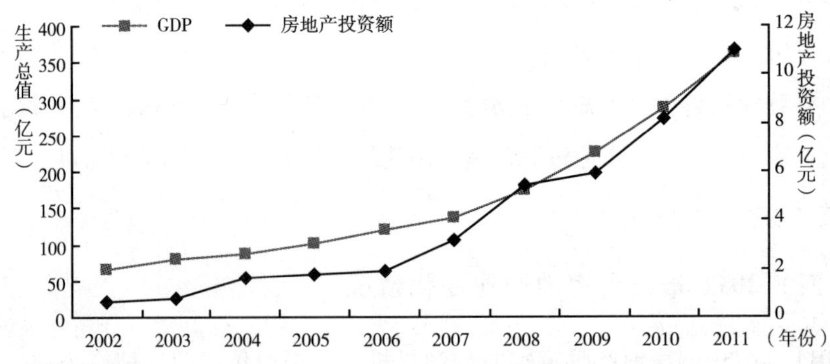


**图3　2002～2011年商洛市生产总值与房地产总投资额关系**

**3. 房地产对就业的贡献**

房地产业是一个劳动密集型产业，可吸纳规划设计、建筑安装、装饰装潢、工程监理、房地产中介、劳务服务、信息等各方面人员就业，是吸纳农民进城务工的主要劳务市场。房地产开发延伸出来的工作岗位，大多数并不需要什么技术，普通农民工只要肯出力气，就能有用武之地。

据不完全统计，2011年，商洛市直接从事建筑业和房地产开发的务工人员为5000多人，形成了规模宏大的产业大军。从事建筑和房地产开发的从业人员，工资水平也不断上涨。由于房地产开发的兴盛，建筑和房产开发的劳力成为“香饽饽”，泥瓦工、水电工等工资每天100～200元；售楼员等从业人员的工资更是惊人，业绩好的，一年可以拿到8万元。

房地产开发对社会消费有巨大的拉动作用。商洛市2010年商品房销售额8.7亿元左右，带动社会整体消费11.658亿元，对消费需求的贡献率达到10%以上。

#### 4. 对地方财税的贡献

近年来，商洛市房地产业税收占地区 GDP 比重呈上升趋势。以商州区为例，2008～2011 年四年地产税收增长率基本在 20～30 个百分点，占商州税收的近 40%，2011 年税收值为 9100 万元，2012 年预计为 1.1 个亿，房地产业对地方经济发展的推动作用越来越重要。

## 三 房地产发展趋势

### （一）供需趋势

2002 年以来，商洛市商品房销售平均年增长 30%，供应量年平均增长 23%，形成供不应求的局面。另外，伴随着国家对房地产价格调控力度的加大，商洛市政府加大了经济适用房、廉租房等保障性住房的供应，这类住房供应量的增加缓解了人民对住房的需求，同时也对房价起到平抑作用。其中 2010 年各类保障性住房总面积 54 万平方米，占商洛市投资建设总面积的 20%。

2011 年，房地产开发完成投资 10.98 亿元，比上年同期增长 33.5%；2011 年前三季度，房地产开发完成投资 8.2 亿元，同比增长 29.03%；房屋销售面积达到 33.08 万平方米，同比增长 24.04%。房地产开发中，住宅投资完成 6.7 亿元，占全部房地产投资的 80%。

### （二）价格趋势

由表 4 可见，商洛市商品房销售价格持续攀升。2009 年底，普通住宅每平方米均价为 2002 年的 4.6 倍；2003～2005 年，涨幅较大，2004 年底出现高达 50% 的增长，随后增长率开始下降，2006 年后趋于平稳，这主要与国家政策和商洛市住房建设相关。2000 年底，国家要求停止党政机关单位集资建房，此时商洛的房地产开发还是起步阶段，人们持币待购；2003～2005 年，商洛房地产开发才有一定规模，但总体上房地产开发力量不足，开发房屋数量有限，一部分先富起来的人不满足于原来的住房，加上城市化进程加快，大量农村人口涌入城市，大量的消费者急于买房，供需之间出现了较大空间，推动商洛房价跳跃式上涨；随着《商洛市“十一五”住房建设规划》出台，市政府在2006～2011年有计划地开发不同品位住房，促使房价下降并趋于平稳。

表4　2002～2011年商洛房地产市场价格及相关数据

| 年份 | 商品房平均售价 | | 城镇人均可支配收入 | | 居住消费价格指数（上年为100） | GDP增长率（%） |
|---|---|---|---|---|---|---|
| | 平均销售价格元/$m^2$ | 增长率（%） | 数额（元） | 增长率（%） | | |
| 2002 | 750 | 7.14 | 5961 | 20.79 | 98 | 12.19 |
| 2003 | 800 | 14.3 | 6302 | 5.72 | 98.8 | 14.44 |
| 2004 | 1200 | 50 | 6641 | 5.38 | 106.2 | 15.29 |
| 2005 | 1450 | 16.7 | 7038 | 5.98 | 105.1 | 14.93 |
| 2006 | 1500 | 7.14 | 7770 | 10.40 | 105.0 | 13.98 |
| 2007 | 1680 | 12.00 | 8870 | 14.20 | 107.2 | 18.96 |
| 2008 | 1820 | 8.33 | 10688 | 20.50 | 107.3 | 28.16 |
| 2009 | 3450 | 9.89 | 12590 | 17.80 | 109.1 | 29.28 |
| 2010 | 3600 | 4.0 | 14811 | 15.2 | 103.2 | 14.9 |
| 2011 | 3750 | 4.1 | 17344 | 17.1 | 105.1 | — |

如表4所示，商洛房价自2002年以来，一路飙升，2009年出现由高层建筑替代多层建筑的趋势，在房价上升的背后隐藏着更深层次的矛盾。在房价不断上涨的同时，商品房需求量及交易量也不断上涨。

2011年，房屋销售价格主要包括新建房屋销售价格和二手房房屋销售价格。商品房平均价格为3750元/平方米，同比增长4.1%，这与国家和陕西省以及商洛市的一系列调控措施有着密不可分的关系，目前，国家乃至商洛市都在加强保障房建设，促成房地产市场平稳健康发展。

## （三）结构趋势

商洛市近几年开发的房地产主要位于丹江两岸，依山傍水，突出了商洛市建设山水园林生态城市的主题，提升了城市品位。由图4可见，商洛市在大力开发商品房的同时也加大了经济适用房建设。我们调查分析某公司一期户型结构（详见图5），总体上户型结构能满足不同需求，其中小于90$m^2$的户型和大于90$m^2$的户型分别占55%和45%，但开发商表示今后会以三室两厅为主，这主要与当地居民生活习惯和居民承受力有关。

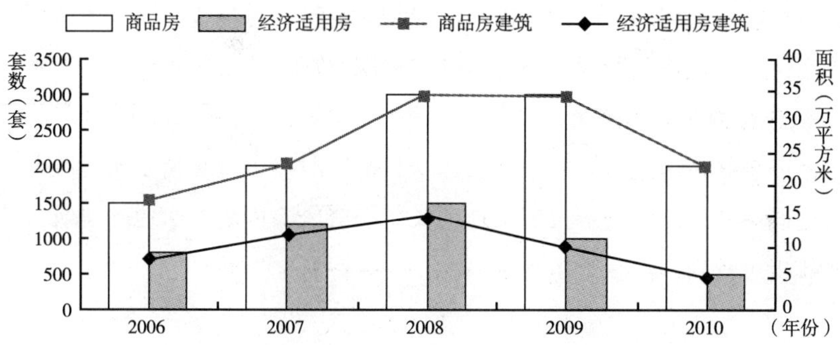


**图 4　商洛市区 2006～2010 年住房建设规划**

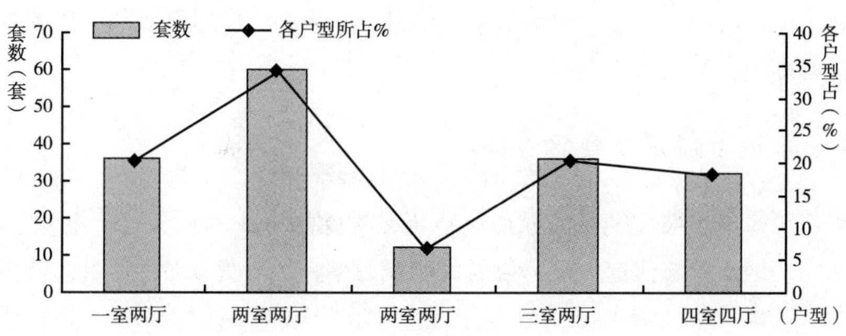


**图 5　某房地产公司户型构成**

## 四　房地产业发展存在问题及原因

### （一）体制方面

**1. 土地管理和房地产业制度不健全**

本市土地和物质资源的消耗远远超过陕西省其他地区，囤地、炒地等现象都严重影响房地产市场正常发展。在保障性住房建设中存在制度和结构缺失问题，直接导致保障性住房需求增长远远大于建设进度。

**2. 房地产行业税收制度存在问题**

税收结构不合理；税、租、费关系混乱；征收制度不合理。政府相关部门缺乏经验及宏观监控造成项目的盲目开发和不合理竞争，影响了城市商业功能的整体布局。政府相关部门不能相互沟通，存在契税、大修基金以及其他费用不按国家规定交付，出现偷税漏税或享受不到国家相关优惠政策等现象。

**3. 供应结构未明显改善**

房地产企业在房地产开发投资快速增长的同时，供应结构未明显改善，保障性住房建设规模偏低。随着投资快速增长，投资风险剧增。房地产建筑科技含量低、能耗相对较高，浪费严重。

### （二）政策方面

商洛市房地产业在政策落实上存在漏洞，比如房地产商虚报、假报当年项目或业务，使政府部门不能全面如实得知信息，从而影响政府制定相应的政策。宏观调控难度大，负面效应明显。

### （三）消费偏好及观念方面

商洛市目前房地产潜在消费者多为20～30岁的青年人，以居住为主要目的，但商洛市房地产价格快速上涨，使居民购买力下降。消费者对低层及高层以上比较喜好，房屋户型的需求以两室一厅、三室一厅和三室两厅居多，价位在4000元以下。

### （四）收入及信贷方面

商洛市房地产开发融资渠道单一，资金链条较长，开发和回收周期长。房地产近几年投资过快，银行风险加大。

经济快速发展和城市人口消费需求增加，对商业地产的发展提出了更高要求。商业地产的发展有压力也有动力，一方面，需要政府部门正确引导，给予政策支持和合理的限制；另一方面，要求开发商提高企业的开发能力和风险控制能力，尽快建立一套完善可行的商业地产开发管理模式，使商洛市商业地产市场平稳发展。

## 五　保障房建设状况

“十一五”期间，商洛市保障性住房政策、制度体系逐步完善，保障性住房

建设力度加大。全市保障性住房完成投资15.32亿元，建筑面积122万平方米，建成保障性住房1.45万套。其中，全市廉租住房完成投资2.88亿元，竣工投入使用15万平方米、2734套。

商洛市提出，2011年要把发展公共租赁住房，加快解决低收入和中等偏下收入群体、新就业职工和外来务工人员住房问题作为保障性住房建设工作的重点。全年将完成保障性住房建设投资12亿元，建设廉租房6000套、公共租赁房8000套、经济适用房3000套、限价商品房6000套、改造棚户区9000套。

### （一）2010年保障房开发、销售及增长情况

自从启动经济适用住房建设以来，商洛市经济适用住房建设工作步伐明显加快，有效改善了居民的住房条件。2008年，建设廉租房7.1万平方米、经济适用房24万平方米；2009年，建设经济适用房20.3万平方米、廉租房25.6万平方米，为3080户低收入住房困难家庭发放租赁补贴549万元；2010年，完成保障性住房建设54万平方米，城镇居民人均住房建筑面积达到25.3平方米。

### （二）保障房市场存在的主要问题

有关调查显示，商洛保障房用于满足中等偏上收入家庭的需要，而中等偏下和低收入家庭受惠比例不高。还有一部分经济适用房被用作投资。现有业主购买经济适用房的主要原因包括拆迁、结婚、与父母分离、迁移和自住的需要。虽然业主从购买经济适用房中受益，但并不认可当前经济适用房政策的有关规定。

保障性住房小区建设发展缓慢。保障房是住房制度改革过程中国家鼓励和提倡的特殊住房供应体系，也是面对广大城镇职工及中低收入家庭住房供应的主渠道。这种带动房地产开发、加快城市建设、拉动相关产业发展、促进地方经济增长、改善居民住房条件的十分重要的住房供应方式，在商洛市建设中却存在着体制不顺等诸多问题。

经济适用住房建设中存在地方财政困难，项目周边基础设施建设投资无法解决；地价较高，政府征用集体土地矛盾突出；本地开发企业规模较小，利润空间限制，引进外地有实力的开发企业较为困难。

### （三）保障房市场的治理对策

第一，加强规划调控，改善住房供应结构。按照城市建设总体规划，结合目

前商洛城市住房建设总量、开工面积、竣工面积以及完成投资等任务，各年度经济适用住房建设任务均应占住房建设总量的1/3。

第二，加大土地供应调控力度、强化建设用地管理。按照商洛城市建设需要，国土管理部门应逐步调整建设用地规划，提高房地产开发用地比例，特别是经济适用住房建设用地规模应逐步加大。

第三，明确经济适用住房建设标准、供应对象、资格审定、房屋售价测算以及享受面积标准等相关规定。同时，应对中低收入家庭的界定以及最低收入家庭状况进行较为翔实的调查统计，为制定相关政策做好前期准备工作。

第四，整顿房地产市场秩序、严禁违规交易行为。（1）严格执行商品房销售管理办法和经济适用住房价格管理办法，禁止期房转让行为。（2）逐步推行实名制购房和销售合同网络备案制。（3）进一步强化房地产开发经营行业管理，及时受理查处群众举报反映的违规开发经营行为，对涉及企业不良信誉的问题及时给予记录、曝光。

## 六　拆迁安置现状及对策

### （一）2002～2011年拆迁市场总体情况

2002～2011年，商洛市拆迁安置市场发展缓慢，拆迁安置工作效率低下。主要由于各项制度、指标等不完善或不合理，导致居民不予合作，妨碍了拆迁安置工作的顺利进行。2011年，计划拆迁7.6万平方米，实际拆迁3.45万平方米，实际完成45.39%；计划安置610户，实际安置301户，完成计划的49.34%。

### （二）拆迁安置存在的问题

房屋拆迁许可证颁发制度不规范，拆迁人主体不明确，拆迁工作秩序混乱；拆迁补偿费偏低，回迁安置不够合理；对被拆迁房屋、违章建筑的性质认定及补偿安置缺乏法律依据；执法人员滥用行政权力，强制拆迁；司法监督等办事效率和能力不高。

拆迁工作不规范。至2005年底，全市虽有4家取得省建设厅拆迁资格证书

的拆迁企业，但在商洛行政区划内并无拆迁项目。城市建设中的拆迁都是由政府及其设立的事业单位或临时机构实施。城市建设的一项重要内容就是拆迁安置工作，特别是旧城改造的主要障碍就是拆迁安置。国务院《城市房屋拆迁管理条例》和陕西省《城市房屋拆迁补偿管理条例》都明确规定，政府不能直接作为拆迁人，这就要求必须培育专业拆迁公司，以承担城市建设中的拆迁安置任务。

拆迁管理过程中存在社会保障制度欠健全、配套的地方性法规不完善、企业拆迁难度大等问题。特别是在企业拆迁因其资产形式复杂，取得土地使用权的方式多种多样，占地面积和建筑面积不尽相同，空地或者净地的补偿无明确规定，存在大量无任何报批手续的自建无证房，等等，因而出现被拆迁企业希望拆迁单位解决问题，而提出的要求又远远高于市场评估价，增大拆迁难度。

### （三）拆迁安置治理对策

对于以上问题，应采取相应对策：

（1）依法规范房屋拆迁许可证的颁发和拆迁人主体资格认定；（2）提高房屋拆迁补偿标准，强化拆迁安置选择权；（3）依法界定被拆迁人房屋、违规建筑性质，合理给予被拆迁人经济补偿；（4）依法规范强制拆迁程序，提高强制拆迁工作效率；（5）提高认识，强化措施，全面准确履行行政工作职责。

总之，在城市房屋拆迁管理工作中，必须认真贯彻落实《城市房屋拆迁管理条例》《陕西省城镇房屋拆迁补偿管理条例》精神，经过宣传动员、明晰政策、制订计划、落实责任、督促检查等手段，使商洛市城市房屋拆迁工作逐步走向规范化、制度化的轨道。按照城市建设总体规划要求，科学合理地编制年度房屋拆迁计划和中长期规划，确定拆迁规模。拆迁过程中要维护群众利益，确保社会稳定，推动城市建设。

## 七　中介业发展状况

据商洛市房管局和商州区房管所相关人员证实，目前商洛市房地产中介企业尚处于空白状态。近几年商洛有一个中介机构，但手续不全。这主要与商洛市房地产企业起步较晚，拥有住房大都为单位建房，而且商洛市区人口较少，出售房产大都通过私人关系处理，造成商洛市中介企业迟迟不能成立。随着商洛市房地产交易市场各个环节的完善，业主需要正规的中介企业，但未来中介发展空间依然狭小。

## 八　物业管理现状及对策

### （一）物业管理基本情况

商洛市物业管理从 1999 年开始起步，至 2011 年年底，有物业管理企业 16 家，取得工商登记的企业法人营业执照和申请办理了物业管理资质的企业较少。从业人员近百人，人员文化素质较低。各小区物业管理费无统一标准，物业管理不同，大都处于亏损状态。

### （二）物业管理市场存在问题

商洛市内分散建筑多，多属零星插建，没有走规模建设的路子，难以与城市总体规划、区域控制衔接，给住宅物业管理工作带来诸多困难；由于商洛住房建设规模相对较小，难以达到专业物业管理公司承接的管理区域规模，导致全市整个住房物业管理滞后，短期内难以规模运作。

### （三）物业管理市场治理对策

在商洛市政府相关部门督促和物业公司努力下，商洛市商州区 16 家物业公司于 2010 年底成立了商洛市房地产物业协会。西安等城市成熟房地产企业的不断进入商洛房地产建设、地方相关政策完善以及业主需求层次的提高，给商洛房地产业带来了机遇和挑战。

商洛市住宅物业管理部门认真贯彻《物业管理条例》，努力提高物业管理水平，扩大物业区域管理，使工作尽快纳入规范化、社会化的轨道。包括强调规划作用，走规模建设的路子；坚持物业市场化方向，建立健全质价相符的物业管理价格机制；引导和监督各方履行物业服务合同；深化城市物业管理市场化、社会化改革；建立健全住房专项维修资金制度，规范维修资金的归集、管理和使用，保证住房维修基金正常使用；积极培育具有资质的物业公司。

## 九　房地产发展对策及发展趋势

### （一）规范房地产市场秩序

以市政府为首，通过行政、法律和教育等手段整顿和规范商洛市房地产市场。一要秉公执法，严格审批开发商开发房地产相关条件，严惩违规开发商和相关单位，严禁违法违规销售、一房多卖等欺诈行为以及非法中介参与。二要营造公平竞争环境，通过媒体和各行政部门宣传房地产相关知识，为开发商、销售管理人员和客户提供透明竞争环境。

### （二）抑制投机和投资性购房需求

坚持供需双向调节原则，遏制投机性炒房，抑制投资性需求；加大普通商品住房、经济适用住房和廉租住房建设，适当建设一定规模的高档商品房，合理引导住房消费。完善住房保障体系，满足广大群众的基本住房需求，充分考虑城市的各类住房需求，结合资源环境条件，合理确定各类住房的建设规模，切实解决各个收入层次居民的住房问题。

### （三）合理开发建设用地

一要坚持“统一规划、合理布局、综合开发、配套建设”的方针，坚持土地整片出让，严禁零星征地、分散建设，推行住宅建设产业化、规模化、专业化，提高住宅建设综合效益。二要坚持旧城改造与新区开发并举原则，严格执行城市总体规划和土地利用规划，促进商洛市城市化进程和城市空间布局的调整，使住房建设与经济建设同步进行、协调发展。三要在符合规划控制原则和相关规范要求前提下，适度优化住房建设的容积率，鼓励发展节能、节约型住宅。

### （四）大力发展旅游房地产业

旅游产业与房地产业是市场前景广阔、发展潜力巨大、综合带动能力很强的朝阳产业。市政府明确提出要依托商洛秦岭生态旅游资源优势，把旅游产业培育成为商洛重要支柱产业和新的经济增长点。要满足游客“吃、住、行、游、购、娱”的需求，必须加快旅游配套服务设施建设，推动商洛市房地产业新的发展。

### （五）加强对城镇住房的物业管理工作

物业管理是未来房地产业发展的重头工作。认真贯彻《物业管理条例》，全面提高物业管理水平，扩大物业区域管理，使住宅物业管理工作尽快纳入规范化、社会化的轨道。坚持物业的市场化方向，建立健全质价相符的物业管理价格机制；引导和监督各方履行物业服务合同；建立健全住房专项维修资金制度，规范维修资金的归集、管理和使用，保证住房维修和正常使用；培育一批具有资质的物业公司。

### （六）加大招商引资力度，吸引实力强、水平高的外地房地产开发企业投资房地产业

利用外地开发企业资金规模、设计理念、科学管理等优势，建设一批环境优美、功能齐全、设施完善、品位较高的高档商品住宅和花园别墅小区，以满足高收入家庭和吸引西安部分中高收入家庭休闲居住。

### （七）规范房地产管理体制

进一步理顺房产主管部门管理体制，以便对房地产开发、产权产籍交易发证、开发企业资质审查、物业管理、中介服务机构等实施规范管理。

**参考文献**

[1] 李熙娟、李斌：《房地产业与国民经济增长的实证研究》，《商业研究》2006 年第 4 期。

[2] 韩健：《房地产业对国民经济发展的影响》，《河海大学学报》（哲学社会科学版）2004 年第 1 期。

[3] 丁兆春：《我国房地产业发展中的基本理念》，《中国房地产》2005 年第 10 期。

[4] 谢玉爽：《浅析房地产业对国民经济增长的拉动作用》，《商业时代》2005 年第 35 期。

[6] 钟晓敏、叶宁:《关于物业税几个问题的探讨》,《财经论丛》2005 年第 2 期。
[7] 何红、王维宏:《论我国房地产税收制度的改革与完善》,《沈阳工程学院学报》(社会科学版) 2007 年第 2 期。
[8] 胡浩、汪宇明:《中国旅游目的地房地产开发模式研究》,《桂林旅游高等专科学校学报》2004 年第 4 期。
[9] 胡晓添、濮励杰:《中国城市房地产市场宏观调控效应研究》,《中国土地科学》2011 年第 10 期。
[10] 虞晓芬、张娟锋:《我国房地产业健康稳定发展的若干问题——2010 中国房地产学术研讨会综述》,《经济研究》2011 年第 2 期。
[11] 赵杨、张屹山、赵文胜:《房地产市场与居民消费、经济增长之间的关系研究——基于 1994～2011 年房地产市场财富效应的实证分析》,《经济科学》2011 年第 6 期。
[12] 李罗力、蒋学民:《解决中国房地产问题要理清大思路》,《开放导报》2011 年第 6 期。

# 2010～2011年延安市房地产业发展报告

冯飞　姬雄华　潘晶*

## 一　延安市概况

### （一）延安市区位

延安市位于黄土高原的中南地区，西安以北371公里，北连榆林，南接关中咸阳、铜川、渭南三市，东隔黄河与山西临汾、吕梁相望，西邻甘肃庆阳，全市总面积3.7万平方公里。

### （二）延安市人口与土地面积

2010年，延安人口总户数80.80万户，总人口230.22万，男性人口119.06万，非农业人口74.45万。人口密度59.02人/平方公里，人口自然增长率4.27‰。土地面积37037平方公里，详见表1。

**表1　2010年延安市分县区土地面积与人口密度**

| | 土地面积（平方公里） | 年末人口数（万人） | 人口密度(人/平方公里)（按常住人口计算） |
|---|---|---|---|
| 宝塔区 | 3541 | 47.57 | 132.74 |
| 延　长 | 2368 | 12.55 | 53.11 |
| 延　川 | 1985 | 16.85 | 84.88 |
| 子　长 | 2395 | 21.71 | 90.54 |
| 安　塞 | 2950 | 17.17 | 58.07 |
| 志　丹 | 3763 | 14.08 | 37.18 |

* 冯飞，博士，延安大学管理学院副教授；姬雄华，博士，延安大学管理学院教授；潘晶，延安大学管理学院研究生。

续表

| | 土地面积（平方公里） | 年末人口数（万人） | 人口密度(人/平方公里)（按常住人口计算） |
|---|---|---|---|
| 吴　起 | 3791 | 14.52 | 37.89 |
| 甘　泉 | 2285 | 7.73 | 33.83 |
| 富　县 | 4180 | 14.98 | 35.79 |
| 洛　川 | 1799 | 22.08 | 122.31 |
| 宜　川 | 2931 | 11.73 | 39.96 |
| 黄　龙 | 2759 | 4.94 | 17.92 |
| 黄　陵 | 2290 | 12.99 | 56.86 |
| 合　计 | 37037 | 218.87 | 58.85 |

资料来源：《延安统计年鉴 2010 年》。

## （三）延安市经济发展水平

延安依靠丰富的煤炭、石油、天然气资源，近年来经济快速发展。2010 年，完成生产总值 885.4 亿元，增长 13.6%；财政总收入 336.51 亿元，其中地方财政收入 105.2 亿元，增长 16.3%；全社会固定资产投资 724.5 亿元，增长 30%；城镇居民人均可支配收入 17880 元，增长 17.5%；农民人均纯收入 5173 元，增长 21.5%；社会消费品零售总额 110.6 亿元，增长 18.4%。2010 年，生产总值（GDP）构成为第一产业占 8.0%，第二产业占 71.8%，第三产业占 20.2%。2011 年，生产总值比 2006 年翻了一番，人均突破 8000 美元；财政总收入 400.5 亿元，其中地方财政收入 120.7 亿元，分别增长 1.7 倍和 1 倍；城镇居民人均可支配收入、农民人均纯收入分别达到 21188 元和 6565 元，增长 1.5 倍、1.7 倍。6 个县区先后跨入陕西十强县。农村人口加快向城镇转移，2010 年城镇化率达到 45%，2011 年达到 49.5%。

延安近年特色产业发展势头强劲。以油煤气为主的能源化工产业发展取得突破性进展，2010 年，原油生产和加工量分别达到 1600 万吨、1021 万吨；煤炭产量达到 2541 万吨；以苹果为主的绿色产业成为农民增收的主渠道，苹果面积由“十五”末的 191 万亩增加到 300 万亩，绿色产业收入占农民人均纯收入的 60% 以上；以红色旅游为龙头的文化旅游产业快速发展，来延游客和综合收入分别由“十五”末的 500 万人、20 亿元增加到 2010 年的 1400 万人、70 亿元。

# 二　延安市房地产发展状况

## （一）延安市房地产企业状况

1998 年，国务院出台了《关于进一步深化城镇住房制度改革加快住房建设的通知》，我国房地产市场开始发生根本性变化，福利性分房政策取消，金融等行业进入房地产市场。随着延安市经济社会快速发展和房改工作的推进，延安市房地产企业不断壮大，住房开发建设取得丰硕成果。“十五”期间，延安市共有房地产开发企业 59 个。到 2011 年，延安房地产企业总数达 143 个，其中具有一级资质的企业 3 个，二级资质的企业 30 个，三级及以下资质的企业 110 个。

随着时间的推移和实践经验的积累，延安市房地产企业的技术力量、品牌意识逐步提高，如丽景花园和新洲花园等一批高质量、高品位的楼盘不断推出，对改善延安的人居环境起到了良好的示范作用。房地产企业的快速成长有力推动了住房建设的迅猛发展，至 2010 年底，延安市城镇居民人均住房面积由房改前的 11 平方米提高到 24.06 平方米。

## （二）延安市房地产开发投资状况及对国民经济的影响

### 1. 延安房地产投融资状况

2010 年，延安固定资产投资快速增长，投资规模进一步扩大。全年全社会完成固定资产投资 724.53 亿元，比上年增长 30.4%。2010 年延安房地产业稳步发展，全年全市房地产开发完成投资 8.13 亿元，比上年同期下降 0.6%。有关延安 2010 年社会固定资产投资及房地产开发投资具体情况见表 2、表 3、表 4、表 5。

**表 2　2010 年延安市全社会固定资产投资**

单位：万元

| 年份 | 合计 | 城镇 | 房地产开发 | 农村非农户 | 跨地市项目 |
|---|---|---|---|---|---|
| 2006 | 2316704 | 1930103 | 54504 | 23301 | 308796 |
| 2007 | 3153307 | 2604927 | 52201 | 154204 | 341975 |
| 2008 | 4063477 | 3203595 | 103794 | 138842 | 617246 |
| 2009 | 5574794 | 3989358 | 81805 | 152835 | 1350796 |
| 2010 | 7245259 | 5190909 | 81349 | 168126 | 1804876 |

资料来源：《延安统计年鉴 2010 年》。

**表 3　2010 年延安房地产开发投资**

单位：万元

|  |  |
|---|---|
| 计划总投资 | 361619 |
| 本年完成投资 | 81349 |
| 其中:住宅投资 | 47314 |
| 本年新增固定资产投资 | 10263 |

资料来源：《延安统计年鉴 2010 年》。

**表 4　2010 年延安按等级注册类型分完成房地产开发投资**

单位：万元

|  |  |
|---|---|
| 国有 | 1743 |
| 股份合作 | — |
| 其他有限责任公司 | 54508 |
| 私营有限责任公司 | 9267 |
| 私营股份有限公司 | 6060 |
| 其他企业 | 2450 |

资料来源：《延安统计年鉴 2010 年》。

**表 5　2010 年延安按工程用途分完成房地产开发投资**

单位：万元

|  |  |
|---|---|
| 经济适用房 | 21375 |
| 商业营业用房 | 24063 |
| 其他 | 1640 |

资料来源：《延安统计年鉴 2010 年》。

**2. 延安房地产投资资金来源**

2010 年，延安房地产投资资金来源 83646 万元，其中自筹资金 34509 万元。有关情况见表 6。

**3. 延安房地产面积**

2010 年，购置土地面积 6736 平方米，本年土地成交价款 934 万元。延安商品房销售建筑面积 20. 28 万平方米，增长 0. 5% 。有关情况见表 7。

**4. 延安市房地产发展对国民经济的影响**

延安市房地产投资规模逐年增加，房地产行业投资在全社会固定资产投资的比重和对 GDP 的贡献率不断增大。2010 年，延安市的房地产投资额占全社会固

**表 6　2010 年延安房地产投资资金来源情况**

单位：万元

| | |
|---|---|
| 资金来源合计 | 122685 |
| 上年末结余资金 | 39039 |
| 本年资金来源小计 | 83646 |
| 国内贷款 | 8050 |
| 自筹资金 | 34509 |
| 其他资金来源 | 41087 |
| 其中:定金及预付款 | 16173 |
| 本年各项应付款合计 | 22194 |
| 其中:工程款 | 6954 |

资料来源：《延安统计年鉴 2010 年》。

**表 7　2010 年延安市房地产面积综合情况**

单位：万元，平方米

| | 总计 | 住宅 | 90 平方米以下住房 | 140 平方米以上住房 | 经济适用房 |
|---|---|---|---|---|---|
| 1. 房屋施工面积 | 1421327 | 1182081 | 45085 | 96543 | 643516 |
| 其中:新开工面积 | 169968 | 160758 | — | — | 28500 |
| 2. 房屋竣工面积 | 22000 | 22000 | — | — | — |
| 3. 商品住宅竣工套数 | | 180 | — | — | — |
| 4. 竣工房屋价值 | 4993 | 4993 | — | — | — |
| 5. 批准预售面积 | 97236 | 94026 | — | — | — |
| 6. 批准预售套数 | | 845 | — | — | — |
| 7. 商品房销售面积 | 202806 | 201943 | 13558 | 44394 | 42189 |
| 其中:现房销售面积 | 73458 | 73458 | 1936 | 3920 | 42189 |
| 期房销售面积 | 129348 | 128485 | 11622 | 40474 | — |
| 8. 待销面积 | 13472 | 13472 | — | — | — |
| 其中:待售 1～3 年面积 | 11012 | 11012 | — | — | — |
| 待售 3 年以上面积 | — | — | — | — | — |

资料来源：《延安统计年鉴 2010 年》。

定资产投资额的 11.2%，房地产行业作为支柱产业的地位越来越明显，房地产行业作为新的经济增长点，对延安经济发展的促进作用越来越重要。

近年来，延安市房地产发展迅猛，带动了与房地产相关行业的快速发展，如建筑、建材、交通、运输、装饰等行业和房产评估、测绘、交易、咨询类中间服

务机构及物业管理等相应得到发展。有些产业从无到有，由小到大，从摸索试点到稳步发展。随着房地产相关产业的快速发展，从业人员逐年增加，为许多下岗、转岗人员提供了再就业岗位。另外，通过带动建筑业的不断增长，为进城的农民工提供了大量就业岗位，间接地为农村剩余劳动力向非农产业转移，加快延安城市化进程，维护社会和谐稳定做出了重要贡献。并且，由于实行房地产与城镇基础设施的综合开发和配套建设，在城市建设资金投入能力有限的情况下，房地产业的高速增长同时带动了城市基础设施建设的快速发展，完善了城市功能。近年来，城市道路总长度、城市人均绿地面积不断增长，城市休闲娱乐广场等不断增加，城市功能逐步完善，涌现出一批人居环境优美的典范。

## （三）延安市房地产销售与价格

2010 年，延安商品房屋销售额 5.78 亿元，增长 10.4%。具体情况见表 8。

**表 8　2010 年延安市房地产商品房销售情况**

单位：万元，平方米

| | 总计 | 住宅 | 90 平方米以下住房 | 140 平方米及以上住房 | 经济适用房 |
|---|---|---|---|---|---|
| 商品房销售额 | 57788 | 56615 | 7963 | 14000 | 6702 |
| 其中：现房销售额 | 14444 | 14444 | 581 | 1284 | 6702 |
| 期房销售额 | 43344 | 42171 | 7382 | 12716 | — |
| 商品住宅销售 | — | 1798 | 206 | 309 | 343 |
| 套数 | — | — | — | — | — |
| 其中：现房销售套数 | — | 619 | 24 | 28 | 343 |
| 期房销售套数 | — | 1179 | 182 | 281 | — |

资料来源：《延安统计年鉴 2010 年》。

在国家和地方的一系列政策引导下，2010 年，陕西延安市房地产市场继续保持总体平稳运行的态势。整体来看，目前延安房地产市场开发项目主要以经济适用房为主，商品房为辅，且地段多在市中心，出行便利、环境优越、配套设施较为完善。商品房占房地产比重不到 40%，价格一般是 4000～5000 元/平方米，地段非常好的地方 4800～5000 元/平方米。稍微偏一点的地方在 3500～3800 元/平方米。保障性住房占住房建设的约 60%，主要由政府划拨土地，解决中低收入家庭住房困难，建筑成本加3%的利润，外加2%的管理费。2009年9月，经适房均价3200元/平方米。延安市场目前未有真正的别墅物业形成。以2010年1～6月为例，价格走势见表9。

**表9　2011年1～6月市区价格走势表**

单位：元/平方米，%

| 月份 | 1月 | 2月 | 3月 | 4月 | 5月 | 6月 |
|---|---|---|---|---|---|---|
| 销售均价 | 4300 | 4914 | 3907 | 3924 | 4028 | 4051 |
| 同比 | 0 | -1 | -13 | -10.09 | -0.49 | -3.94 |
| 环比 | 5.73 | 14.28 | -21 | 0.44 | 2.65 | 0.57 |

资料来源：延安房产管理办公室：《延安市2011年上半年房地产市场调控工作报告》。

从价格走势表可以看出，1、2月份销售均价较高，环比数值较大。主要是由于这两个月在售楼盘区位较好、入住率达80%以上。3～6月份新增了期楼的销售，价格回归平稳，保持在4000元/平方米左右，较上半年有小幅回落；不同区域房价相差较远，详见下表10。

**表10　不同区域商品房价格表**

| 区域 | 南川 | 杜甫川 | 东川 | 西北川 |
|---|---|---|---|---|
| 价格(元/平方米) | 3100 | 3100 | 4500 | 4200 |

资料来源：延安房产管理办公室：《延安市2011年上半年房地产市场调控工作报告》。

从上表可以看出，区域发展不均衡与延安地形地貌特征有关系，南川、杜甫川是老城区，以公房、企业住宅楼为主，基础设施落后，地理位置受限、川道较窄，发展空间较小，房地产商投资积极性不高；东川、西北川是近几年发展起来的新城区，川道较宽，定位清晰。东川是以繁华商业街区、现代住宅区为主流发展的区域模式，中、小学校、文化艺术活动中心、大型商业、高档酒店等配套设施完备，已进入成熟发展区域；西北川是以干部学院为主的建设风格，以旅游、休闲、住宅为主，以枣园革命旧址为依托，配建植物园、延安红色旅游购物街等餐饮、旅游一条街，但教育配套设施不完善，属于快速发展区域。

## （四）延安市土地市场状况

由于延安市地形限制，可利用的建设用地少，延安的用地省上用地指标每年是 9000 亩，实际能利用的只有 4000 亩，远远不能满足延安住房建设的需求。

### 1. 供地情况

2011 年，全市供地 188 宗，面积 493.7 公顷（合 7405.5 亩）。其中划拨供地 89 宗，面积 195.3 公顷（合 2929.5 亩）；出让地 99 宗，面积 298.4 公顷（合 4476 亩）。其中协议出让 26 宗，面积 14.97 公顷（合 224.55 亩），收缴土地出让金 7463.842 万元；招标拍卖挂牌出让地 73 宗，面积 283.43 公顷（合 4251.45 亩），收缴土地出让金 151973.37 万元。

延安市区供地 43 宗，面积 97.44 公顷（合 1461.6 亩）。其中划拨供地 16 宗，面积 76.32 公顷（合 1144.8 亩）；出让供地 27 宗，其中协议出让 16 宗，面积 8.42 公顷（合 126.3 亩）（其中：商业用地 55.8 亩，商品住宅用地 70.5 亩），收缴土地出让金 8594.6058 万元、契税 156.495099 万元、划拨权益价 131.16796 万元；招标拍卖挂牌出让供地 11 宗，面积 12.7 公顷（合 190.5 亩。其中：商业用地 93.75、住宅用地 33.6 亩、工业用地 63.15 亩），成交价款 28670 万元，应收出让金 28670 万元，实收出让金 16725 万元，尚欠出让金 11945 万元。

### 2. 土地收储情况

2011 年，计划收储土地 7400 亩，已完成收储土地 13 宗，面积 2121.56 亩，正在办理 5215 亩。同时加大城市存量土地挖潜力度，加快盘活闲置、空闲土地。

### 3. 出让用地办理情况

办理市国有土地使用权出让领导小组确定需办理出让手续的 14 宗用地。已办理中国银行延安支行等 3 宗企业资产处置及企业改制用地；改变用途协议出让土地的已办理 1 宗；追缴商品住宅小区擅自加层增加容积率的土地出让金。解决历史遗留问题，为宝塔区国有企业改制办理出让用地手续。

### 4. 地价

（1）及时更新基准地价，以向社会及时反映延安市地价水平与地价动态变化趋势信息，发挥地价在经济发展中的调节作用，合理配置土地。

（2）加强评估、勘测中介机构的管理，建立监督体系。

#### 5. 土地市场动态监测与监管情况

土地市场动态监测与监管系统是国土资源部构建统一的“批、供、用、补、查”建设用地动态监管平台的重要组成部分，它集建设用地供应备案系统、土地市场动态监测系统和出让合同网上填报系统于一体，涵盖了土地供应、开发利用、市场交易、收购储备、集体建设用地管理等多项业务，是进一步加强和改善宏观调控，强化国家监管土地职能，促进节约集约用地的重要举措，是进一步提高土地资源配置效率，营造公平公正的土地市场环境的业务平台。现已达到专人、专机、专线，为延安市土地市场运行监测监管服务。

### （五）延安市保障房建设与公有住房状况

2010 年，坚持以科学发展观为指导，按照保增长、保民生、保稳定的要求，加大了住房建设开发力度。

（1）认真落实保障性住房政策措施。延安市召开保障性住房建设工作会议，制定出台了《关于加快保障性住建设的意见》，先后制定了《延安市 2010 ~ 2012 年保障性住房建设规划》和《延安市“十二五”住房建设规划》，为做好今后的保障性住房开发建设工作奠定了坚实基础。

（2）做好经济适用住房建设管理工作。2010 年，全市计划投资 6.5 亿元，开工建设经济适用住房面积 114.1 万平方米，截至 11 月底，累计完成投资 8.554 亿元，开工建设经济适用住房项目 25 个，开工建设面积 115.9 万平方米，建成 46.6 万平方米。市区全年核发《预售许可证》5 件，批准经济适用住房预售面积 38.28 万平方米。审查城区购买经济适用住房户 1952 户，发放认购通知书 1952 户。

（3）稳步推进廉租住房制度建设。2010 年，全市累计完成廉租住房投资 6025 万元，开工建设面积 4219 套，20.645 万平方米。

2011 年，延安有 3.1 万套保障性住房建设任务，省国土资源厅下达延安市 2011 年保障性住房用地指标 2350 亩。根据建设任务，与国土局联合发文，将用地指标如数分解到各县区，保证了保障性住房建设用地落到实处。加大资金投入力度，争取到上级补助资金 4.83 亿元，市级配套资金落实 1.22 亿元，同省保障公司签订融资金额 16.7 亿元，开发银行签订融资 7.5 亿元，部分资金已陆续到位，解决了建设资金的瓶颈制约。截至 11 月底，延安市保障性住房建设累计

完成投资47.8亿元，占年初计划的101%；开工建设各类保障性住房3.22万套，完成年度计划104%，预计年底封顶套数可达1.65万套，新增租赁补贴2100户。

**表11　2011年延安保障性安居工程计划供地情况**

单位：平方米

| 指标名称 | 合计 | 廉租住房 | 公共租赁住房 | 经济适用住房 | 限价商品住房 | 城市棚户区 |
|---|---|---|---|---|---|---|
| 延安市实际供地 | 2405200 | 242959 | 176686 | 1572059 | 315187 | — |
| 延安本市 | 1371583 | 0 | 0 | 1371583 | 0 | 0 |
| 延长县 | 39542 | 8750 | 12792 | 18000 | 0 | 0 |
| 延川县 | 82912 | 19700 | 17149 | 830 | 1624 | 43609 |
| 子长县 | 180239 | 81333 | 5333 | 5333 | 88240 | 0 |
| 安塞县 | 41793 | 0 | 0 | 0 | 41793 | 0 |
| 志丹县 | 120980 | 8315 | 26338 | 63440 | 22887 | 0 |
| 吴起县 | 100000 | 40000 | 24000 | 20000 | 16000 | 0 |
| 甘泉县 | 86353 | 9600 | 13140 | 26860 | 12353 | 24400 |
| 富　县 | 27599 | 3067 | 10266 | 2666 | 11600 | 0 |
| 洛川县 | 94200 | 2600 | 14000 | 10900 | 66400 | 300 |
| 宜川县 | 98000 | 10661 | 19902 | 29147 | 38290 | 0 |
| 黄龙县 | 60666 | 27933 | 16733 | 0 | 16000 | 0 |
| 黄陵县 | 101333 | 31000 | 17033 | 23300 | 0 | 30000 |

资料来源：延安市国土局。

2010年，继续加强住房二级市场培育，促进住房梯度消费，优化住房资源配置，引导城镇居民通过以小换大，以旧换新，以远及近的方式，推行限时服务，提高办事效率，努力盘活住房存量，截至11月底，共办理二手房交易1180宗。按照公房出售政策，降低登记门槛，简化办事程序，加紧处理公房出售遗留问题，共对16个单位、945套全额集资房完成了产权鉴定，对9个单位31套公有住房进行了成本价售房。

### （六）延安市物业管理与市场中介服务体系状况

延安市物业管理从1998年开始起步，截至目前，延安市注册的物业服务企业共91家，其中城区69家，物业管理从业人员2400多人。已实施物业管理的小区 51 个，面积达 456 万平方米。实施物业管理的小区已成立业主委员会 22 个。物业管理是房地产管理工作的一个重要组成部分，市房产局认真借鉴学习外地先进经验，结合延安市实际情况，积极推行社会化的物业管理体制，制定相关管理办法，对延安市的物业管理企业进行规范管理，取得了一定成效。

2010 年，延安市开展了物业服务质量提升年活动，物业服务水平得到有效提高。

（1）初步形成了物业管理新机制。成立了全市物业管理领导小组，出台了《关于加强物业管理工作的意见》。按照“条块结合、属地管理、重心下移”的原则，将物业管理监督权下放到街道、社区，基本上形成了“市房产部门监督、县区政府负责、街道（乡镇）组织、社区居委会协助落实”的工作机制。制定出台了《延安市住宅专项维修资金管理办法》，启动了专项维修资金收缴工作。

（2）积极营造了物业管理发展的良好氛围。开展物业管理法规宣传进小区的全覆盖活动。编印《物业管理法规汇编》，不断提高相关部门对物业管理工作的依法行政能力。充分利用报刊和电视台等新闻媒体，坚持开展多层次、多渠道的物业管理知识宣传活动，扩大覆盖面，提高知晓率。

（3）不断加强对物业服务企业的监管。严把市场准入，资质审验，持证上岗，量化考核和信用档案等制度，从制度上规范行为。不断完善“菜单式”分等定级服务收费管理办法，对服务收费项目重新测算评估，将服务项目和收费标准向居民公开，增强收费项目的透明度。强化物业服务合同备案管理工作，规范物业服务合同管理，引导开发建设单位，物业服务企业和业主树立依法履约的合同意识，促进物业服务企业不断走企业化运作、专业化管理、规范化发展的路子。

（4）努力提高物业管理人员的素质，使他们进一步理解、掌握《条例》和各项规定，切实增强合同意识，服务意识，努力建立一支懂经营、会管理、讲道德的物业管理队伍。

2011 年，延安市进一步落实措施，物业服务质量和水平有效提升。（1）继续加大物业工作的监管力度。（2）狠抓物业服务合同备案管理工作。（3）全面启动住宅专项维修资金归集工作。（4）逐步建立质价相符的物业价格体系。（5）积极营造良好物业管理氛围。通过以上措施，我市物业管理被动局面得到扭转，物业管理体制机制初步形成，业主认知度明显提高。

市场中介服务体系初步建立。随着房地产市场专业化程度的不断提高，与房地产业相关的中介、评估、咨询、代理、测绘、交易等服务机构也逐步发展起来。到目前为止，共有各类中介服务机构数十家，并且建立健全了相应的制度、技术规范和管理办法，使中介服务业务逐步规范；服务品种也在不断增加，覆盖了信息、法律、担保等方面。这些机构的建立和运作，对于促进延安市房地产行业市场化和专业化及房地产业价值链的延长起到了积极作用。

## （七）房地产市场管理

为了保证房地产业平稳健康发展，引导房地产企业不断向规范化、规模化方向迈进，延安市在房地产市场管理方面做了大量的工作。

**2010年的管理工作：**

（1）加强了房地产市场秩序整顿的组织领导，成立了延安市房地产市场整顿领导小组，开展集中整治行动，印发了《延安市关于遏制房价过快上涨，开展集中联合检查的安排意见》，制定了工作方案，明确了整治目标、重点、方式，提出了具体措施和要求，保证了集中整治工作扎实有效进行。

（2）开展执法检查工作。重点围绕土地闲置和炒地行为，违法违规建设行为，挪用房地产贷款，假按揭骗贷，挪用预售资金及其他违规融资行为，囤积房源、哄抬房价行为，违反房地产税收管理规定行为等六项内容，对照各个项目的用地规划许可，工程规划许可，工程施工许可和土地使用证以及项目投资备案，规划设计方案等相关资料，共检查了30多家房地产开发企业。有效规范了房地产市场秩序，促进了住房消费和投资，增加了住房合理供给，遏制了房价过快上涨。

（3）切实加强商品房销售管理。加强商品房预售管理工作，保护消费者合法权益，防范商品房预售中的重复销售、重复抵押现象，遏制囤积房源等行为，促进了延安市房地产市场健康发展。

**2011年的管理工作：**

（1）扎实开展房地产市场秩序整顿工作。共检查房地产开发企业26家，涉及项目30余个，对12家违规企业下发了整改通知书，查封了11个违规售楼部。

（2）加强房地产市场调控。起草了《关于进一步做好房地产市场调控工作的通知》，按月对延安市房地产开发投资、施工、竣工面积，新建商品房销售等情况进行汇总分析。从1～11月份监测情况看，延安市房地产市场运行情况良好，住房价格趋于平稳，市区普通商品房每平方米均价为4187.4元，市场调控成效显著。

（3）制定了《延安市房地产开发项目手册》，如实记载项目实施阶段的主要事项和政府管理部门对开发企业经营活动的审查批准意见。目前，已有43个项目建立了项目开发手册。

（4）进一步完善商品房预售制度。印发了《延安市房产管理办公室关于进一步加强和完善商品住房预售制度有关问题的通知》，对办理商品房预售提出了更加严格的要求。

（5）加强房地产从业人员效能培训和企业资质管理。

## 三　延安市房地产发展中存在的主要问题

### （一）主要问题

#### 1. 房地产企业综合实力和管理水平有待提升

由于历史原因，延安房地产企业业主大多为以前的个体建筑承包商，他们在特殊的市场环境下抓住了机遇，完成了原始积累而发展成长到今天，但总的说来，在企业管理、人才、品牌、营销等方面的知识非常欠缺，急需补充和加强。由于企业规模限制，职业的经营管理人才还没有被请到企业里来，这是延安房地产企业综合实力较差的根本原因。大部分企业规模小、实力弱、素质差、技术力量弱和创新意识不强，缺乏品牌化、规模化和集团化的开发企业。一些开发商尚处于单纯的建房卖房阶段，产业化水平低，生产的产品没有个性，缺乏特色，文化品位和审美价值差，不具备市场竞争的优势，经不起市场经济风浪的冲击。随着外来企业、外来资金进入延安房地产市场和土地招标拍卖挂牌制度的全面推广，以及楼盘开发规模化经营和房地产市场的逐步规范的新形势，延安市中小型房地产企业面临巨大的生存危机，急需提升自己的综合实力和管理水平。

#### 2. 延安市房地产中小企业存在开发的产品品种单一等问题

随着延安市整体经济的快速增长和延安市城区规模的进一步扩大，以建设与

开发市民用户住宅小区为主的房地产业逐渐显现出经营结构模式单一、经营层次低、规模狭小等不良特征，真正意义上的商业房地产经营项目在延安市区比较少。此外，延安市房地产中小企业的营销策略单一，发展战略不够明确。

**3. 企业法律意识淡薄，人员素质参差不齐**

一些企业存在钻政策空子的侥幸心理；一些企业唯利是图，无视法律法规；还有一些“法盲”企业，不懂法，不学法，扰乱房地产市场秩序。

## （二）延安市房地产开发与投融资存在的主要问题

**1. 违规开发**

房地产商利用单位自有土地、集体土地和农民宅基地无任何手续搞房地产开发；违章建筑或者不按规划审批，擅自扩大建筑面积的问题时有存在；开发商通过协议方式获得工业用地，再擅自将工业用地转为商业用地，进行房地产开发建设；未经审批提高规划容积率和建筑密度，降低基础设施配套。

**2. 住房建设区域发展不均衡**

区域好的项目开发建设较为集中，且以商品房项目居多，而区域一般的、以保障房项目为主、品质较好的商品房项目稀缺，形不成规模。由于发展不均衡导致房价时有波动。

**3. 房地产企业融资渠道单一，贷款方式少**

目前延安市房地产开发企业融资面临的主要问题是贷款方式少。房地产开发贷款在延安主要有三种形式：第一种是房地产开发流动资金贷款，主要用于补充企业为完成计划内土地开发和商品房建设任务需要的流动资金；第二种是房地产开发项目贷款，主要为房地产开发项目提供生产性流动资金贷款；第三种是房地产抵押贷款，是开发商以拟开发的土地使用权或房屋产权做抵押而向银行取得贷款。这三种贷款方式的期限都很短，无法适应房地产开发周期的需要。因此，目前延安房地产金融市场化的程度有待提高，房地产贷款方式也有待创新和拓宽。

近年来，延安直接融资市场发展很快，但是在短时期内仍然难以改变以间接融资为主的融资格局，房地产业在相当大程度上需要银行的信贷资金支持。房地产资金主要来自银行贷款。这种高度集中于银行的融资体制，如果商品房空置面积长期持续大量积压，开发企业无法支付银行贷款与承包商费用时，只有将房子抵押给银行与建筑商，而建筑商的资金大部分也来自银行贷款，最后也只好把开发商抵押给他的房子再抵押给银行。这样，银行将成为房地产风险的最大承担者，这也正是目前房地产融资渠道狭窄和房地产金融体系不完善的必然结果。

## （三）延安市房地产销售与价格存在的主要问题

**1. 违规销售**

有的开发商在未取得预售许可，就违法销售房屋；有的开发商变相囤积房源，哄抬房价；开发商违规进行返本销售、售后包租、拆零销售；部分项目变相炒楼花，炒房号的问题依然存在。房地产广告不实，甚至有的是虚假广告，误导消费者，导致消费者受骗上当。

**2. 商品房买卖合同签订和履行中行为不规范**

签订商品房买卖合同时，不按规定使用示范文本；合同未包含法律法规规定内容；隐瞒事实真相，误导消费者，签订有损购房人合法权益的合同；房地产企业、中介机构不履行合同约定的义务。

**3. 商品房销售面积误差和面积“短斤少两”**

房地产开发企业将不应分摊的公共面积进行分摊；将分摊的公共面积再次出租或出售；在合同中不按规定标明套内建筑面积和分摊的共有建筑面积。

**4. 住房供应结构不合理，市场供求失衡**

在延安经济持续快速发展下，GDP 连年稳步提高，人民群众收入显著增加，居民消费水平快速增长，从人均可支配收入来看，延安房地产发展潜力依然巨大，延安城镇居民的房地产需求旺盛，工薪阶层将成为住宅需求主体。但是政府调节房地产业的时间和空间有限，房地产商一味追求大住宅，与延安中低收入家庭占绝大多数的情况极为不符，造成土地浪费和房地产资源不经济，形成一部分人拥有几套住房，而大多数人缺乏或者无房，许多居民住房问题未能很好解决。

**5. 存在一定的价格压力**

从生产成本分析，延安的建筑成本大，与西安相比，水泥、钢筋、沙石等建筑材料价格要高出许多；工人工资高；土地缺乏，寸土寸金，可供开发楼市的土地不多。土地供不应求。

从需求分析，近年来，延安经济的快速发展使得相当一部分人手中有了钱，有了购房的基础。延安的发展吸引了一批人来延安兴业，其中一部分人富了，于

是在延安购楼。还有一批 20 世纪八九十年代购楼的人，因结构不合理或嫌面积小而产生换房的需求，因此，高房价的压力在延安仍然存在。

## （四）延安市土地市场存在的主要问题

### 1. 土地二级市场秩序混乱

延安土地一级市场，即土地收购储备制度和土地出让制度自市政府 2002 年成立土地收购储备中心以来，为政府宏观调控土地资源，优化资源环境，垄断土地一级市场，实施土地开发整理取得了初步成效。但是，土地二级市场，即土地转让、租赁、抵押制度目前在延安秩序比较混乱，划拨土地大量非法入市，隐形交易、非法租赁等现象层出不穷。

### 2. 土地资源紧张，地价高

在延安这样的地理环境中，土地资源永远是紧张的。可供开发的平地比较少，所以土地价格奇高。2007 年，延安某宗土地拍出了每亩 1000 多万元的天价。

## （五）延安市保障房建设存在的主要问题

延安市保障性住房建设总体进度不快，建设资金紧张，部分县工作进展缓慢。保障性住房建设前期手续办理复杂，审批时限过长，建设资金缺口大，这些问题依然是影响建设进度的主要因素。

## （六）延安市物业管理与中介存在的主要问题

### 1. 物业管理服务不到位

不按合同约定的内容和标准提供服务；服务与收费质价不符；建设单位与管理单位互相推诿，不认真解决质量和配套不完善问题；处理问题和矛盾态度恶劣，致使矛盾激化。一些老旧小区水、电、暖、气等设施陈旧，维修改造量大，加之物业服务企业整体素质不高，服务质量差，业主满意度低。

### 2. 房地产中介活动中的违法违规行为

发布不实信息，诱骗消费者；迎合委托方要求出具不实的房地产估价报告；利用执行业务之便，索贿、受贿，或者收取委托合同之外的费用；未取得房地产中介服务资格，擅自从事房地产中介业务，未经注册，擅自以房地产估价师名义从事估价业务。

### （七）房地产市场管理存在的主要问题

**1. 市场管理体系有待健全和完善**

延安市房地产行业有多个部门分工管理，管理职能分散，各环节缺乏统一协调，造成管理环节多、周期长、项目运作成本高。由于市场管理和调控机制不健全，容易出现各自为政、信息流通不畅、管理效率低下等现象。而且，由于行业法规不健全、不完善，政府有些主管部门还有严重的非市场经济色彩，对市场的管理和调控过分依赖行政手段而不是经济规律，影响了市场的运行效率。

**2. 市场功能和作用发挥不充分**

延安市房地产市场发育不够成熟，不能合理配置房产资源，使现有的房产供应潜力没有充分发挥出来。

（1）房产信息系统不健全，难以及时、准确地向消费者提供房产信息，有效控制部分人的炒作行为，使房地产价格增长过快。

（2）住房二级市场交易不规范，虽然延安市住房二级市场全面开放，市场交易量逐年上升，但是，隐形交易、地下交易依然存在，旧房资源不能全部进入市场交易，偷逃房屋交易税的现象难以有效控制。

（3）住房租赁市场不规范，存量房产资源不能充分发挥作用。

**3. 房地产行政审批过程中涉及的有关部门及其工作人员违法违规行为**

包括违规审批、滥用权力、违法不究，以及在行政许可中的索贿受贿，为不法开发商提供便利、收取好处等行为。一些企业违规违法建设、销售等行为时有发生。

## 四　延安市房地产业发展对策

延安市房地产业发展的总体思路是：加快经济适用住房建设，优先解决中低收入家庭的住房问题；调整商品房供应结构，控制商品房价格过快增长，保持房地产平稳快速发展；进一步完善法规体系，加大对市场的监管力度，充分发挥市场功能和作用；科学规划、合理布局、创新设计、突出地域文化特色，提升革命圣地名城品位；努力建设资源节约型、环境友好型社会，采取有效措施，大力推广建设节能技术，节约土地，保护环境，提高资源利用效率；不断优化投资环

境，保持房地产业对经济增长的持续拉动作用；引导和促进房地产业持续稳定健康发展。

## （一）延安市房地产企业发展对策

### 1. 树立企业形象，提升企业竞争力

完善法人治理结构，建立科学决策体系，建立规范的财务管理制度，实施房地产企业品牌战略，树立企业形象。房地产开发企业要清醒认识品牌在市场中的地位和作用，审时度势、转变观念，确立以市场为导向，树立和强化品牌意识，并把这种品牌意识贯彻到每个员工身上，贯穿于企业经营和管理的每个环节，落实在每个项目、每幢房屋的决策、设计、施工、营销和物业管理之中，使企业的品牌经营理念成为消费者能感知的服务、认可的信誉和欣赏的品位。加强房地产企业人才建设。建立高素质的人才队伍，建立健全激励与约束机制，保护员工合法权益。

### 2. 实施产品多元化战略

延安市房地产中小企业应当进行企业战略转变与战略调整，实施产品多元化战略，将经营项目品种向商业地产方向靠拢，做到建设与开发、用户住宅与商业地产开发并举，朝着二元化方向发展。这样才能有效遏制延安市房地产中小企业经营结构模式单一、经营层次低、企业规模狭小等问题，使延安市房地产中小企业朝着健康方向发展。

### 3. 实施多元化营销策略

企业应当避免单一方式，采取广泛而有效的销售楼盘方法。例如，加大投入媒体宣传、传单发放、人员销售，在延安市电视台一套、二套、三套黄金时段滚动播放，在《延安日报》刊登最新楼盘信息；印制印刷品、传单、宣传页等在东关街、二道街等繁华路段发放；增加营销人员；对相关的人员进行必要的培训等等。加大投入媒体宣传、传单发放、人员销售等销售方式只是企业营销策略的一部分，延安市房地产等中小企业的营销政策还可以采用其他的行之有效的方法。

### 4. 明确企业发展战略

企业应当明确当前企业的发展战略，重新思考市场定位，严格按照国内房地产业形势、延安市房地产业形势、本公司的实际情况制定企业发展战略。由于延

安市地处黄土高原山区，千沟万壑、支离破碎等不利的地理环境决定了延安市房地产企业应当制定出针对本地区特殊的企业发展战略。延安市房地产中小企业在自身由小到大、由弱到强的发展过程中，除了巩固和加强本地的房地产市场结构外，还可以考虑扩展周边地区的房地产市场业务。实力雄厚的企业除了完善本土化经营外，还可以考虑向外省区市扩张。

## （二）延安市房地产开发与投融资发展对策

**1. 加强规划，规避区域不均衡发展**

加强一般区域的基础设施规划及建设，打造良好的投资环境，提升企业投资信心。

**2. 开拓房地产企业多元化融资渠道**

延安市政府应建立多种形式的房地产金融机构，放开商业性房地产金融业务。由政府设立住房贷款担保机构，对延安市中低收入家庭的住房贷款提供担保。成立专门的房地产保险公司，开展房屋保险、工程保险、房地产抵押贷款保险、房地产投资保险等。延安市房地产企业要生存发展，掌握多元化、规模化的融资方式是保证企业资金畅通的关键。

## （三）延安市房地产销售发展对策

**1. 加强对房地产开发、销售全过程监管**

将对企业的日常检查与整改验收相结合，做到发现一起，查处一起，追踪整改到位，打消企业敷衍、搪塞过关心理，促进企业良性发展。

**2. 调整延安市商品房供应结构，积极引导中低价位住房开发**

根据延安市商品住房开发水平和定位，针对商品住房的不同分布区域，严格控制商品住房套型的建筑面积，加强经济适用房建设，而不应该一味追求高档住宅。从商品房价格结构的调整上，缩减高价位住房，增大中价位住房比重，避免住房均价上升过快。采取优惠政策，积极引导开发商增加中低价位住房的开发。

**3. 减轻价格压力**

政府部门要科学规划，有序开发房地产。同时，在办理各种手续上要尽量简化程序，提高工作效率，以期降低成本。

## （四）延安市土地市场发展对策

### 1. 建立土地交易市场运行机制

尽快建立土地市场专门交易机构，实行公开交易，完善规范延安土地市场秩序，对土地使用权的转让、出租、抵押、作价出资、交换赠予等活动都纳入土地交易市场。

### 2. 进一步清理整顿土地市场

对擅自将土地使用权转让、出租、抵押的，改变原批准用途、容积率、违反国家《闲置土地处理办法》的，均须整顿清理，以规范土地交易市场。

### 3. 进一步加强土地市场动态监测制度建设和执法监察力度

加强土地市场的检查、监测，加强执法监察对土地市场动态监测的作用。每年不定期安排相关部门对土地市场进行专项检查，及时研究出现的新情况、新问题，为政府提供建议，为规范土地交易市场提供建设性意见。

### 4. 加强地价管理，规范地价市场

为保证土地市场有效运转，充分发挥土地资源的经济效益，须加强国家对土地市场的价格管理，促进土地使用权的改革。建立基准地价、标准地价定期更新制度。依据 2001 年国务院 15 号文件规定，基准地价每三年更新一次，以便更好地规范土地市场，发挥政府对土地价格的控制作用，防止土地收益和国有资产流失。

### 5. 加强土地利用批后监管

要重视土地运行动态。（1）要高度重视土地出让金收缴工作，绝不能拖欠土地出让金；（2）建设项目开工、竣工时间不能超过合同规定时间，要现场监管；（3）对土地用途要管制，严禁用地单位擅自改变土地使用用途。

### 6. 调整土地供应结构

延安市应该将城区周围的山沟和山坡作为房地产开发的重点区域，科学规划产品区域位置，优化城市布局，拓展城市规模，将城内效益差、技术水平低、竞争力弱、污染严重的工业改制迁出，使存量土地发挥更大作用。

## （五）延安市保障房建设发展对策

### 1. 加快保障性住房建设进度

充分利用所有优惠政策，动员一切力量，抓紧完善项目手续，加大资金投入

力度，强化督查工作，全面推进市、县项目建设进度，确保每个项目建设手续完善，程序规范，质量优良，进度合理。

**2. 加强经济适用房的建设和管理**

加强对经济适用房开发、建设、销售、审批等几个环节的管理。建立一支经济适用房监察队伍，进一步规范经济适用房建设。严格控制经济适用房的建设标准，对违规建设的开发单位严肃处理，并给予重罚；严格执行销售价格审核检查制度，依法查处擅自定价销售和不按政府指导价销售住房行为；加强经济适用房购房资格审查，建立住房档案，完善经济适用住房申请、审查、公示制度，确实保证购买对象为延安市中低收入人群，严格禁止高收入人群挤占经济适用房。

## （六）延安市物业管理与中介发展对策

**1. 完善管理机制，提升物业服务水平**

（1）健全完善物业管理机制。依法加强物业服务企业的资质管理，规范市场准入，建立健全企业信用档案，积极推行物业服务企业履约保证金制度和物业管理招投标制度。

（2）加强专项维修资金管理。加大住宅专项维修资金归集、使用、管理工作。

（3）启动一批老旧住宅小区公用设施维修改造，积极争取市政府专项资金，对老旧小区进行综合改造。

（4）发挥业主自我管理作用。积极推进业主大会成立和规范运作，引导业主依法自我决策、自我约束、自我监督，探索建立保障业主委员会正常开展工作的激励和约束机制。

（5）加强物业企业自身建设。引导物业企业做好物业项目公共秩序维护工作，完善管理制度，选齐配强物业从业人员，更新完善各项安全设施设备，积极发动业主和物业使用人共同参与，齐抓共管，共同促进和谐小区建设。

**2. 改善房地产中介服务**

建立健全相关制度，明确规定技术规范和操作细则，公开办事程序，简化办事手续，降低收费标准，减少收费项目，从初始就做好相关管理工作，健全法律体系，以法律为准绳，加强监管，订立完善的法规政策，让消费者及房地产中介机构都清楚各自的权利和义务，做到有法可依，加大监管部门的监管。加强中介

服务的质量管理，认真做好房地产中介机构的资质审查和年审工作，做好对执业人员的资格管理，行业服务标准管理，定期检查，严格监督，严厉取缔不达标的机构，开辟投诉渠道，有效制约房地产中介不法行为。

## （七）房地产市场管理发展对策

### 1. 完善房地产市场法规

建立健全各项规章制度，完善房地产产权、开发、交易、中介、税费、价格和物业管理的地方法规，制定一套较为健全的政策法规体系，完善房地产市场的游戏规则，依法对住房开发全程实行监控。通过完善房地产市场法规，建立和完善房地产市场体系，为房地产企业创造良好的市场环境，促使延安市房地产市场持续、稳定、健康发展。

### 2. 完善房地产市场信息系统建设

建立健全房地产市场信息制度，房地产主管部门要协调土地、发展改革、规划、统计等相关部门，按照渠道畅、分析准确、发布及时、信息全面的要求，按季度公布项目许可、土地价格、商品住房竣工量、销售价格和销售量等信息，积极推进房地产市场的信息系统建设，逐步建立覆盖全市的房地产管理网络体系，实行商品房预售合同联机备案，形成统一的房地产市场信息共享及监控平台。通过房地产信息系统，加强对房地产市场的监控，科学预测商品房市场变化，使开发商和公众能及时获取相关市场信息，引导房地产开发和公众消费行为。

### 3. 加强对房地产业宏观调控

市政府有关部门应组织专家学者对延安市的发展进行战略研究，提出长期规划，确定科学合理的土地供应计划，确定与当地经济发展、市场需求相适应的房地产开发建设规模和各类商品房的供应比例，以达到调控房地产供需平衡的目的。市政府应根据国民经济发展的总体水平以及房地产市场的承受能力，有计划批地，控制建房用地的供应数量。其次，延安市政府有关部门从一开始就应该建立严格的项目备案登记制度和房地产开发预售制度，建立完整的房地产档案资料。在此基础上，政府主管部门可把握投资规模，引导投资的流向。

### 4. 加强监督管理，规范房地产市场秩序

（1）加强房地产市场监管。坚持整顿规范和制度建设并重，专项整治和日常监督管理并重，受理投诉和主动监管并重，建立日常动态监督管理机制。

（2）严厉打击违法违规销售行为。严格按照《商品房销售管理办法》等相关规定，重点查处不办理预售许可擅自销售、捂盘惜销、哄抬房价、虚假广告、合同欺诈、恶意炒作等违法违规行为。

（3）切实做好稳定房价工作。积极落实各项促进房地产市场健康发展的政策措施，注重对市场供求、结构、价格等动态信息进行监测分析，实现房地产市场供求基本平衡，价格稳定。

## 参考文献


［1］延安房产管理办公室：《延安市 2011 年上半年房地产市场调控工作报告》。

［2］延安房产管理办公室：《2011 年工作总结及 2012 年工作要点》。

［3］延安房产管理办公室：《2010 年工作总结及 2011 年工作要点》。

［4］延安市国土局：《2011 年土地利用工作总结》。

［5］延安市土地收购储备中心：《2009 ~ 2010 年以来土地市场情况工作汇报》。

［6］梁宏贤：《2010 年延安市政府工作报告》。

［7］梁宏贤：《2012 年延安市政府工作报告》。

［8］《延安统计年鉴》编辑委员会：《2010 年延安统计年鉴》。

［9］宋伟：《八大问题成为延安房地产市场的整治重点》，2007 年 4 月 19 日《延安日报》。

［10］赵春光：《业内人士分析：延安房地产价格还将会上涨》，2006 年 3 月 23 日《延安日报》。

［11］盛雯靖、高航：《延安市房地产企业公共危机下战略管理转型及政府责任实证研究》，《经济研究导刊》，2011 年第 2 期。

［12］刘延生：《延安经济发展战略解析》，《延安大学学报（社会科学版）》，2011 年第 4 期。

［13］高洁：《延安市房地产业现状及发展对策研究》，北方交通大学硕士学位论文，2007。

# 2010～2011年榆林市房地产业发展报告

课题组*

## 一 市域概况

### （一）榆林概况

#### 1. 地理环境及人口

榆林市位于陕西省最北部，总面积43578平方公里，地处陕甘宁蒙晋五省（区）交界地带，地貌大体以长城为界：北部为风沙草滩区，占总面积的42%；南部为黄土丘陵沟壑区，占总面积的58%。榆林以其丰富的能源矿产资源，被美誉为中国的"科威特"。

2011年，全市总人口364.5万，其中非农业人口97.8万，占26%；农业人口266.7万，占74%；人均国土面积19.4亩。2010年，男性人口1769702人（占52.80%），女性人口1581735（占47.20%）；具有大学（指大专以上）程度的人口256297，具有高中（含中专）程度的人口为445706；全市有24个少数民族，共1984人，其中回族人数最多。

#### 2. 城镇化水平

榆林市城镇化建设步伐加快，中心城区建设力度加大，210国道城区过境公路全线建成通车，富康西路、雨润路等14条道路建成，文化路中段等3条道路改造全部完工，东山大道、榆阳河大桥等6个路桥项目开工建设；新增供水主干管网7.3公里、供水普及率达到95%；新增天然气用户1.4万户，供气率达到

---

* 课题组由曹丕宏（中共榆林市委党校原副校长、教授），李春雷（榆林市行政学院副教授），崔剑（榆林市行政学院讲师）完成草稿。终稿统筹编撰执笔余劲、高云婧、折小龙。

81%；新闻大厦主体完工，科技馆、档案馆、南城墙修复等重大社会事业项目基本建成；“双创”工作扎实推进，榆林城区禁烧烟煤区域由74平方公里扩大到105平方公里，城区空气质量进一步提高。城乡统筹发展步伐明显加快，“榆横一体化”稳步推进，神木“撤县设市”工作全面启动，其他县城功能进一步完善：锦界和东坑两个省级重点示范镇建设共完成投资4.7亿元，全年有12.3万农民进城落户，全市城镇化水平达到45%。

**3. 土地资源**

榆林市东北部靠近东胜台，未见岩浆岩生成和岩浆活动，地震极少。总地势由西向东倾斜，西南部平均海拔1600~1800米，其他各地平均海拔1000~1200米。地貌分为风沙草滩区、黄土丘陵沟壑区、梁状低山丘陵区三大类。大体以长城为界，北部是毛乌素沙漠南缘风沙草滩区，面积约15813平方公里，占全市面积的36.7%；南部是黄土高原腹地，沟壑纵横，丘陵峁梁交错，面积约22300平方公里，占全市面积的51.75%；梁状低山丘陵区主要分布在西南部白于山区一带，无定河、大理河、延河、洛河的发源地，面积约5000平方公里，占全市面积11.55%。地势高亢、梁塬宽广、梁涧交错、土层深厚。

**4. 建设用地面积**

按照总体规划（见表1），榆林城市性质和建设目标是陕北国家能源化工基地的核心城市、陕甘宁蒙晋接壤区域的中心城市、国家历史文化名城、沙漠绿洲宜居城市。2010年，榆林城市建设用地规模50平方公里、人口50万；到2020年，建设用地规模为96平方公里，人口为80万；远景规划为建设用地120平方公里、人口100万。城市中心城区、规划区将分别达到400平方公里、2214平方公里。

目前，城市面积扩大到52平方公里，人口增加到50.3万。建成阳光、世纪、凌霄等5大休闲广场，完成市内最大生态景观工程榆溪河滨公园，初具雏形的西北最大占地1000公顷的沙漠生态公园；人民大厦、永昌国际等一大批地标，街景建筑、塞维利亚、元驰等无数漂亮住宅楼群也拔地而起。

《榆林市城市总体规划（2006~2020年）》实施以来，榆林城区共完成市政建设投资30多亿元，建设了一批城市广场、道路桥梁、园林绿化、亮化美化、垃圾处理、污水处理、环境卫生、供水、供气、供热等基础设施以及保障性安居工程，历史文化名城保护修复和河道综合治理取得重大进展，城市综合服务功能和承载能力实现历史性跨越。目前，城区市政道路总里程达240多公里；日供水

**表1　2011 年榆林市（市本级）国有建设用地供应计划**

单位：公顷

| | | 储备中心 | 城区分局 | 榆阳分局 | 榆神工业园区 | 榆横工业园区 | 合计 |
|---|---|---|---|---|---|---|---|
| 合计 | | 171.33 | 108.64 | 1496.24 | 243.74 | 212.4 | 2232.3 |
| 商服用地 | | 63.76 | 4.05 | 116.15 | 5.88 | 7.43 | 197.3 |
| 工矿仓储用地 | | — | — | 934.6 | 94.76 | 65.44 | 1094.82 |
| 住宅用地 | 小计 | 107.57 | 45.54 | — | 22.38 | 84.18 | 259.67 |
| | 廉租房用地 | — | 3.2 | — | — | — | 3.2 |
| | 经济适用房用地 | — | 18.34 | — | — | — | 18.34 |
| | 商品房用地 | 107.57 | — | — | 18.58 | 84.18 | 210.33 |
| | 其他用地 | — | 24.01 | — | 3.8 | — | 27.81 |
| 公共管理与公共服务用地 | | — | 59.05 | 55.05 | 18.86 | 55.35 | 188.3 |
| 交通运输用地 | | — | — | 377.09 | 101.86 | — | 478.95 |
| 水域及水利设施用地 | | — | — | — | — | — | 0 |
| 特殊用地 | | — | — | 13.33 | — | — | 13.33 |

资料来源：1. 土地用途按照《土地利用现状分类》（GB/T21010～2007）一级类统计；2. 区国土资源行政主管部门未独立编制国有建设用地供应计划的，计划供地情况直接统计在市本级，不单独统计。

能力达 5 万吨，供水普及率 95%；天然气用户达十多万户，气化率 85%；环保集中供热面积达 900 万平方米，占总供热面积的 70%；建成区绿化覆盖率达 36.67%，人均公共绿地面积 7.75 平方米。

## （二）市域经济发展现状

### 1. 市域经济发展概况

经济实力大幅提升，实现跨越发展。2011 年，地区生产总值达到 2200 亿元，是 2006 年的 3.7 倍，人均 GDP 突破 1 万美元，经济总量跃居西部地级市第三位，在陕西仅次于西安；财政总收入 515 亿元、地方财政收入 165 亿元，均较 2006 年翻两番；全社会固定资产投资累计完成 4362 亿元，超过改革开放以来至 2006 年的总和。县域经济发展强劲，神木、靖边、府谷先后跻身全国百强县，定边进入西部百强县。产业结构调整步伐加快，现代特色农业强势崛起，特色产业规模覆盖面达到 80%，产值占到农业总产值的 70%，粮食产量年均增加 10 万吨，六大类作物创39项全国高产纪录；能源化工基地形成“两区多园”发展格局和以煤炭、石油、天然气、岩盐采掘为基础，电力、化工、建材为主导的产业体系，一大批采用先进技术和示范装置的能源转化项目落地，新能源、装备制造等新兴产业蓬勃兴起，物流、旅游等现代服务业加快发展，白云山成为国家4A级旅游景区，我市获得“中华旅游文化国际旅游目的地”、“国家流通领域现代物流示范城市”等称号。非公有制经济不断壮大，占生产总值的比重由29%提高到36%。科技创新能力不断提高，科技对经济增长的贡献率达到45%。

**2. 产业发展现状**

由图1可知，2011年，生产总值2292.26亿元，同比增长15.0%，增幅比上年回落3.3个百分点。其中，第一产业增加值111.91亿元，增长6.0%；第二产业增加值1629.66亿元，增长16.3%；第三产业增加值550.68亿元，增长13.5%。第一、第二和第三产业增加值占生产总值的比重分别为5.3%、68.6%和26.1%。第一产业相对稳定；第二产业所占比重有所增加，工业经济增长势头明显，工业总产值完成168.78亿元，增长26%；第三产业所占比例稍有减少，但总产值110.03亿元，同比增长14.7%。其中非公有制经济实现增加值138.93亿元，占全市生产总值48.6%。

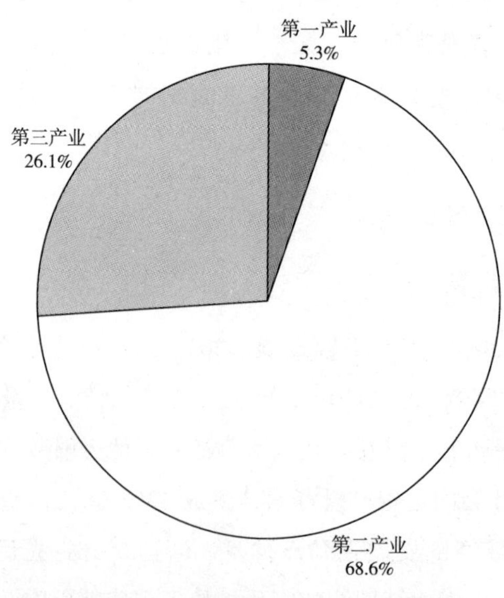


**图1 2011年榆林市三大产业产值比较**

## 二　房地产业发展现状

### （一）房地产开发企业及项目开发情况

**1. 房地产开发企业队伍发展情况**

随着榆林房地产业的快速发展，房地产开发企业队伍不断发展壮大。2011 年，全市房地产开发企业已发展到 161 家（其中：二级企业 18 家，三级企业 45 家，四级企业 64 家，暂定 34 家），从业人员 5000 多人。榆林作为城市化进程刚起步的中小城市，房地产企业数量和规模在不断增加和扩大。资金等限制性因素导致有些企业规模不大；内部结构不完善、管理体制的松散和紊乱影响了企业的良好运转和持续发展；从业人员良莠不齐（主要表现在运作不规范、一些开发商的诚信度差、社会信誉较低、广告虚假、房屋面积“短斤少两”、合同欺诈、配套不到位等等）。

从企业发展动向和发展趋势看，以榆林房地产业中的物业公司为例，2010 年以前，榆林市物业管理公司有 45 家，各小区物业管理费无统一标准（0.7～1.2 元/平方米不等）。2011 年底，榆林市物业公司增加到 66 家，并成立了房地产物业协会。随着大城市成熟房地产企业不断加入、地方相关政策完善以及业主需求层次的提高，为榆林房地产企业带来了机遇和挑战。

**2. 房地产开发项目建设及房价情况**

2011 年，全市房地产开发项目 64 个：新开工项目 22 个，续建项目 42 个（榆林城区 32 个，新开工 6 个，续建 26 个）。全市已完成建筑面积 91.98 万平方米；完成投资 21.4 亿元，同比分别增长 10% 和 8%。市区完成建筑面积 28.1 万平方米；完成投资 8.8 亿元，同比减少 26%。

2011 年 1 月，榆林市区商品房销售均价 5025 元/平方米、同比增长 9.8%，环比下降 1.5%；2 月份，榆林市区商品房销售均价 5150 元/平方米、同比增长 11%，环比增长 2.5%；3 月份，榆林市区商品房销售均价 5067 元/平方米、同比增长 5%，环比下降 0.6%；4 月份，榆林市区商品房销售均价 5047 元/平方米、同比增长 2%，环比下降 1%；5 月份，榆林市区商品房销售均价 5090 元/平方米、同比增长 3.8%，环比增长 0.85%；6 月份，榆林市区商品房销售均价

5010 元/平方米、同比增长 2%，环比下降 1.57%；7 月份，榆林市区商品房销售均价 5100 元/平方米、同比增长 3%，环比增长 1.8%；8 月份，榆林市区商品房销售均价 5200 元/平方米、同比增长 3%，环比增长 1.9%；9 月份，榆林市区商品房销售均价 5200 元/平方米、同比增长 4%；10 月份，榆林市区商品房销售均价 5300 元/平方米、同比增长 4.6%；11 月份，榆林市区商品房销售均价 5400 元/平方米、同比增长 4.8%。1～11 月，榆林市区办理预售许可的商品住房项目 8 个、18 栋、1424 套、15.9 万平方米。

**3. 保障性住房快速推进**

（1）廉租房制度建设。截至 2010 年底，列入上级计划的廉租住房项目共 32 个，总建筑面积 48.38 万平方米、9677 套；已开工建设 30 个项目，开工面积 47.48 万平方米、9496 套；已竣工 11.46 万平方米、2292 套；已分配到户 742 户。截至 2010 年底，廉租住房租金补贴累计达 12158 户，人均住房保障面积由 10 平方米逐步向 13 平方米延伸。

（2）经济适用房建设。共征用土地 2088.53 亩，开工建设经济适用住房 200.21 万平方米、15551 套，已竣工预售到户 9765 套。市区两级实施的“1112”安居工程已基本完成。

## （二）各类房地产销售情况分析

**1. 普通住宅（以 5 层砖混结构为主）**

普通住宅房价在 1998 年取消了实物分房政策以来呈现缓慢上升趋势。2006 年以前房屋均价不足 1500 元/平方米；到 2006 年开始迅速上涨，仅当年价格就飚升至 2180 元/平方米；2011 年末，飙升到 5400 元/平方米，销售率为 100%。4 年间增长幅度达 1.5 倍，2009～2011 年增幅达到 0.35 倍，超过全省其他地区。在宏观调控政策下，房地产价格增长速度有所回落，但回落幅度不大，房价趋于平稳。从 2010 年全省情况看，榆林房地产业发展迅速，房价飞速增长结果必然导致供求关系的变化，从而导致房价增长的缓慢且平稳。

**2. 商住楼**

2010 年前后多以开发商住高层建筑为主。2011 年 1 月，团购均价 4850 元/平方米，同年 6 月增到 5700 元/平方米。到 2010 年底均价 5200 元/平方米，2011 年底 5400/平方米，销售率为 90%。可见，商用高层建筑已经作为榆林市主要发

展类型，价位也不断增长，但已趋于平稳。

**3. 写字楼**

2011 年 3 月，榆林市写字楼一层均价 12000 元/平方米，其他的均价 9000 元/平方米。总体涨幅稳定，与宏观经济调控有关。

**4. 别墅和高档住宅**

此类楼盘数量较少，均价高于写字楼 1000 元/平方米。

## （三）2010 年以来房地产业变化情况

2010 年，政府房地产政策转向抑制投机，遏制房价过快上涨。中国政府先后采取了土地、金融、财政等多种调控手段。同时，国务院调控房地产“新国十条”提出要追究在稳定房价、推进保障性住房建设工作中工作不力、影响社会发展稳定的地方政府的责任。榆林市作为三线城市，受到 2010 年国家宏观调控的一线、二线城市大批流动资金进入榆林房地产业，刺激带动了榆林市房地产业的发展；但也不可否认，榆林房地产业已经出现供大于求的现象。

首先，到 2010 年底，国家有关部门主要以变动税收支出和货币政策调控等方式影响榆林市房地产市场。在榆林市房地产繁荣的时候，通过提高相关的税率税收、减少政府支出等财政政策和减少相关投资者的利润率来增加房地产投资成本影响房地产市场的发展（抑制了潜在进入者的进入），从而缓和了相关的市场矛盾；从间接角度，预防房地产行业过快发展影响到国民经济的发展。

其次，货币政策的调控。通过中央银行对货币供给量的控制影响利率，从而影响相关的需求的政策。如国家通过提高或降低银行存款准备金率来减少或增加银行的货币供给量，从而影响利率进而影响投资的策略。中央银行通过调整再贴现率和商业银行对外的货币供给量来影响利率的升降和房地产市场投资者的资金流动，从而影响房地产投资进而影响到总需求，最终对房地产贷款等进行控制（收紧银根，抑制房地产市场的过热发展），进而对房价进行间接调控，为人民解决相关的民生问题。

## （四）房地产与社会经济的关系分析

**1. 2010 和 2011 年房地产主要数据**

截至 2011 年底，房地产完成投资 29.1247 亿元，占全社会完成投资的

2.45%；2010年，房地产完成投资28.3279亿元，占全社会完成投资的3.39%。2011年，资金来源合计32.5929亿元；而2010年资金来源合计36.7971亿元。2011年，商品房销售建筑面积972278平方米，其中商品住宅销售面积884909平方米；商品房销售额43.843亿元，商品住宅销售额39.0241亿元。2010年，商品房销售建筑面积923176平方米，其中商品住宅销售面积846018平方米；商品房销售额34.2936亿元，商品住宅销售额31.0087亿元。2010年，经济适用房投资2.6296亿元，销售面积53225平方米，销售额1.4922亿元。

**2. 房地产对就业的贡献**

房地产业是一个劳动密集型产业，是吸纳农民进城务工的主要劳务市场（可吸纳规划设计、建筑安装、装饰装潢、工程监理、房地产中介、劳务服务、信息等各方面的人员就业）。房地产开发延伸出来的工作岗位，大多数并不需要什么技术，普通农民工能找到用武之地。

据不完全统计，2010年，榆林市直接从事房地产业人员为5000多人，劳务人员5万多人，形成了规模宏大的产业大军。从事建筑和房地产开发的从业人员，工资水平也不断上涨。由于房地产开发的兴盛，建筑和房产开发的劳力成为“香饽饽”，提灰桶的小工、泥瓦工、水电工等工资达到每天200～300元；售楼员等从业人员的工资更是惊人，一年工资最多5万元。

**3. 房地产业对社会消费的贡献**

房地产业的发达对社会消费有巨大的拉动作用。榆林市2011年商品房销售额43.843亿元左右，带动社会整体消费58.74962亿元，对消费需求的贡献率达到10%以上。

## 三　房地产业发展存在问题及原因分析

### （一）市场发育不良，市场秩序混乱

榆林市房地产市场发育时间较短，存在诸多不健康因素，导致其发育不良，市场秩序混乱（表现在房地产开发、交易、中介服务和服务管理的各个环节）：

1. 部分开发企业、中介机构采取捂盘惜售、囤积房源等手段哄抬房价。

2. 部分房地产商违规进行返本销售、售后包租、拆零销售，甚至有假按揭骗贷行为。

3. 部分房地产企业以预购、认购等形式违规收取费用。

4. 部分项目变相炒楼、炒房号现象仍然存在。

5. 部分房地产展销活动不规范。

## （二）雄厚的民间资本，有限的投资渠道

“保守估计，神木县资产过亿元富豪人数可达2000人左右。”① 整个榆林亿万富豪不下7000人。榆林市2009年底的一个专项调研报告也认为，榆林民间资本多达500亿元，如今保守数字600亿元，其民间金融系统的规模十分惊人。榆林学院一位关注榆林房地产市场的研究者认为，目前在榆林当地超过500亿元的民间资本正成为一种洪水猛兽，加速涌入榆林房地产市场。而其背景则是，榆林这样的三四线城市目前并不限购，神府这样的县城更是煤老板家门口炒作的自由市场。榆林正像5年前的山西或者3年前的鄂尔多斯一样，成为中国最活跃的民间投资市场之一。依靠能源开发迅速积累的大量民间资本，除了周而复始投入煤矿之外，房地产是煤老板最主要的投资领域，由于一、二线城市出台“限购令”，他们就把资金回撤到本地的房地产市场。加之，2012年2月27日省煤炭生产安全工作会议提出，6月底以前，将对当地煤矿进行资源整合和兼并重组。再加上这些富豪受思想观念、文化程度的制约，民间资本投资理念仍处在较为粗放的阶段，罕见投资于不熟悉的产业及股票、基金、债券等金融行业。由此导致很多资金从煤炭上撤离出来后没有好的去处，只好流向房地产。巨额民间资本投资渠道的匮乏以及政府引导不力是其深层原因。

## （三）供需结构失衡，商品房空置率高

目前榆林市的房地产开发结构不合理，难以满足不同的消费需求，且商业营业用房比重偏高，存在较严重的供需结构失衡。

---

① 见《中国民间资本投资调研报告》。该《报告》是由高和投资——中国首只人民币商业地产私募股权基金，联合住房和城乡建设部政策研究中心在2011年共同对温州、山西、鄂尔多斯、陕北四个民间投资最活跃地区进行深入调研后形成的分析报告。

**1. 新建的中小户型、中低价位普通商品住房供应不足，高端住房供给过剩**

在2010年的榆林市商品房住宅销售调查中，90～110平方米户型住宅占销售总额的46%，110～160平方米户型住宅占销售总额的35%，90平方米以下户型占13%，130平方米户型占12%，明显呈现出“两头轻、中间重”的销售态势。

**2. 廉租房、经济适用房供给不足**

榆林市廉租房和经济适用房建设起步较晚，其中政府以提供经济适用房为主。榆林市区虽基本完成“1112安居工程”，但就全市而言，榆林市经济适用房累计施工面积约为108.1万平方米，如果全部竣工按每套60平方米计算，只能提供18000余套经济适用房，远远无法满足低收入家庭的住房需求。经济适用房缺乏合理的分配制度。

## （四）金融依赖程度高，蕴藏较大风险

就全国而言，房地产对金融的依赖程度较高，远远超过发达国家对金融的依赖程度，积累了大量的金融风险，榆林也不例外。

**1. 房地产信贷比重增长过快**

由于房地产市场的长期非理性繁荣，很多房企贷款被银行作为优质项目，而按揭贷款也是各家银行争夺的良性资产。从2006年起，榆林市房地产市场中银行信贷资金大量注入，这必然隐藏着较大的金融风险。一旦“泡沫”破裂，将带来难以估量的后果。

**2. 房地产自有资金比重较低**

榆林市房地产市场中，房企的自有资金从2006年的51%下降到2010年的27%。据统计，榆林市80%左右的土地购置和房地产开发资金是直接或者间接来自银行贷款（今年以来神府除外），而通过按揭贷款买房的人占全部购房总数的比例高达90%。但是榆林市房地产开发企业的负债率远高于公认的50%举债警戒线，多数企业达到75%，个别地产超过80%。

**3. 商业银行过度竞争**

目前房地产贷款，尤其是个人住房贷款仍是各银行的优质资产，商业银行间的业务竞争日益激烈。为了争取更多的市场份额，部分商业银行采取变通、变相或违规做法，降低贷款标准，减少审查步骤，放松真实性审核。

## 四　房地产发展趋势分析

### （一）供需趋势

自 2002 年以来，榆林市商品房销售平均年增长量为 30%，而供应量年平均增长量为 23%，从而形成供不应求的局面（供求关系决定了房地产企业发展的速度和房屋价格）。另外，近年来，伴随着国家对房地产价格调控力度的加大，榆林市政府已经加大了经济适用房、廉租房等保障性住房的供应（其中 2010 年各类保障性住房总面积 54 万平方米，占榆林市房地产企业投资建设总面积的 20%）。这类住房供应量的增加相应缓解了人民对住房的需求，也将对房价起到平抑作用，可是仍不能满足当地居民需要，可见榆林市房地产业发展潜力的巨大。

2010 年，房地产开发完成投资 8.22 亿元，比上年同期增长 38.4%；房屋销售面积达到 34.5 万平方米，同比增长 32.9%；销售额达到 8.7 亿元，同比增长 48.0%。2011 年前三季度，房地产开发完成投资 8.2 亿元，同比增长 29.03%；房屋销售面积达到 33.08 万平方米，同比增长 24.04%。房地产开发中，住宅投资完成 6.7 亿元，占全部房地产投资的 80%，结构趋于合理，运行质量提高。

### （二）价格趋势

我们可以通过商品房销售均价这个视角来分析房地产市场的发展。榆林市商品房销售价格持续攀升，到 2009 年底，普通住宅每平方米均价为 2002 年的 1.7 倍：2003~2005 年间涨幅较大，2004 年底出现高达的 50% 增长，随后增长率开始下降并于 2006 年后趋于平稳。这主要与国家政策和榆林市住房建设规划密切相关（2000 年底国家要求停止党政机关单位集资建房，此时榆林的房地产开发还是持币待购起步阶段）；2003~2005 年，榆林房地产开发才有一定规模，但总体上房地产开发力量不足，开发的房屋数量有限，但一部分先富起来的人不满足于原来的住房，加上城市化进程加快，大量农村人口涌入城市，大量的消费者急于购房，供需之间出现了较大空间，才推动了榆林房价跳跃式上涨。随着《榆林市“十一五”住房建设规划》出台，市政府在 2006~2010 年有计划地开发不同品位房地产，才促使房价下降并趋于平稳增长；同时榆林市房地产近几年一致处于供需旺盛的阶段，有效地推动了房价上涨。

同期城镇人均可支配收入和GDP也呈增长态势，从2006年开始，其增长速度都快于房地产价格的增长速度，居民居住消费价格指数也连年上升，说明榆林市房价在未来还有涨幅空间。

榆林房价自2002年以来一路飙升（从2002年的600元/平方米涨到2009年的2400元/平方米），2009年出现高层建筑替代多层建筑的趋势。房价上升的背后隐藏着更深层次的问题及矛盾：需求量随着房价的上涨而增加。2011年，房屋销售价格主要包括新建房屋销售价格和二手房房屋销售价格。商品房平均价格为5240元/平方米，同比增长2.15%，这和目前一系列调控措施有着密不可分的关系。为了房地产市场平稳发展，我市积极建设保障性住房。

### （三）结构趋势

近几年，榆林市区开发的房地产主要是依山傍水的丹江两岸，突出了榆林市建设山水园林生态城市的主题，提升了城市品位。榆林市在大力开发商品房的同时，也加大了经济适用房的建设。总体上户型结构能满足不同顾客需求：由于当地居民生活习惯和居民目前能承受房价的原因，小于$90m^2$和大于$90m^2$的户型占比分别为34%和66%。

## 五　拆迁安置现状及对策

### （一）2010年拆迁市场总体情况及特点

2001~2010年，榆林市拆迁安置市场发展缓慢，拆迁安置工作效率低下。主要由于各项制度、指标等不完善不合理，导致居民不予合作，阻碍了拆迁安置工作的顺利进行。

2011年，全市完成拆迁项目6个，共完成拆迁面积8543平方米，拆迁房屋212户，并全部落实了拆迁补偿资金的兑付。其中180户拆迁群众没有因评估、补偿、安置等问题进行上访，协议签订率达100%。在城市房屋拆迁管理工作中，认真贯彻落实《城市房屋拆迁管理条例》《陕西省城镇房屋拆迁补偿管理条例》精神，经过宣传动员、明晰政策、制订计划、落实责任、督促检查等手段，

使城市房屋拆迁工作逐步走向规范化、制度化的轨道。按照城市建设总体规划要求，科学合理地编制了年度房屋拆迁计划和中长期规划；确定了拆迁规模；为了维护群众利益、确保社会稳定、推动城市建设，纠正在拆迁过程中侵害群众合法利益的行为。

### （二）拆迁安置存在问题

至 2010 年底，全市有 9 家取得省建设厅拆迁资格证书的拆迁企业，但 7 家企业在榆林行政区划内并无一项拆迁项目。城市建设中的拆迁主要是由政府及其设立的事业机构或临时机构实施。国务院《城市房屋拆迁管理条例》和《陕西省城市房屋拆迁补偿管理条例》都明确规定，政府不能直接作为拆迁人。这就要求我们必须培育专业的拆迁公司，以承担城市建设中的拆迁安置任务。

拆迁管理过程中，存在社会保障制度有待健全、配套《条例》的地方性法规滞后、企业拆迁难度大等问题。特别是在企业拆迁过程中，因企业资产形式复杂、取得土地使用权的方式多种多样、占地面积和建筑面积情况不同、对空地或者净地的补偿尚无明确规定、无任何报批手续、难以或不能办理房屋所有权证的自建无证房、存在补偿多重债务等现象。因此就出现被拆迁企业希望拆迁单位解决各种主客观问题的做法及提出的要求远远高于市场评估价，使企业拆迁难度增大。

### （三）拆迁安置治理对策

对以上问题建议采取以下相应对策：依法规范房屋拆迁许可证的颁发和拆迁人主体资格认定；提高房屋拆迁补偿标准，强化拆迁安置选择权；依法界定被拆迁人房屋、违规建筑性质，合理给予被拆迁人经济补偿安置；依法规范强制拆迁程序，不断提高强制拆迁工作效率；提高认识，强化措施，全面正确履行行政工作职能。

## 六　物业管理现状及对策

### （一）2011 年物业管理基本情况及特点

榆林市物业管理从 1996 年开始起步，至 2011 年年底，有物业管理企业 38

家，取得工商登记的企业法人营业执照和申请办理了物业管理资质企业有30家。从业人员近1650人，但人员文化素质较低。实施物业管理面积累计达到344万平方米。各小区物业管理费无统一标准（每月0.9～1.5元/平方米不等），物业公司大都处于微利状态。

### （二）2011年物业管理市场存在问题

物业管理企业呈现市场化、专业化、社会化趋势，但体制和机制未得到持续发展，其中分散建筑多。由于多属零星插建，没有走规模建设的路子，难以与城市总体规划区域控制衔接，给住宅物业管理工作带来诸多困难；由于榆林住房建设规模相对较小，难以达到专业物业管理公司承接的管理区域规模，导致全市住房物业管理滞后，短期内难以规模运作；物业公司与业主的矛盾也是一个重要问题。

### （三）2012年物业管理市场治理对策

目前，38家企业成立了房地产物业协会，大城市成熟房地产企业不断加入榆林房地产企业、地方相关政策完善以及业主需求层次的提高，为榆林物业管理企业带来了机遇和挑战。

与此同时，认真贯彻《物业管理条例》，全面提高全市物业管理水平，扩大物业区域管理，使榆林市住宅物业管理工作尽快纳入规范化、社会化的轨道。强调规划作用，走规模建设的路子；坚持物业的市场化方向，建立健全质价相符的物业管理价格机制；引导和监督各方履行物业服务合同；深化城市物业管理市场化、社会化改革；建立健全住房专项维修资金制度，规范维修资金的归集、管理和使用，保证住房维修和正常使用；积极培育一批具有资质的物业公司。

## 七　房地产业发展对策

通过以上分析可以看出，榆林市房地产业在“十一五”后还会继续保持稳步上升的良好态势。为此，依据关于促进房地产市场持续、健康发展的精神和榆林市“十二五”住房建设规划，提出促进榆林市房地产市场持续、健康发展的对策：

## （一）规范房地产市场秩序

以市政府为首，通过行政、法律和教育等手段整顿和规范榆林市房地产市场。一要秉公执法，严格审批开发商开发房地产相关条件，严惩违规开发商和相关单位，严禁违法违规销售、一房多卖等欺诈行为以及非法中介参与；二要宣传教育、营造公平竞争环境，通过媒体和各行政部门宣传房地产相关知识，为开发商、销售管理人员和购买客户提供一个透明竞争的环境。

## （二）抑制投机和投资性购房需求

坚持供需双向调节的原则，遏制投机性炒房，控制投资性需求；加大普通商品住房、经济适用住房和廉租住房建设，适当建设一定规模的高档商品房，合理引导住房消费，坚持努力完善住房保障体系，满足广大群众的基本住房需求的方针，充分考虑城市的各类住房需求，结合资源环境条件，合理确定各类住房的建设规模，切实解决各个收入层次居民的住房问题。

## （三）合理开发建设用地

一要坚持“统一规划、合理布局、综合开发、配套建设”的方针，坚持土地整片出让，严禁零星征地、分散建设的建设方式，推行住宅建设产业化、规模化、专业化，提高住宅建设综合效益。二要坚持旧城改造与新区开发并举的原则，严格执行城市总体规划和土地利用规划，促进榆林市城市化进程和城市空间布局的调整，使住房建设与经济建设同步进行、协调发展。三要在符合规划控制原则和相关规范要求的前提下，适度优化住房建设的容积率，鼓励发展节能、节约型住宅。

## （四）进一步加强对城镇住房的物业管理

物业管理将是未来房地产业发展的重头工作。认真贯彻《物业管理条例》，全面提高物业管理水平，扩大物业区域管理，使住宅物业管理工作尽快纳入规范化、社会化轨道。强调规划作用，走规模建设的路子；坚持物业的市场化方向，建立健全质价相符的物业管理价格机制；引导和监督各方履行物业服务合同；深化城市物业管理市场化、社会化改革；建立健全住房专项维修资金制度，规范维修资金的归集、管理和使用，保证住房维修和正常使用；积极培育一批具有资质的物业公司。

## （五）规范房地产管理体制

进一步理顺房产主管部门管理体制，以便对房地产开发、产权产籍交易发证、开发企业资质审查、物业管理、中介服务机构等实施规范管理。

**参考文献**

[1]《2011年榆林市人民政府工作报告》。

[2] 榆林市发展和改革委员会：《关于榆林市2010年国民经济和社会发展计划执行情况与2011年国民经济和社会发展计划草案的报告》。

[3] 榆林市统计局：《2010年榆林市统计年鉴》。

[4] 榆林市住房建设局：《2011年工作总结报告》。

[5] 高和投资、住建部政策研究中心：《中国民间资本投资调研报告》2011。

西安南门珠江时代广场

珠江－新城

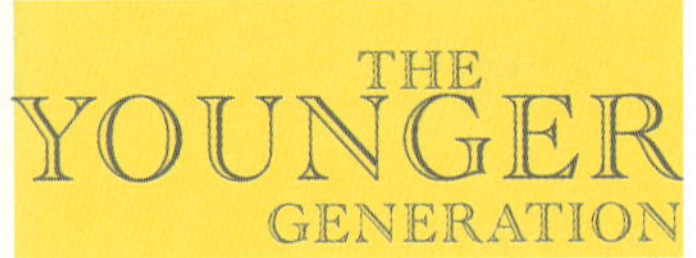

品格奥林匹克幼稚园　　陕师大奥林匹克花园学校

泰盈·奥林匹克花园斥资1.5亿打造36000m$^2$省级标准奥运学村，联袂陕西师范大学奥林匹克花园学校、独创3+6+6幼儿园至高中“15年个人导师制”成长计划，让孩子全面发展。

西咸新区

泾阳县城
泾河新城
泾
河
包茂高速
空港新城
西安咸阳国际机场
泰盈·奥林匹克花园
LUCKYHOPE OLYMPIC GARDEN
秦汉新城
西安北客站
咸阳火车站
河
渭
西安绕城
汉长安城
保护区
世纪大道
城铁一号线
西安火车站
咸阳市主城区
西安绕城
河
渭
沣
钟楼
沣东新城
西安市主城区
河
沣西新城
西安绕城

NEW ENGINE
OF BAO JI CITY

世通置业有限公司

经典一脉相承

“华府天下”位于潼关城北，西临金城大道，南接北新街，东临和平路，三面临路，交通便捷。地处城北商贸中心和城南行政中心的核心区位，城北商贸金融中心要地、名副其实CBD中轴线。

阔景美域

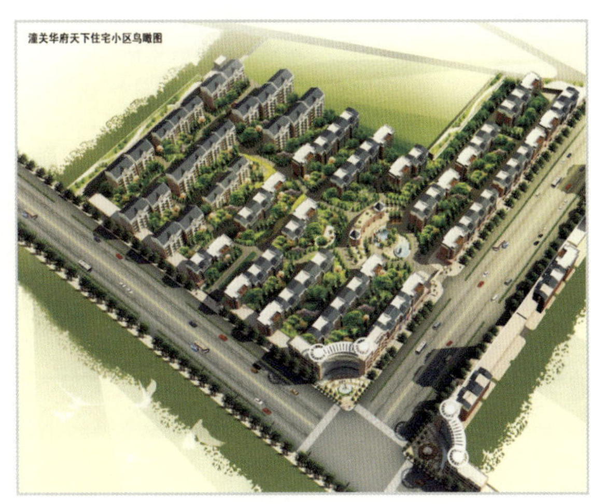

铜川市城建开发有限公司
洞仙阁商住楼

# 陕西丹尼尔企业集团简介

## INTRODUCTION OF THE CORPORATION

陕西丹尼尔企业集团成立于1991年，注册资金4.6亿元。通过近20年的开拓创新，已由当年经营家用电器的小商铺发展成为资产数十亿元的大型企业集团。

在20年的实践与探索中，丹尼尔企业集团逐渐确立了“为祖国立业，为民众服务，为企业发展求真谛，为社会进步开新途”的企业精神。探索出了独具丹尼尔特色的存量经济理论，使资产重组在丹尼尔释放出巨大的生产力，初步形成了“以房地产开发为龙头，商贸经营为基础，重组存量经济为主体”的“RCR”发展模式。

20年来，丹尼尔企业集团累计开发商业物业、住宅200多万平方米，先后开发了中山门小区、东西窑坊小区、太华路小区、金色时代、陆港国际、世纪广场、世纪锦绣等一批住宅小区，为数十万户城市低收入家庭提供了宜居的住宅。

在商业领域，丹尼尔企业集团成功创建了丹尼尔鞋城、丹尼尔时装城、丹尼尔交易广场、丹尼尔商城、丹尼尔文体城、小东门古玩城等商业贸易平台。

# 陕西丹尼尔商贸城简介

## THE INTRODUCTION OF PROJECT

丹尼尔商贸城地处有着“西北第一市”美誉的康复路商圈，是陕西丹尼尔企业集团集18年成功商贸开发经验、斥资10亿元倾力打造的又一座商界航母。商城地处“西北第一市”美誉的康复路商圈，雄踞长缨路商业主轴龙脊，东距二环城市快速干道200米，西距西安火车站2公里，与城东客运站咫尺之隔，与贝斯特物流基地毗邻而居。

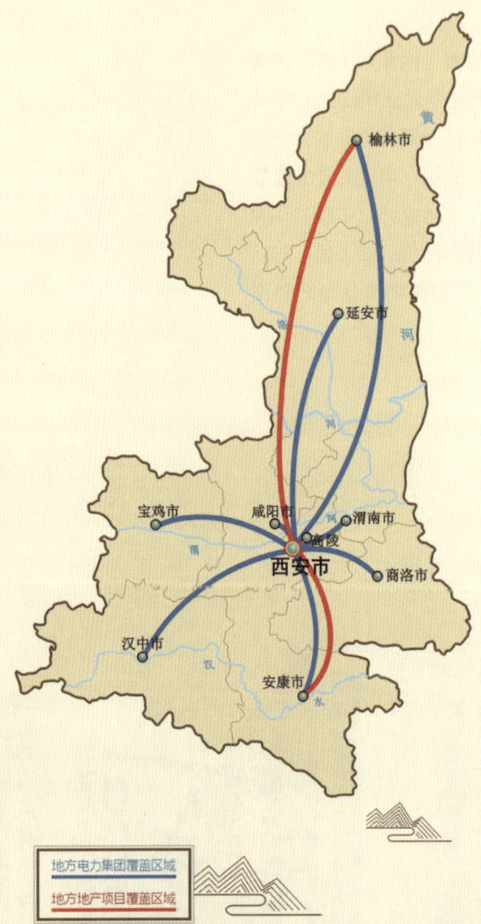


## 西安地区—曲江·观山悦

曲江启航项目，高端占位曲江中轴核心发展区域，坐享曲江文脉及旅游胜景。

## 西安地区—高新地电广场

抢占高新核心区域，总占地约60亩，规划总开发面积25万m²。

## 西安地区—高陵滨水小镇项目

位于渭河右岸高陵段，西临“泾渭分明”三角洲，北临西安渭北产业聚集区，南临西安国际港务区。

## 安康地区—西郊公园项目

占地约242亩，地处安康汉江三桥南侧桥头、主城区的门户形象地带，紧邻257亩生态主题西郊公园。

## 安康地区—安康地电大厦

项目位于安康高新区中央商务地带门户位置，集商业、办公和住宅为一体，南邻安康大道，东临在建的秦岭大道，着力打造成区域的标志性建筑。

## 榆林地区—榆林·榆溪湾项目

位于榆溪大道，占地面积约2.6万m²，容积率2.97，总建筑面积约6.97万m²。

东尚－观湖

东尚－蜂鸟

中铁21局德盛和梧桐苑